✻

독자의 1초를 아껴주는 정성!

세상이 아무리 바쁘게 돌아가더라도
책까지 아무렇게나 빨리 만들 수는 없습니다.
인스턴트 식품 같은 책보다는
오래 익힌 술이나 장맛이 밴 책을 만들고 싶습니다.
길벗이지톡은 독자여러분이 우리를 믿는다고 할 때 가장 행복합니다.
나를 아껴주는 어학도서, 길벗이지톡의 책을 만나보십시오.

독자의 1초를 아껴주는 정성을 만나보십시오.

(주) 도서출판 길벗 www.gilbut.co.kr
길벗 이지톡 www.gilbut.co.kr
길벗 스쿨 www.gilbutschool.co.kr

*日本語マスター1500

일본어 마스터 1500

오현숙 지음

길벗 이지:톡

일본어 마스터 1500
Japanese master 1500

초판 발행 · 2026년 2월 1일
초판 2쇄 발행 · 2026년 3월 15일

지은이 · 오현숙
발행인 · 이종원
발행처 · (주)도서출판 길벗
브랜드 · 길벗이지톡
출판사 등록일 · 1990년 12월 24일
주소 · 서울시 마포구 월드컵로 10길 56 (서교동)
대표 전화 · 02) 332-0931 | **팩스** · 02) 323-0586
홈페이지 · www.gilbut.co.kr | **이메일** · eztok@gilbut.co.kr

기획 및 책임 편집 · 오윤희(tahiti01@gilbut.co.kr) | **표지 디자인** · 최주연 | **제작** · 이준호, 손일순, 이진혁
마케팅 · 차명환, 장봉석, 최소영 | **영업관리** · 김명자, 심선숙 | **독자지원** · 윤정아

편집진행 및 교정교열 · 강미정 | **본문 디자인** · 김효진 | **전산편집** · 강미정
CTP 출력 및 인쇄 · 예림인쇄 | **제본** · 예림인쇄

ISBN 979-11-407-1659-3 03730
(길벗 도서번호 301229)

정가 29,500원

일본어, 이제 중고급을 공략하라!

일본어 좀 하십니까?

일본어는 우리말과 어순이 같고 비슷한 한자어가 많아서 쉽게 접근할 수 있는 언어입니다. 한국인들 사이에서는 '일본어는 쉽다!'라는 인식이 있죠. 덕분에 일본어를 쉽게 시작할 수 있다는 장점이 있습니다. 하지만 일본어를 배우고 6개월 정도 지나면 일본어가 한국어와 비슷하다는 점이 도리어 단점으로 작용하기도 합니다. '일본어는 외국어'임에도 불구하고 한국식으로 생각하고 단순히 단어만 일본어로 바꾸면 된다고 생각하기 때문이죠. 일본 특유의 표현법을 고려하지 않고 지극히 한국어스러운 일본어를 구사하면 JLPT 합격증이 있고, JPT 고득점자라도 실제 일본어는 '초급' 수준으로 보일 수밖에 없습니다.

일본어 좀 하시는 여러분의 진짜 일본어 실력은 어떻습니까?

1500문제로 네이티브처럼 말하고 쓰는 방법을 익힌다!

초급을 탈피해서 중고급 일본어를 구사하고 싶다면 네이티브처럼 말하고 쓰는 방법을 익혀야 합니다. 한국인의 한계를 뛰어넘어 네이티브처럼 생각하고 표현해야 하는 거죠. 이 책은 중고급 일본어를 목표로 하는 학습자들이 자주 틀리거나 헷갈려하는 어휘, 표현, 문법, 뉘앙스 등을 1500개의 문제를 풀면서 익힐 수 있도록 구성되어 있습니다. 문제만 풀어도 자연스럽게 네이티브 표현 감각과 언어 습관을 머릿속에 익힐 수 있죠.

이 1500문제는 입문, 프리토킹, 영상 일본어, JPT, 일본 사회 · 문화, 번역 등 30년 간 다양한 분야의 강의를 하면서 축적한 경험을 토대로, 한국인 일본어 학습자에게 꼭 필요한 문제들만 엄선했습니다. 특히 통번역 수업, 일본어 작문 수업에서 전공자들이 흔히 실수하고 많이 틀리는 문제 위주로 뽑았기 때문에 나름 일본어 실력자라고 자부하는 분들도 1500문제가 만만하지는 않을 겁니다. 생각지도 못한 곳에 복병이 숨어 있을 수 있으니까요.

이번 기회에 자신의 일본어를 제대로 점검해 보세요! 한 단계 도약한 일본어 실력이 여러분을 기다리고 있을 겁니다.

개정에 부쳐

일본 유학 시절, 고베대학교에서는 유학생들을 위한 일본어 강좌가 있었습니다. 강의실은 일본어를 배우려는 세계 각국의 유학생들로 가득 차 있었는데, 흥미로운 점은 일본어는 '하나'임에도 불구하고, 수업 시간에 쓰이는 일본어가 '나라 수만큼 다양했다'는 사실이었습니다. 놀랍게도 각 나라 학생들이 흔히 범하는 실수는 대체로 비슷했으며, 같은 나라 학생들은 상대방이 어떤 말을 하려는지 자연스럽게 이해하곤 했습니다.

필자는 입문 과정에서부터 프리토킹, JPT, 일본 사회 · 문화, 번역 강의에 이르기까지 다양한 분야의 일본어 교육을 진행해 왔습니다. 그런데 흥미롭게도 '왕초보'부터 '능숙하게 일본어를 구사하는 학습자'에 이르기까지 반복적으로 나타나는 실수들이 유학 시절 한국인 유학생들이 범하던 오류와 거의 같았습니다.

한국인 학습자들은 일본어의 어순이 한국어와 유사하고 한자어가 많다는 이유로 일본어를 '외국어'가 아닌 '제2의 한국어' 정도로 여기는 경향이 있는 것 같습니다. 그러다 보니 일본어가 지닌 독특한 역사적, 사회 문화적 배경을 간과하게 되는 것입니다. 예를 들어 일본에서는 국회 의원이나 변호사를 부를 때 「先生(せんせい)」라는 호칭을 씁니다. 이를 한국어로 직역해 '선생님'이라고 옮기면 오역이 됩니다. 이 경우에는 '의원님, 변호사님' 등으로 번역해야 자연스럽습니다. 또한 일본 국회에서는 의원들끼리 서로를 부를 때 이름 뒤에 「君(くん)」을 붙이는데, 이를 그대로 'ㅇㅇ군'이라 옮기면 부적절합니다. 'ㅇㅇ의원(님)'으로 번역해야 합니다.

이처럼 일본어는 한국어와 엄연히 다른 '외국어'이며, 일본의 역사 · 사회 · 문화에 대한 올바른 이해와 더불어 일본인의 사고방식, 가치관, 감각을 이해해야 합니다. 이러한 토대 위에서 일본인의 언어 습관과 선호 표현을 익히는 것이 중요합니다.

이러한 인식을 바탕으로 한국인 학습자가 자주 틀리는 단어나 표현을 중심으로 문제를 구성하고, 왜 그런 표현이 잘못인지, 어떻게 바르게 써야 하는지를 해설한《일본어 마스터 1000》을 집필하였습니다. 많은 독자들이 이 책을 사랑해 주시고 격려해 주신 덕분에 저자로서 큰 보람과 감사함을 느꼈습니다.

그러나 언어는 '살아 있는 생물'과도 같아, 시간이 흐르며 사용되지 않게 된 어휘나 표현이 생기고, 어법도 변합니다. 또한 초판에서는 지면의 한계로 해설을 상세하게 넣을 수 없는 경우가 있었는데, 이메일 문의 등을 통해 독자들이 이해에 어려움을 겪는 경우가 있다는 사실을 느끼면서《일본어 마스터 1000》을 개정해야 할 필요성을 느꼈습니다.

이번 개정판에서는 다음 사항에 중점을 두었습니다.

1. 레벨별로 실력을 확실히 점검할 수 있도록 500문제를 추가하였습니다.
2. 문제 해설란의 공간이 부족한 경우, 부록을 참조하여 자세히 이해할 수 있도록 하였습니다.
3. 부록에 '뉘앙스 비교, こと / の / もの, 경어, 가타카나어' 코너를 신설하여 심층 해설을 덧붙였습니다.
4. オマケ(보너스) 코너를 마련하여 다양한 일본어 지식을 폭넓게 소개하였습니다.
5. 인명은 일반적으로 알려진 이름보다는 같은 한자라도 읽는 법이 다른 이름이나 예외적인 음가를 지닌 이름 중심으로 다루었고, 가능한 한 폭넓게 수록하고자 하였습니다.

독자 여러분이 '진정한 일본어 마스터'로 나아가는 길에 이 책이 조금이나마 도움이 되기를 진심으로 바랍니다.

오현숙

구성

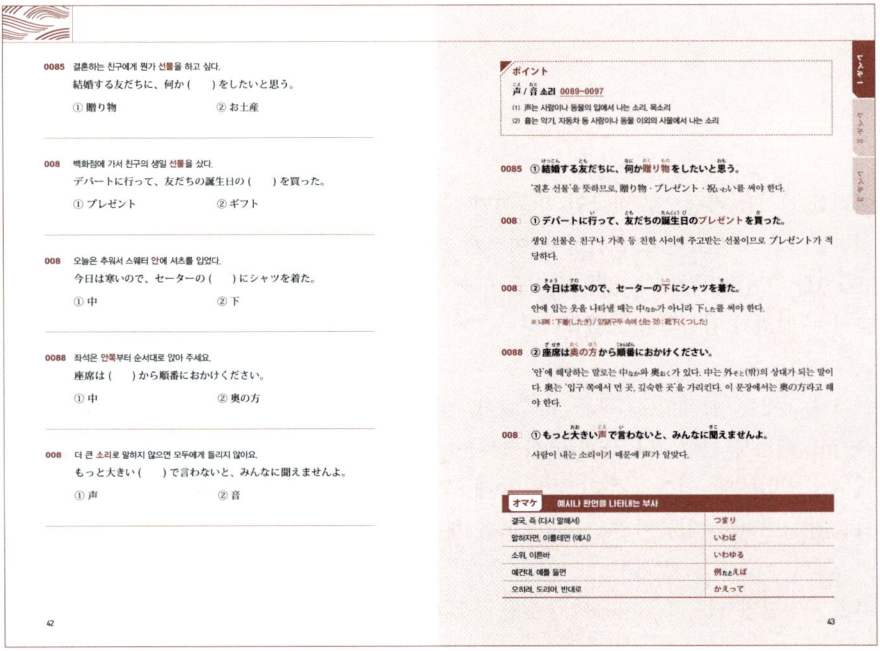

0085 결혼하는 친구에게 뭔가 선물을 하고 싶다.
結婚する友だちに、何か（　　）をしたいと思う。
① 贈り物　② お土産

008 백화점에 가서 친구의 생일 선물을 샀다.
デパートに行って、友だちの誕生日の（　　）を買った。
① プレゼント　② ギフト

008 오늘은 추워서 스웨터 안에 셔츠를 입었다.
今日は寒いので、セーターの（　　）にシャツを着た。
① 中　② 下

0088 좌석은 안쪽부터 순서대로 앉아 주세요.
座席は（　　）から順番におかけください。
① 中　② 奥の方

008 더 큰 소리로 말하지 않으면 모두에게 들리지 않아요.
もっと大きい（　　）で言わないと、みんなに聞えませんよ。
① 声　② 音

42

ポイント
声 / 音 소리 0089~0097
(1) 声는 사람이나 동물의 입에서 나는 소리, 목소리
(2) 音는 악기, 자동차 등 사람이나 동물 이외의 사물에서 나는 소리

0085 ① 結婚する友だちに、何か贈り物をしたいと思う。
'결혼 선물'을 뜻하므로, 贈り物・プレゼント・祝いわい를 써야 한다.

008 ① デパートに行って、友だちの誕生日のプレゼントを買った。
생일 선물은 친구나 가족 등 친한 사이에 주고받는 선물이므로 プレゼント가 적당하다.

008 ② 今日は寒いので、セーターの下にシャツを着た。
안에 입는 옷을 나타낼 때는 中なか가 아니라 下した를 써야 한다.
※ 내복 : 下着(したぎ) / 양말(구두 속에 신는 것) : 靴下(くつした)

0088 ② 座席は奥の方から順番におかけください。
'안'에 해당하는 말로는 中なか와 奥おく가 있다. 中는 外そと(밖)의 상대가 되는 말이다. 奥는 '입구 쪽에서 먼 곳, 깊숙한 곳'을 가리킨다. 이 문장에서는 奥の方라고 해야 한다.

008 ① もっと大きい声で言わないと、みんなに聞えませんよ。
사람이 내는 소리이기 때문에 声가 알맞다.

オマケ 예시나 환언을 나타내는 부사	
결국, 즉 (다시 말해서)	つまり
말하자면, 이를테면 (예시)	いわば
소위, 이른바	いわゆる
예컨대, 예를 들면	例たとえば
오히려, 도리어, 반대로	かえって

43

レベル1 レベル2 レベル3

문제

문제는 0001~1500번까지 이어서 왼쪽 페이지에 배열하였습니다.

- 난이도에 따라서 Level 1 · 2 · 3으로 나누어, Level 1 450문제, Level 2 500문제, Level 3 550문제로 총 1500문제입니다.
- 중요 문법이나 표현은 변형 문제를 이어서 배치하거나, 유형을 바꿔 넣어 문제를 반복해 풀면서 확실하게 자신의 것으로 만들 수 있습니다.

정답 및 해설

문제를 풀고 오른쪽 페이지에서 바로 정답과 해설을 확인할 수 있습니다.

ポイント 문제의 핵심 용법 · 문법 · 어휘 등을 비교 설명하여 학습자의 이해를 도왔습니다.

プラス 문제와 관련이 있는 추가 단어, 표현, 관용구를 정리했습니다.

オマケ 각종 시험에 많이 출제되는 단어, 표현, 관용구를 비롯하여 잘못 쓰기 쉬운 표현 등 유용한 정보를 실었습니다.

부록

레벨업 문법 노트 문제에 대한 추가 설명 및 중고급 문법을 위주로 주요 학습 팁을 정리했습니다.

INDEX 정답 및 해설의 ポイント, プラス, オマケ에 제시된 학습 정보를 쉽게 찾아볼 수 있도록 한글 자음 순과 かな 순으로 정리했습니다.

차례

각 레벨에 따라 양자택일, 사지선다, 괄호쓰기 등 다양한 형식의 문제를 제시하여 JPT, JLPT, EJU 등의 시험에도 대비할 수 있도록 하였습니다.

공인 일본어 시험과 레벨 비교	Level 1 초중급	Level 2 중급	Level 3 고급
JLPT	N3~N4 수준	N2 수준	N1 수준
JPT	600점대 수준	600~800점 수준	800점 이상 수준

일러두기

요미가나는 '정답 및 해설' 페이지에만 넣었으며, 반복적으로 나오는 요미가나는 가독성을 위해 생략하기도 했습니다.
※ 동의어, 반의어, 참고 표현 등을 정리했습니다.

レベル 1

양자택일 200

사지선다 150

괄호쓰기 100

0001 겨울 방학에 친척이 **있는** 일본에 간다.

冬休みに親戚の (　　) 日本へ行く。

① ある　　② いる

0002 길에 개가 **있어서** 무서웠다.

道に犬が (　　) 、こわかった。

① あって　　② いて

0003 나는 돈이 **있으면 있는 대로** 써 버린다.

私はお金が (　　) 使ってしまう。

① あればあるだけ　　② いればいるだけ

0004 이것이 **좋다**고 생각합니다.

これが (　　) と思います。

① いい　　② いいだ

0005 요즘 자주 **보네요**.

最近よく (　　) 。

① 見ますね　　② 会いますね

ポイント

いる / ある 있다(사람의 존재) 0001~0003

우리말의 '있다'에 해당하는 일본어로 いる와 ある가 있는데, いる는 '능동적 존재'(자신의 능력 · 의지 · 책임에 의해서 존재하는 것)를 나타내고, ある는 '사물의 수동적 존재'(다른 것에 의해서만 작용되는 것 또는 본래부터 존재하는 것)를 나타낸다. 따라서 いる는 '사람이나 동물처럼 자신의 의지로 움직인다고 인정되는 경우'에 쓰이며, ある는 '사물 · 식물처럼 자기 의지로 움직인다고 인정할 수 없는 경우'에 쓴다.

다만, 생물이라도 다음과 같은 경우에는 ある를 사용한다.

(1) '소유'를 나타낼 때

예) 山田やまださんには子供こどもが三人さんにんあります。

야마다 씨에게는 아이가 셋 있습니다.

(2) 생선 가게에서 홍보물 등에 상품으로 말할 때

예) うなぎあります。장어 있습니다.

(3) 옛날이야기처럼 인격이나 생활성을 고려하지 않고, 객관적이고 추상적으로 존재를 파악할 때

예) むかしむかしある所ところにおじいさんとおばあさんがありました。

옛날 옛적 어떤 곳에 할아버지와 할머니가 있었습니다.

0001 ② **冬休み(ふゆやすみ)に親戚(しんせき)のいる日本(にほん)へ行(い)く。**

'친척'은 사람이므로 いる를 써야 한다.

0002 ② **道(みち)に犬(いぬ)がいて、こわかった。**

동물의 존재를 나타내므로 いる를 써야 한다.

0003 ① **私(わたし)はお金(かね)があればあるだけ使(つか)ってしまう。**

사물이 존재하는 것이므로 ある가 알맞다. ある의 부정형은 ない이다.

0004 ① **これがいいと思(おも)います。**

우리말의 형용사는 '~다'로 끝나기 때문에 모어 간섭이 일어나는 경우가 있다. 일본어에서는 い형용사 뒤에 だ를 붙여 いいだと思う라고 쓰면 안 된다.

0005 ② **最近(さいきん)よく会(あ)いますね。**

우리말의 '보다'에는 '보다'의 뜻 외에 '만나다'의 뜻도 있지만, 일본어의 見みる에는 '만나다'라는 뜻은 없다. 이 문장에서 '보네요'는 '만나네요'의 뜻이므로, 会あう를 써야 한다.

0006 차가 많이 **다니는** 길이니까 조심하세요.

車がたくさん (　　) 道だから、気をつけてください。

① 通う　　② 通る

0007 비는 **내리는**데 우산이 없었습니다.

雨は (　　) のに、傘がなかったのです。

① 降りる　　② 降る

0008 서울에서는 4월에 눈이 **내리는** 일은 거의 없습니다.

ソウルでは 4 月に雪が (　　) ことはほとんどありません。

① 降りる　　② 降る

0009 더워서 공부가 잘**되지 않습니다**.

暑くて勉強がよく (　　)。

① なりません　　② できません

0010 밥이 다 **되어**서 아이들을 불렀다.

ご飯が (　　) ので、子供たちを呼んだ。

① なった　　② できた

0011 홋카이도 동부에서는 토양과 기후 관계로 쌀은 거의 **되지** 않습니다.

北海道の東部では、土壌と気候の関係で、米はほとんど (　　)。

① なりません　　② できません

ポイント

できる / なる 되다 0009~0011

⑴ できる는 '어떤 행위를 할 수 있다, 가능하다, 생산되다' 등의 의미로 쓰인다.

⑵ なる는 어떤 상태에서 다른 상태로 변화하는 것을 나타낸다.

0006 ② 車がたくさん通る道だから、気をつけてください。

문장에서 '다니다'는 '지나가다, 통과하다'의 뜻이므로 通る를 써야 한다. 通かよう는 '사람이 왕래하다, 출입하다, 다니다'의 뜻으로 쓴다.

0007 ② 雨は降るのに、傘がなかったのです。

하늘에서 눈, 비, 우박 등이 내리는 것은 降る를 쓴다. 降おりる는 탈것에서 내릴 때 쓴다.

0008 ② ソウルでは4月に雪が降ることはほとんどありません。

하늘에서 눈이 내리는 것은 降る를 쓴다.

0009 ② 暑くて勉強がよくできません。

'행위를 할 수 없다'는 뜻이므로 できる가 알맞다.

0010 ② ご飯ができたので、子供たちを呼んだ。

문장에서 '되다'는 '완성되다'의 뜻이므로 できる가 알맞다.

0011 ② 北海道の東部では、土壌と気候の関係で、米はほとんどできません。

문장에서 '되다'는 '생산되다'의 뜻으로 쓰였기 때문에 できる가 알맞다.

0012 아버지는 걱정거리라도 있는지 방 안을 **왔다 갔다** 하고 있다.

父は心配ごとでもあるのか、部屋の中を (　　) している。

① 来たり行ったり　　　② 行ったり来たり

0013 어디서 **갈아타면** 되나요?

どこで (　　) いいですか。

① 換え乗れば　　　② 乗り換えれば

0014 나에게는 **죽느냐 사느냐**의 중대사이다.

私にとっては (　　) の一大事である。

① 死ぬか生きるか　　　② 生きるか死ぬか

0015 기린은 긴 **목**을 늘여서 높은 곳에 있는 나뭇잎을 먹습니다.

キリンは長い (　　) を伸ばして高い所にある木の葉を食べます。

① 喉　　　② 首

0016 그는 **목**을 매서 자살했다.

彼は (　　) をつって自殺した。

① 喉　　　② 首

0017 생선 가시가 **목**에 걸렸다.

魚の骨が (　　) にささった。

① 喉　　　② 首

ポイント

한국어와 어순이 반대인 일본어 0012~0014

▶ 자세한 설명은 부록 598쪽 참고

喉 / 首 목 0015~0018

(1) 喉는 '목구멍, 목소리, 목청' 등의 뜻이다.

(2) 首는 신체의 한 부위로서 '머리와 몸체를 잇는 목, 머리'의 뜻이다.

0012 ② 父は心配ごとでもあるのか、部屋の中を行ったり来たりしている。

일본어에는 우리말과 어순이 반대인 표현이 다수 있는데 行ったり来たり도 그중 하나이다.

0013 ② どこで乗り換えればいいですか。

'갈아타다, 환승하다'도 우리말과 반대로 乗り換える라고 한다.

0014 ② 私にとっては生きるか死ぬかの一大事である。

'죽느냐 사느냐'도 일본어와 어순이 반대되는 표현이다. '중대사'도 한자 표기는 重大事가 아니라 一大事라고 해야 한다는 점에도 유의해야 한다.

※ 죽느냐 사느냐 그것이 문제로다(희극 '햄릿'의 대사) : 生きるべきか死ぬべきか、それが問題(もんだい)だ。

0015 ② キリンは長い首を伸ばして高い所にある木の葉を食べます。

이 문장에서는 신체 중에서 목 부분을 나타내는 것이므로 首를 써야 한다.

※ 해고하다, 목을 자르다 : 首(くび)にする · 首を切(き)る

0016 ② 彼は首をつって自殺した。

목을 매는 것은 신체적인 '머리'의 뜻이기 때문에 首를 써야 한다.

0017 ① 魚の骨が喉にささった。

생선 가시가 '목구멍'에 걸린 것이므로 喉가 알맞다.

※ 목 캔디 : 喉飴(のどあめ)

0018 슬퍼서 밥이 **목(구멍)**으로 넘어가지 않는다.

悲しくて飯が (　　) を通らない。

① 喉　　② 首

0019 이 옷은 **작년에** 산 것입니다.

この服は (　　) 買ったものです。

① 去年　　② 去年に

0020 **옛날 옛적에** 어떤 곳에 할아버지 할머니가 살고 있었습니다.

(　　)、ある所におじいさんとおばあさんがありました。

① 昔々　　② 昔々に

0021 **이번에** 옆집에 이사 온 사사키입니다. 잘 부탁합니다.

(　　) となりに引っ越してきた佐々木です。どうぞよろしく。

① 今度　　② 今度に

0022 아버지는 **다음 달에** 돌아옵니다.

父は (　　) 帰ってきます。

① 来月　　② 来月に

ポイント

시간 표현＋に 0019~0023

시간을 표현할 때는 に를 붙여 쓰는 것, 붙이지 않는 것, 양쪽 다 괜찮은 것이 있다는 사실에 주의해서 사용해야 한다.

⑴ に를 붙이지 않는 것 : 이야기의 현재와 관계를 나타내는 것
今日きょう / 明日あした / あさって / 昨日きのう / おととい / 本日ほんじつ / 今晩こんばん / 今いま / 今度こんど / さっき / いつ / いつも / 去年きょねん / 来週らいしゅう / 昔むかし / 先週せんしゅう / 今月こんげつ / 来月らいげつ / 今朝けさ / 毎日まいにち / 毎月まいつき / 毎年まいとし / 朝あさ / 午後ごご / 一日中いちにちじゅう / 一年中いちねんじゅう / 一週間いっしゅうかん / 六日間むいかかん / 昔々むかしむかし / 長ながい間あいだ / ～している間あいだ

⑵ に를 붙이는 것 : 시간의 흐름 중 한 지점이나 범위를 나타내는 것
10時じゅうじに / 8時はちじ半はんに / 一月いちがつに / 8日ようかに / 2025年にせんにじゅうごねんに / 日曜日にちようびに / 休日きゅうじつに / 休やすみに / 江戸時代えどじだいに / 一日いちにちに

⑶ 양쪽 다 괜찮은 것 : ⑴ ⑵의 성격을 모두 갖는 것
午後(に) / 正月しょうがつ(に) / 暮くれ(に) / 春はる(に) / 昼ひる(に) / 夜よる(に) / ～ごろ(に) / ～とき(に) / うち(に) / まえ(に)

0018 ① **悲しくて飯が喉を通らない。**

밥은 목구멍으로 넘어가는 것이므로 喉가 알맞다.

0019 ① **この服は去年買ったものです。**

'작년에'를 표현할 때는 조사 に를 붙이지 않기 때문에 去年이라고 써야 한다.

0020 ① **昔々、ある所におじいさんとおばあさんがありました。**

昔々(옛날 옛적에)에는 조사 に를 붙이지 않는다.

0021 ① **今度となりに引っ越してきた佐々木です。どうぞよろしく。**

'이번에'를 뜻하는 今度에는 조사 に를 붙이지 않는다.

0022 ① **父は来月帰ってきます。**

'다음 달에'라고 할 때는 조사 に를 붙이지 않기 때문에 来月가 알맞다.

0023 **아침에**는 빵을 먹습니다.

(　　) はパンを食べます。

① 朝　　② 朝に

0024 3시**까지** 이 서류를 정리해야 한다.

３時 (　　) この書類を整理しなければならない。

① まで　　② までに

0025 숙제는 내일**까지** 내세요.

宿題は明日 (　　) 出してください。

① まで　　② までに

0026 아픈 것이 완전히 나을 때**까지는** 격한 운동은 삼가시길 바랍니다.

痛みがすっかり治る (　　) 激しい運動は控えてください。

① まで　　② までに

0027 접수는 오후 5시**까지**입니다.

受付は午後５時 (　　) です。

① まで　　② までに

0028 빌린 책은 언제**까지** 반납해야 하나요?

借りた本はいつごろ (　　) 返さなければなりませんか。

① まで　　② までに

ポイント

まで / までに ~까지 0024~0028

(1) までは [Aまで B]의 형태로 쓰여, 'A까지 B'의 뜻으로, A는 기간을 나타내고 B는 'A 기간까지 계속되는 행위나 상태'를 나타낸다.

(2) までには '~ 전이라면 어느 시점이든지 괜찮지만, ~이 지나면 안 된다'는 뜻이다.

(3) 즉, 그 기한까지 계속되는 행위는 まで, 기한이 되기 전 어느 시점에 종료되는 행위는 までに이다. までは '쭉, 계속', までには '완료'라고 기억하면 좋다.

0023 ① **朝(あさ)はパンを食(た)べます。**

'아침에'는 조사 に를 붙이지 않기 때문에 朝가 알맞다.

0024 ② **3時(さんじ)までにこの書類(しょるい)を整理(せいり)しなければならない。**

서류 정리를 끝내는 시점은 계속되는 것이 아니므로 までに가 알맞다.

0025 ② **宿題(しゅくだい)は明日(あした)までに出(だ)してください。**

숙제를 제출하는 시점은 계속되는 것이 아니므로 までに를 써야 한다.

0026 ① **痛(いた)みがすっかり治(なお)るまで激(はげ)しい運動(うんどう)は控(ひか)えてください。**

문장에서는 아픈 것이 나을 때까지 쭉 운동을 삼가라는 말이므로 まで가 알맞다.

0027 ① **受付(うけつけ)は午後(ごご)5時(ごじ)までです。**

접수는 5시까지 계속된다는 말이므로 まで가 알맞다.

0028 ② **借(か)りた本(ほん)はいつごろまでに返(かえ)さなければなりませんか。**

반납하는 시점은 계속되는 것이 아니므로 までに를 써야 한다.

0029 **일부러** 공항까지 와 주셔서 고맙습니다.

(　　) 空港まで来ていただいてありがとうございます。

① わざわざ　　② わざと

0030 시합에 **일부러** 지다니 선수답지 못한 행동이다.

試合に (　　) 負けるなんて、選手らしくない行動だ。

① わざわざ　　② わざと

0031 영어로 **생각하는** 것은 어렵다.

英語で (　　) のは難しい。

① 思う　　② 考える

0032 머리가 아파질 정도로 **생각했지**만, 그 문제는 풀지 못했다.

頭が痛くなるほど (　　) が、その問題は解けなかった。

① 思った　　② 考えた

0033 곧 다가올 여름 방학을 **생각하**면 가슴이 두근거립니다.

もうすぐやってくる夏休みを (　　) と、心がおどります。

① 思う　　② 考える

0034 제멋대로인 그에 대해서 달갑지 않게 **생각하는** 사람이 많다.

わがままな彼のことを、快く (　　) いない人が多い。

① 思って　　② 考えて

ポイント

わざわざ / わざと 일부러 0029~0030

(1) わざわざ는 상대를 배려하여, 선의를 베푸는 것을 뜻하며 긍정적인 의미로 쓴다.

(2) わざと는 '고의로'의 뜻이 포함되어 부정적인 의미를 갖는다.

(3) 따라서 '고의로'로 번역해서 문장이 자연스러우면 わざと를 쓰고, 자연스럽지 않을 때는 わざわざ를 쓴다.

思(おも)う / 考(かんが)える 생각하다 0031~0034

둘 다 인간의 정신적 활동에 의해 생각한다는 점에서 공통점이 있다.

(1) 思う는 마음속으로 대상의 이미지(감각, 정서)를 의식하는 것이며, 직관적 · 정서적인 성격을 갖는다.

(2) 考える는 머릿속으로 대상에 대해서 두뇌를 작동시키는 행위로, 논리적 · 과정적 성격을 갖는다.

0029 ① **わざわざ空港(くうこう)まで来(き)ていただいてありがとうございます。**

상대의 편의를 배려하여 하는 행동이므로 わざわざ가 알맞다.

0030 ② **試合(しあい)にわざと負(ま)けるなんて、選手(せんしゅ)らしくない行動(こうどう)だ。**

'고의로'라는 뜻이 포함되어 부정적인 의미가 있기 때문에 わざと가 알맞다.

0031 ② **英語(えいご)で考(かんが)えるのは難(むずか)しい。**

논리적인 사고를 나타내므로 考える가 알맞다.

0032 ② **頭(あたま)が痛(いた)くなるほど考(かんが)えたが、その問題(もんだい)は解(と)けなかった。**

두뇌를 작동시키는 행위이므로 考える가 알맞다.

0033 ① **もうすぐやってくる夏休(なつやす)みを思(おも)うと、心(こころ)がおどります。**

마음에 떠올리는 것이므로 思う가 알맞다.

0034 ① **わがままな彼(かれ)のことを、快(こころよ)く思(おも)っていない人(ひと)が多(おお)い。**

마음속으로 대상의 이미지를 의식하는 것이므로 思う가 알맞다.

0035 A : 일본어 잘하시네요.

B : 아니에요, **아직 멀었어요**.

A: 日本語がお上手ですね。

B: いいえ、(　　)。

① まだ遠いです　　② まだまだです

0036 一貫도 一環도 一巻도 모두「いっかん」이라고 읽지만, 의미의 차이는 한자를 보면 바로 **알게 된다**.

一貫も一環も一巻も、みな「いっかん」と読むが、意味の違いは、漢字を見ればすぐ(　　)。

① 知る　　② 分かる

0037 어려운 수학 문제도 잘 생각해보면 **알 수 있다**.

難しい数学の問題もよく考えれば(　　)。

① 知る　　② 分かる

0038 그 아이는 갑자기 야단을 맞고, 영문을 **몰라** 어리둥절해 했다.

その子は突然叱られ、訳が(　　)、きょとんとしていた。

① 知らず　　② 分からず

0039 후지산은 일본을 대표하는 산으로서 널리 **알려져** 있다.

富士山は日本を代表する山として、広く(　　)いる。

① 知られて　　② 分かられて

ポイント

知る / 分かる 알다 0036~0041

(1) 知る는 일반적인 사물을 두뇌로 포착하는 작용 또는 행위이다. 또는 지금까지 몰랐던 사실을 학습을 통해 지식을 습득하는 것이다.

(2) 分かる는 내용, 성질, 가치, 의미, 원인, 이유, 결과 등의 사항을 이해하는 것이다. 주로 무의식적인 행위나 작용을 나타낼 때 사용하는 자동사로, 희망 · 수동형 · 가능형으로는 쓸 수 없다. 또한 들어서 이해하고 읽어서 이해하는 일에 대해 쓴다.

0035 **② いいえ、まだまだです。**

문장에서 '아직 멀었어요'는 거리가 멀리 떨어져 있다는 뜻이 아니라, 일본어를 잘하게 되기까지는 오랜 시간이 필요하다는 뜻이기 때문에 まだまだ를 써야 한다.

0036 **② 一貫も一環も一巻も、みな「いっかん」と読むが、意味の違いは、漢字を見ればすぐ分かる。**

'보고 이해하다'의 뜻이므로 分かる가 알맞다.

0037 **② 難しい数学の問題もよく考えれば分かる。**

'생각해 보고 이해하다'의 뜻이므로 分かる가 알맞다.

0038 **② その子は突然叱られ、訳が分からず、きょとんとしていた。**

문장은 '이해하지 못하다'라는 뜻이므로 分かる가 알맞다.

0039 **① 富士山は日本を代表する山として、広く知られている。**

分かる는 수동형으로 쓸 수 없다.

0040 지도를 보고 **모르는** 지방에 대해서 이것저것 상상하는 것은 즐거운 일이다.

地図を見て、(　　　) 土地のことをあれこれと想像するのは楽しいことだ。

① 知らない　　② 分からない

0041 이 서류 누가 작성했는지 **알아**?

この書類、誰が作ったか、(　　)？

① 知ってる　　② 分かってる

0042 A : 여기 놔둔 만 엔이 없는데 ….

B : 그런 돈, 난 **몰라요**.

A: ここに置いていた 1 万円がないんだけど…。

B: そんなお金、私は (　　)。

① 知りません　　② 分かりません

0043 A : 여름 방학 때 어디로 가나요?

B : 아직 **모르겠어요**.

A: 夏休みは、どこへ行くんですか。

B: まだ (　　)。

① 知りません　　② 分かりません

0044 "그래도 지구는 **돈다**."고 갈릴레오는 중얼거렸다고 한다.

「それでも地球は (　　)」と、ガリレオはつぶやいたそうだ。

① 巡る　　② 回る

ポイント

知りません / 分かりません 모릅니다 0042~0043

(1) 知りません

① '머릿속에 그 정보가 없다'는 뜻이다. 긍정 표현은 ～ている 형을 써서 知っていますと라고 한다. 앞쪽에 조사는 を를 쓴다.

② 知りません은 자신의 일에 대해서는 쓸 수 없고, 상대의 질문에 대해 '나는 정보를 가지고 있지 않다'고 분명하게 '모릅니다'라고 말할 때 사용한다. 부정적인 태도로 보일 수 있으므로 주의가 필요하다.

③ 知っていますか라고 물으면, 주로 知りません이라고 대답한다.

(2) 分かりません

① '나는 이해가 안 된다, 잊어버렸다, 아직 안 정했다, 이해하기 위한 수단이 없다' 등으로 말할 때 사용한다. 긍정 표현은 分かります라고 한다. 앞쪽에 조사는 が를 쓴다.

② 分かりません은 자신의 일에 대해서도 쓸 수 있고, 상대의 질문에 대해 '나는 이해가 안 된다'고 조심스럽게 '모르겠습니다'라고 말할 때 사용한다.

③ 分かりますか라고 물으면, 주로 分かりません이라고 대답한다.

0040 **① 地図を見て、知らない土地のことをあれこれと想像するのは楽しいことだ。**

문장은 '몰랐던 사실을 새롭게 알다'의 뜻이므로 知る가 알맞다.

0041 **① この書類、誰が作ったか、知ってる？**

'머릿속에 그 정보가 있는지' 물어보는 문장이므로 知る를 써야 하는데, 知る는 ～ている 형태를 써야 하므로 知っている라고 해야 한다. 知ってる는 知っている의 축약형이다.

0042 **① そんなお金、私は知りません。**

'돈이 어디 있는지에 대한 정보가 없다'는 뜻이므로 知りません이 맞다.

0043 **② まだ分かりません。**

'아직 안 정했다'는 뜻으로 대답했으므로 分かりません이 맞다.

0044 **② 「それでも地球は回る」と、ガリレオはつぶやいたそうだ。**

문장에서 '돌다'는 축을 중심으로 빙글빙글 도는 것이므로 まわる가 알맞다.

0045 저렇게 술술 말할 수 있다니, 혀가 잘도 **돌아가는**군!

あんなにすらすら言えるなんて、よく舌が(　　)なあ。

① 巡る　　② 回る

0046 미국에서 유럽을 **돌아서** 일본으로 돌아왔다.

アメリカからヨーロッパを(　　)日本に帰ってきた。

① 巡って　　② 回って

0047 아버지는 상당히 취기가 **도는** 듯 얼굴이 새빨개졌다.

父はだいぶ酔いが(　　)らしく、顔が真っ赤になっている。

① 巡った　　② 回った

0048 오늘은 눈이 **돌** 정도로 바빴다.

今日は目が(　　)ほど、忙しかった。

① 巡る　　② 回る

0049 봄이 **돌아**오면 우리 집 처마 밑에 제비가 둥지를 튼다.

春が(　　)くると、ぼくの家の軒下にツバメが巣を作る。

① 巡って　　② 回って

ポイント

回る / 巡る 돌다 0044~0050

(1) 回る가 巡る보다 폭넓게 쓰이며 다음과 같은 경우는 回る만 쓸 수 있다.
① 팽이, 풍차, 물레방아, 프로펠러, 선풍기 등과 같이 축을 중심으로 그 자체가 빙글빙글 돌다.
② 다른 것의 주위를 둥글게 움직이다.
③ 거래처나 단골손님의 집을 방문하는 것과 같이 순서대로 여러 곳을 돌아다니다.
④ 목적지에 곧장 가지 않고 돌아서 가다, 우회하다.
⑤ 차례가 돌아오다.
⑥ 취기, 독 등이 퍼지다.
⑦ 잘 움직이다, 잘 돌아가다.
⑧ 바쁘거나 어지러워서 눈이 돌아가다.
(2) '순환하다, 다시 돌아오다'의 뜻으로 쓸 때는 巡る만 쓸 수 있다.
(3) 回る와 巡る 양쪽 다 쓸 수 있는 경우도 뉘앙스가 다르다.
예) 名所めいしょを回る。명소를 돌다. (단순히 명소를 돈다는 의미)
名所を巡る。명소를 돌다. (시간을 들여 신중하게 둘러본다는 의미)

0045 ② **あんなにすらすら言えるなんて、よく舌が回るなあ。**

문장에서 '돌다'는 '잘 움직이다, 잘 돌아가다'의 뜻이므로 回る를 써야 한다.

0046 ② **アメリカからヨーロッパを回って日本に帰ってきた。**

'돌아서 가다, 거쳐서 가다'의 뜻이므로 回る를 써야 한다.

0047 ② **父はだいぶ酔いが回ったらしく、顔が真っ赤になっている。**

이 문장에서 '돌다'는 '취기, 독 등이 퍼지다'의 뜻이므로 回る를 써야 한다.

0048 ② **今日は目が回るほど、忙しかった。**

'눈이 돌 정도'란 바쁘거나 어지러워서 눈이 돌아갈 지경이라는 뜻이므로 回る를 써야 한다.

0049 ① **春が巡ってくると、ぼくの家の軒下にツバメが巣を作る。**

'돌아오면'은 '순환하다, 다시 돌아오다'의 뜻이기 때문에 まわる는 쓸 수 없고, めぐる를 써야 한다.

0050 또다시 크리스마스가 **돌아**왔다.

再びクリスマスが（　　）きた。

① 巡って　　② 回って

0051 마지막 손님이 **돌아가**니까 슬슬 문 닫을 준비를 하자.

最後の客が（　　）ので、そろそろ閉店の準備をしよう。

① 帰る　　② 戻る

0052 3루타를 쳐서 주자가 홈에 **돌아왔다**.

スリーベースヒットを打ったのでランナーがホームに（　　）きた。

① 帰って　　② 戻って

0053 (목적지를) 지나쳤기 때문에 10미터 정도 **되돌아갔다**.

行き過ぎたので、10メートルほど（　　）。

① 帰った　　② 戻った

0054 알리바이가 증명됐기 때문에 수사가 원점으로 **돌아갔다**.

アリバイが証明された為、捜査は振り出しに（　　）。

① 帰った　　② 戻った

ポイント

帰る / 戻る 돌아가다, 돌아오다 0051~0054

둘 다 본거지 또는 출발점으로 이동한다는 점에서는 차이가 없다.

(1) 帰る

① 자택, 모국, 친정, 본가 등 '원래 있어야 할 자리'로 돌아간다는 뜻이다. 이때 자신이 돌아간다고 말할 때는 帰る와 戻る 둘 다 쓸 수 있지만, 타인이 돌아간다고 말할 때는 帰る만 쓸 수 있다.

② 밖에서 볼일을 보고 원래 장소로 돌아가다.

③ 야구에서 주자가 홈베이스를 밟을 때 쓴다. 이때는 帰る만 쓸 수 있다.

(2) 戻る

① 원래 있던 곳에 돌아가다.

② 원래 상태로 돌아가다.

(3) 반대 방향으로 후퇴할 때, 목적지가 비교적 가까울 때, 돌아가는 행동 자체가 포인트가 아닐 때 등은 戻る만 쓸 수 있다.

0050 **① 再びクリスマスが巡ってきた。**

'반복되는 것이 다시 돌아오다'의 뜻으로 쓰였으므로 めぐる만 쓸 수 있다.

0051 **① 最後の客が帰るので、そろそろ閉店の準備をしよう。**

손님이 자택으로 돌아가는 것이므로 帰る만 쓸 수 있다.

0052 **① スリーベースヒットを打ったのでランナーがホームに帰ってきた。**

야구에서 주자가 홈베이스를 밟을 때는 帰る만 쓸 수 있다. '삼루타'는 スリーベースヒット이고, 줄여서 スリーベース라고 한다. 또는 三塁打さんるいだ라고도 한다.

0053 **② 行き過ぎたので、10メートルほど戻った。**

반대 방향으로 후퇴한다는 뜻이므로 戻る만 쓸 수 있다.

0054 **② アリバイが証明された為、捜査は振り出しに戻った。**

수사가 진척되지 못하고 원점 상태가 된 것이므로 戻る만 쓸 수 있다.

0055 강을 **따라서** 내려갔다.

川に (　　) 下った。

① ついて　　② 沿って

0056 기차는 여기서부터 잠시 해안선을 **따라서** 달립니다.

汽車は、ここからしばらく海岸線に (　　) 走ります。

① ついて　　② 沿って

0057 올바른 루트를 **따라** 오르면 겨울 산이 아닌 한 조난하는 일은 좀처럼 없습니다.

正しいルートに (　　) 登れば、冬山でもない限り遭難することはめったにありません。

① ついて　　② 沿って

0058 엄마를 **따라** 슈퍼에 갔습니다.

母に (　　) スーパーに行きました。

① ついて　　② 沿って

0059 내가 나갈 때, 언제나 개가 **따라**오려고 한다.

私が出かけるとき、いつも犬が (　　) こようとする。

① ついて　　② 沿って

ポイント

沿(そ)って / ついて ~을 따라서 0055~0059

そって는 '~에서 떨어지지 않고 계속되다'의 뜻을 나타낼 때 쓰고, ついて는 '뒤에 따라가다'의 뜻으로 쓴다.

0055 ② **川(かわ)に沿(そ)って下(くだ)った。**

문장에서 '~을 따라서'는 '~에서 떨어지지 않고 계속되다'의 뜻이므로 そって가 알맞다.

0056 ② **汽車(きしゃ)は、ここからしばらく海岸線(かいがんせん)に沿(そ)って走(はし)ります。**

문장에서 '따라서'는 '~을 계속 따라서'의 뜻이므로 そって가 알맞다.

0057 ② **正(ただ)しいルートに沿(そ)って登(のぼ)れば、冬山(ふゆやま)でもない限(かぎ)り遭難(そうなん)することはめったにありません。**

문장에서 '따라'는 '~에서 벗어나지 않고 계속 가다'의 뜻이므로 そって가 알맞다.

0058 ① **母(はは)についてスーパーに行(い)きました。**

'엄마를 따라'는 '엄마가 주도하고 뒤에 따라가다'의 뜻이므로 ついて가 알맞다.

0059 ① **私(わたし)が出(で)かけるとき、いつも犬(いぬ)がついてこようとする。**

문장에서 '따라오려고'는 '뒤따라 오다'의 뜻이므로 ついて가 알맞다.

オマケ	무의식 · 의도하지 않은 행위를 나타내는 부사
공교롭게도, 재수 없게도	あいにく
깜빡, 멍청히, 무심코 (부주의한 실수)	うっかり
무심코 (본능적 · 습관적인 사항)	つい
무의식중에, 엉겁결에, 무심코 그만	思おもわず
문득, 우연히, 어쩌다	ふと

0060 어둠 속에서 **이상한** 사람 그림자가 움직였다.

暗闇に（　　）人影が動いた。

① おかしい　　② あやしい

0061 그녀에게는 **이상한** 매력이 있다.

彼女には（　　）魅力がある。

① おかしい　　② あやしい

0062 그 옷에 그 모자는 **이상해**.

その服にその帽子は（　　）よ。

① おかしい　　② あやしい

0063 잘 읽어 보고 **이상한** 곳은 고쳐 주세요.

よく読んで（　　）所は直してください。

① おかしい　　② あやしい

0064 감기**에 걸려서** 마스크를 썼다.

風邪（　　）マスクをした。

① を引いて　　② にかかって

0065 몸이 피곤하면 독감**에 걸리기** 쉬워집니다.

体が疲れていると、インフルエンザ（　　）やすくなります。

① を引き　　② にかかり

ポイント

おかしい / あやしい 이상하다 0060~0063

(1) あやしい는 인간의 지혜나 감각을 넘어선 것에 대한 불신, 불안, 두려움 등의 기분을 나타내거나 인간의 지혜로는 이해할 수 없는 신비로운 모양을 표현할 때 쓴다.

(2) おかしい는 이성적으로 납득할 수 없다는 뉘앙스가 있다.

0060 ② 暗闇(くらやみ)にあやしい人影(ひとかげ)が動(うご)いた。

어두워서 보이지 않는 것에 대한 불안감을 나타내기 때문에 あやしい가 알맞다.

0061 ② 彼女(かのじょ)にはあやしい魅力(みりょく)がある。

'신비롭다'는 뜻으로 쓰였기 때문에 あやしい가 알맞다.

0062 ① その服(ふく)にその帽子(ぼうし)はおかしいよ。

문장에서 '이상해'는 '어울리지 않다'의 뜻이므로 おかしい가 알맞다.

0063 ① よく読(よ)んでおかしい所(ところ)は直(なお)してください。

문장에서 '이상한'은 '적당하지 않다, 어색하다'의 뉘앙스이므로 おかしい가 알맞다.

0064 ① 風邪(かぜ)を引(ひ)いてマスクをした。

'감기에 걸리다'는 風邪を引く라는 관용구로 기억해야 한다.

0065 ② 体(からだ)が疲(つか)れていると、インフルエンザにかかりやすくなります。

'독감에 걸리다'는 インフルエンザにかかる라고 한다. '독감'도 毒感이 아니라 インフルエンザ인 점에도 주의하자.

0066 신들은 제우스 신전에서 **하늘**과 땅에서 일어난 모든 일에 대해서 이야기를 나눴다.

神々はゼウス神殿で、(　　　) と地のあらゆる出来事について話し合った。

① 空　　② 天

0067 아이는 **하늘**이 주신 것이므로 소중히 해야 한다.

子供は (　　) がくださったものだから、大切にしなければならない。

① 空　　② 天

0068 **하늘**은 스스로 돕는 자를 돕는다.

(　　) はみずから助ける者を助ける。

① 空　　② 天

0069 **하늘**이 푸른 것은 바다가 푸르기 때문이라고 한다.

(　　) が青いのは海が青いからだそうだ。

① 空　　② 天

0070 윗사람과 이야기할 **경우**에는 경어를 써야 한다.

目上の人と話す (　　) には、敬語を使わなければならない。

① 場合　　② 境遇

ポイント

空(そら) / 天(てん) 하늘 0066~0069

(1) 空는 지면에서 멀리 떨어진 곳으로, '태양, 달, 별 등이 있는 곳' 또는 '날씨'를 나타낼 때 쓴다.

(2) 天은 空가 가지고 있는 뜻 외에도 '인간의 힘으로는 어쩔 수 없는 운명' 또는 '신이 살고 있는 세계, 천국'의 뜻도 있다.

0066 ② 神々(かみがみ)はゼウス神殿(しんでん)で、天(てん)と地(ち)のあらゆる出来事(できごと)について話(はな)し合(あ)った。

문장에서 '하늘'은 신이 살고 있는 세계라는 뜻으로 쓰였으므로 天이 알맞다.

0067 ② 子供(こども)は天(てん)がくださったものだから、大切(たいせつ)にしなければならない。

문장에서 '하늘'은 인간의 힘으로는 좌지우지할 수 없는 것이라는 뜻이므로 天이 알맞다.

0068 ② 天(てん)はみずから助(たす)ける者(もの)を助(たす)ける。

문장에서 '하늘'은 신이 살고 있는 세계라는 뜻이므로 天이 알맞다.

0069 ① 空(そら)が青(あお)いのは海(うみ)が青いからだそうだ。

문장에서 '하늘'은 '땅에서 멀리 떨어진 태양, 달, 별 등이 있는 곳'을 나타내므로 空가 알맞다.

0070 ① 目上(めうえ)の人(ひと)と話(はな)す場合(ばあい)には、敬語(けいご)を使(つか)わなければならない。

'경우'를 한자어로 그대로 쓰면 境遇きょうぐう가 되는데, 일본어에서 境遇는 어떤 사람이 처해 있는 가정 환경, 경제 상태, 친구 관계 등의 상태를 의미하며, '처지, 형편, 환경' 등으로 번역된다. 우리말의 '경우'는 '사정, 때'의 뜻이고, 여기에 알맞은 말은 場合이다.

0071 일할 **마음**만 있다면 일은 얼마든지 있습니다.

働く (　　) さえあれば、仕事はいくらでもあります。

① 心　　② 気

0072 오늘은 머리가 아파서 공부할 **마음**이 나지 않는다.

今日は頭が痛いので、勉強する (　　) がしない。

① 心　　② 気

0073 나는 일요일에는 **마음** 내키는 대로 여러 가지 책을 읽습니다.

私は日曜日には (　　) の向くままに、いろんな本を読みます。

① 心　　② 気

0074 시험이 가까워져서 **마음**이 무겁다.

試験が近づいたので (　　) が重い。

① 心　　② 気

0075 형은 나와 같은 반인 하나코에게 **마음**이 있는 것 같다.

兄は、ぼくの同級生の花子さんに (　　) があるらしい。

① 心　　② 気

ポイント

心 / 気 마음 0071~0076

▶ 자세한 설명은 부록 599쪽 참고

0071 ② **働く気さえあれば、仕事はいくらでもあります。**

'무언가 하려고 하거나 하고 싶다는 마음'의 뜻이므로 気를 써야 한다.

0072 ② **今日は頭が痛いので、勉強する気がしない。**

'~을 할 기분이 들지 않는다'는 뜻을 나타내야 하므로 気가 알맞다.

0073 ② **私は日曜日には気の向くままに、いろんな本を読みます。**

'마음이 내키는 대로'의 뜻이므로 '기분, 의욕. 생각'을 나타내는 気가 알맞다.

0074 ② **試験が近づいたので気が重い。**

문장에서 '마음'은 '걱정하는 마음'이므로 気를 써야 한다.

0075 ② **兄は、ぼくの同級生の花子さんに気があるらしい。**

문장에서 '마음'은 '여러 가지로 생각하는 마음'의 뜻이므로 気를 써야 한다.

プラス+

'신경 쓰다, 걱정하다'의 뜻으로 쓰는 관용구	
気きが気きでない	나쁜 예감의 일이 가까운 미래에 일어나지는 않을까 하고, 강한 불안감을 가져서 진정하지 못하는 모양을 나타낸다.
気にかける	우려하는 정도가 약간 낮아 '염두에 두어 배려하다'의 뜻도 있다.
気にする	気にかける와 気に病む의 중간 정도의 뜻이다.
気に病やむ	우려의 정도가 클 때 くよくよ・ひどく・非常ひじょうに 등의 부사와 함께 쓰이는 경우가 많다. 미래에 대한 일을 우려한다는 뜻은 없고, 주로 현재나 과거의 사실을 대상으로 삼는다.
気もそぞろ	불안한 기분은 없고, 다른 일이 마음에 걸려 지금 하고 있는 일에 집중할 수 없고 진정되지 않는 상태를 말한다.

0076 그는 내가 말한 것이 **마음**에 들지 않는다며 물건을 내던졌다.

彼は、ぼくが言ったことが (　　) にくわないからといって、物を投げた。

① 心　　② 気

0077 동물과 달리 **사람**은 언어를 사용하여 생활한다.

動物と違って、(　　) は言葉を使って生活している。

① 人　　② 人間

0078 그 사건 이후로 아버지는 **사람**이 바뀐 것처럼 일하기 시작했다.

あの事件以来、父は (　　) が変わったように働きはじめた。

① 人　　② 人間

0079 형은 **사람**이 좋아서 뭔가 부탁받으면 거절하지 못한다.

兄は (　　) がいいから何か頼まれると断ることができない。

① 人　　② 人間

ポイント

人 / 人間 / 者 사람 0077~0081

(1) 人は 집단이 아닌 개인 또는 특별한 관계에 있는 사람을 말할 때 쓰인다. 넓은 의미로는 자신과 대립되는 입장에 있는 사람, 즉, 남을 가리키는 경우도 있다. 그런데 人가 자신을 가리킬 때도 있는데, 이 경우는 남이 불쾌한 말이나 행동을 자신에게 했을 때 화난 감정을 나타낸다.

예) ここでは人の目めにつくから、どこかコーヒーショップにでも行いって話はなしをしましょう。여기서는 남의 눈에 띄니까 커피숍에라도 가서 이야기하시죠.

人ひとをバカにしている。사람을 업신여긴다.

(2) 人間은 거리를 두고 제삼자나 방관자, 또는 객관적인 입장에서 사람 자체를 나타낼 때 쓴다.

(3) 者는 자신을 가리킬 때는 겸양어로 쓰이며, 다른 사람에 대해 쓸 때는 무시하는 뜻이 있으므로 조심해서 써야 한다.

0076 ② **彼は、ぼくが言ったことが気にくわないからといって、物を投げた。**

문장에서 '마음'은 '여러 가지로 생각하는 마음'을 나타내기 때문에 気를 써야 한다.

0077 ② **動物と違って、人間は言葉を使って生活している。**

일반적인 사람들을 묘사했기 때문에 人間을 써야 한다.

0078 ① **あの事件以来、父は人が変わったように働きはじめた。**

이 문장에서 '사람'은 '특정한 한 사람'을 나타내기 때문에 人가 알맞다.

0079 ① **兄は人がいいから何か頼まれると断ることができない。**

'사람이 좋다'는 '하나의 개체로서의 사람'을 나타내기 때문에 人가 알맞다.

プラス+

気가 들어가는 관용구

気が多おおい	여러 가지 일에 관심이 많다, 변덕스럽다
気が置おけない	마음 놓을 수 있다, 허물없이 지낼 수 있다
気が気きでない	걱정이 되어 마음을 놓지 못하다, 안절부절못하다
気を引ひく	넌지시 남의 속을 떠보다, 상대방의 관심이 이쪽을 향하게 하다
気を持もたせる	기대를 가지게 하다, 넌지시 비치다

0080 세상 **사람**이 뭐라고 하든지 나는 절대로 내 주장을 바꾸지 않을 거야.

世間の (　　) が何と言おうと、私は絶対に自分の主張を変えないわ。

① 人　　② 人間

0081 저는 기시라는 **사람**입니다만, 요다 씨 계십니까?

私は来住という (　　) ですが、依田さんいらっしゃいますか。

① 人　　② 者

0082 의사 중에 **아는 사람**이 있으면 여러모로 편리하다.

医者に (　　) がいると、何かと便利だ。

① 顔見知り　　② 知り合い

0083 공항 면세점에서 **선물**을 샀다.

空港の免税店で、(　　) を買った。

① お祝い　　② お土産

0084 친구 집에 놀러 갈 때 **선물**로 케이크를 사 가기로 했다.

友だちの家に遊びに行くとき、(　　) にケーキを買って行くことにした。

① 贈り物　　② 土産物

ポイント

お土産(みやげ)・土産物(みやげもの) / 贈(おく)り物(もの) / プレゼント / ギフト / お祝(いわ)い 선물 0083~0086

(1) お土産・土産物는 '여행지에서 가족이나 동료를 위해서 사 오는 그 지역의 산물'을 뜻한다. 집으로 들어갈 때나 출장지에서 사 오는 먹을거리 등이 해당된다. 남의 집을 방문할 때 가져가는 케이크나 와인 등 간단한 선물을 말할 때도 쓴다.

(2) 贈り物는 결혼, 출산, 생일, 입학, 졸업 등을 축하하거나 감사의 뜻으로 주는 선물이다.

(3) 결혼 등의 축하 선물일 때는 '~을 축하하는 선물'이라는 뜻이 있는 ~祝いわい의 형태로 쓴다.
예) 結婚けっこん祝い 결혼 선물

(4) プレゼント는 친구나 가족 등 친한 사이에 주고받는 선물이다.

(5) ギフト는 윗사람이나 공식적인 관계에 있는 사람에게 주는 선물, 결혼식 답례품, 연말연시에 가까운 사이가 아닌 사람에게 주는 선물이다.

0080 ① 世間(せけん)の人(ひと)が何と言(い)おうと、私(わたし)は絶対(ぜったい)に自分(じぶん)の主張(しゅちょう)を変(か)えないわ。

문장에서 '사람'은 '개체로서의 사람'을 나타내기 때문에 人가 알맞다.

0081 ② 私(わたくし)は来住(きし)という者(もの)ですが、依田(よだ)さんいらっしゃいますか。

문장에서 '사람'은 자신을 낮추어서 말하는 경우이므로 者가 알맞다.

0082 ② 医者(いしゃ)に知(し)り合(あ)いがいると、何(なに)かと便利(べんり)だ。

'아는 사람'에 해당하는 말로는 顔見知かおみしり와 知しり合あい가 있다. 顔見知り는 '얼굴 정도 아는 사이'라는 뜻이고, 知り合い는 '어느 정도 친분 관계가 있는 사이'라는 뜻으로 쓴다. 이 문장에서는 知り合い가 알맞다.

0083 ② 空港(くうこう)の免税店(めんぜいてん)で、お土産(みやげ)を買(か)った。

공항에서 사는 선물은 '여행지에서 사 오는 선물'이므로 お土産가 알맞다.
※ お土産의 동의어로 土産物(みやげもの)가 있다.

0084 ② 友(とも)だちの家(いえ)に遊(あそ)びに行(い)くとき、土産物(みやげもの)にケーキを買(か)って行(い)くことにした。

친구의 집을 방문하면서 가져가는 선물이므로 土産物가 알맞다.

0085 결혼하는 친구에게 뭔가 **선물**을 하고 싶다.

結婚する友だちに、何か (　　) をしたいと思う。

① 贈り物　　② お土産

0086 백화점에 가서 친구의 생일 **선물**을 샀다.

デパートに行って、友だちの誕生日の (　　) を買った。

① プレゼント　　② ギフト

0087 오늘은 추워서 스웨터 **안**에 셔츠를 입었다.

今日は寒いので、セーターの (　　) にシャツを着た。

① 中　　② 下

0088 좌석은 **안쪽**부터 순서대로 앉아 주세요.

座席は (　　) から順番におかけください。

① 中　　② 奥の方

0089 더 큰 **소리**로 말하지 않으면 모두에게 들리지 않아요.

もっと大きい (　　) で言わないと、みんなに聞えませんよ。

① 声　　② 音

ポイント

声(こえ) / 音(おと) 소리 0089~0097

(1) 声는 사람이나 동물의 입에서 나는 소리, 목소리

(2) 音는 악기, 자동차 등 사람이나 동물 이외의 사물에서 나는 소리

0085 ① **結婚(けっこん)する友(とも)だちに、何(なに)か贈(おく)り物(もの)をしたいと思(おも)う。**

'결혼 선물'을 뜻하므로, 贈り物・プレゼント・祝いわい를 써야 한다.

0086 ① **デパートに行(い)って、友(とも)だちの誕生日(たんじょうび)のプレゼントを買(か)った。**

생일 선물은 친구나 가족 등 친한 사이에 주고받는 선물이므로 プレゼント가 적당하다.

0087 ② **今日(きょう)は寒(さむ)いので、セーターの下(した)にシャツを着(き)た。**

안에 입는 옷을 나타낼 때는 中なか가 아니라 下した를 써야 한다.

※ 내복 : 下着(したぎ) / 양말(구두 속에 신는 것) : 靴下(くつした)

0088 ② **座席(ざせき)は奥(おく)の方(ほう)から順番(じゅんばん)におかけください。**

'안'에 해당하는 말로는 中なか와 奥おく가 있다. 中는 外そと(밖)의 상대가 되는 말이다. 奥는 '입구 쪽에서 먼 곳, 깊숙한 곳'을 가리킨다. 이 문장에서는 奥の方라고 해야 한다.

0089 ① **もっと大(おお)きい声(こえ)で言(い)わないと、みんなに聞(き)こえませんよ。**

사람이 내는 소리이기 때문에 声가 알맞다.

オマケ 예시나 환언을 나타내는 부사

결국, 즉 (다시 말해서)	つまり
말하자면, 이를테면 (예시)	いわば
소위, 이른바	いわゆる
예컨대, 예를 들면	例たとえば
오히려, 도리어, 반대로	かえって

0090 **소리** 내지 마. 겨우 아가가 잠들었으니까.

(　　) を立てないでね。やっと赤ちゃんが寝ついたところだから。

① 声　　② 音

0091 "불이야!"라는 **소리**가 들려서, 허둥지둥 밖으로 나왔어요.

「火事だ」という (　　) がしたので、慌てて外へ出ました。

① 声　　② 音

0092 이번 정책에 관해서는 정부에 대한 비난의 **소리**가 높았다.

今度の政策に関しては、政府に対する非難の (　　) が高かった。

① 声　　② 音

0093 새 울음**소리**에 눈을 떴더니 아직 5시였다.

鳥の鳴き (　　) に目をさましたが、まだ５時だった。

① 声　　② 音

0094 일요일 아침, 어디선가 피아노 **소리**가 들려왔다.

日曜日の朝、どこからピアノの (　　) が聞えてきた。

① 声　　② 音

0090 ① **声を立てないでね。やっと赤ちゃんが寝ついたところだから。**

문장에서 '소리'는 사람의 입에서 나는 소리이므로 声가 알맞다.

0091 ① **「火事だ」という声がしたので、慌てて外へ出ました。**

사람이 지르는 목소리이므로 声가 알맞다.

0092 ① **今度の政策に関しては、政府に対する非難の声が高かった。**

사람들의 목소리를 나타내므로 声가 알맞다.

0093 ① **鳥の鳴き声に目をさましたが、まだ5時だった。**

동물인 새 소리를 나타내므로 声가 알맞다.

0094 ② **日曜日の朝、どこからピアノの音が聞えてきた。**

악기인 피아노의 소리이기 때문에 音가 알맞다.

オマケ	때를 나타내는 부사
아까, 조금 전 (공손한 말)	**先さきほど**
아직도, 지금도	**今いまに**
이윽고, 머지않아	**やがて**
지금, 현재, 방금, 곧 (공손한 말)	**ただ今いま**
지난번, 요전	**この間あいだ**

0095 바이올린은 높은 **소리**를 내지만, 콘트라베이스는 낮은 **소리**를 낸다.

バイオリンは高い (　　　) を出すが、コントラバスは低い (　　　) を出す。

① 声 / 声　　② 音 / 音

0096 집 앞에 자동차가 멈추는 **소리**가 났기 때문에 나가 보았다.

家の前に車の止まる (　　) がしたので出てみた。

① 声　　② 音

0097 기차 **소리**를 들으면 여행하고 싶어진다.

汽車の (　　) を聞くと旅行したくなる。

① 声　　② 音

0098 전철 문에 **기대지** 마세요.

電車のドアに (　　) ないでください。

① もたれ　　② 頼ら

0099 힘들 때는 내게 **기대도** 돼요.

つらい時は、私に (　　) いいですよ。

① もたれても　　② 頼っても

ポイント

もたれる / 頼(たよ)る 기대다, 의지하다 0098~0099

(1) もたれる는 물체나 사람에게 비스듬하게 기대는 것을 나타낸다.
(2) 頼る는 정신적으로 의지한다는 뜻을 나타낼 때 쓴다.

0095 ② **バイオリンは高(たか)い音(おと)を出(だ)すが、コントラバスは低(ひく)い音(おと)を出(だ)す。**

문장에서 '소리'는 악기 소리이기 때문에 音가 알맞다. 바이올린은 バイオリン 또는 ヴァイオリン이라고 한다.

0096 ② **家(いえ)の前(まえ)に車(くるま)の止(と)まる音(おと)がしたので出(で)てみた。**

자동차 소리이기 때문에 音가 알맞다.

0097 ② **汽車(きしゃ)の音(おと)を聞(き)くと旅行(りょこう)したくなる。**

기차 소리라고 했으므로 音가 알맞다.

0098 ① **電車(でんしゃ)のドアにもたれないでください。**

전철이라는 물체에 비스듬히 기대는 것이므로 もたれる가 알맞다.

0099 ② **つらい時(とき)は、私(わたし)に頼(たよ)ってもいいですよ。**

문장에서 '기대다'는 '정신적으로 의지하다'의 뜻이므로 頼る가 알맞다.

オマケ 횟수를 나타내는 빈도 부사

가끔, 간혹, 마침, 그때	たまたま
늘, 항상, 언제나	常(つね)に
뜻밖에, 우연히 (상당히 시간을 두고 나타남)	たまに
자주, 여러 차례	しばしば / たびたび
좀처럼	めったに

0100 합격하게 해 달라고 하느님께 **빌었다**.

合格するように、と神様に (　　) 。

① 謝った　　② 祈った

0101 일이 바빠서 쉴 **새**도 없다.

仕事が忙しくて休む (　　) もない。

① あいだ　　② ま

0102 4월 4일부터 8일까지 **사이**에 일어난 사건 수입니다.

４月４日から８日までの (　　) に起った事件の数です。

① あいだ　　② ま

0103 시즈오카는 도쿄와 나고야 **사이**에 있다.

静岡は東京と名古屋の (　　) にある。

① あいだ　　② ま

0104 그 사고 이후로 두 사람 **사이**에 틈이 생기고 말았다.

あの事故以来、二人の (　　) に溝ができてしまった。

① あいだ　　② ま

ポイント

間 / 間 사이, 틈 0101~0107

⑴ あいだ에 비해 ま의 쓰임은 한정적이다. '수치에 관한 것, 거리가 먼 경우, 사람과 사람 사이(관계), 사건의 관계' 등의 뜻일 때는 ま는 쓸 수 없다.

⑵ あいだ는 비교적 길다고 느끼는 시간 · 기간에 쓰이며, ま는 사이(공간) · 틈(시간)을 뜻하므로 심리적으로 무척 짧다고 느끼는 시간이나 순간을 나타낸다.

⑶ '틈, 겨를'의 뜻으로 쓰일 경우는 ま만 쓸 수 있다.

⑷ ま로만 읽는 경우
(まだ)~間がある / ~する間も惜おしむ / 間を見みて~する / 見る間に~する / ~して間もない / 間もなく~する / ~する間もない / いつの間にか / 瞬またたく間に / あっという間に / 間が持もてない / 間が抜ぬける / 間がいい / 間が悪わるい / 間に合あう / 間に合わない / 間を持もたす / 間をおく

0100 ② 合格するように、と神様に祈った。

문장에서 '빌다'는 '기원하다, 기도하다'의 뜻이므로 祈いのる가 알맞다.

0101 ② 仕事が忙しくて休む間もない。

문장에서 '새(사이)'는 '틈, 겨를'의 뜻으로 쓰였기 때문에 ま를 써야 한다.

0102 ① 4月4日から8日までの間に起った事件の数です。

일정 기간을 나타내는 말이기 때문에 間あいだ를 써야 한다.

0103 ① 静岡は東京と名古屋の間にある。

일정 지역과 지역 사이의 거리가 먼 경우이므로 あいだ가 알맞다.

0104 ① あの事故以来、二人の間に溝ができてしまった。

문장에서 '사이'는 사람과 사람의 관계를 나타내므로 あいだ가 알맞다.

0105 우리 부자 **사이**에 비밀은 없다.

私たち親子の（　　）に秘密はない。

① あいだ　　② ま

0106 그 호텔은 싸고 깨끗해서 여행객들 **사이**에 인기가 있다.

そのホテルは安くてきれいなので、旅行者たちの（　　）で人気がある。

① あいだ　　② ま

0107 두 사건 **사이**에는 관계가 있는 것 같다.

二つの事件の（　　）には関係があるようだ。

① あいだ　　② ま

0108 내가 외출한 **사이에** 니시코리 씨가 오면 이것을 전해 줘.

ぼくが出かけている（　　）、錦織さんが来たら、これを渡して。

① あいだ　　② あいだに

0109 자는 **사이에** 비가 그쳤다.

寝ている（　　）、雨が止んだ。

① あいだ　　② あいだに

ポイント

間 / 間に ~사이(에), 동안(에) 0108~0113

둘 다 '사이(에), 동안(에)'라고 번역되지만, 용법은 각각 다르다.

(1) [명사(기간 · 시간)+の+間]는 '~ 동안 계속해서 ~이 발생하다(을 하다)'의 뜻을 나타낸다. 앞에는 기간 · 시간 등을 나타내는 말에 ~がある · がいる · ている 등이 붙어 쓰인다. 間 뒤에는 기간 전부를 사용하는 것이므로 주로 계속 동사가 쓰인다.

(2) 間に는 '~ 시점에 ~이 발생하다(을 하다)'의 뜻을 나타낸다. 앞에는 기간 · 시간 등을 나타내는 말에 ~がある · がいる · ている 등이 붙어 쓰인다. 間に 뒤에는 시점, 짧은 시간 · 기간에 하는 동작을 나타내므로 주로 순간 동사가 쓰인다.

(3) 일정 기간 계속되고 있는 동작은 間(쭉, 계속), 그 기간 내에 발생하여 완료된 동작은 間に로 외우면 좋다.

0105 ① 私たち親子の間に秘密はない。

문장에서 '사이'는 사람과 사람의 감정적, 정서적 관계를 나타내므로 あいだ가 알맞다.

0106 ① そのホテルは安くてきれいなので、旅行者たちの間で人気がある。

사람들 사이에서 평판을 나타내므로 あいだ가 알맞다.

0107 ① 二つの事件の間には関係があるようだ。

이 문장은 '두 사건의 사이'의 뜻이므로 あいだ가 알맞다.

0108 ② ぼくが出かけているあいだに、錦織さんが来たら、これを渡して。

문장에서는 '외출한 사이'의 어느 한 시점이므로 あいだに가 알맞다.

0109 ② 寝ているあいだに、雨が止んだ。

비가 그친 것은 '잠을 자는 사이'의 일정 시점이므로 あいだに가 알맞다.

0110 여름 방학 **동안에** 운전면허를 땄습니다.

夏休みの (　　) 、車の免許をとりました。

① あいだ　　② あいだに

0111 겨울 방학 **동안에** 일본어 공부를 했습니다.

冬休みの (　　) 、日本語の勉強をしていました。

① あいだ　　② あいだに

0112 네가 쿨쿨 자는 **동안에** 난 계속 공부를 하고 있었거든!

君がグーグーと寝ている (　　) 、ぼくはずっと勉強をしていたんだよ。

① あいだ　　② あいだに

0113 오늘은 버스가 좀처럼 오지 않아서 기다리는 **동안에** 이 책 거의 다 읽어 버렸어.

今日はバスがなかなか来なくて、待っている (　　) 、この本、ほとんど読んじゃったよ。

① あいだ　　② あいだに

0114 따뜻할 **때** 어서 차 드세요.

温かい (　　) お茶をどうぞ。

① うちに　　② あいだに

レベル1
レベル2
レベル3

ポイント

間(あいだ)に / うちに ~ 사이(에), 동안(에), ~때, ~ 전에 0114~0120

(1) 間に는 순전히 '기간'을 의미하며, '~이라는 어느 시점에, ~이라는 기간에'라는 뜻이다.
(2) うちに는 '상태의 변화'에 포인트를 두어 '~이 아닌 상태로 바뀌기 전에'라는 뜻으로 쓰인다.
(3) 그 상태가 아니면 안 되므로(그 시기나 상태를 놓치면 안 되므로) 이 시기에 해야 한다는 기분이 강할 때는 うちに를 쓴다. 또한 형용사에 붙는 경우도 うちに가 주로 쓰인다.

0110 ② 夏休(なつやす)みのあいだに、車(くるま)の免許(めんきょ)をとりました。

운전면허를 딴 것은 '여름 방학 동안'의 어느 한 시점이므로 あいだに가 알맞다.

0111 ① 冬休(ふゆやす)みのあいだ、日本語(にほんご)の勉強(べんきょう)をしていました。

문장에서는 내가 일본어 공부를 여름 방학 내내 계속한 것이므로 あいだ가 알맞다.

0112 ① 君(きみ)がグーグーと寝(ね)ているあいだ、ぼくはずっと勉強(べんきょう)をしていたんだよ。

'네가 자고 있는 동안 나는 계속해서'의 뜻이므로 あいだ가 알맞다.

0113 ① 今日(きょう)はバスがなかなか来(こ)なくて、待(ま)っているあいだ、この本(ほん)、ほとんど読(よ)んじゃったよ。

문장에서는 버스를 기다리는 동안 계속해서 책을 읽었기 때문에 あいだ가 알맞다.

0114 ① 温(あたた)かいうちにお茶(ちゃ)をどうぞ。

'따뜻할 때' 즉, '차가워지기 전'에 마시라는 의미이므로 うちに가 알맞다.

オマケ	예상과의 일치・불일치를 나타내는 부사
역시, 예상대로	やはり
과연, 정말	なるほど
과연, 역시	さすが

0115 식기 **전에** 어서 차 드세요.

冷めない (　　) お茶をどうぞ。

① うちに　　② あいだに

0116 30대**에** 결혼하고 싶다.

30代の (　　) 結婚したい。

① うちに　　② あいだに

0117 사람은 부지불식 **간에** 나이를 먹는다.

人は知らず知らずの (　　) 、年を取る。

① うちに　　② あいだに

0118 전철을 기다리는 **사이에** 사장님으로부터 전화가 걸려 왔다.

電車を待っている (　　) 、社長から電話がかかってきた。

① うちに　　② あいだに

0119 진료 시간은 오전 9시부터 오후 4시까지이므로 그 **사이에** 와 주세요.

診療時間は午前９時から午後４時までですので、その (　　) お越しください。

① うちに　　② あいだに

0115 ① **冷(さ)めないうちにお茶(ちゃ)をどうぞ。**

문장에서는 '식기 전' 상태에 포인트가 있으므로 うちに가 알맞다.

0116 ① **30代(だい)のうちに結婚(けっこん)したい。**

'30대일 때' 즉, '40대가 되기 전에'라는 뜻이므로 うちに가 알맞다.

0117 ① **人(ひと)は知(し)らず知(し)らずのうちに年(とし)を取(と)る。**

'부지불식 간에'는 '자기도 모르는 사이에'라는 뜻이므로 うちに가 알맞다.

0118 ② **電車(でんしゃ)を待(ま)っているあいだに社長(しゃちょう)から電話(でんわ)がかかってきた。**

'전철이 올 때까지 기다리는 동안'이라는 확실한 시간을 나타내므로 あいだに가 알맞다.

0119 ② **診療時間(しんりょうじかん)は午前(ごぜん)9時(くじ)から午後(ごご)4時(よじ)までですので、そのあいだにお越(こ)しください。**

'진료 시간까지'라는 확실한 기준이 나와 있으므로 あいだに가 알맞다.

オマケ	'지금, 곧'의 뜻을 나타내는 부사
곧, 금방	すぐ
곧, 금방 (미래 일에만 사용)	もうすぐ
곧, 즉시, 이내	さっそく
금세, 곧	たちまち
돌연, 갑자기	いきなり
서둘러, 빨리빨리, 척척, 데꺽	さっさと
아주 바삐 (공손한 말)	至急 しきゅう
이윽고, 머지않아	まもなく

0120 내가 출장 간 **사이에** 복사기가 새것으로 바뀌어 있었다.

私が出張に行っている (　　) コピー機が新しくなっていた。

① うちに　　② あいだに

0121 미국의 북부에서는 한겨울에도 집 **안**은 따뜻하다.

アメリカの北部では真冬でも家の (　　) は暖かい。

① なか　　② うち

0122 1년 **중** 가장 바쁠 때는 연말일 것이다.

一年の (　　) で一番忙しいのは年末だろう。

① なか　　② うち

0123 접수하는 사람에게 **인사**를 하고 사무실에 들어갔다.

受付の人に (　　) をして事務所へ入った。

① 挨拶　　② お礼

0124 도쿄를 안내해 주신 **감사의 의미**로 오늘밤 식사라도 함께하시면 어떨까요?

東京を案内していただいた (　　) に、今晩お食事でも一緒にいかがでしょうか。

① 挨拶　　② お礼

ポイント

うち / なか 안, 중 0121~0122

(1) 시간적 범위를 나타낼 때는 うち만 쓸 수 있다.
(2) 입체적 공간을 가리킬 때는 なか만 쓸 수 있다.

단, 日本にほんの四よつの島しまのなかで(うちで)一番いちばん大おおきいのは本州ほんしゅうだ。(일본의 4개 섬 가운데 가장 큰 섬은 혼슈이다.)와 같이 범위를 가리킬 때는 うち도 쓸 수 있다.

挨拶 / お礼 인사 0123~0125

(1) 우리말의 '인사'를 그대로 한자로 人事라고 쓰지 않는다. 人事라는 말은 人事課じんじか(인사과) · 人事移動じんじいどう(인사이동) 등을 나타낼 때만 쓴다.
(2) 挨拶는 '사람을 만났을 때 예의 차린 말이나 동작, 행사나 모임 등에서 예의를 차려 마음을 표현하는 것, 또는 그 말'의 뜻으로 쓴다.
(3) お礼는 '감사의 뜻을 표현하는 말과 행동'을 나타낸다.

0120 ② 私が出張に行っているあいだにコピー機が新しくなっていた。

문장에서는 '출장 기간'이라는 확실한 시점을 나타내므로 あいだに가 알맞다.

0121 ① アメリカの北部では真冬でも家のなかは暖かい。

집 안이라는 입체적 공간을 가리키므로 なか가 적당하다.

0122 ② 一年のうちで一番忙しいのは年末だろう。

1년이라는 시간적 범위를 나타내므로 うち가 적당하다.

0123 ① 受付の人に挨拶をして事務所へ入った。

문장에서 '인사'는 예의 차린 말을 하는 것이기 때문에 挨拶가 알맞다.

0124 ② 東京を案内していただいたお礼に、今晩お食事でも一緒にいかがでしょうか。

'감사의 의미'라고 했기 때문에 お礼가 알맞다.

0125 근처에 사는 아줌마가 소포를 맡아 줬기 때문에 **인사**를 하고 찾아왔다.

近所のおばさんが小包を預かっておいてくれたので、(　　　)を言って受け取ってきた。

① 挨拶　　② お礼

0126 아버지는 회사 일이 바빠서 요즘 **귀가**가 늦습니다.

父は会社の仕事が忙しくて最近 (　　) が遅いです。

① 帰家　　② 帰り

0127 집에 **도착하는** 대로 전화 주세요.

家に (　　) しだいお電話ください。

① 着く　　② 着き

0128 A : 이 시계 10만 엔 정도?

B : **그렇게** 비싸지 않을 거야.

A: この時計、10万円くらい？

B: (　　) 高くないだろう。

① あまり　　② そんなに

0129 저는 요리는 **자신 있습니다**.

私は料理は (　　)。

① 上手です　　② 得意です

ポイント

あまり～ない / そんなに～ない 그리 ~ 않다, 별로 ~ 않다 0128

⑴ あまり～ない는 정도가 높지 않다는 뜻을 나타낸다. 회화체에서는 あんまり를 쓰는 경우가 많다. 少すこし보다 더 낮은 정도라는 느낌을 나타낼 때 쓴다. あまり～ない는 예상에 대해서는 쓰이지 않는다.

⑵ そんなに～ない는 생각보다 정도가 높지 않거나, 다른 것과 비교해 볼 때 정도가 높지 않다는 뜻을 나타낸다.

0125 ② 近所(きんじょ)のおばさんが小包(こづつみ)を預(あず)かっておいてくれたので、お礼(れい)を言(い)って受(う)け取(と)ってきた。

소포를 맡아 준 데 대한 '감사 인사'의 뜻이기 때문에 お礼가 알맞다.

0126 ② 父(ちち)は会社(かいしゃ)の仕事(しごと)が忙(いそが)しくて最近(さいきん)帰(かえ)りが遅(おそ)いです。

'귀가'를 한자어로 그대로 옮겨 帰家라고 쓰기 쉽지만, 帰り 또는 帰宅きたく라고 한다.

※ 귀가하다 : 家(いえ)に帰る · 帰宅する

0127 ② 家(いえ)に着(つ)きしだいお電話(でんわ)ください。

'~하는 대로'는 [동사 연용형+次第] 형태로 쓴다.

0128 ② そんなに高(たか)くないだろう。

あまり～ない는 예상에 대해서는 쓸 수 없다. そんなに～ない만 쓸 수 있다.

0129 ② 私(わたし)は料理(りょうり)は得意(とくい)です。

上手じょうず와 得意とくい는 둘 다 '잘하다'의 뜻으로 사용할 수 있지만, 上手는 자신이나 가족에 대해서 쓸 수 없는 데 반해, 得意とくい는 자신이나 가족에 대해서 쓸 수 있다는 차이가 있다.

0130 이 게임은 아이**부터** 어른까지 즐길 수 있다.

このゲームは子ども (　　) 大人まで楽しめる。

① から　　② より

0131 포도**로** 와인을 만듭니다.

ぶどう (　　) ワインを作ります。

① から　　② より

0132 어제**보다** 훨씬 춥다.

昨日 (　　) ずっと寒い。

① から　　② より

0133 “**조용히** 해요”라고 선생님은 말했다.

「(　　) しなさい」と先生は言った。

① 静かに　　② 物静かに

0134 와인은 안 사도 돼요. 이미 사 **놨으**니까.

ワインは買わなくていいですよ。もう買って (　　) から。

① いる　　② ある

ポイント

から / より 부터 <u>0130~0132</u>

(1) から
① 언제 · 어디 · 누구 · 무엇이 시작인지를 나타내는 말이다.
② から는 도달점을 나타내는 まで와 함께 사용하여 거리나 시간 등의 범위를 나타낸다.
③ から는 원료를 나타내기도 한다.

(2) より
① 언제 · 어디 · 누구 · 무엇이 시작인지를 나타내는 문장체이며, 격식 차린 상황에서 쓴다.
② より는 비교의 의미로 사용되는 경우가 많다.

物静(ものしず)か / 静(しず)か 조용하다 <u>0133</u>

(1) 物静か는 전체적인 상황이나 언행이 침착하거나 가라앉은 분위기를 말하며, 실제 소리가 조용하다는 뜻으로는 잘 쓰지 않는다.
(2) 静か는 구체적인 행위들이 시끄럽지 않고 조용한 상태를 뜻한다.

0130 ① このゲームは子(こ)どもから大人(おとな)まで楽(たの)しめる。

도달점을 나타내는 まで와 함께 사용하여 거리나 시간 등의 범위를 나타내는 것은 から이다.

0131 ① ぶどうからワインを作(つく)ります。

원료를 나타내므로 から가 알맞다.

0132 ② 昨日(きのう)よりずっと寒(さむ)い。

비교의 의미로 사용되는 것은 より이다. 昨日きのうからずっと寒さむい라고 하면 '비교'의 의미가 아니라 '기점'의 의미가 되어 '어제부터 줄곧 춥다'는 뜻이 된다.

0133 ① 「静(しず)かにしなさい」と先生(せんせい)は言(い)った。

교실에서 목소리가 시끄러운 상황이므로 静か를 쓴다.

0134 ② ワインは買(か)わなくていいですよ。もう買(か)ってあるから。

문장은 '이미 사 두었다'는 뜻이므로 買ってある가 맞다. 만약에 買っている라고 하면 '사고 있다'는 진행의 표현이 되므로 이 문장에는 맞지 않다.

0135 일어나 보니 아침밥이 준비되어 **있었다.**

起きてみると、もう朝食が作って (　　) 。

① いた　　　② あった

0136 길에 사람이 쓰러져 **있다.**

道に人が倒れて (　　) 。

① いる　　　② ある

0137 비가 내리고 **있습니다.**

雨が降って (　　) 。

① います　　　② あります

0138 아버지는 삼성**에서** 근무하고 있습니다.

父はサンスン (　　) 勤めています。

① で　　　② に

0139 일본**에서** 일하고 싶어서 찾아오는 동남아시아 사람들이 늘고 있다.

日本 (　　) 働きたくてやって来る東南アジア人が増えている。

① で　　　② に

ポイント

～ている와 ～てある 0134~0137

～ている와 ～てある는 양쪽 다 상태를 나타내지만, 다음과 같은 차이가 있다.

(1) ～ている는 '동작이 일어난 뒤의 (사람 · 사물의) 상태'를 나타낸다. 동사는 자동사가 쓰인다.

(2) ～てある는 '목적을 가지고 동작을 한 뒤의 (사람 · 사물의) 상태'를 나타낸다. 동사는 타동사이다. 악의가 있지 않은 이상 부정적인 뜻의 동사는 쓰지 않는다.

문맥에 따라서는 '미래에 대비해 ~을 하다'의 뜻을 나타내기도 한다. 동사의 의미상 목적어가 주어가 되며, 동작 주체는 문장 속에 나타나지 않을 때가 많지만, 그 존재는 느껴진다. 또한 동사가 피동형일 때는 동작 주체의 존재가 더 강하게 느껴진다.
예) 窓まどが開あけてある。 / 窓まどが開あいている。 창문이 열려 있다.
開けてある는 문장에 써 있지 않지만 동작 주체를 생략한 문장이고, 開いている는 동작 주체는 알 수 없고 창문이 열려 있는 상태 자체를 나타낸다.

0135 ② **起(お)きてみると、もう朝食(ちょうしょく)が作(つく)ってあった。**

문장은 누군가가 밥을 해 놓았다는 뜻이므로 作ってある가 맞다.

0136 ① **道(みち)に人(ひと)が倒(たお)れている。**

자동사 문장이므로 いる가 맞다.

0137 ① **雨(あめ)が降(ふ)っています。**

～てある는 무의지 동사에는 쓰일 수 없으므로 ～ている가 알맞다.

0138 ② **父(ちち)はサンスンに勤(つと)めています。**

勤める 앞에는 조사 に가 온다.

0139 ① **日本(にほん)で働(はたら)きたくてやって来(く)る東南(とうなん)アジア人(じん)が増(ふ)えている。**

働く 앞에는 조사 で를 쓴다.

0140 홋카이도는 추울 거라고 생각했는데 **의외로** 춥지 않아서 안심했다.

北海道は寒いだろうと思ったが、(　　) 寒くないので安心した。

① 意外に　　② 案外に

0141 친구 집은 단지 안에 있다고 해서 바로 찾을 수 있으리라 생각했는데, 찾는 데 **의외로** 시간이 걸렸다.

友だちの家は、団地の中にあるというので、すぐ分かると思ったが、探すのに (　　) 手間取った。

① 意外　　② 案外

0142 사이다는 **시원한** 맛이 매력이다.

サイダーは (　　) 味が魅力だ。

① 涼しい　　② 爽やかな

0143 선글라스를 **벗으**니 그녀의 인상은 180도 달라졌다.

サングラスを (　　) と、彼女の印象は180度変わった。

① 脱ぐ　　② 外す

ポイント

案外 / 意外 의외, 뜻밖 0140~0141

(1) 案外는 정도, 경과 등이 예상했던 것과 다른 결과로 나타난 경우를 말한다.

(2) 意外는 생각하지도 못했던 예상 밖의 일에 대해 쓴다.

0140 ② 北海道は寒いだろうと思ったが、案外に寒くないので安心した。

추울 것으로 예상했는데 의외로 춥지 않았다고 했으므로 案外に가 알맞다.

0141 ② 友だちの家は、団地の中にあるというので、すぐ分かると思ったが、探すのに案外手間取った。

바로 찾을 수 있다고 예상했는데 의외로 시간이 걸렸다고 했으므로 案外가 알맞다.

0142 ② サイダーは爽やかな味が魅力だ。

'기온이 낮아서 상쾌하다'는 뜻으로 涼すずしい와 爽やか는 비슷하지만, 爽やか는 사람이 느끼는 청량감에 포인트가 있고, 爽やか를 느끼는 대상은 涼しい보다 넓다. 이 문장에서는 청량음료의 맛을 표현하는 것이므로 爽やか가 알맞다.

0143 ② サングラスを外すと、彼女の印象は180度変わった。

脱ぬぐ는 의복 · 양말 · 신발 · 모자 등에 쓰고, '안경'과 같이 '부착되어 있는 것을 떼어낸다'는 뜻으로는 外す 또는 取とる를 써야 한다.

プラス+

'시원하다'의 여러 가지 표현	
국물이 시원하다	汁しるがさっぱりしている
맥주가 안 시원하다	ビールが冷ひえていない
몸이 시원하다, 상쾌하다	体からだがさっぱりした
바람이 시원하다	風かぜが涼すずしい
성격이 시원하다	性格せいかくがさっぱりしている
속이 시원하다	胸むねがすっきりする
시원한 물	冷つめたい水みず
아~ 시원하다 (안마 등을 받고 나서)	あ~利きく / 気持きもちいい

0144 크게 두 팔을 벌리고 아침의 신선한 공기를 **마셨다**.

大きく両手を広げて、朝の新鮮な空気を (　　)。

① 飲んだ　　② 吸った

0145 우리 학교는 서울역 **뒤**에 있다.

私の学校はソウル駅の (　　) にある。

① あと　　② 後ろ

0146 언제나 **뒷길**로 학교에 간다.

いつも (　　) を通って学校へ行く。

① 裏道　　② 後ろ道

0147 스기야마 씨, 이 길은 붐비니까 **뒷**길로 달려요.

杉山さん、この道は込んでいますから、(　　) 通りを走りましょう。

① 裏　　② 後ろ

ポイント

飲のむ / すう 마시다, 삼키다 0144

(1) のむ는 액체에 대해서는 언제나 쓸 수 있다. 고체라도 알약을 먹거나 사탕을 씹지 않고 삼키거나 아이가 동전을 잘못 삼켰다는 뜻으로도 쓸 수 있다.
예) あめ玉だまを飲んでしまう。사탕을 그냥 삼켜 버리다.
子供こどもが誤あやまって銅貨どうかを飲んでしまった。아이가 잘못해서 동전을 삼켜 버렸다.
(2) 대상이 공기, 가스 등 기체일 때는 すう만 쓸 수 있다.

あと / うしろ / うら / のち 뒤 0145~0151

▶ 자세한 설명은 부록 600쪽 참고

0144 ② **大おおきく両手りょうてを広ひろげて、朝あさの新鮮しんせんな空気くうきを吸すった。**

기체일 때는 すう만 쓸 수 있다.

0145 ② **私わたしの学校がっこうはソウル駅えきの後うしろにある。**

문장은 '건물의 뒤'이므로 後うしろ와 裏うら만 쓸 수 있다.

0146 ① **いつも裏道うらみちを通とおって学校がっこうへ行いく。**

이 문장에서 '뒷길'은 '안쪽에 있는 길'을 뜻하기 때문에 裏道라고 한다.

0147 ① **杉山すぎやまさん、この道みちは込こんでいますから、裏通うらどおりを走はしりましょう。**

後うしろ는 前まえ의 반대말이고, 裏うら는 表おもて의 반대말이다. 따라서 '앞길'은 表通おもてどおり, '뒷길'은 裏通り이다.

プラス+

서로 상대가 되는 어휘

前まえ	↔ 後うしろ	앞 ↔ 뒤
表おもて	↔ 裏うら	겉, 밖 ↔ 안, 뒤
表通おもてどおり · 大通おおどおり	↔ 裏通うらどおり	한길, 큰길 ↔ 뒷길
表門おもてもん	↔ 裏門うらもん	앞문 ↔ 뒷문
表話おもてばなし	↔ 裏話うらばなし	겉으로 드러난 이야기 ↔ 뒷이야기

0148 어제는 **뒷**산에 도토리를 주우러 갔습니다.

昨日は (　　) 山へどんぐり拾いに行きました。

① 裏　　　② 後ろ

0149 도둑은 아무래도 **뒷**문으로 들어온 것 같다.

泥棒はどうも (　　) 門から入ったらしい。

① 裏　　　② 後ろ

0150 어떻게 그가 사장으로 승진했는지 **뒷**이야기를 알고 있습니까?

どうして彼が社長に昇進したのか、(　　) 話を知っていますか。

① 裏　　　② 後ろ

0151 8회 **말**에 8 대 1, 시합의 대세는 거의 정해졌다.

８回 (　　) で８対１、試合の大勢はほぼ決まった。

① 裏　　　② 後ろ

0152 당신의 **체류** 자격을 알려 주세요.

あなたの (　　) 資格を教えてください。

① 在留　　　② 滞留

0153 육류를 싫어하는 사람은 **참치** 샌드위치를 먹으면 된다.

肉がきらいな人は (　　) のサンドイッチを食べればいい。

① まぐろ　　　② ツナ

0148 ① **昨日(きのう)は裏山(うらやま)へどんぐり拾(ひろ)いに行(い)きました。**

'앞산'은 表山おもてやま, '뒷산'은 裏山이다.

0149 ① **泥棒(どろぼう)はどうも裏門(うらもん)から入(はい)ったらしい。**

'앞문, 정문'은 表門おもてもん, '뒷문'은 裏門이다.

0150 ① **どうして彼(かれ)が社長(しゃちょう)に昇進(しょうしん)したのか、裏話(うらばなし)を知(し)っていますか。**

'겉으로 드러난 이야기'는 表門おもてばなし, '겉으로 드러나지 않은 뒷이야기'는 '알고 있는 것과 다른 면'을 나타내는 裏를 써서 裏話라고 한다.

0151 ① **8回裏(はちかいうら)で8対1(はちたいいち)、試合(しあい)の大勢(たいせい)はほぼ決(き)まった。**

야구 경기에서 후공 팀의 공격 시간을 가리키는 '~말'은 裏라고 한다. 반대로 '~초'는 表おもて이다. 大勢는 おおぜい라고 읽으면 '많은 사람', たいせい라고 읽으면 '대세'를 뜻한다.

0152 ① **あなたの在留資格(ざいりゅうしかく)を教(おし)えてください。**

'체류 자격'은 在留를 써서 在留資格라고 한다.

0153 ② **肉(にく)がきらいな人(ひと)はツナのサンドイッチを食(た)べればいい。**

샌드위치에 넣는 것은 통조림이므로 ツナ라고 해야 한다. '참치'에 해당하는 말로는 まぐろ와 ツナ가 있는데, 이 중 ツナ는 샌드위치나 샐러드에 쓰이는 통조림을 말할 때 쓰고, 그 외에는 まぐろ를 쓴다.

オマケ ようだ・そうだ・らしい와 호응하는 진술부사

危あやうく	가까스로, 하마터면
今いまにも	당장이라도, 이내, 곧, 금방
どうも	어쩐지
どうやら	아무래도
まさか	설마
まるで	마치

0154 생선 초밥은 역시 **참치**가 최고다.

すしはやっぱり (　　) が一番だ。

① まぐろ　　② ツナ

0155 **허니문**은 국내에도 멋진 장소가 많이 있다.

(　　) は、国内にも素敵な場所がたくさんある。

① ハネムーン　　② ハニムーン

0156 **리코더**는 다른 관악기에 비해 소리를 내기 쉽고 연주하기 쉽다.

(　　) は他の管楽器に比べて音が出しやすく演奏しやすい。

① リコーダー　　② レコーダー

0157 나는 히가시 씨와는 **다른** 의견을 가지고 있다.

私は東さんとは違う (　　) 意見を持っている。

① 別の　　② ほかの

0158 나는 **다른** 사람과는 다른 의견을 가지고 있다.

私は (　　) 人とは違う意見を持っている。

① 別の　　② ほかの

0159 샐러드를 큰 **볼**에 담아 주세요.

サラダを大きい (　　) に入れてください。

① ボウル　　② ボール

ポイント

別の / ほかの 다른 0157~0158

(1) 別のは 두 가지를 대등하게 비교하여 그것들이 일치하지 않는다는 뜻이다. 別の日ひ라고 하면 지금 말하는 날이 아닌 다른 특정한 날을 가리킨다.

(2) ほかのは '지금 말하는 이외'라는 뜻이다. ほかの日ひ라고 하면 지금 말하는 이외의 날, 즉, 불특정한 날을 가리킨다.

0154 ① **すしはやっぱりまぐろが一番だ。**

ツナ는 샌드위치나 샐러드에 넣는 통조림, 그 외의 것은 まぐろ라고 한다.

0155 ① **ハネムーンは、国内にも素的な場所がたくさんある。**

'허니문' 표기 ハネムーン에 주의해야 한다.

0156 ① **リコーダーは他の管楽器に比べて音が出しやすく演奏しやすい。**

외래어 recorder는 リコーダー라고 읽으면 악기를 가리키는 말이 되고, レコーダー라고 읽으면 녹음기를 가리키는 말이 된다.

0157 ① **私は東さんとは違う別の意見を持っている。**

나의 의견과 히가시 씨 의견이라는 두 개의 의견을 대조하고 있으므로 別の가 알맞다.

0158 ② **私はほかの人とは違う意見を持っている。**

나의 의견 외의 불특정한 사람들과 대조하는 것이므로, 비교하여 일치하지 않는 뜻이므로 ほかの가 알맞다.

0159 ① **サラダを大きいボウルに入れてください。**

ボウル는 용기(bowl)를 의미하고, ボール는 공(ball)을 뜻한다.

0160 **집**을 담보로 하여 돈을 빌리는 것은 위험하다.

(　　) を担保にして借金をするのは危険だ。

① うち　　② いえ

0161 사장님, **수고하셨습니다**.

社長、(　　)。

① ご苦労様でした　　② お疲れさまでした

0162 다리가 **굵어서** 고민이에요.

足が (　　) 困ります。

① 厚くて　　② 太くて

0163 잠자리가 날아와 내 어깨에 **앉았다**.

とんぼが飛んできて、ぼくの肩に (　　)。

① 座った　　② 止まった

0160 **② 家を担保にして借金をするのは危険だ。**

'집'을 뜻하는 말에는 うち와 いえ가 있는데, 법률 용어로 쓰일 때는 いえ만 쓸 수 있다.

0161 **② 社長、お疲れさまでした。**

ご苦労様くろうさまでした는 우리말로는 '수고하셨습니다'로 번역되기 때문에 아무런 문제가 없어 보이지만, 이 말은 윗사람이 아랫사람에게 쓰는 표현이다. 이 문장에서는 윗사람에게 쓰는 말로, お疲れさまでした 또는 お疲れさまでございました라고 해야 한다. ご苦労さま는 문자 그대로 '고생을 시켰군, 잘했어'라고 치하하는 말이다. お疲れさま는 '피곤하시죠?'라는 위로의 뜻이 포함되어 있다. 수업이 끝났을 때 선생님에게는 お疲れさまでした는 적당하지 않고 ありがとうございました를 쓰는 것이 알맞다.

0162 **② 足が太くて困ります。**

'굵다'는 '가늘다'의 반대이므로 厚あつい(두껍다)가 아니라 太い가 알맞다.

※ 가늘다 : 細(ほそ)い

0163 **② とんぼが飛んできて、ぼくの肩に止まった。**

すわる는 '무릎을 굽히고 허리를 내려서 자리에 앉다'라는 뜻이다. 새나 곤충 등이 앉는 것은 무언가를 붙잡고 멈춘다는 뜻으로 止まる를 써야 한다.

プラス⁺

'두껍다, 굵다'의 여러 가지 표현	
다리가 굵다	**足**あし**が太**ふと**い**
얼음이 두껍게 얼다	**分厚**ぶあつ**く凍**こお**る**
옷을 두껍게 입다	**厚着**あつぎ**する**
책이 두껍다	**本**ほん**が分厚**ぶあつ**い**
팬층이 두껍다	**ファンの層**そう**が厚**あつ**い**
화장이 두껍다(진하다)	**厚化粧**あつげしょう**をする**

0164 비가 **더** 왔으면 좋겠어.

雨が (　　) 降ってほしい。

① もっと　　② より

0165 매일 아침 일어나면 바로 샤워를 **합니다**.

毎朝、起きるとすぐシャワーを (　　)。

① します　　② 浴びます

0166 피아노 **옆**에서 고양이가 자고 있습니다.

ピアノの (　　) で猫が寝ています。

① となり　　② 横

0167 짐은 **옆**에 두지 말고 좌석 밑에 놔 주세요.

お荷物は (　　) に置かずに、座席の下に置いてください。

① となり　　② よこ

ポイント

もっと / より 더 0164

(1) もっと와 より는 둘 다 다른 것과 비교해서 정도가 더 크다는 뜻을 나타낸다.

(2) より는 대화문에서는 그다지 쓰이지 않고, 뒤에 형용사만 오고 동사는 쓸 수 없지만, もっと는 그러한 제한이 없다.

となり / 横(よこ) 옆 0166~0168

(1) となり

① 바로 왼쪽이나 오른쪽에 있어야 한다.

② 같은 범주의 것이어야 한다.

(2) 横

① 바로 왼쪽이나 오른쪽에 없더라도 쓸 수 있다.

② 같은 범주는 물론 다른 범주에도 쓸 수 있다.

(3) '이웃집, 이웃 사람'을 뜻할 때는 となり만 쓴다.

(4) 양쪽 다 쓸 수 있어도 뉘앙스가 다르다.

예) この写真しゃしんの桜井さくらいさんのとなりにいる人ひとは誰だれですか。
이 사진에 사쿠라이 씨 옆에 있는 사람은 누구입니까?
この写真の桜井さんの横よこにいる人は誰ですか。
이 사진에 사쿠라이 씨 옆에 있는 사람은 누구입니까?

첫 문장처럼 となり를 쓰면 사쿠라이 씨와 옆에 있는 사람이 동등한 느낌을 주는데, 두 번째 문장처럼 横를 쓰면 사쿠라이 씨가 '주'가 되고 옆에 있는 사람이 '부'가 되는 느낌을 준다.

0164 ① **雨(あめ)がもっと降(ふ)ってほしい。**

뒤에 동사가 왔으므로 もっと가 알맞다.

0165 ② **毎朝(まいあさ)、起(お)きるとすぐシャワーを浴(あ)びます。**

'샤워를 하다'는 '물 따위를 몸에 끼얹다'의 뜻인 浴びる를 써서 シャワーを浴びる라고 해야 한다.

※ 목욕을 하다 : 風呂(ふろ)に入(はい)る

0166 ② **ピアノの横(よこ)で猫(ねこ)が寝(ね)ています。**

피아노와 고양이는 다른 개체이므로 横가 맞다.

0167 ② **お荷物(にもつ)はよこに置(お)かずに、座席(ざせき)の下(した)に置(お)いてください。**

짐을 두는 주체인 손님과 짐은 같은 종류가 아니므로 よこ만 쓸 수 있다.

0168 집을 비울 때는 **옆집** 사람에게 얘기해 두는 것이 좋다.

留守をする時は、(　　) の人に言っておいた方がいい。

① となり　　② 横

0169 내가 사는 **부근**에는 공원이 많다.

私が住んでいる (　　) は、公園が多い。

① 辺　　② あたり

0170 벚꽃이 피기 시작했습니다. 다음 주 **언저리**가 가장 볼 만할 것 같습니다.

桜が咲き始めてきました。来週 (　　) が、ちょうど見ごろになりそうです。

① 辺　　② あたり

0171 오늘은 이**쯤**에서 끝냅시다.

今日はこの (　　) でお開きとしましょう。

① 辺　　② あたり

0172 차 조심해, 신호등이 초록불**이** 되면 건너는 거야.

車に気をつけてね。信号が青 (　　) なったら渡るのよ。

① く　　② に

ポイント

あたり / 辺 ~쯤 0169~0171

(1) あたり는 대략적인 시간 · 장소 · 사람을 나타내며, 보통 구체적인 시간 · 장소 · 사람을 나타내는 단어 뒤에 붙여서 쓴다.

(2) へん은 대략적인 장소 · 부분을 나타내는 말이지만, 단독으로는 쓰지 않고 この · その · あの 등에 붙어서만 쓰인다. 단, 어느 시점에서 일단 상황을 구분하려고 할 경우는 시간의 의미로도 쓴다.

예) その辺で、もうけんかはやめなさい。
그쯤에서 이제 싸움은 그만둬라.
この辺で、今日の仕事は終わりにしましょう。
이쯤에서 오늘 일은 끝내기로 합시다.

0168 **① 留守をする時は、となりの人に言っておいた方がいい。**

'이웃집, 이웃 사람'을 뜻할 때는 となり만 쓰인다.

0169 **② 私が住んでいるあたりは、公園が多い。**

우리 집 주변이라는 구체적인 장소이기 때문에 あたり가 알맞다.

0170 **② 桜が咲き始めてきました。来週あたりが、ちょうど見ごろになりそうです。**

구체적인 시간을 나타냈기 때문에 あたり가 알맞다.

0171 **① 今日はこの辺でお開きとしましょう。**

'쯤'은 어느 시점에서 일단 상황을 구분하려고 하는 것이므로 辺이 알맞다.

0172 **② 車に気をつけてね。信号が青になったら渡るのよ。**

'신호가 초록불(파란불)로 바뀐 순간'을 나타내므로 に가 알맞다. 우리나라도 그렇지만 일본도 초록불 신호를 파란불이라고 표현한다.

0173 이 램프가 파란색**이** 되면 안전합니다.

このランプが青 (　　) なったら安全です。

① く　　② に

0174 부끄러워서 얼굴이 빨갛**게** 되었다.

恥ずかしくて顔が赤 (　　) なった。

① く　　② に

0175 어? 셔츠 소매가 거멓**게** 됐네.

あれ？シャツのそでが黒 (　　) なってる。

① く　　② に

0176 지구 온난화는 **많은** 나라에 영향을 미친다.

地球温暖化は (　　) 国に影響を与える。

① 多いの　　② 多くの

0177 **가까운** 학교에 다니기로 했습니다.

(　　) 学校に通うことにしました。

① 近いの　　② 近くの

0178 친구가 **멀리** 가 버려서 외롭다.

友だちが (　　) 行ってしまって寂しい。

① 遠いへ　　② 遠くへ

ポイント

～くなる / ～になる ~해지다, ~하게 되다 0172~0175

둘 다 색의 변화를 나타내는 표현이지만, 다음과 같은 차이가 있다.

(1) 색을 나타내는 형용사에 ～くなる가 붙으면 '조금씩 색이 변해 가는 모습'을 나타낸다.
(2) 색을 나타내는 형용사에 ～になる가 붙으면 '다른 색에서 순간적으로 색이 변한 모습'을 나타낸다.
(3) 赤あか・青あお・白しろ・黒くろ・茶色ちゃいろ・黄色きいろ 등과 같이 명사로도 쓰고 형용사로도 쓰는 말에 한정된다.

0173 ② **このランプが青あおになったら安全あんぜんです。**

'순간적으로 파란색으로 변한 모습'을 나타내므로 조사 に를 써야 한다.

0174 ① **恥はずかしくて顔かおが赤あかくなった。**

얼굴색이 조금씩 빨갛게 변해 가는 모습을 나타내므로 ～くなる가 알맞다.

0175 ① **あれ？シャツのそでが黒くろくなってる。**

조금씩 검게 된 것을 나타내므로 ～くなる가 알맞다.

0176 ② **地球温暖化ちきゅうおんだんかは多おおくの国くにに影響えいきょうを与あたえる。**

일반적으로 い형용사는 뒤에 명사가 올 때 기본형 그대로 접속하면 되는데, 多い는 [多くの＋명사]의 형태로 쓴다. 단, 世界せかいで最もっとも人口じんこうが多おおい国くには中国ちゅうごくである(세계에서 가장 인구가 많은 나라는 중국이다)와 같이 명사 수식절 속에서는 그대로 쓸 수 있다. い형용사 중에서 연용형이 명사적으로 쓰여 뒤에 조사가 붙는 것에는 近く・遠く・早く・遅く・古く 등이 있다.

0177 ② **近ちかくの学校がっこうに通かようことにしました。**

近く도 연용형이 명사적으로 쓰여 뒤에 조사가 붙는 독특한 い형용사이다.

0178 ② **友ともだちが遠とおくへ行いってしまって寂さびしい。**

遠く도 연용형이 명사적으로 쓰여 뒤에 조사가 붙는 い형용사이다.

0179 저 빵집은 아침 **일찍부터** 열려 있다.

あのパン屋は朝 (　　) 開いている。

① 早いから　　② 早くから

0180 이 절은 **예**로부터 유명하다.

このお寺は (　　) から有名である。

① 古い　　② 古く

0181 밤**늦게** 누가 찾아왔다.

夜 (　　) 、誰かが訪れてきた。

① 遅いに　　② 遅くに

0182 A : 사람들이 많이 모여 있네요. 무슨 일 있었나요?

B : 아까 사고가 **났었거든요**.

A: 人がたくさん集まっていますね。何かあったんですか。

B: さっき、事故が (　　) 。

① ありました　　② あったんです

0183 A : 이 계산 맞나요?

B : 네, **맞아요**.

A: この計算、合っています？

B: はい、(　　) 。

① 合っています　　② 合っているんです

ポイント

～ます / ～んです ~입니다 0182~0183

(1) 질문에 ～ます로 답하는 것은 사실만을 객관적으로 전할 때이다.

(2) 질문에 ～んです는 사정이나 이유를 확인하고 싶을 때, 전하고 싶을 때, 상대방이 이해해 주기를 바랄 때 등에 사용한다.

0179 ② あのパン屋(や)は朝早(はや)くから開(あ)いている。

早い는 연용형 早く가 명사적으로 쓰여 뒤에 조사가 붙는 い형용사이다.

0180 ② このお寺(てら)は古(ふる)くから有名(ゆうめい)である。

古い는 古く(연용형)가 명사적으로 쓰여 뒤에 조사가 붙는 い형용사이다.

0181 ② 夜遅(よるおそ)くに、誰(だれ)かが訪(おとず)れてきた。

遅い는 遅く(연용형)가 명사적으로 쓰여 뒤에 조사가 붙는 い형용사이다.

0182 ② さっき、事故(じこ)があったんです。

사람들이 모여 있는 이유를 설명하고 있으므로 ～んです가 알맞다.

0183 ① はい、合(あ)っています。

질문이 단순히 계산이 맞는지를 물어보고 있으므로, 대답도 맞는지 틀리는지 사실만을 객관적으로 전하면 된다. 따라서 合っています가 알맞다.

オマケ	단정 표현과 호응하는 진술부사
必かならず	반드시, 틀림없이 (뒤에 ない는 올 수 없다.)
決きまって	어김없이, 으레 (뒤에 ない는 올 수 없다.)
絶対ぜったい	절대
確たしかに	확실히 (뒤에 ない는 올 수 없다.)

0184 아이들은 싸워도 금방 **화해**한다.

子供たちはけんかしてもすぐ (　　) する。

① 仲直り　　② 和解

0185 재판 끝에 **화해**가 성립되었다.

裁判の末、(　　) が成立した。

① 仲直り　　② 和解

0186 아침에는 개어 있었는데 오후가 되어 갑자기 비가 내리기 **시작했다**.

朝は晴れていたのに、午後になって急に雨が降り (　　)。

① 始めた　　② 出した

0187 멈춰 있던 전철이 갑자기 움직이기 **시작해**서 깜짝 놀랐다.

止まっていた電車が急に動き (　　) ので、びっくりした。

① 始めた　　② 出した

0188 출발 음이 울리자, 전철은 천천히 움직이기 **시작했다**.

出発のベルが鳴って、電車はゆっくり動き (　　)。

① 始めた　　② 出した

0189 아버지가 돌아가신 후로 생활이 **어려워**졌다.

父がなくなってから生活が (　　) なった。

① 難しく　　② 苦しく

ポイント

仲直り / 和解 화해 0184~0185

(1) 仲直り는 일상생활의 사소한 일에 대해서 쓰고, 어른뿐만 아니라 아이들 싸움에도 쓴다.

(2) 和解는 仲直り보다도 정식적인 뉘앙스로 부부, 친구, 어른들 사이에서는 쓰지만, 아이들 싸움에 대해 쓰면 이상한 문장이 된다. 또한 사소한 부부 싸움 정도에 써도 과장된 느낌을 준다.

(3) 법률 다툼으로까지 번진 분쟁, 특히 단체 간의 싸움 등에는 仲直り가 아니라 和解만 쓴다.

~出す / ~始める ~하기 시작하다 0186~0188

(1) ~出す는 ~始める보다 객관적이기 때문에 자신의 의지에 따른 행동에는 쓰지 않는다.

(2) ~始める는 단순히 어떤 동작 · 상태의 초기라는 것을 뜻하지만, ~出す는 그 동작 · 상태를 예상하지 못했다는 가벼운 놀라움이나 당황한 감정을 포함하고 있다. 따라서 '갑자기, 돌연' 등의 부사가 함께 쓰인 경우는 出す만 쓸 수 있다.

0184 ① **子供たちはけんかしてもすぐ仲直りする。**

아이들끼리의 다툼을 나타내므로 仲直り가 알맞다.

0185 ② **裁判の末、和解が成立した。**

법률 다툼으로까지 번진 분쟁이므로 和解를 써야 한다.

0186 ② **朝は晴れていたのに、午後になって急に雨が降り出した。**

急に(갑자기)라는 부사가 있으므로 出す가 알맞다.

0187 ② **止まっていた電車が急に動き出したので、びっくりした。**

부사 急に가 있으므로 出す가 알맞다.

0188 ① **出発のベルが鳴って、電車はゆっくり動き始めた。**

부사 ゆっくり(천천히)가 있으므로 出す를 쓸 수 없다. 始める가 알맞다.

0189 ② **父がなくなってから生活が苦しくなった。**

難むずかしい나 苦くるしい 둘 다 '어렵다, 힘들다'로 번역되지만, 難しい는 '알기 어렵다, 이해하기 어렵다, 하기 어렵다, (병이) 낫기 어렵다'는 뜻으로 쓰이는 데 반해, 苦しい는 '돈이 없어서 곤란에 처해 있다'의 뜻으로 쓰인다. 이 문장은 돈이 없어서 생활이 곤란해졌다는 뜻이므로 苦しい가 알맞다.

0190 그녀는 정열적으로 플라멩코를 **추었다**.

彼女は情熱的にフラメンコを（　　）。

① 舞った　　② 踊った

0191 친선을 위해 파견된 소년 소녀들은 가는 곳마다 따뜻한 환영을 **받았다**.

親善のために派遣された少年少女は、行く先々で暖かい歓迎を（　　）。

① もらった　　② 受けた

0192 제2차 세계 대전 중 많은 유대인이 단지 유대인이라는 이유만으로 박해를 **받았다**.

第二次世界大戦中、多くのユダヤ人が、ただユダヤ人であるという理由だけで迫害を（　　）のだ。

① もらった　　② 受けた

0193 지방 의원들은 월정 수당과 정무 활동비를 **받는다**.

地方議員は月極手当と政務活動費を（　　）。

① もらう　　② される

0194 결혼반지를 **받은** 그녀의 얼굴은 기쁨에 빛나고 있었다.

結婚指輪を（　　）彼女の顔は、喜びに輝いていた。

① もらった　　② された

ポイント

舞う / 踊る 춤추다 0190

(1) 舞う는 상대적으로 느린 전통적인 고전 무용을 표현할 때 쓴다.

(2) 踊る는 서양 춤과 같이 템포가 있는 춤을 나타낼 때 쓴다. 따라서 왈츠 · 발레 등의 경우는 舞う를 쓰면 안 되고 踊る를 써야 한다.

もらう / 受ける / される 받다 091~0194

(1) もらう는 주로 자신에게 도움이 되는 구체적인 물건을 건네받는다는 뜻으로 쓰인다. 따라서 부정적인 경우(공격 · 박해 · 피해 · 차별 · 모욕 등), 그리고 받아서 좋은 것이라도 추상적인 것(환영 · 원조 · 제공 · 지원 · 설명 등)에는 もらう를 쓰지 않는다.

(2) 受ける는 거의 모든 경우에 쓸 수 있다.

(3) される는 동사화할 수 있는 단어, 즉 ~する(~하다)의 형태로 만들 수 있는 경우만 쓸 수 있다.

0190 ② 彼女は情熱的にフラメンコを踊った。

플라멩코는 템포가 있는 서양 춤이므로 踊る가 알맞다.

0191 ② 親善のために派遣された少年少女は、行く先々で暖かい歓迎を受けた。

'환영'은 구체적인 물건이 아니므로 もらう는 적당하지 않다. 歓迎を受ける 또는 歓迎される를 써야 한다.

0192 ② 第二次世界大戦中、多くのユダヤ人が、ただユダヤ人であるという理由だけで迫害を受けたのだ。

박해를 받는 것은 부정적인 뜻이므로 もらう를 쓸 수 없다.

0193 ① 地方議員は月極手当と政務活動費をもらう。

'활동비'에 する를 붙여 동사화할 수 없으므로 もらう나 受ける를 써야 한다.

0194 ① 結婚指輪をもらった彼女の顔は、喜びに輝いていた。

'결혼반지'에 する를 붙여 동사화할 수 없으므로 もらう나 受ける를 써야 한다.

0195 라디오 소리가 **방해**되어 책을 읽을 수가 없다.

ラジオの音が (　　) で本が読めない。

① 妨害　　② 邪魔

0196 짐이 **거추장스러워**서 코인 로커에 잠깐 넣어 뒀다.

荷物が (　　) なので、一時的にコインロッカーに預けた。

① 妨害　　② 邪魔

0197 돌을 던지며 저항하던 사람들은 공무 집행 **방해**로 차례차례로 체포됐다.

投石して抵抗した人たちは、公務執行 (　　) で次々に逮捕された。

① 妨害　　② 邪魔

0198 이 비는 오늘 중으로 **그치**겠지요.

この雨は今日中に (　　) でしょう。

① とまる　　② やむ

0199 바쁘니까 **누가** 좀 도와주세요.

忙しいから (　　) ちょっと手伝ってください。

① だれが　　② だれか

レベル 1

レベル 2

レベル 3

ポイント

妨害(ぼうがい) / 邪魔(じゃま) 방해 0195~0197

(1) 妨害는 한자어여서 공식적이며 딱딱한 느낌을 준다.

(2) 邪魔는 고유 일본어(和語)로서 일상적이며 부드러운 느낌을 준다.

0195 **② ラジオの音(おと)が邪魔(じゃま)で本(ほん)が読(よ)めない。**

일상적인 상황이므로 邪魔가 알맞다.

0196 **② 荷物(にもつ)が邪魔なので、一時的(いちじてき)にコインロッカーに預(あず)けた。**

거추장스럽다는 것은 가볍게 방해가 된다는 말이므로 邪魔가 알맞다.

0197 **① 投石(とうせき)して抵抗(ていこう)した人(ひと)たちは、公務執行妨害(こうむしっこうぼうがい)で次々(つぎつぎ)に逮捕(たいほ)された。**

'공무 집행 방해'는 공적인 용어이므로 妨害가 맞다.

0198 **② この雨(あめ)は今日中(きょうじゅう)にやむでしょう。**

'비가 그치다'의 뜻으로는 やむ를 쓴다.

0199 **② 忙(いそが)しいからだれかちょっと手伝(てつだ)ってください。**

문장에서 '누가'는 특정한 사람으로 한정할 수 없음을 나타내는 だれか를 써야 한다.

0200 A : 이번 방학에 **어디** 가시나요?

B : 아뇨, 바빠서 아무 데도 못 가요.

A：今度の休みに（　　）行くんですか。

B：いいえ、忙しくてどこにも行けないんです。

① どこに　　② どこか

0201 오늘은 머리가 아파서 빨리 집으로 **왔다**.

今日は頭が痛くてはやく家に（　　）。

① 来た　② 行った　③ 帰った　④いた

0202 잊은 물건을 가지러 집으로 **갔다**.

忘れ物をとりに家に（　　）。

① 来た　② 行った　③ 帰った　④いた

0203 우치다 선생님께서 **돌아가셨습니다**.

内田先生が（　　）。

① 戻られました　② 行かれました

③ 帰られました　④ 亡くなりました

0204 저 사람은 나보다 키가 **크다**.

あの人は私より背が（　　）。

① 大きい　② 高い　③ 長い　④ 遠い

0200 ② **今度の休みにどこか行くんですか。**

어딘가 갈 계획이 있는지를 묻는 문장이므로 どこか를 써야 한다. どこに를 쓰게 되면, はい나 いいえ로 답할 수 없고, 어디로 가는지 장소를 대답해야 한다. 만약 정해지지 않았다면 아직 안 정했다고 말해야 한다. 이 경우도 はい나 いいえ로는 답하지 않는다.

0201 ③ **今日は頭が痛くてはやく家に帰った。**

来くる는 '저쪽에서 이쪽으로 다가오다'의 뜻이고, かえる는 '사람이 도로 제자리로 가다, 돌아가야 할 곳으로 가다'라는 뜻이다. 따라서 문장에서 '집에 오다'는 '본래의 자리로 돌아오다(돌아가다)'의 뜻이므로 帰かえる를 써야 한다.

0202 ③ **忘れ物をとりに家に帰った。**

行いく는 '~에서 ~로 다가가다'의 뜻이다. 문장에서 '집으로 갔다'는 '본래의 자리로 돌아가다(돌아오다)'의 뜻을 포함하고 있으므로 帰る를 써야 한다.

0203 ④ **内田先生が亡くなりました。**

'돌아가시다'는 '죽다'의 높임말이므로 亡くなる를 써야 한다.

0204 ② **あの人は私より背が高い。**

'키가 크다 · 작다'를 표현할 때는 背せが大おおきい · 小ちいさい가 아니라 背が高い · 低ひくい라고 한다.

オマケ	결론을 말하는 부사
いずれにせよ	어차피, ~이든 ~이든, 어느 쪽으로 해도 ~
結局けっきょく	결국, 여러 가지 있지만, 최종적으로는
どうせ	어차피, 이왕에 (체념의 기분)
本来ほんらい	본래, 원래 ('당연히 그래야 한다'의 뜻)
もともと	원래, 본디

0205 은행에 이력서를 **넣었다**.

銀行に履歴書を（　　）。

① 入れた　② 出した　③ 入った　④ まとめた

0206 아기에게 우유를 **먹이는** 것도 요령이 필요해요.

赤ん坊にミルクを（　　）にもコツが要るんですよ。

① 食べさせる　② 食わせる　③ 飲ませる　④ 吸わせる

0207 일반적으로 기억력은 나이를 **먹음**에 따라 감퇴한다.

一般に記憶力は年を（　　）につれておとろえる。

① 食べる　② 飲む　③ 取る　④ する

0208 A : 이 부근에 우체국은 없나요?

B : 신호등 건너편에 하얀색 빌딩 있죠? 우체국은 **그** 빌딩 안에 있어요.

A: この辺に郵便局はありませんか。

B: 信号の向こうに白いビルがあるでしょう。郵便局は（　　）ビルの中にありますよ。

① この　② その　③ あの　④ どの

0209 A : 어제 부장님이 했던 **그** 얘기 사실일까?

B : **그**건 사실이겠지. 틀림없을걸.

A: 昨日、部長が言ってた（　　）話、本当かなあ。

B:（　　）は本当だろう。間違いないと思う。

① その / それ　② その / あれ

③ あの / それ　④ あの / あれ

0205 ② 銀行に履歴書を出した。

문장에서 '넣었다'는 '(서류 등을) 제출했다'는 뜻이다. 일본어의 入いれる에는 '제출하다'라는 뜻이 없다. 따라서 出だす를 써야 한다.

※ 出す(제출하다)의 동의어로 提出(ていしゅつ)する가 있다.

0206 ③ 赤ん坊にミルクを飲ませるにもコツが要るんですよ。

우리말은 '먹다'와 '마시다'를 구분하지 않고 모두 '먹다'를 써도 통하는 경우가 많은데, 일본어에서는 고체는 食たべる, 액체는 飲のむ, 기체는 吸すう를 쓴다. 다만 건더기가 있는 국 등은 飲む · 吸う · 啜すする를 쓴다. 따라서 이 문장에서는 飲ませる가 적당하다.

0207 ③ 一般に記憶力は年を取るにつれておとろえる。

'나이를 먹다'는 年を取る라고 해야 한다.

0208 ③ 信号の向こうに白いビルがあるでしょう。郵便局はあのビルの中にありますよ。

こ · そ · あ는 ①현재 실제로 보고 있는 것을 가리키는 경우와 ②문장이나 대화 속에서 사용하는 경우가 있다. ①의 경우는 '이 · 그 · 저'로 번역하면 되지만, ②문장이나 대화 속에서 사용될 때 あ는 '저'가 아니라 '그'로 번역되는 경우가 있으니 주의해야 한다. 즉, 화제가 되고 있는 사람이나 사물에 대해 이야기하는 사람과 듣는 사람이 같은 입장에서, 같은 경험이나 이해를 하고 있을 때는 '저'가 아니라, '그'로 번역한다. 문장에서 B가 신호등 건너편에 있는 건물을 가리키는 순간 A도 그 건물을 알게 되므로, 이 경우는 あの를 써야 한다.

0209 ④ A : 昨日、部長が言ってたあの話、本当かなあ。

B : あれは本当だろう。間違いないと思う。

문장에서 A와 B가 함께 부장이 했던 이야기를 들었으므로, 둘 다 알고 있는 얘기이다. 따라서 あの와 あれ를 써야 한다.

0210 A4 용지가 **떨어져서** 프린트를 할 수 없었다.

A4用紙が (　　) のでプリントできなかった。

① 尽きた　② 切れた　③ とまった　④ 落ちた

0211 이 전자계산기는 전지가 **떨어져서** 작동하지 않습니다.

この電卓は電池が (　　) いて、動きません。

① 尽きて　② 切れて　③ 治って　④ 落ちて

0212 죄송합니다. 명함이 다 **떨어졌습니다**.

すみません、名刺を (　　) しまいました。

① 尽かして　② 切らして　③ 治して　④ 落として

0213 계절이 갑자기 바뀌어서인지 감기가 좀처럼 **안 떨어진다**.

季節が急に変わったせいか、風邪がなかなか (　　) 。

① 尽きない　② 切れない　③ 治らない　④ 落ちない

0214 부모님과 **떨어져서** 살고 있어서 자주 못 뵙습니다.

両親と (　　) 住んでいるのであまり会えません。

① 離れて　② 切れて　③ 外れて　④ 落ちて

0215 입에 **담기**도 어려운 말을 태연하게 하고 있다.

口に (　　) さえ難しいことを平気で言っている。

① 入れる　② 盛る　③ 通る　④ する

0210 **② A4用紙が切れたのでプリントできなかった。**

'떨어지다'는 '다 쓰고 없다, 바닥나다'의 뜻이므로 落おちる가 아니라 切れる를 써야 한다.

0211 **② この電卓は電池が切れていて、動きません。**

'전지가 떨어지다'를 표현할 때는 동사 切きれる를 쓴다.

0212 **② すみません、名刺を切らしてしまいました。**

'명함이 떨어지다'는 '다 쓰고 없다, 바닥나다'의 뜻이므로 名刺が切れて를 쓰면 되지만, 충분하게 준비했어야 했는데, 자신의 부주의로 바닥나 버렸다는 아쉬움과 미안함을 표현하기 위해 사동 표현을 써서 名刺を切らす를 쓴다.

0213 **③ 季節が急に変わったせいか、風邪がなかなか治らない。**

'감기가 떨어지다'는 '감기가 낫다'의 뜻이다. '떨어지다'에 해당하는 일본어 落おちる에는 '병이 낫다'라는 뜻은 없기 때문에 이 문장에서는 治る를 써야 한다.

0214 **① 両親と離れて住んでいるのであまり会えません。**

'부모님과 떨어져서 살다'는 '멀리 떨어지다'의 뜻으로 쓰는 離れる를 써야 한다.

0215 **④ 口にするさえ難しいことを平気で言っている。**

문장에서 '담다'는 '집어넣다'가 아니라 '말을 하다'의 뜻이다. 따라서 入いれる나 盛もる를 쓰면 안 되고 する를 써야 한다.

オマケ	변화나 사태 발생에 관계하는 부사
いつの間まにか	어느새, 어느덧
自おのずと	저절로, 자연히 (자연 현상, 생리 현상에는 쓸 수 없다.)
しだいに	서서히, 차츰, 점점
ひとりでに	자연히, 저절로, 혼자서 (자연 현상, 물리 현상, 생리 현상에 쓰인다.)
ますます	더욱더, 점점 더 (상태 변화나 정도가 세차게 나아가는 모습)

0216 사진에 한 폭의 그림 같은 설경을 **담았다**.

写真に一幅の絵のような雪景を (　　)。

① 入れた　② 盛った　③ 収めた　④ 描いた

0217 머리를 **감는** 적절한 횟수는 하루에 한 번입니다.

髪を (　　) 適切な頻度は 1 日に 1 回です。

① 巻く　② 拭く　③ 洗う　④ 磨く

0218 얼음이 녹아서 물**이** 되었다.

氷がとけて水 (　　) なった。

① を　② に　③ で　④ が

0219 지하철**을** 타고 학교에 다니고 있다.

地下鉄 (　　) 乗って学校に通っている。

① を　② に　③ で　④ が

0220 커피**로** 하시겠습니까, 아니면 홍차**로** 하시겠습니까?

コーヒー (　　) しますか、それとも紅茶 (　　) しますか。

① で　② に　③ は　④ を

0216 ③ 写真(しゃしん)に一幅(いっぷく)の絵(え)のような雪景(せっけい)を**収(おさ)めた**。

어떤 내용이나 현상을 문장, 그림, 사진 등에 수록한다는 뜻으로 '담다'라고 했으므로 収める를 써야 한다.

0217 ③ 髪(かみ)を**洗(あら)う**適切(てきせつ)な頻度(ひんど)は1日(いちにち)に1回(いっかい)です。

'머리를 감다'는 깨끗하게 씻는다는 뜻이므로 洗う를 써야 한다.

0218 ② 氷(こおり)がとけて水(みず)**に**なった。

사물이나 상태의 변화에 따른 어떤 결과를 나타낼 때는 ~になる를 써야 한다.

0219 ② 地下鉄(ちかてつ)**に**乗(の)って学校(がっこう)に通(かよ)っている。

'~을 타다'를 표현할 때는 조사 を를 쓸 수 없고, 동작·작용의 귀착점을 나타내는 조사 に를 써서 ~に乗る라고 한다. 반대로 '~을(에서) 내리다'는 ~を(から)降(お)りる가 된다.

0220 ② コーヒー**に**しますか、それとも紅茶(こうちゃ)**に**しますか。

선택을 나타내는 '~으로 하다'는 조사 に를 붙여서 ~にする를 써야 한다.

プラス⁺

'담다'의 여러 가지 표현	
마음을 담다	心(こころ)を込(こ)める
사진에 설경을 담다	写真(しゃしん)に雪景色(ゆきげしき)を収(おさ)める
입에 담다	口(くち)にする
접시에 김치를 담다	皿(さら)にキムチを盛(も)る
책을 가방에 담다	本(ほん)をかばんに入(い)れる

0221 어렸을 때 도쿄에 있었기 때문에 일본어**를** 좀 할 줄 안다.

小さい時東京にいたので、日本語 (　　) 少しできる。

① を　② に　③ で　④ が

0222 최신형 컴퓨터**를** 갖고 싶다.

最新型のコンピューター (　　) ほしい。

① を　② に　③ で　④ が

0223 그녀는 졸업을 계기**로** 머리를 잘랐다.

彼女は卒業をきっかけ (　　) 髪を切った。

① で　② に　③ は　④ を

0224 짐을 기차**에서** 내렸다.

荷物を列車 (　　) 下ろした。

① から　② に　③ で　④ より

0225 창문**으로** 시원한 바람이 들어온다.

窓 (　　) 涼しい風が入ってくる。

① から　② に　③ で　④ より

ポイント

～ができる(~을 할 수 있다) 등 조사 が를 쓰는 표현 0221~0222

▶ 자세한 설명은 부록 602쪽 참고

0221 ④ **小さい時東京にいたので、日本語が少しできる。**

'~할 수 있다(가능 표현)'일 때는 조사 が를 쓴다. できる 이외에 앞에 조사 を를 쓰지 않고 が를 쓰는 단어는 わかる · すきだ · きらいだ · ほしい · たい 등이 있다.

0222 ④ **最新型のコンピューターがほしい。**

뒤에 ほしい를 썼기 때문에 조사 が를 써야 한다.

0223 ② **彼女は卒業をきっかけに髪を切った。**

'계기로'는 きっかけで가 아니라, きっかけに이다.

0224 ① **荷物を列車から下ろした。**

'~에서'만 보고 で를 쓰기 쉽지만, 이 문장에서는 '경로'를 나타내는 から를 써야 한다.

0225 ① **窓から涼しい風が入ってくる。**

'~으로'만 보고 で를 쓰기 쉽지만, '창문을 통해서'라는 경로를 나타내는 から를 써야 한다.

オマケ	ない와 호응하는 진술부사 1
あまり	그리, 그다지, 별로
一度いちども	한 번도
一向いっこうに	전혀
必かならずしも	반드시

0226 플라스틱**으로** 만든 젓가락은 싫어.

プラスチック (　　) 作られた箸は嫌だな。

① から　　② に　　③ で　　④ より

0227 플라스틱은 석유**로** 만들어졌다.

プラスチックは石油 (　　) 作られている。

① から　　② に　　③ で　　④ より

0228 버터는 우유**로** 만든다.

バターは牛乳 (　　) 作る。

① から　　② に　　③ で　　④ より

0229 증세**로** 봐서 폐렴 같습니다.

症状 (　　) 見て肺炎のようです。

① から　　② に　　③ で　　④ より

0230 버스**에서** 내려서 5분 정도 걸었습니다.

バス (　　) 降りてから 5 分ほど歩きました。

① で　　② に　　③ は　　④ を

0231 도로의 오른쪽**으로** 걸읍시다.

道路の右側 (　　) 歩きましょう。

① で　　② に　　③ は　　④ を

ポイント

で / から ~으로 (만들다) 0226~0229

우리말로 '~으로 만들다'라고 번역할 때, で와 から의 용법에는 차이가 있다.

(1) 완제품에서 재료를 한눈에 알아볼 수 있을 때는 で를 쓰고, 완제품의 모양을 봤을 때 원재료가 변형되어 형태가 보이지 않을 때는 から를 쓰면 된다.

(2) '술은 쌀로 만든다'고 할 때는 '원료'지만, 酒(さけ)は米(こめ)から(で)作(つく)られる와 같이 で와 から 둘 다 쓸 수 있다. 이것은 일본인들에게 술의 원료가 쌀이라는 사실은 당연한 사실이므로, 제품과 원재료와의 변화를 의식하지 않기 때문이다.

0226 ③ **プラスチックで作られた箸(はし)は嫌(いや)だな。**

눈으로 젓가락의 재료가 플라스틱인 것을 볼 수 있으므로 で를 쓴다.

0227 ① **プラスチックは石油(せきゆ)から作(つく)られている。**

석유에서 플라스틱을 볼 수 없으므로 から를 쓴다.

0228 ① **バターは牛乳(ぎゅうにゅう)から作(つく)る。**

버터에서 우유를 볼 수 없으므로 から를 쓴다.

0229 ① **症状(しょうじょう)から見(み)て肺炎(はいえん)のようです。**

'~으로'만 보고 で를 쓰기 쉽지만, 이 문장에서는 판단의 근거를 나타내는 것이므로 から를 써야 한다.

0230 ④ **バスを降(お)りてから5分(ごふん)ほど歩(ある)きました。**

'~에서 내리다'는 ～で降りる가 아니라 ～を降りる이다. 조사에 주의해서 써야 한다.

0231 ④ **道路(どうろ)の右側(みぎがわ)を歩(ある)きましょう。**

'~쪽으로 걷다'는 ～で歩く가 아니라 ～を歩く이다. 조사에 주의해야 한다.

0232 5년 전에 여기**로** 이사했다.

５年前に、ここ (　　) 引越した。

① で　② に　③ は　④ を

0233 야시로 씨는 아즈마 씨**와** 결혼했습니다.

矢代さんは東さん (　　) 結婚しました。

① を　② に　③ と　④ で

0234 인구가 50만에서 100만**으로** 늘어났다.

人口が50万から100万 (　　) 増えた。

① を　② に　③ と　④ で

0235 이 채소는 샐러드**로** 해서 먹으면 맛있다.

この野菜はサラダ (　　) して食べるとおいしい。

① を　② に　③ と　④ で

0236 3시**가** 되면 간식을 먹읍시다.

３時 (　　) なったらおやつを食べましょう。

① を　② に　③ が　④ で

0232 ② **5年前に、ここに引越した。**

'~으로'이므로 で를 쓸 것 같지만, '~으로 이사오다'는 이동해 온 장소 · 방면 등을 나타내는 것이므로 に를 써야 한다.

0233 ③ **矢代さんは東さんと結婚しました。**

상대가 있어서 함께한다는 뜻이므로 と만 쓸 수 있다.

0234 ② **人口が50万から100万に増えた。**

우리말 문장의 '~으로'를 で로 잘못 번역하는 경우가 많다. 그러나 문장에서 '~으로 되다'는 '~으로 변하다'라는 뜻으로 사물이나 상태가 변해서 어떻게 되는지를 나타내는 것이기 때문에 に를 써야 한다.

0235 ② **この野菜はサラダにして食べるとおいしい。**

'샐러드로'에서 '~(으)로'는 사물이나 상태를 변화시켜 다른 결과물을 만드는 것이기 때문에 조사는 に를 써서 サラダに로 써야 한다.

0236 ② **3時になったらおやつを食べましょう。**

시간의 변화를 나타내므로 に를 써야 한다.

プラス+

대상을 나타낼 때, 조사 と만 쓸 수 있는 말	
～と競争きょうそうする	~과 경쟁하다
～と競走きょうそうする	~과 경주하다
～と争あらそう	~과 다투다
～と仲なかよくする	~과 사이좋게 지내다
～と戦たたかう	~과 싸우다
～と戦争せんそうする	~과 전쟁하다

0237 미국은 몇 개의 주**로** 나뉘어 있습니까?

アメリカはいくつの州 (　　) 分かれていますか。

① を　② に　③ と　④ で

0238 일본은 지리적**으로** 보아 한국과 가장 가깝다.

日本は地理的 (　　) みて、韓国と一番近い。

① を　② に　③ と　④ で

0239 외국인을 상대**로** 일본어를 가르치는 것은 어렵다.

外国人を相手 (　　) 日本語を教えるのは難しい。

① を　② に　③ と　④ で

0240 1000g은 1㎏**과** 같다.

1000gは 1 kg (　　) 等しい。

① を　② に　③ と　④ で

0241 벽**에** 부딪쳐서 머리를 다쳤다.

壁 (　　) 当たって、頭に怪我をした。

① を　② に　③ と　④ で

0242 어머니**를** 따라 백화점에 갔다.

母 (　　) ついてデパートへ行った。

① を　② に　③ と　④ で

0237 ② **アメリカはいくつの州に分かれていますか。**

'주(州)로'에서 '~(으)로'는 뒤에 나오는 동작 · 상태를 나타내는 말의 범위를 한정하는 뜻이므로 조사 に를 써야 한다. に와 같은 '~으로'로 번역되는 で는 원인, 수단, 재료 등을 나타낼 때 쓴다.

0238 ② **日本は地理的にみて、韓国と一番近い。**

'지리적으로'에서 '~으로'는 뒤에 나오는 동작 · 상태를 나타내는 말의 범위를 한정하는 뜻으로, 조사 に를 써야 한다.

0239 ② **外国人を相手に日本語を教えるのは難しい。**

'상대로'에서 '~으로'는 상대편의 자격 · 역할 · 위치를 나타내는 に를 써야 한다.

0240 ② **1000gは 1 kgに等しい。**

'1kg과 ~'라고 해서 자칫 と를 쓰기 쉽지만, 等しい는 조사 に와 연결되어 쓰이기 때문에 ～に等しい로 써야 한다.

0241 ② **壁に当たって、頭に怪我をした。**

문장은 혼자서 하는 행동이기 때문에 に만 쓸 수 있다.

0242 ② **母についてデパートへ行った。**

'~을 따라가다(따라오다)'는 ～をついていく(くる)가 아니라 ～についていく(くる)이다.

オマケ	**ない와 호응하는 진술부사 2**
決けっして	결코, 결단코, 절대로
さっぱり	도무지, 전혀
全然ぜんぜん	전혀 (의지 · 추량 표현은 쓸 수 없다.)
なかなか	좀처럼, 쉽사리, 그리 간단히는

0243 로마에 가면 로마의 법**을** 따라라.

ローマに行ったらローマ法 (　　) 従え。

① を　② に　③ と　④ で

0244 그녀는 어머니**를** 닮았다.

彼女はお母さん (　　) 似ている。

① を　② に　③ と　④ で

0245 개발**을** 위해 자연을 파괴하고 있다.

開発 (　　) ために自然を破壊している。

① を　② に　③ の　④ が

0246 어제 친구**를** 만나 영화를 봤다.

昨日友だち (　　) 会って映画を見た。

① を　② に　③ で　④ が

0247 어제 선생님**을** 만나 뵈었습니다.

昨日先生 (　　) お目にかかりました。

① を　② に　③ で　④ が

0248 허리 통증은 주사를 **놓으**면 곧 나아요.

腰の痛みは注射を (　　) とすぐ治ります。

① 置く　② 打つ　③ 放す　④ 取る

0243 ② **ローマに行ったらローマ法に従え。**

'~을 따르다'는 ～に従う라고 해야 한다. 조사 を를 붙여 쓰면 안 된다.

0244 ② **彼女はお母さんに似ている。**

'~을 닮다'는 조사 を를 쓸 수 없고, 이 문장에서는 비교의 기준이 되는 것을 나타내는 조사 に를 써서 ～に似ている라고 해야 한다. 또한 '~을 닮다'는 우리말로 현재 시제라고 해서 ～に似る로 표현하면 안 된다. 일본어에서는 현재의 상태로 표현하기 때문에 ～に似ている(닮아 있다)라고 한다.

0245 ③ **開発のために自然を破壊している。**

'~을 위해서'를 나타낼 때 ため는 형식명사이기 때문에 조사 を를 쓸 수 없고 [체언+체언]의 기능을 하는 조사 の를 써서 ～のために라고 한다.

0246 ② **昨日友だちに会って映画を見た。**

'~을 만나다'는 ～に会う이다.

0247 ② **昨日先生にお目にかかりました。**

'~을 만나 뵙다'는 ～にお目にかかる이다.

0248 ② **腰の痛みは注射を打つとすぐ治ります。**

'주사를 놓다'는 '찔러넣다'는 뜻으로 打うつ를 사용해서 注射を打つ라고 하거나, 注射する라고 한다. 마찬가지로 '침을 놓다'도 針はりを打つ라고 한다.

※ 주사를 맞다 : 注射(ちゅうしゃ)を打(う)ってもらう

0249 침을 **놓아** 주는 곳을 찾고 있어요.

針を (　　) くれるところを探しています。

① 置いて　② 刺して　③ 打って　④ 入れて

0250 잡은 새를 **놓아** 주었다.

捕まえた鳥を (　　) やった。

① 置いて　② 打って　③ 放して　④ 取って

0251 제주도에서는 말을 **놓아** 기른다.

済州道では馬を (　　) 飼いにしている。

① 置き　② 打ち　③ 放し　④ 取り

0252 대학에서 의학을 **공부**할 생각입니다.

大学で医学を (　　) するつもりです。

① 勉強　② 工夫　③ 大工　④ 選考

0249 ③ 針(はり)を打(う)ってくれるところを探(さが)しています。

'침을 놓다'를 직역해서 針を置おく라고 하면 안 된다. 針を打つ라고 한다.

0250 ③ 捕(つか)まえた鳥(とり)を放(はな)してやった。

문장에서 '놓다'는 '잡거나 구속하지 않고 마음대로 하게 두다'의 뜻으로 쓰였으므로 放す를 써야 한다.

0251 ③ 済州道(チェジュド)では馬(うま)を放(はな)し飼(が)いにしている。

문장에서 놓다'는 는 '잡거나 구속하지 않고 마음대로 하게 두다'의 뜻으로 쓰였으므로 放す를 써야 한다. 放し飼い(방목, 방임)는 한 단어로 기억해 두자.

0252 ① 大学(だいがく)で医学(いがく)を勉強(べんきょう)するつもりです。

일본어의 工夫くふう는 '궁리하다, 연구하다, 생각하다'의 뜻으로 쓰는 말이다. 이 문장에서는 勉強를 써야 한다.

※ 공부벌레 : 勉強(べんきょう)の虫(むし) · がり勉(べん)

プラス+

'놓다'의 여러 가지 표현	
다리를 놓다	橋はしを架かける
마음을 놓다	安心あんしんする
말을 놓다, 반말하다	ため口くちで話はなす / ため口くちを利きく
불을 놓다	火ひをつける
세를 놓다	間貸まがしする
염려 놓으세요	心配しんぱいしないでください
이 손 놔	この手て放はなしなさい
일을 놓다	やっていた仕事しごとをやめる
정신을 놓다	念頭ねんとうにぼんやりする
주사를 놓다	注射ちゅうしゃを打うつ
퇴짜를 놓다	突つき返かえす
훼방을 놓다	邪魔じゃまする

0253 이 약은 하루에 세 번, 식후에 **드세**요.

この薬は一日三回、食後に (　　) ください。

① 食べて　② 飲んで　③ 噛んで　④ 吸って

0254 목이 마를 때는 **시원한** 물이 맛있다.

喉がかわいている時には (　　) 水がうまい。

① 涼しい　② 暑い　③ 冷たい　④ 寒い

0255 이 집은 여름엔 **시원하고** 겨울엔 따뜻해요.

この家は夏は (　　) 、冬は温かいです。

① 涼しく　② 暑く　③ 冷たく　④ 寒く

0256 여기는 **남녀노소** 모두가 즐길 수 있는 곳입니다.

ここは (　　) みんなが楽しめる所です。

① 男女老少　② 老少男女　③ 老若男女　④ 男女老若

0257 언니는 **노래자랑**에 나가 우승했다.

姉は (　　) に出て優勝した。

① 歌自慢　② 歌手自慢　③ 喉自慢　④ 声自慢

0258 다음 주 **놀이공원**에 가자고 아이와 약속했다.

来週 (　　) に行こうと子供と約束した。

① 遊び公園　② 遊びパーク　③ 行楽地　④ 遊園地

ポイント

食べる / 飲む 먹다 0253

(1) 食べる는 음식물을 '씹어서' 삼키는 행위를 말한다.

(2) 飲む는 '액체를 삼키는' 행위 외에, '고형물을 씹지 않고 삼키는' 행위도 말한다.

0253 ② この薬は一日三回、食後に飲んでください。

일반적으로 약은 씹지 않고 삼키므로 食べる를 쓰지 않고, 飲のむ를 쓴다.

※ 噛(か)む : 씹다 / 吸(す)う : (공기 등을) 마시다

0254 ③ 喉がかわいている時には冷たい水がうまい。

'시원한 물'을 직역해서 涼すずしい水みず라고 하지는 않는다. 涼しい는 기온을 표현할 때 쓰고, 기온 이외에 온도가 낮은 것을 표현할 때는 冷つめたい를 쓴다. 단, 冷たい에는 쾌감의 느낌은 없고, 객관적으로 온도가 낮다는 뜻만 나타낸다. 冷たい는 熱い의 반대말, 涼しい는 暑い의 반대말이라고 생각하면 구별하기 쉽다.

0255 ① この家は夏は 涼しく、冬は暖かいです。

날씨의 기온을 나타내므로 涼しい가 맞다.

0256 ③ ここは老若男女みんなが楽しめる所です。

'남녀노소'를 한자어 그대로 男女老少라고 쓰지는 않는다.

0257 ③ 姉は喉自慢に出て優勝した。

喉のど는 '목'이란 뜻 이외에 '목소리'란 뜻이 있어서 '노래자랑'은 喉自慢이라고 한다. 歌自慢이라고는 하지 않는다.

0258 ④ 来週遊園地に行こうと子供と約束した。

직역해서 遊あそび公園こうえん이라고 하지 않는다.

0259 그는 영어는 물론 **독일어**도 할 수 있다.

彼は英語はもちろん、(　　) も話せる。

① 独逸語　② 独語　③ ドイチ語　④ ドイツ語

0260 어제 친구와 **술집**에 가서 밤늦게까지 술을 마셨다.

昨日、友だちと (　　) へ行って夜遅くまでお酒を飲んだ。

① 酒屋　② 酒家　③ 飲み屋　④ 飲み家

0261 눈이 아파서 **안약**을 넣었다.

目が痛くて (　　) をさした。

① 眼薬　② 丸薬　③ 目薬　④ 目楽

0262 매일 세 번 **양치질**을 해야 합니다.

毎日３回 (　　) をしなければなりません。

① 養歯　② 洗歯　③ 歯みがき　④ 歯洗い

0263 **채소 가게**에서 양배추와 무를 샀다.

(　　) でキャベツと大根を買った。

① 綵素屋　② 野菜屋　③ 野菜店　④ 八百屋

0264 **일기** 예보에 따르면 내일은 맑다고 한다.

(　　) 予報によると、明日は晴れるそうだ。

① 日気　② 天気　③ 天候　④ 気象

0259 ④ **彼は英語はもちろん、ドイツ語も話せる。**

'독일어'를 独逸語 · 独語라고 쓰지 않는다.

0260 ③ **昨日、友だちと飲み屋へ行って夜遅くまでお酒を飲んだ。**

'술집'을 나타내는 말로 酒屋さかや와 飲のみ屋やが 있다. 酒屋는 술을 마시는 곳이 아니라, 주류를 파는 가게로 쌀 · 소금 · 된장 · 설탕 · 간장 같은 식료품을 곁들여 팔기도 한다. 술을 마시는 곳은 飲み屋라고 한다.

※ 飲(の)み屋(や)의 종류 : 居酒屋(いざかや) · バー · スナック · ラウンジ · クラブ · キャバクラ등

0261 ③ **目が痛くて目薬をさした。**

'안약(眼藥)'이라고 하여 がんやく라고 발음하면 듣는 사람이 丸薬がんやく(알약)으로 알아듣기 때문에 뜻에 따라 구분하여 써야 한다.

0262 ③ **毎日３回歯みがきをしなければなりません。**

'양치질'을 養歯라고 하지 않는다.

0263 ④ **八百屋でキャベツと大根を買った。**

'채소 가게'를 野菜店 또는 野菜屋라고 하지 않는다. 八百屋라고 한다.

0264 ② **天気予報によると、明日は晴れるそうだ。**

'일기 예보'는 한자어 그대로 日気予報라고 쓸 수 없다. 天気予報라고 해야 한다.

オマケ	ない와 호응하는 진술부사 3
ちっとも / 少すこしも	조금도, 전연
とても	도저히, 아무래도
別べつに	별로
まるで	전혀

0265 커피와 홍차 중에서 **어느 것**이 좋습니까?

コーヒーと紅茶と (　　) がよろしいですか。

① なに　② どれ　③ どちら　④ どんな

0266 이 **상가**에는 유명한 스파게티집이 있다.

この (　　) には有名なスパゲッティ店がある。

① 商街　② 商売街　③ 商店街　④ 商業街

0267 집에서도 **손쉽게** 만들어서 먹을 수 있습니다.

家でも (　　) 作って食べられます。

① 手安く　② 安く　③ 手軽に　④ 身近に

0268 **쉽게** 설명해 주세요.

(　　) 説明してください。

① 易く　② 易しく　③ 軽く　④ 短く

0269 책방에 가서 잡지를 **두 권** 샀다.

本屋に行って雑誌を (　　) 買った。

① 二巻　② 二本　③ 二冊　④ 二枚

0270 닭이 **5마리** 있습니다.

にわとりが (　　) います。

① 5ひき　② 5とう　③ 5わ　④ 5こ

ポイント

どちら / どっち / どれ 어느 쪽, 어느 것 0265

모두 '어느 것'에 해당하는 말이지만 둘 중에서 하나를 선택할 때는 どちら · どっち를 쓰고, 3가지 이상에서 선택할 때는 どれ를 쓴다.

단위를 세는 조수사 0269~0274

▶ 자세한 설명은 부록 602쪽 참고

0265 ③ コーヒーと紅茶とどちらがよろしいですか。

커피와 홍차 둘 중에서 선택하는 것이므로 どちら 또는 どっち를 써야 한다.

0266 ③ この商店街には有名なスパゲッティ店がある。

'상가'는 한자어 그대로 商街라고 쓸 수 없다. 商店街라고 한다.

0267 ③ 家でも手軽に作って食べられます。

'손쉽게, 간단히'라는 뜻을 나타낼 때는 手軽に를 쓴다.

0268 ② 易しく説明してください。

'쉽게'의 뜻으로 易やすく라고 잘못 쓰는 경우가 종종 있는데, やすい가 '쉽다'의 뜻으로 쓰이는 경우는 [동사 ます형+やすい] 형태로 쓴다. 단독으로 '쉽게'의 뜻으로 쓰이는 말은 易やさしく 뿐이다.

0269 ③ 本屋に行って雑誌を二冊買った。

책을 세는 단위 '권(券)'은 일본어로는 冊さつ를 쓴다.

0270 ③ にわとりが5わいます。

'닭'의 마리 수를 세는 단위는 わ이다.

0271 탕수육 2**인분** 주세요.

酢豚２（　　）ください。

① 人分　② 人前　③ 食　④ 盛

0272 여기는 도시인데 전철이 1시간에 **한 대**밖에 안 온다고 한다.

ここは都会なのに、１時間に（　　）しか電車が来ないという。

① １台　② １個　③ １本　④ １篇

0273 영화를 좋아해서 한 달에 두세 **편**은 봅니다.

映画が好きなので、月に２、３（　　）は見ます。

① 台　② 個　③ 本　④ 篇

0274 그런 일은 전화 **한 통**으로 끝날 일이다.

そんなことは電話（　　）で済むことだ。

① 一通　② 一番　③ 一本　④ 一線

0275 여기는 시골이기 때문에 **찾아**오는 사람도 거의 없다.

ここは田舎なので（　　）来る人もほとんどいない。

① 探して　② 訪ねて

③ 取り戻して　④ 下ろして

0271 ② **酢豚2人前ください。**

'~인분'은 人前라고 한다.

0272 ③ **ここは都会なのに、1時間に一本しか電車が来ないという。**

열차, 기차 등 길게 이어지는 교통수단의 대수는 本를 써서 센다.

0273 ③ **映画が好きなので、月に2、3本は見ます。**

우리는 영화를 세는 단위가 '편'이지만, 일본에서는 本을 쓴다. 영화 필름이 가늘고 길게 늘어져 있어서 本으로 센다고 이해하면 좋다.

0274 ③ **そんなことは電話一本で済むことだ。**

전화 통화 횟수를 일컬어 '한 통, 두 통'을 말할 때는 本을 쓴다.

0275 ② **ここは田舎なので訪ねて来る人もほとんどいない。**

문장에서 '찾아오는'은 '볼일이 있어서 그곳에 가거나 오다'의 뜻이므로 訪ねる 또는 訪おとずれる를 써야 한다.

プラス+

중국 요리의 종류	
마파두부	**マーボー**
만두	**ギョウザ**
베이징 오리 구이	**北京ペキンダック / ペキンダック**
볶음밥	**チャーハン**
춘권	**はるまき**
탕수육	**すぶた**
팔보채	**八宝菜はっぽうさい**

0276 연휴 마지막 날, 아이들과 동물원을 **찾았다**.

連休の終りの日、子どもたちと動物園を (　　)。

① 探してた　② 訪れた　③ 取り戻した　④ 下ろした

0277 시간이 나면 각지의 풍물을 **찾아서** 여행을 하고 싶다.

暇ができたら各地の風物を (　　) 旅をしたい。

① 探して　② 訪ねて　③ 取り戻して　④ 下ろして

0278 아버지 회사에서 유능한 인재를 **찾고** 있다.

父の会社で有能な人材を (　　) いる。

① 探して　② 訪ねて　③ 取り戻して　④ 下ろして

0279 뺑소니 사고의 목격자를 **찾고** 있다고 한다.

ひき逃げ事故の目撃者を (　　) いるそうだ。

① 探して　② 訪ねて　③ 取り戻して　④ 下ろして

0280 엄마가 미아가 된 아이를 **찾고** 있었다.

母親が迷子になった子供を (　　) いた。

① 探して　② 訪ねて　③ 取り戻して　④ 下ろして

ポイント

受け出す / 訪れる / 探す / 訪ねる / 取り戻す / 取る / 引き出す / 下ろす / 引く / 見つかる 찾다 0275~0287

(1) 受け出す는 전당포 등에서 맡겼던 물건을 도로 찾는 것을 나타낸다.
(2) 訪れる는 볼일이 있어서 그곳에 가거나 오는 것을 나타낼 때 쓴다.
(3) 探す는 잃어버리거나 필요한 것을 여기저기 찾아보거나 남에게 물을 때 쓴다.
(4) 訪ねる는 볼일이 있어서 그곳에 오가는 것, 모르는 것을 남에게 묻는 것, 거처를 모르는 사람이나 먼저 간 사람을 찾는 것, 과거의 일을 더듬는 것 등을 나타낼 때 쓴다.
(5) 取り戻す는 건강 등이 회복된다는 뜻으로 쓴다.
(6) 取る는 맡긴 물건, 놓고 온 물건 등을 다시 받는 것을 나타낼 때 쓴다.
(7) 引き出す · 下ろす는 은행 등에서 돈을 찾는다는 뜻이다.
(8) 引く는 '모르는 단어를 사전에서 찾다'의 뜻으로 쓴다.
(9) 見つかる는 '없어진 물건이나 사람이 발견되다'의 뜻으로 쓴다.

0276 ② **連休の終りの日、子どもたちと動物園を訪れた。**

문장에서 '찾다'는 '볼일이 있어서 그곳에 가거나 오다'의 뜻이므로 여기에 해당하는 단어는 訪れる이다.

0277 ② **暇ができたら各地の風物を訪ねて旅をしたい。**

목적하는 것을 찾아서 간다는 뜻이므로 訪たずねる가 알맞다.
※ 訪ねる의 동의어로 訪(おとず)れる가 있다.

0278 ① **父の会社で有能な人材を探している。**

필요한 사람을 찾아내기 위해서 수소문한다는 뜻이므로 探す가 알맞다.

0279 ① **ひき逃げ事故の目撃者を探しているそうだ。**

문장에서 '찾다'는 목격자를 찾아내기 위해서 수소문한다는 뜻이므로 探す를 쓴다.

0280 ① **母親が迷子になった子供を探していた。**

잃어버린 아이를 찾기 위해서 여기저기 알아본다는 뜻이므로 探す를 쓴다.

0281 사전을 **찾으**면서 일본어 공부를 했습니다.

辞書を (　　) ながら、日本語の勉強をしました。

① 探し　② 取って　③ 引き　④ 下ろし

0282 다시 건강을 **찾았다**.

ふたたび元気を (　　)。

① 探した　② 取った　③ 取り戻した　④ 見つかった

0283 잃어버린 책을 드디어 **찾았다**.

なくした本がやっと (　　)。

① 探した　② 取った　③ 取り戻した　④ 見つかった

0284 돈을 **찾으**려면 통장이 필요한가요?

お金を (　　) には通帳が必要なんですか。

① 探す　② 引き出す　③ 取り戻す　④ 取る

0285 파출소에 잃어버린 물건을 **찾으러** 갔다.

交番に落し物を (　　) 行った。

① 探しに　② 取りに　③ 取り戻しに　④ 訪れに

0286 세탁소에 들러서 세탁물을 **찾아**왔다.

クリニング屋に寄って、洗濯物を (　　) 来た。

① 探して　② 取って　③ 取り戻して　④ 下ろして

0281 ③ **辞書を引きながら、日本語の勉強をしました。**

'사전을 찾다'는 辞書を引ひく라고 한다. 辞書を探す라고 하면 '잃어버린 사전을 찾다' 또는 '자신이 필요로 하는 사전을 어디에서 구할 수 있는지 찾아다니다'의 뜻이고, 辞書が見みつかる라고 하면 '찾던 사전이 나왔다'는 뜻이다.

0282 ③ **ふたたび元気を取り戻した。**

'건강을 찾다'는 '건강 등이 회복되다'라는 뜻이므로, 取り戻す를 써서 元気を取り戻す라고 하면 된다.

0283 ④ **なくした本がやっと見つかった。**

探す는 '사물이나 사람이 어디에 있는지 찾아내려고 하는 행위 그 자체'를 가리키는 말이고, 見つかる는 '찾은 결과'를 나타내는 말이다. 이 문장에서는 見つかる가 알맞은 표현이다.

0284 ② **お金を引き出すには通帳が必要なんですか。**

은행에 맡겨 두었던 돈을 찾는다는 뜻이므로 引ひき出だす 또는 下おろす를 써야 한다.

0285 ② **交番に落し物を取りに行った。**

잃어버린 물건, 놔두고 온 물건을 찾는다는 뜻으로는 取る를 써야 한다.

0286 ② **クリニング屋に寄って、洗濯物を取って来た。**

맡겨 두었던 옷을 찾아 온다는 뜻이므로 取る를 써야 한다.

オマケ **의뢰나 희망에 관계하는 부사**

どうか	아무쪼록, 제발, 부디
どうぞ	아무쪼록, 제발, 부디
ぜひとも	꼭, 반드시 (ぜひ보다 강한 말투)
なるべく	되도록, 가급적, 가능한 한

0287 꾸준히 모은 저금을 **찾아서** 기타를 샀다.

こつこつためた貯金を (　　)、ギターを買った。

① 探して　　② 取って
③ 取り戻して　　④ 引き出して

0288 왠지 오늘은 좋은 일이 있을 것 같은 기분이 **든다**.

なぜだか今日はいい事がありそうな気が (　　)。

① すう　② する　③ はいる　④ もつ

0289 아키하바라에서 **노트북**을 샀다.

秋葉原で (　　) を買った。

① ノトコンピューター　　② パソコン
③ ノートブック　　④ ノートパソコン

0290 이 기계의 **사용**법은 설명서를 읽으면 알 수 있다.

この機械の (　　) 方は説明書を読めば分かる。

① 使う　② 使い　③ 使用　④ 使った

0291 이 옷은 저한테는 너무 **작아서** 입지 못하겠습니다.

この服は私には (　　) すぎて着られません。

① 小さい　② 小さ　③ 小さな　④ 小さく

0287 ④ こつこつためた貯金を引き出して、ギターを買った。

문장에서 '찾다'는 은행에 맡겨 두었던 돈을 찾는다는 뜻이므로 引き出す 또는 下おろす를 써야 한다.

0288 ② なぜだか今日はいい事がありそうな気がする。

'기분이 들다'는 気がする라고 한다.

0289 ④ 秋葉原でノートパソコンを買った。

ノートブック라고는 하지 않는다. ノートパソコン이라고 써야 한다. パソコン은 パーソナルコンピューター(퍼스널 컴퓨터)의 준말이다.

0290 ② この機械の使い方は説明書を読めば分かる。

'~하는 방법, 방식'은 [동사 ます형+方]로 나타낸다.

0291 ② この服は私には小さすぎて着られません。

'너무 ~하다'는 [동사 ます형+すぎる] [형용사 て형+すぎる]의 형태가 돼야 하므로 小ちいさい가 알맞다.

プラス+

'찾다'의 여러 가지 표현	
건강을 (되)찾다	健康けんこうを取とり戻もどす
(공항에서 맡긴) 짐을 찾다	荷物にもつを取とる
(뜻을 알기 위해) 사전을 찾다	辞書じしょを引ひく
명품만 찾다	ブランド物ものばかり求もとめる
(살) 집을 찾다	家いえを探さがす
(은행에서) 돈을 찾다	お金かねをおろす
일자리를 찾다	仕事しごとを探さがす / 働はたらき口ぐちを探さがす
(잃어버린) 사전을 찾다	辞書じしょを探さがす
찾았다	あった
친구 집을 찾다 (방문하다)	友ともだちの家いえを訪たずねる

0292 모리 씨는 **발**이 넓어서 그것에 대한 전문가를 소개 받으면 된다.

森さんは (　　) が広いから、それについての専門家を紹介してもらうといい。

① 手　② 足　③ 顔　④ 腕

0293 실제로 읽어 보고 **처음으로** 고전의 재미를 알았다.

実際に読んでみて、(　　) 古典のおもしろさを知った。

① 初め　② 初めに　③ 初めて　④ 初めで

0294 일본에는 몇 번이나 왔지만 나고야는 **처음**이다.

日本へはなんども来たが、名古屋は (　　) だ。

① 初め　② 初めに　③ 初めて　④ 初めは

0295 세계에서 **처음으로** 달에 인류를 보낸 나라는 미국이다.

世界で (　　) 月へ人類を送ったのはアメリカである。

① 最初　② 最初に　③ 最初の　④ 最初で

ポイント

顔로 시작하는 관용구 0292

(1) 顔が広ひろい : 발이 넓다
(2) 顔が売うれる / 顔が通とおる : 얼굴이 팔리다 (세상에 널리 알려져서 유명해지다)
(3) 顔が利きく : 얼굴이 통하다 (권력 등이 있어서 무리한 일이라도 통과시킬 수 있는 존재라는 뜻으로, '영향력'이라는 관점으로 본다면 顔が利く가 가장 이미지가 강하다.)

0292 ③ **森さんは顔が広いから、それについての専門家を紹介してもらうといい。**

'발이 넓다'는 뜻으로 쓰는 관용구는 顔が広い이다.

0293 ③ **実際に読んでみて、初めて古典のおもしろさを知った。**

'처음으로'는 '지금까지 없는 경험'의 뜻이므로, 初めて를 써야 한다.

0294 ③ **日本へはなんども来たが、名古屋は初めてだ。**

'처음'은 '이번이 첫 번째'의 뜻이므로, 初め가 아니라 初めて를 써야 한다.

0295 ② **世界で最初に月へ人類を送ったのはアメリカである。**

最初도 '처음'이라는 뜻이 있는데, '처음으로'는 조사 に를 붙여서 最初に라고 한다. 初めて를 써도 된다.

オマケ　걷거나 뛰는 모양을 나타내는 말 1

うろうろ	목적도 없이 이리저리 헤매는 모양	어슬렁어슬렁
しゃなりしゃなり	하느작거리며 모양을 내며 걷는 모양	하느작하느작
ずかずか	서슴지 않고 나아가는 모양	쑥쑥
すたこら	부리나케 걸어가는 모양	허둥지둥, 후닥닥
すたすた	주위를 의식하지 않고 빨리 걷는 모습	총총걸음으로
ずんずん	빠른 속도로 걷는 모양	빠르게, 척척
ぞろぞろ	많은 사람이 줄지어 움직이는 모양	줄줄
ちょこちょこ	종종걸음으로 걷는 모양	종종거림

0296 **처음에는** 자전거를 못 탔지만, 연습해서 탈 수 있게 되었습니다.

(　　) 自転車に乗れなかったけれど、練習して乗れるようになりました。

① 最初は　② 最初には　③ 最初のは　④ 最初では

0297 몸에 나쁘다는 걸 알면서도 담배를 **끊지 못한다**.

体に悪いと知りながら、タバコが (　　)。

① やめられない　② 切れない

③ 吸えない　④ 取れない

0298 이 조건을 받아 주지 않는다면 거래를 **끊겠습니다**.

この条件を受け入れてもらえないなら、取引を (　　)。

① 切ります　② 終えます　③ 止めます　④ しまいます

0299 잘 때는 전기 스위치를 **꺼** 주세요.

寝る時は、電気のスイッチを (　　) ください。

① 切って　② 終えて　③ 止めて　④ 出して

0300 미니스커트를 **입으면** 아버지한테 야단맞는다.

ミニスカートを (　　) お父さんに怒られる。

① 着ると　② 履くと　③ すると　④ かぶると

ポイント

틀리기 쉬운 가타카나어 표기 0299

▶ 자세한 설명은 부록 659쪽 참고

着る / 履く 입다, 신다 0300

(1) 着る는 体からだ(몸통)를 덮는 경우를 말하며, 일부분(브래지어 등)만 제외하고 상의, 양복, 스웨터, 셔츠, 코트, 파자마, 가운 등에 쓴다.

(2) 履く는 발 또는 하체를 덮는 경우를 말하며, 구두, 부츠, 슬리퍼, 양말, 바지, 스커트, 팬티, 스타킹 등에 쓴다.

(3) 특히, 우리말로 '입다'라고 표현하는 스커트, 바지, 팬티 등은 着る가 아니라 履く라는 점에 주의해야 한다.

착용 동사의 용법 0300

▶ 자세한 설명은 부록 603쪽 참고

0296 ① **最初は自転車に乗れなかったけれど、練習して乗れるようになりました。**

'처음에는'이라고 하면 最初に에 は를 붙여서 最初には라고 할 것 같지만, 이 경우는 最初は가 맞다.

0297 ① **体に悪いと知りながら、タバコがやめられない。**

'끊지 못하다'에 해당하는 말로 やめられない와 切きれない가 있다. 이 문장에서는 '그만두다'의 뜻이기 때문에 やめられない를 써야 한다. タバコを切きる라고 하면 '담배를 부러뜨리다'의 뜻이 된다.

0298 ③ **この条件を受け入れてもらえないなら、取引を止めます。**

문장에서 '끊다'는 관계를 끊는다는 뜻이므로 止める를 써야 한다.

0299 ① **寝る時は、電気のスイッチを切ってください。**

'스위치를 끄다'는 スイッチを切る라고 쓴다.

0300 ② **ミニスカートを履くとお父さんに怒られる。**

하의를 입는 것이므로 履く를 써야 한다.

0301 전철에 우산을 **두고 내리는** 사람이 많다.

電車に傘を（　　）人が多い。

① 置いて降りる　② 置く
③ 忘れる　④ 落ちる

0302 이 신문은 시사 문제를 **쉽게** 해설해 준다.

この新聞は、時事問題を（　　）解説してくれる。

① たやすく　② 容易に　③ 易しく　④ やすく

0303 함께 수업을 **받는** 친구가 왔기 때문에 교실로 들어갔다.

いっしょに授業を（　　）友だちが来たので教室に入った。

① 受ける　② もらう　③ される　④ あきる

0304 부탁받은 물건은 어제 사카이 씨에게 **전했습니다.**

頼まれた物は昨日酒井さんに（　　）。

① 伝えました　② 渡しました
③ 伝達しました　④ 回しました

0305 **연예인**들의 말과 행동은 청소년들에게 커다란 영향을 미친다.

（　　）らの言葉や行動は、青少年たちに大きな影響を及ぼす。

① 芸能人　② 演芸人　③ 芸術人　④ 演技人

ポイント

たやすい / 容易 / 易しい 쉽다 0302

'쉽게 해결할 수 있다, 간단하다'의 뜻으로는 모두 쓸 수 있다. 예를 들어 '쉬운 문제'는 易しい問題 · たやすい問題 · 容易な問題 모두 쓸 수 있다. 그러나 '이해하기 쉽다, 평이하다'는 뜻으로 쓰일 때는 たやすい와 容易는 쓸 수 없고, 易しい만 쓸 수 있다.

0301 **③ 電車に傘を忘れる人が多い。**

문장에서 '두고 오다'는 가지고 오는 것을 잊어버렸다는 뜻이므로 置く는 적당하지 않다. 置く를 쓰면 일부러 그곳에 놓았다는 뜻이 된다. 이 문장에서는 忘れる를 써야 한다.

0302 **③ この新聞は、時事問題を易しく解説してくれる。**

문장에서는 '이해하기 쉽다'의 뜻을 나타내기 때문에 易しい를 써야 한다.

0303 **① いっしょに授業を受ける友だちが来たので教室に入った。**

'수업'은 구체적인 물건이 아니므로 貰う는 쓸 수 없고 受ける만 쓸 수 있다.

0304 **② 頼まれた物は昨日酒井さんに渡しました。**

'전하다'에 해당하는 말로 伝える와 渡す가 있다. 伝える는 '안부나 말을 전하는 것'이고, 渡す는 '편지, 선물, 서류, 돈, 물건 등을 건네주다'의 뜻이다. 따라서 이 문장에서는 渡す가 알맞다.

0305 **① 芸能人らの言葉や行動は、青少年たちに大きな影響を及ぼす。**

②演芸人이라는 말은 없다.

0306 내 이름은 아버지가 **지었다.**

私の名前は父が（　　）。

① 作った　② つけた　③ 書いた　④ 取った

0307 연구에 필요한 예산을 **짰다.**

研究に必要な予算を（　　）。

① しぼった　② 組んだ　③ 編んだ　④ 取った

0308 어제 **본** 시험 결과가 벌써 나왔다.

昨日（　　）試験の結果がもう出た。

① した　② 見た　③ 受けた　④ 書いた

0309 읽던 책을 **덮고** 잠자리에 들었다.

読んでいた本を（　　）、寝床についた。

① かぶって　② 覆って　③ 閉じて　④ して

0310 추우니까 이불을 잘 **덮고** 자라.

寒いから布団をちゃんと（　　）寝なさい。

① かぶって　② 覆って　③ 閉じて　④ して

0311 검은 먹구름이 하늘을 **뒤덮었다.**

黒い雨雲が空を（　　）。

① かぶった　② 覆った　③ 閉じた　④ した

ポイント

被る / 覆う / 閉じる 덮다, 덮어쓰다 0309~0311

(1) 被るは 帽子ぼうしを被る(모자를 쓰다)와 같이 머리나 얼굴에 무언가를 씌워 전체 또는 일부를 가릴 때 쓴다.

(2) 覆うは トタンで屋根やねを覆う(함석으로 지붕을 덮다)와 같이 사물 위에 무언가를 펼쳐서 보이지 않게 하거나 상처가 나지 않도록 덮는 것을 나타낸다.

(3) 閉じるは 傘かさを閉じる(우산을 접다)와 같이 '열려 있거나 펼쳐 있던 것을 닫다(접다)'의 뜻으로 쓴다.

(4) 被る와 覆うを 쉽게 구분하는 방법 중 하나는 '덮어쓰다'로 번역되면 かぶるを 쓰고, '뒤덮다'로 번역되면 覆うを 쓴다.

0306 ② 私の名前は父がつけた。

'이름을 짓다'는 이름을 만드는 것이 아니라 '이름을 붙이다(정하다)'라는 뜻으로 동사 つけるを 써야 한다.

0307 ② 研究に必要な予算を組んだ。

しぼるは 비틀어서 수분을 없애는 것이고, 編あむは 뜨개질 등을 하는 것을 나타낸다. 이 문장에서는 '팀, 멤버, 예정, 시간표, 예산, 프로그램 등을 짜다'의 뜻이 있는 組むを 써야 한다.

0308 ③ 昨日受けた試験の結果がもう出た。

'(시험을) 보다'는 '시험에 응하다'의 뜻이므로, 試験を受ける 또는 試験がある(시험이 있다)라고 한다.

※ 시험에 붙다 : 試験(しけん)にうかる

0309 ③ 読んでいた本を閉じて、寝床についた。

문장은 '펼쳐 있던 책을 닫다'라는 뜻이므로 閉じる가 알맞다.

0310 ① 寒いから布団をちゃんとかぶって寝なさい。

문장은 '덮어쓰다'의 뜻이므로 かぶる가 알맞다.

0311 ② 黒い雨雲が空を覆った。

구름이 뒤덮었다는 뜻이므로 覆う가 알맞다.

0312 음식물을 냉장고에 넣을 때는 뚜껑을 잘 **덮어** 주세요.

食べ物を冷蔵庫に入れる時、きちんとふたを (　　) ください。

① かぶって　② 覆って　③ 閉じて　④ して

0313 그림을 벽에서 **떼고** 가족사진을 걸었다.

絵を壁から (　　)、家族写真をかけた。

① 外して　② 離して　③ 引いて　④ 空けて

0314 이번 일에서 손을 **떼겠습니다**.

今度の仕事から手を (　　)。

① 外します　② 離します　③ 引きます　④ 空けます

0315 저 사람한테 눈을 **떼지** 말고 잘 감시해 주세요.

あの人から目を (　　) ないで監視してください。

① 外さ　② 離さ　③ 引か　④ 空け

0316 안경을 **쓰고** 있는 사람은 누구입니까?

眼鏡を (　　) いる人は誰ですか。

① かぶって　② つけて　③ かけて　④ して

0317 **엔저**의 영향으로 일본의 수출이 증가했다.

(　　) の影響で、日本の輸出が増加した。

① 円高　② 円低　③ 円安　④ 円下

0312 ④ **食べ物を冷蔵庫に入れる時、きちんとふたをしてください。**

'뚜껑을 덮다'는 ふたをする라고만 쓸 수 있다.

0313 ① **絵を壁から外して、家族写真をかけた。**

벽에서 뗀다는 것은 붙어 있던 것을 없앤다는 뜻이므로 外す가 알맞다.

0314 ③ **今度の仕事から手を引きます。**

'손을 떼다'는 '그만두다'라는 뜻이므로 引く가 알맞다.

0315 ② **あの人から目を離さないで監視してください。**

문장에서 '떼다'는 '시선을 다른 곳으로 돌리다'의 뜻으로 쓰였으므로 離す를 써야 한다.

0316 ③ **眼鏡をかけている人は誰ですか。**

'안경을 쓰다'를 직역해서 眼鏡をかぶる라고 하면 안 된다. かぶる는 '머리, 얼굴 등에 덮어씌우는 것'을 말하기 때문에 적당하지 않다. 안경을 쓰는 것은 안경다리를 두 귀에 걸친다는 뜻으로 かける를 쓰면 된다.

0317 ③ **円安の影響で、日本の輸出が増加した。**

'엔저'는 円安라고 한다. '엔고'는 円高えんだか이다.

オマケ 걷거나 뛰는 모양을 나타내는 말 2

つかつか	주저하거나 사양하지 않고 나서는 모양	성큼성큼
てくてく	터벅터벅 걷는 모양	터벅터벅
どたばた	소란을 피우거나 발소리를 요란스럽게 내는 모양	우당탕
とっとと	빠른 걸음으로 걷는 모양	냉큼
とぼとぼ	피곤한 듯 힘 없이 걷는 모양	비틀비틀, 비칠비칠
のしのし	뚱뚱하고 덩치 큰 사람, 큰 동물들의 걸음걸이	저벅저벅

0318 시험 날 늦잠을 **잤다**.

試験の日に朝寝坊を (　　) 。

① した　　② 寝た　　③ 眠った　　④ 休んだ

0319 최근 이 배우가 각광을 **받고** 있습니다.

最近この俳優が脚光を (　　) います。

① 受けて　　② もらって　　③ 浴びて　　④ 映って

0320 **길을 잃고** 울고 있는 아이를 파출소로 데려갔다.

(　　) 泣いている子供を交番に連れて行った。

① 道をなくして　　② 道を失って

③ 道に迷って　　④ 道を迷って

0321 출품할 작품의 주제는 각자**가** 자유롭게 정해도 된다고 한다.

出品する作品のテーマは、各自 (　　) 自由に決めてよいことになっている。

① が　　② で　　③ に　　④ は

0322 지금 바쁘니까 나중**에** 전화해 주세요.

今忙しいから、あと (　　) お電話ください。

① が　　② で　　③ に　　④ は

0318 ① **試験の日に朝寝坊をした。**

'늦잠을 자다'는 朝寝坊をする로 기억해 둬야 한다.

0319 ③ **最近この俳優が脚光を浴びています。**

'각광을 받다'는 脚光を浴びる라고 한다.

0320 ③ **道に迷って泣いている子供を交番に連れて行った。**

'길을 잃다'를 표현할 때는 失(うしな)う를 쓰면 안 되고 迷(まよ)う를 쓴다.

0321 ② **出品する作品のテーマは、各自で自由に決めてよいことになっている。**

동작이 행하는 집단이나 주체를 나타내는 조사는 で이다.

0322 ② **今忙しいから、あとでお電話ください。**

우리말로 '~에'로 번역된다고 무조건 조사 に를 쓰면 안 되고, '~한 후, 나중에 다시' 등 막연한 때를 나타낼 경우는 で를 써야 한다. 따라서 '나중에'는 あとに가 아니라 あとで이다. に와 で는 둘 다 동작이 이루어지는 때를 나타내지만, に는 '오전 5시, 2년 전에, 여름 방학에는' 등 시간이 확정적임을 나타낼 때에 쓰고, で는 '~한 후, 나중에 다시' 등 막연한 때를 나타낼 때 쓴다.

オマケ　걷거나 뛰는 모양을 나타내는 말 3

のそのそ	동작이 둔하고 느리게 행동하는 모양	느릿느릿
ばたばた	바쁘게 움직여 침착하지 못한 모양	(발을) 동동
ひょろひょろ	비틀거리며 쓰러질 듯한 모양	비슬비슬, 비틀비틀
ひらり	가볍게 뛰어오르거나 뛰어내리는 모양	훌쩍
ぴょこぴょこ	한곳에 있지 못하고 여기저기 돌아다니는 모양	강동강동
ぴょんぴょん	연속적으로 가볍게 뛰는 모양	깡충깡충

0323 여기서라면 역까지 5분**에** 갈 수 있다.

ここからだと、駅まで５分（　　）行ける。

① で　② に　③ は　④ を

0324 두꺼운 책을 세 시간**에** 전부 다 읽었습니다.

分厚い本を三時間（　　）全部読み終えました。

① で　② に　③ は　④ を

0325 이 일을 1주일**에** 해 주세요.

この仕事を１週間（　　）やってください。

① で　② に　③ は　④ を

0326 이 가방은 얼마**에** 샀습니까?

このかばんはいくら（　　）買いましたか。

① で　② に　③ は　④ を

0327 이 연필은 3자루**에** 1000엔입니다.

この鉛筆は三本（　　）1000円です。

① が　② で　③ に　④ は

0328 마지막**으로** 한말씀 드리고 싶습니다.

最後（　　）一言申し上げたいことがあります。

① が　② で　③ に　④ は

0323 ① **ここからだと、駅まで5分で行ける。**

보통 '~에'는 に로, '~에서'는 で로 번역하지만, 앞에 나오는 소요 시간, 가격, 수치 등의 기준 조건을 나타낼 때는 조사 で를 써야 한다.

0324 ① **分厚い本を三時間で全部読み終えました。**

문장은 '책을 다 읽는 기준으로 3시간'이라고 했으므로 で를 써야 한다.

0325 ① **この仕事を1週間でやってください。**

앞에 소요 시간, 가격, 수량 등이 나오는 경우는 に가 아니라 수량을 재는 기준 등의 조건을 나타내는 조사 で를 써야 한다.

0326 ① **このかばんはいくらで買いましたか。**

'얼마에'에서 '~에'는 '금액의 정도'를 나타내므로 で를 써야 한다.

0327 ② **この鉛筆は三本で1000円です。**

앞에 소요 시간, 가격, 수량 등이 나오는 경우는 に가 아니라 수량을 재는 기준 등의 조건을 나타내는 조사 で를 써야 한다.

0328 ③ **最後に一言申し上げたいことがあります。**

'마지막으로'는 '~으로'가 들어가 있어서 最後で로 번역하기 쉽지만, 이때 '마지막'은 '한말씀 드리다'라는 동작이 이루어지는 때를 나타내는 것이므로, 경우를 나타내는 조사 に를 써서 最後に로 해야 한다.

オマケ 걷거나 뛰는 모양을 나타내는 말 4

よたよた	비틀거리며 쓰러질 듯한 모양	비척비척, 비틀비틀
よちよち	아가의 걸음걸이	아장아장
よろよろ	비틀거리는 모양	비슬비슬

0329 한국어를 일본어**로** 고치는 것이 더 어렵습니다.

韓国語を日本語 (　　) なおすことがより難しいです。

① が　② で　③ に　④ は

0330 그녀는 병을 이유**로** 회사를 쉬었다.

彼女は病気を理由 (　　) 会社を休んだ。

① が　② で　③ に　④ は

0331 요즘**에**는 예사로 지각하는 학생이 부쩍 늘었다.

近頃 (　　) は平気で遅刻する学生がずいぶん増えた。

① で　② に　③ は　④ を

0332 다니던 수학 학원을 **끊었다**.

通っていた数学の塾を (　　)。

① 切った　② 断った　③ 消した　④ やめた

0333 간식을 **끊지 않으면** 살이 안 빠져요.

おやつを (　　) 痩せません。

① 切らないと　② 断たないと　③ 消さないと　④ やめないと

0334 수박에 소금을 **뿌려** 먹으면 더 달고 맛있어요.

スイカに塩を (　　) 食べると、さらに甘くておいしいです。

① まいて　② ふりまいて　③ かけて　④ ばらまいて

ポイント

かける / まく / ばらまく / ふりまく 뿌리다 0334~0335

(1) かける는 '(음식 따위에) 곁들이다'의 뜻이다.
(2) まく는 '파종하다, 씨를 뿌리다'의 뜻이다.
(3) ばらまく는 '돈 등을 뿌리다 · 살포하다'의 뜻이다.
(4) ふりまく는 '돈이나 물을 마구 뿌리다'의 뜻이다.

0329 ③ **韓国語を日本語になおすことがより難しいです。**

'일본어로'는 '~(으)로'로 번역되어 で가 올 것 같지만, 뒤에 동작이나 상태를 나타내는 말의 범위를 한정하는 경우는 조사 に를 써야 한다.

0330 ③ **彼女は病気を理由に会社を休んだ。**

동작이나 상태의 원인, 이유 등을 나타내는 조사는 に이다.

0331 ① **近頃では平気で遅刻する学生がずいぶん増えた。**

に와 で는 모두 시간을 나타내지만, に는 시간이 확정적일 때 쓰고, で는 막연한 때를 나타낼 때 쓴다. 따라서 문장은 で가 알맞다.

0332 ④ **通っていた数学の塾をやめた。**

문장에서 '끊다'는 '그만두다'의 뜻이므로 やめる를 써야 한다.

0333 ④ **おやつをやめないと痩せません。**

문장에서 '끊다'는 간식 먹는 것을 그만둔다는 뜻이므로 やめる를 써야 한다.

0334 ③ **スイカに塩をかけて食べると、さらに甘くておいしいです。**

문장에서는 조미료를 뿌리는 것이므로 かける를 써야 한다.

0335 일본에서는 달걀 프라이에 간장을 **쳐서** 먹어요.

日本では卵焼きにしょうゆを (　　) 食べます。

① うって　② ふって　③ かけて　④ ばらまいて

0336 오자와 선생님은 점수가 **짜다**.

小沢先生は点数が (　　)。

① 苦い　② 辛い　③ しょっぱい　④ すっぱい

0337 책을 베개 삼아 **낮잠을 잤다**.

本をまくらにして (　　)。

① 昼寝を寝た　② 昼寝を眠った

③ 昼寝をした　④ 昼寝を取った

0338 저 사람은 나보다 키가 **크다**.

あの人は私より背が (　　)。

① 大きい　② 長い　③ 高い　④ 遠い

0339 스키**를 타는** 것은 오늘이 처음입니다.

スキー (　　) のは、今日が初めてです。

① に乗る　② にする　③ をする　④ を取る

0335 ③ **日本では卵焼きにしょうゆをかけて食べます。**

문장에서 '치다'는 '때리다'의 뜻이 아니라 조미료를 뿌린다는 뜻이므로 かける를 써야 한다.

0336 ② **小沢先生は点数が辛い。**

'점수가 짜다'는 点数が辛からい, '점수가 후하다'는 点数が甘あまい라고 한다.

0337 ③ **本をまくらにして昼寝をした。**

'낮잠을 자다'는 昼寝をする이다.

※ 늦잠을 자다 : 朝寝坊(あさねぼう)をする

0338 ③ **あの人は私より背が高い。**

'키가 크다(작다)'를 표현할 때는 背せが大おおきい(小ちいさい)가 아니라 背が高い(低ひくい)라고 한다.

0339 ③ **スキーをするのは、今日が初めてです。**

'스키를 타다'에는 乗のる 동사를 쓸 수 없다.

プラス+

'치다'의 여러 가지 표현	
공을 치다	ボールを打うつ
기타를 치다	ギターを弾ひく
떡을 치다	もちをつく
박수를 치다	拍手はくしゅをする
북을 치다	太鼓たいこを打うつ / 太鼓を叩たたく
선배를 치다(때리다)	先輩せんぱいを殴なぐる
(차가) 사람을 치다	人ひとを轢ひく
트럼프를 치다	トランプをする

0340 하프를 **타는** 모습이 무척 아름답네요.

ハープを (　　) 姿が本当に美しいですね。

① 打つ　② 弾く　③ する　④ 取る

0341 친구의 기타를 잠깐 **쳐** 봤더니 좋은 소리가 났다.

友だちのギターをちょっと (　　) みたら、いい音がした。

① 弾いて　② 打って　③ 叩いて　④ して

0342 어제 친구와 테니스를 **쳤다**.

昨日友だちとテニスを (　　)。

① 打った　② たたいた　③ した　④ 取った

0343 피아노를 **치면**서 노래를 불렀다.

ピアノを (　　) ながら歌を歌った。

① 打ち　② 弾き　③ し　④ 取り

0344 바이올린을 **켜** 봤지만 소리가 나지 않는다.

バイオリンを (　　) みたが、音が出ない。

① 打って　② 弾いて　③ つけて　④ 取って

0345 좋은 사람을 만나서 행복한 가정을 **꾸미고** 싶다.

いい人に出会って、幸せな家庭を (　　) たい。

① 飾り　② 装飾し　③ 築き　④ 守り

0340 ② ハープを**弾**(ひ)**く**姿(すがた)が本当(ほんとう)に美(うつく)しいですね。

하프 연주를 하는 것을 '타다'라고 하는데, 하프는 줄을 퉁기는 악기이기 때문에 弾く를 써야 한다.

0341 ① 友(とも)だちのギターをちょっと**弾**(ひ)**いて**みたら、いい音(おと)がした。

'악기를 연주하다'의 뜻으로 쓰인 '치다'라는 말은 각 악기에 알맞은 동사를 써야 한다. 기타는 줄을 켜는 악기이므로 弾く를 써야 한다.

0342 ③ 昨日(きのう)友(とも)だちとテニスを**した**。

'테니스, 배드민턴 등을 치다'에 알맞은 동사는 する이다. 打うつ는 쓰지 않는다.

0343 ② ピアノを**弾**(ひ)**き**ながら歌(うた)を歌(うた)った。

문장에서 '켜다'는 '악기를 연주하다'의 뜻이며, 피아노는 弾ひく를 써야 한다.

0344 ② バイオリンを**弾**(ひ)**いて**みたが、音(おと)が出(で)ない。

문장에서 '켜다'는 '악기를 연주하다'의 뜻이며, 바이올린은 弾ひく를 써야 한다. '켜다'라는 말 그대로 つける라고 하면 '전구, 불 등을 켜다'의 뜻이 된다.

0345 ③ いい人(ひと)に出会(であ)って、幸(しあわ)せな家庭(かてい)を**築**(きず)**き**たい。

문장에서 '꾸미다'는 '장식하다'라는 뜻이 아니라 '만들다, 구축하다'의 뜻이므로 飾かざる나 装飾そうしょくする는 안 되고 築く를 써야 한다.

オマケ	먹고, 마시고, 빠는 동작을 나타내는 말 1	
がつがつ	마구 탐내듯이 먹는 모양	게걸스럽게
がぶがぶ	액체를 많이 기운차게 마시는 모양	벌떡벌떡
がぶっと	입을 크게 벌리고 한입에 넣는 모양	꿀떡
がりがり	단단한 것을 소리 내어 깨물어 먹는 모양	어적어적
ごくごく	액체를 연속적으로 마시는 모양	꿀꺽꿀꺽
こりこり	조금 질긴 것을 씹는 모양	오도독오도독, 아삭아삭, 올강올강
すぱすぱ	담배를 계속해서 빠는 모양	뻐끔뻐끔, 뻑뻑
ちびちび	조금씩 마시는 모양	홀짝홀짝

0346 **에어로빅**은 음악에 맞춰 몸을 움직이는 스포츠입니다.

(　　) は音楽に合わせて体を動かすスポーツです。

① エアロビク　② エアロビッグ
③ エアロビクス　④ エアロビクッス

0347 그녀는 늘 **보이시한** 패션을 선택하여 활동성을 중시한다.

彼女はいつも (　　) ファッションを選び、動きやすさを重視している。

① ボイッシな　② ボーイッシな
③ ボイッシュな　④ ボーイッシュな

0348 5일**자** 아사히 신문에 따르면 오키나와에 폭우가 내렸다고 합니다.

５日 (　　) の朝日新聞によると、沖縄で大雨が降ったそうです。

① 字　② 付　③ 発　④ 編

0349 죄송하지만 더우니까 에어컨을 **틀어** 주세요.

すみませんが、暑いのでクーラーを (　　) ください。

① うごかして　② つけて
③ あけて　④ はじめて

0350 오늘 아침은 8시에 눈이 **뜨였**습니다.

けさは８時に目が (　　) ました。

① ひらき　② あき　③ さめ　④ おき

0346 ③ **エアロビクスは音楽に合わせて体を動かすスポーツです。**

'에어로빅'은 エアロビクス로 표기한다.

0347 ④ **彼女はいつもボーイッシュなファッションを選び、動きやすさを重視している。**

'보이시(boyish)'는 가타카나어로 ボーイッシュ라고 쓴다.

0348 ② **5日付の朝日新聞によると、沖縄で大雨が降ったそうです。**

'~일자'는 ～日付를 쓴다.

0349 ② **すみませんが、暑いのでクーラーをつけてください。**

'에어컨을 틀다'는 스위치를 넣어서 기구를 작동한다는 뜻의 つける를 쓴다.

0350 ③ **けさは8時に目がさめました。**

'눈이 뜨이다'는 잠에서 깬 상태를 가리키는 さめる를 쓴다.

オマケ 먹고, 마시고, 빠는 동작을 나타내는 말 2

ちゅうちゅう	입을 작게 오므리고 연달아 빠는 모양	쭉쭉
ちゅっと	입을 작게 오므리고 한 번에 빠는 모양	쭉
つるつる	겉이 매끄러운 것을 훌쩍훌쩍 먹는 모양	후루룩
ぱくぱく	입을 크게 벌리고 게걸스럽게 먹는 모양	덥석덥석
ぱくり	한입에 먹는 모양	덥석, 꿀꺽
ばりばり	단단한 물건을 깨무는 소리	으드득으드득
ぷかぷか	담배 연기를 연달아 내뿜으며 세차게 피우는 모양	뻑뻑
むしゃむしゃ	음식을 한 번에 입에 많이 넣고 먹는 모양	게걸스럽게
もぐもぐ	입을 다물고 음식을 씹는 모양	우물우물
もりもり	왕성하게 많이 먹는 모양	와작와작

0351 팀의 전력 보강이 **급선무**입니다.

チームの戦力補強が (　　) です。

⇨ ....

0352 정원 **여기저기**에 꽃이 피어 있습니다.

庭の (　　) に花が咲いています。

⇨ ....

0353 건강 **검진** 날이 다가왔습니다.

健康 (　　) の日が近づいてきました。

⇨ ....

0354 속 쓰림의 가장 일반적인 원인은 **과식**입니다.

胃もたれの最も一般的な原因は (　　) です。

⇨ ....

0355 이번 **방학**에는 뉴질랜드에 갈 생각입니다.

今度の (　　) にはニュージーランドに行くつもりです。

⇨ ....

0356 **오늘 아침**은 몹시 춥네요.

(　　) はずいぶん寒いですね。

⇨ ....

0351 チームの戦力補強が急務です。

'급선무'는 急務라고 한다.

0352 庭のあちこちに花が咲いています。

'여기저기'는 우리말과 어순이 반대여서 あちこち라고 한다.

0353 健康診断の日が近づいてきました。

'건강 검진'은 健康診断이라고 한다.

0354 胃もたれの最も一般的な原因は食べ過ぎです。

'과식'을 한자어 그대로 써서 過食이라고 하지 않는다. 우리말과 어순이 반대라는 사실에 유의하자.

※ 과음 : 飲(の)み過(す)ぎ

0355 今度の休みにはニュージーランドに行くつもりです。

우리나라에서는 학교는 '방학(放學)'이라고 하고, 관청이나 회사 등에서는 '휴가'라는 말을 쓴다. 그러나 일본에서는 放学이라는 말은 없고, 학교는 休やすみ, 관청·회사 등에서는 休暇きゅうか 또는 休み를 쓴다.

0356 今朝はずいぶん寒いですね。

'오늘 아침'을 직역해서 今日きょうの朝あさ라고 하지 않는다.

オマケ　말하고 얘기하는 동작을 나타내는 말 1

がやがや	여러 사람이 떠들썩한 모양	왁자지껄
がんがん	잔소리 등 시끄럽게 말하는 모양	쾅쾅, 시끄럽게
くだくだ / くどくど	말을 장황하게 늘어놓는 모양	장황하게
はっきり	명확하게 말하는 모양	똑똑히, 확실히
ひそひそ	목소리를 낮추어 얘기하는 모양	소곤소곤
ぺらぺら	계속해서 잘 지껄이는 모양	술술

0357 늘 최선을 다하는 것이 그의 가장 큰 **장점**입니다.

常にベストを尽くすのが彼の一番の (　　) です。

⇨

0358 이 차는 모양은 좋지만, 연료를 많이 먹는 것이 **단점**입니다.

この車はかっこいいけど、燃料を食うのが (　　) です。

⇨

0359 대통령제의 **장단점**에 대해 가르쳐 주세요.

大統領制の (　　) について教えてください。

⇨

0360 앉아 있다가 갑자기 일어서면 현기증이 **난다**.

座っていて急に立つとめまいが (　　) 。

⇨

0361 이 부근은 밤늦게까지 자동차 소리가 **나서** 시끄러워서 잠을 잘 수가 없다.

この辺は夜遅くまで自動車の音が (　　) 、うるさくて寝られない。

⇨

0362 감기에 걸려서 오한이 **난다**.

風邪を引いて寒気が (　　) 。

⇨

ポイント

出る / する 나다 0360~0364

(1) でる는 '생산되다'의 뜻이다.

(2) する는 ~がする 형태로 써서 '무엇을 느끼다, 감지하다'의 뜻이다. 따라서 '냄새, 향기, 맛, 소리, 한기 등이 나다(느껴지다)'의 뜻으로는 ~がする를 써야 한다.

~がする / ~をする 용법 0360~0364

▶ 자세한 설명은 부록 604쪽 참고

0357 常にベストを尽くすのが彼の一番の長所です。

'장점'은 長所ちょうしょ, '단점'은 短所たんしょ이다.

0358 この車はかっこいいけど、燃料を食うのが短所です。

'연료가 많이 든다(먹는다)'고 할 때는 燃料を食う를 쓴다.

0359 大統領制の長所と短所について教えてください。

'장단점'은 長短所ちょうたんしょ 또는 長所と短所라고 한다.

0360 座っていて急に立つとめまいがする。

'현기증이 나다'는 めまいがする이다.

0361 この辺は夜遅くまで自動車の音がして、うるさくて寝られない。

문장에서 '나다'는 '소리를 느끼다, 감지하다'의 뜻으로 쓰였기 때문에 音がする라고 써야 한다.

0362 風邪を引いて寒気がする。

문장에서 '나다'는 '추위를 느끼다, 감지하다'의 뜻으로 쓰였기 때문에 ~がする를 써야 한다.

0363 저 레스토랑 앞을 지나면 언제나 좋은 냄새가 **난다**.

あのレストランの前を通ると、いつもいいにおいが (　　)。

⇨

0364 이 사건에는 어쩐지 범죄 냄새가 **난다**.

この事件には、どうも犯罪のにおいが (　　)。

⇨

0365 저는 서울**대학교** 사회학과를 나왔습니다.

私はソウル (　　)、社会学科を出ました。

⇨

0366 요즘은 초등학교 **학생**도 컴퓨터를 배운다.

この頃は、小学校の (　　) もコンピューターを習っている。

⇨

0367 나는 집에서 독일어를 가르치고 있는데, **학생** 중에는 대학교 교수도 있다.

私は自宅でドイツ語を教えているが、(　　) のなかには大学の先生もいる。

⇨

0368 **휠체어**가 없으면 외출을 못해요.

(　　) がないと外出できません。

⇨

0363 あのレストランの前を通ると、いつもいいにおいがする。

문장에서 '나다'는 '냄새를 느끼다'의 뜻이기 때문에 ~がする를 써야 한다.

0364 この事件には、どうも犯罪のにおいがする。

'냄새가 나다'는 '무언가 감지하다'의 뜻으로 쓰였기 때문에 ~がする를 쓴다.

0365 私はソウル大学、社会学科を出ました。

우리나라에서는 종합대학은 '대학교', 단과대학은 '대학'이라고 구분하지만, 일본어는 모두 大学라고 한다. 大学校だいがっこう라고 붙는 학교는 국가 행정기관이나 부처가 담당하는 교육 시설이다.

0366 この頃は、小学校の児童もコンピューターを習っている。

우리말로 '학생'이라고 하면 초등학생, 중고생, 대학생을 모두 가리키지만, 일본에서는 학급에 따라 호칭이 다르다.

0367 私は自宅でドイツ語を教えているが、生徒のなかには大学の先生もいる。

직업이 대학 교수라 해도 개인 교습을 받는 입장이라면 生徒라고 한다.

0368 車椅子がないと外出できません。

'휠체어'는 車椅子라고 한다.

プラス+

학급별 학생 호칭	
유치원생	園児えんじ
초등학생	児童じどう / 小学生しょうがくせい
중고생	生徒せいと / 中学生ちゅうがくせい、高校生こうこうせい
대학생	学生がくせい
중고생 관련된 어휘지만 学生~가 붙을 때 : 학생 할인, 학생복, 학생 아르바이트	学生がくせい割引わりびき / 学生服がくせいふく / 学生アルバイト
개인 교습의 경우는 연령, 신분에 상관없이	生徒せいと
일본의 학교교육법에 따른 '대학'과는 다르게 국가 행정 기관이나 부처가 담당하는 교육 시설로 防衛ぼうえい大学校だいがっこう(방위 대학교), 気象きしょう大学校(기상 대학교) 등이 있는데, 여기서는 '학생'이라고 호칭하는 곳이 많지만, 일부는 '연수생'이라고 부르는 곳도 있다.	

0369 **인도**에서 캐치볼을 하는 것은 위험하다.

(　　) でキャッチボールをするのは危ない。

⇨ ....

0370 아무도 없는지 아무리 불러도 **대답**이 없다.

誰もいないのかいくら呼んでも (　　) がない。

⇨ ....

0371 벌써 1주일 전에 편지를 부쳤는데 아직 **답장**이 오지 않는다.

もう一週間も前に手紙を出したのに、まだ (　　) が来ない。

⇨ ....

0372 이 문제의 **정답**은 무엇입니까?

この問題の (　　) は何ですか。

⇨ ....

0373 **오답** 노트 작성 방법을 알려 주세요.

(　　) ノートの作り方を教えてください。

⇨ ....

0374 한 조사에 의하면 **장애인** 대부분이 차별과 편견을 경험했다고 한다.

ある調査によると、ほとんどの (　　) が差別や偏見を体験したという。

⇨ ....

0369 歩道でキャッチボールをするのは危ない。

우리말에서는 '인도'와 '보도'라는 말을 모두 쓰지만, 일본어로는 歩道라고 한다.

0370 誰もいないのかいくら呼んでも返事がない。

'대답(對答)'이라는 일본어는 없고 返事へんじ를 쓴다. 返事에는 '대답, 답장'의 뜻이 있다.

0371 もう一週間も前に手紙を出したのに、まだ返事が来ない。

'답장(答狀)'이라는 일본어는 없고 返事へんじ를 쓴다.

0372 この問題の正解は何ですか。

'정답'은 正解, '오답'은 不正解ふせいかい라고 한다.

0373 間違いノートの作り方を教えてください。

일반적으로 '오답'은 不正解라고 하지만, 오답 노트는 間違まちがいノート・解とき直なおしノート・ミスノート라고 한다.

0374 ある調査によると、ほとんどの障害者が差別や偏見を体験したという。

'장애인'은 한자어지만 우리말과는 다르게 障害者를 쓴다.

オマケ 말하고 얘기하는 동작을 나타내는 말 2

ぶうぶう	불평이나 불만을 말하는 모양	투덜투덜, 툴툴
ぶつぶつ	작은 목소리로 중얼거리며 불평하는 모양	중얼중얼, 투덜투덜
べらべら	막힘없이 지껄이거나 경망하게 지껄이는 모양	줄줄, 나불나불
ぼそぼそ	작은 목소리로 분명치 않게 말하는 모양	소곤소곤
ぽんぽん	기탄없이 비판 또는 의견을 말하는모양	툭툭
もぐもぐ	입을 벌리지 않고 씹거나 중얼거리는 모양	우물우물
わいわい	여러 사람이 큰 소리로 떠들어대는 모양	왁자지껄, 와글와글

0375 이것은 **비장애인**과 장애인이 함께 참가할 수 있는 스포츠입니다.

これは (　　) と障害者が一緒に参加できるスポーツです。

⇨

0376 다음 **아시안게임**은 어디에서 개최되나요?

次の (　　) はどこで開催されますか。

⇨

0377 남자에게 없어서는 안 될 미용 제품이 **면도기**다.

男性にとって欠かせない美容製品が (　　) である。

⇨

0378 이거 복사 부탁드려요. **이면지**라도 괜찮아요.

これ、コピーお願いします。(　　) でもかまいません。

⇨

0379 **숙취** 때문에 머리가 지끈거린다.

(　　) で頭がずきずきする。

⇨

0380 이 열차는 선로의 안전이 확인되는 대로 **출발**하겠습니다.

この電車は線路の安全が確認できしだい (　　) します。

⇨

0375 これは健常者(けんじょうしゃ)と障害者(しょうがいしゃ)が一緒(いっしょ)に参加(さんか)できるスポーツです。

'장애인'은 障害者이지만, '비장애인'은 非障害者가 아니라 健常者라고 한다.

0376 次(つぎ)のアジア大会(たいかい)はどこで開催(かいさい)されますか。

아시안게임은 アジアンゲーム가 아니라, アジア大会たいかい라고 한다.

0377 男性(だんせい)にとって欠(か)かせない美容製品(びようせいひん)が剃刀(かみそり)である。

'면도기'는 剃刀 또는 シェーバー라고 한다.

0378 これ、コピーお願(ねが)いします。裏紙(うらがみ)でもかまいません。

'이면지'는 한자어지만 우리말과는 다르게 裏紙를 쓴다.

0379 二日酔(ふつかよ)いで頭(あたま)がずきずきする。

일본어로 '숙취'는 '다음 날까지 취해 있다'의 뜻으로 二日酔い라고 한다.

0380 この電車(でんしゃ)は線路(せんろ)の安全(あんぜん)が確認(かくにん)できしだい発車(はっしゃ)します。

出発しゅっぱつ도 틀린 표현은 아니지만, 열차 출발 안내 방송 때는 주로 発車를 쓴다.

オマケ 웃는 모양을 나타내는 말

けらけら	높은 목소리로 크게 웃는 모양	깔깔
げらげら	큰 소리로 웃는 모양	껄껄
くすくす	웃음을 억지로 참고 연속적으로 웃는 모양	낄낄, 킥킥
くすっと	소리를 내지 않고 한 번 웃는 모양	픽
くっくっ	웃음을 억지로 참으며 웃는 모양	쿡쿡
にこにこ	기쁜 듯이 연속적으로 웃는 모양	생긋생긋, 싱글벙글
にたにた	보기에 기분이 언짢게 연속적으로 웃는 모양	히죽히죽
にやにや	마음속으로 생각하면서 연속적으로 웃음을 띠는 모양	히쭉히쭉, 싱글싱글

0381 **백신**을 두 번이나 접종했는데도 코로나에 걸렸다.

(　　) を二回接種したのにコロナに感染した。

⇨

0382 감기가 유행할 때는 손을 씻어 **바이러스**에 유의합시다.

風邪がはやっている時は手を洗って (　　) に気をつけましょう。

⇨

0383 화폐의 **앞뒤**, 어디가 앞?

貨幣の (　　)、どっちが表？

⇨

0384 KAL은 한국의 대표적인 **항공사**이다.

KALは韓国の代表的な (　　) である。

⇨

0385 우리 아들이 삼성 **계열사**에 취직했어요.

うちの息子はサンスンの (　　) に就職したんです。

⇨

0386 지금부터 출석을 **부르겠습니다**.

今から出席を (　　)。

⇨

0381 ワクチンを二回接種(にかいせっしゅ)したのにコロナに感染(かんせん)した。

'백신'은 ワクチン이라고 한다. '백신'의 철자가 vaccine이므로 ヴァクシーン이나 バクシーン으로 읽어야 하지만, 백신의 어원은 라틴어 Variolae vaccinae(우두)인데, 라틴어에서는 V는 대부분 W로 발음하기 때문이다.

0382 風邪(かぜ)がはやっている時(とき)は手(て)を洗(あら)ってウイルスに気(き)をつけましょう。

'바이러스(virus)' 또한 어원이 라틴어이므로 バイラス나 ヴァイラス로 발음하지 않고, ウイルス라고 읽는다.

0383 貨幣(かへい)の裏表(うらおもて)、どっちが表(おもて)？

'앞뒤'는 우리말과 순서를 반대로 해서 裏表라고 쓴다. 즉, 裏表는 직역하면 '뒤앞'이다.

※ 야구 경기에서 表(おもて)는 '~회 초', 裏(うら)는 '~회 말'이다.

0384 KALは韓国(かんこく)の代表的(だいひょうてき)な航空会社(こうくうがいしゃ)である。

航空会社를 줄여서 航空社라고 하지 않는다. 우리말의 '~사'는 일본어로는 '~회사'라고 표현하는 경우가 많다는 점에 유의하자.

※ 여행사 : 旅行会社(りょこうがいしゃ) / 기획사 : 企画会社(きかくがいしゃ)

0385 うちの息子(むすこ)はサンスンの系列会社(けいれつがいしゃ)に就職(しゅうしょく)したんです。

우리말의 '~사'는 일본어로는 '~회사'라고 표현하는 경우가 많다.

0386 今(いま)から出席(しゅっせき)を取(と)ります。

'출석을 부르다'는 呼ぶ 동사를 쓰지 않는다. 出席を取る라고 한다.

オマケ 잠자는 모양을 나타내는 말

うつらうつら	선잠이 들거나 졸려서 깜빡깜빡 조는 모양	꾸벅꾸벅
うとうと	선잠이 들거나 깜빡깜빡 조는 모양	깜빡깜빡, 꾸벅꾸벅
ぐうぐう	코를 고는 모양	드르렁드르렁
ぐっすり	깊이 잠든 모양	푹
こっくりこっくり	머리를 꾸벅거리며 조는 모양, 또는 낮잠 자는 모양	꾸벅꾸벅
すやすや	편하게 잠이 든 모양	새근새근

0387 **붕어빵**은 한국의 대표적인 길거리 음식 중의 하나입니다.

(　　) は韓国の代表的なストリートフードの一つです。

⇨

0388 교차로에서 **우회전**해 주세요.

交差点で (　　) してください。

⇨

0389 지각할 것 같아서 부리나케 **책가방**을 들고 집을 나왔다.

遅刻しそうになって、あわてて (　　) をつかんで家を出た。

⇨

0390 일본의 초등학생이 **책가방**을 사용하는 이유가 무엇입니까?

日本の小学生が (　　) を使う理由は何ですか。

⇨

0391 인터넷에서 무료 **문자**를 보낼 수 있는 사이트 좀 알려 주세요.

インターネットで無料 (　　) を送ることのできるサイトを教えてください。

⇨

0392 중간**고사**는 생각보다 쉬웠다.

中間 (　　) は思っていたより易しかった。

⇨

0387 **たい焼きは韓国の代表的なストリートフードの一つです。**

우리는 '붕어'를 쓰는데, 일본은 생선 たい(도미)를 써서 たい焼き라고 한다.

0388 **交差点で右折してください。**

'우회전'은 '오른쪽으로 꺾다'의 뜻인 右折를 쓴다. '우회전해 주세요'는 右折してください 또는 右みぎに曲まがってください라고 한다.

※ 좌회전 : 左折(させつ)

0389 **遅刻しそうになって、あわてて学生カバンをつかんで家を出た。**

'책가방'은 学生カバン이라고 한다. 그 외에도 通学鞄つうがくかばん・通学用鞄つうがくようかばん・スクールバッグ・スクバ・制せいカバン・学がくバン 등으로도 부른다. 또한 学生カバン은 주로 중고생들이 사용하는 책가방을 가리킨다.

0390 **日本の小学生がランドセルを使う理由は何ですか。**

초등학생들이 쓰는 '책가방'은 ランドセル라고 한다.

0391 **インターネットで無料メールを送ることのできるサイトを教えてください。**

휴대전화로 보내는 '문자 메시지'를 직역해서 文字もじ라고 하지 않는다. 일본에서는 メール라고 한다.

0392 **中間試験は思っていたより易しかった。**

'중간고사'는 中間試験이라고 한다. 中間テスト라고도 쓴다.

※ 기말고사 : 期末試験(きまつしけん) / 모의고사 : 模擬試験(もぎしけん) / 불시 시험(예고 없이 보는 시험) : 抜(ぬ)き打(う)ち試験(しけん)

0393 방학에는 **본가**에 갑니다.

休みには (　　) に帰ります。

⇨

0394 그는 **전직** 모델이라고 합니다.

彼は (　　) モデルだそうです。

⇨

0395 오바마 **전** 대통령도 오십니다.

オバマ (　　) 大統領もいらっしゃいます。

⇨

0396 서점에서 **전** 남친을 우연히 만났다.

本屋で (　　) カレに偶然出会った。

⇨

0397 엄마는 빈혈이 심해서 가끔 **현기증**을 일으켜서 쓰러질 때도 있다.

母は、貧血がひどく、たまに (　　) を起こして倒れる時もある。

⇨

0398 우리 가게는 **거래**는 전부 현금으로 하고 있습니다.

うちの店は (　　) は全部現金でしております。

⇨

0393 休(やす)みには実家(じっか)に帰(かえ)ります。

'본가'는 한자어지만 우리말과는 다르게 実家라고 쓴다. 実家는 자기가 나고 자란 집을 뜻하므로 부모님 집, 고향 집, 친정, 처가, 시댁 등 다양하게 쓸 수 있다.

0394 彼(かれ)は元(もと)モデルだそうです。

元もと는 '원래, 이전, 전직' 등의 뜻으로 쓰인다.

0395 オバマ元大統領(もとだいとうりょう)もいらっしゃいます。

[전+직업명]은 '전직'을 뜻하므로 元もと를 붙여서 말한다. 前大統領라고 하면 바로 전에 대통령이었던 사람을 가리킨다.

0396 本屋(ほんや)で元(もと)カレに偶然出会(ぐうぜんであ)った。

문장에서 '전 남친'은 '이전'을 뜻하므로 元もと를 쓴다.

0397 母(はは)は、貧血(ひんけつ)がひどく、たまにめまいを起(お)こして倒(たお)れる時(とき)もある。

'현기증'을 한자 그대로 眩気症으로 쓰면 안 된다. めまい의 한자는 目眩·眩暈로 쓴다.

0398 うちの店(みせ)は取引(とりひき)は全部現金(ぜんぶげんきん)でしております。

'거래'를 한자어 그대로 去来라고 쓸 수 없다. 取引라고 한다.

※ 거래액 : 取引高(とりひきだか) / 거래처 : 取引先(とりひきさき) / 내부자 거래 : 内部者取引(ないぶしゃとりひき) · インサイダー取引

オマケ	우는 모양을 나타내는 말	
ああんああん	입을 크게 벌리고 우는 모양, 특히 아이가 우는 모양	엉엉
おいおい	큰 소리를 내어 우는 모양	엉엉
しくしく	코를 훌쩍이며 조용히 우는 모양	훌쩍훌쩍
ぴいぴい	귀찮게 어린이가 보채며 우는 모양	빽빽
めそめそ	소리 없이 또는 낮은 소리로 우는 모양	훌쩍훌쩍
わあわあ	심하게 계속 우는 모양	엉엉
わんわん	심하게 우는 모양	엉엉

0399 **기숙사**는 학교에서 가깝습니다.

(　　) は学校から近いです。

⇨ ....

0400 **무승부**인 경우, 승점은 1점씩 주어집니다.

(　　) の場合、勝ち点は 1 点ずつ与えられます。

⇨ ....

0401 입장권이 없는 분은 **매표소**에서 구입해 주시기 바랍니다.

入場券のない方は、(　　) でお求めください。

⇨ ....

0402 사고가 난 뒤 항공사에는 **문의** 전화가 걸려 왔다.

事故の後、航空会社には (　　) の電話がかかってきた。

⇨ ....

0403 작년의 **미아** 발생 건수는 천 명에 이른다.

去年の (　　) の発生件数は千人に上る。

⇨ ....

0404 여행을 기념하여 역에 놓여 있는 스탬프를 **찍었다**.

旅行を記念して駅に置いてあるスタンプを (　　)。

⇨ ....

0399 **寮は学校から近いです。**

'기숙사'는 寮라고 한다.

0400 **引分の場合、勝ち点は1点ずつ与えられます。**

'무승부'는 引分라고 한다.

0401 **入場券のない方は、切符売り場でお求めください。**

'매표소'는 '표 파는 장소'라는 뜻인 切符売り場를 쓴다. 買票所라는 말은 없다.

0402 **事故の後、航空会社には問い合わせの電話がかかってきた。**

한자로 그대로 쓴 問議라는 말은 없다.

0403 **去年の迷子の発生件数は千人に上る。**

'미아'는 迷子라고 한다.

0404 **旅行を記念して駅に置いてあるスタンプを押した。**

'스탬프를 찍다'는 잉크를 묻혀서 종이에 누르는 것이므로 スタンプを押おす라고 한다.

オマケ　の를 넣어 쓰는 사자성어 1

격세지감(隔世之感)	隔世かくせいの感かん
견마지로(犬馬之勞)	犬馬けんばの労ろう
견원지간(犬猿之間)	犬猿けんえんの仲なか
고육지책(苦肉之策), 고육지계(苦肉之計)	苦肉くにくの策さく
관포지교(管鮑之交)	管鮑かんぽうの交まじわり
궁여지책(窮餘之策)	窮余きゅうよの策さく

0405 의학 연구가 진전되면, 어떤 **병**이라도 고칠 수 있는 날이 올 것이다.

医学の研究が進めば、どんな (　　) でも治せる日が来るだろう。

⇨

0406 **복권**을 살 돈이 있다면 그 돈으로 저금을 하겠다.

(　　) を買うお金があるなら、そのお金で貯金をする。

⇨

0407 은행 계좌의 **비밀번호**를 잊어버려서 예금을 인출하지 못했다.

銀行の口座の (　　) を忘れてしまって預金が引き出せなかった。

⇨

0408 저는 지금 **석사** 논문을 쓰고 있습니다.

私は今 (　　) 論文を書いています。

⇨

0409 '원숭이도 나무에서 떨어진다'는 **속담**이 있습니다. 아무리 자신이 있어도 방심하면 안 됩니다.

「猿も木から落ちる」という (　　) があります。いくら自信があっても、油断してはいけません。

⇨

0410 남자 친구 생일에 **수제** 초콜릿을 만들어 주었다.

彼の誕生日に (　　) チョコレートを作ってあげた。

⇨

0405 **医学の研究が進めば、どんな病気でも治せる日が来るだろう。**

'병'은 病気이다. 病을 한 글자 단독으로 쓰지 않는다.

0406 **宝くじを買うお金があるなら、そのお金で貯金をする。**

'복권'을 뜻하는 宝くじ는 '보물'의 뜻인 宝たから와 '제비, 추첨'의 뜻인 くじ가 합쳐진 말이다.

0407 **銀行の口座の暗証番号を忘れてしまって預金が引き出せなかった。**

'비밀번호'는 暗証番号이다. '현금 카드'는 외래어를 써서 キャッシュカード라고 한다.

0408 **私は今修士論文を書いています。**

'석사'를 우리나라 방식으로 碩士라고 하지 않는다.

※ 석사 논문 : 修士(しゅうし)論文(ろんぶん), 줄여서 修論(しゅうろん)

0409 **「猿も木から落ちる」という諺があります。いくら自信があっても、油断してはいけません。**

'속담'을 俗談이라고 하지 않는다.

0410 **彼の誕生日に手作りチョコレートを作ってあげた。**

'수제'는 '손으로 만듦'의 뜻인 手作り를 쓴다.

オマケ の를 넣어 쓰는 사자성어 2

금석지교(金石之交)	金石きんせきの交まじわり
낭중지추(囊中之錐)	嚢中のうちゅうの錐きり
누란지위(累卵之危)	累卵るいらんの危あやうき
단기지계(斷機之戒)	断機だんきの戒いましめ

0411 아버지는 **콧수염**을 기르고 있다.

父は (　　) をはやしている。

⇨

0412 백화점에 **수영복**을 사러 갔다.

デパートへ (　　) を買いに行った。

⇨

0413 여권의 신청 접수 및 교부를 **시청**에서 하고 있습니다.

パスポートの申請受付及び交付を (　　) で行っています。

⇨

0414 사람이 쓰러져 있어서 **역무원**에게 알렸다.

人が倒れていたので、(　　) に知らせた。

⇨

0415 영어를 공부하기 위해 **영어 회화** 학원에 다니려고 하고 있다.

英語を勉強するために (　　) スクールに通おうと思っている。

⇨

レベル1 レベル2 レベル3

0411 父は口ひげをはやしている。

'콧수염'은 鼻はなひげ가 아니라 口くちひげ이다.

※ 구레나룻 : 頬(ほお)ひげ · もみあげ

0412 デパートへ水着を買いに行った。

'수영복'은 '물에서 입는 옷'이라는 뜻으로 水着라고 한다.

0413 パスポートの申請受付及び交付を市役所で行っています。

관청을 나타내는 役所를 붙여서 '시청'은 市役所しやくしょ, '구청'은 区役所くやくしょ라고 한다.

0414 人が倒れていたので、駅員に知らせた。

'역무원'은 駅員으로 쓴다.

0415 英語を勉強するために英会話スクールに通おうと思っている。

'영어 회화'는 英語会話라고 쓰지 않고 英会話라고 한다. '일어 회화'는 日語会話가 아니라 日本語にほんご会話かいわ라고 한다.

オマケ の를 넣어 쓰는 사자성어 3

당랑지부(螳螂之斧)	螳螂とうろうの斧おの
도탄지고(塗炭之苦)	塗炭とたんの苦くるしみ
무아지경(無我之境)	無我むがの境きょう
무용지물(無用之物)	無用むようの長物ちょうぶつ
문경지교(刎頸之交)	刎頸ふんけいの交まじわり
선견지명(先見之明)	先見せんけんの明めい
수어지교(水魚之交)	水魚すいぎょの交まじわり
어부지리(漁父之利)	漁夫ぎょふの利り

0416 어릴 때는 **인삼**을 싫어했습니다.

子供のころは (　　) が嫌いでした。

⇨

0417 **일회용** 카메라는 한 번 쓰고 버리기 때문에 아깝다.

(　　) カメラは一度使っただけで捨てるからもったいない。

⇨

0418 **일회용** 상품은 환경을 오염시킨다.

(　　) 商品は環境を汚染する。

⇨

0419 환경을 위해 **일회용** 컵은 사용하지 않으려고 한다.

環境のために (　　) は使わないようにしている。

⇨

0420 **전세**버스를 타고 수학여행을 했다.

(　　) バスに乗って修学旅行をした。

⇨

0416 **子供のころは高麗人参が嫌いでした。**

人参にんじん이라고만 하면 '당근'이라는 뜻이다.

0417 **使い捨てカメラは一度使っただけで捨てるからもったいない。**

'일회용'은 한 번 쓰고 버리는 것이라는 뜻으로 使い捨て라고 한다.

0418 **使い捨て商品は環境を汚染する。**

'일회용'은 한 번 쓰고 버리는 것이라는 뜻으로 使い捨て라고 한다.

0419 **環境のために紙コップは使わないようにしている。**

'일회용 컵'은 使い捨てコップ 또는 紙コップ라고 한다.

0420 **貸し切りバスに乗って修学旅行をした。**

'전세'는 한자어 그대로 쓸 수 없고, 貸し切り라고 해야 한다.

オマケ **の를 넣어 쓰는 사자성어 4**

오합지졸(烏合之卒)	**烏合**うごう**の衆**しゅう
유종지미(有終之美)	**有終**ゆうしゅう**の美**び
장유유서(長幼有序)	**長幼**ちょうよう**の序**じょ
정저지와(井底之蛙)	**井**い**の中**なか**の蛙**かわず
조강지처(糟糠之妻)	**糟糠**そうこう**の妻**つま
청천벽력(青天霹靂)	**青天**せいてん**の霹靂**へきれき
타산지석(他山之石)	**他山**たざん**の石**いし
파죽지세(破竹之勢)	**破竹**はちく**の勢**いきおい
필부지용(匹夫之勇)	**匹夫**ひっぷ**の勇**ゆう
형설지공(螢雪之功)	**蛍雪**けいせつ**の功**こう
호연지기(浩然之氣)	**浩然**こうぜん**の気**き

0421 대도시에는 쓰레기 처리, 교통 **정체** 등 여러 가지 문제가 있다.

大都市にはゴミ処理、交通 (　　) など、さまざまな問題がある。

⇨ ....

0422 **지하상가**에서 가방을 샀다.

(　　) でかばんを買った。

⇨ ....

0423 슈퍼에서 **치약**을 구입했다.

スーパーで (　　) を買った。

⇨ ....

0424 **네덜란드**는 풍차와 튤립이 유명합니다.

(　　) は風車とチューリップが有名です。

⇨ ....

0425 **안전** 벨트를 매 주시기 바랍니다.

(　　) ベルトをお締めください。

⇨ ....

0421 大都市にはゴミ処理、交通渋滞など、さまざまな問題がある。

'길이 막히다'의 뜻으로 '정체'는 渋滞라고 한다. 停滞는 쓰지 않는다.

0422 地下街でかばんを買った。

'지하상가'는 地下街라고 한다. 商街를 붙여서 쓰지 않는다.

0423 スーパーで歯磨き粉を買った。

'치약'을 歯薬はくすり라고 하면 '충치 등으로 이가 아플 때 복용하는 약'으로 오해한다. 歯磨き粉에서 磨みがき는 磨みがく의 명사형으로, 磨く는 이(치아)・구두・자전거 등을 천이나 솔로 깨끗하게 문지르는 것을 말한다.

※ 칫솔 : 歯(は)ブラシ

0424 オランダは風車とチューリップが有名です。

'네덜란드'는 영어식 표기를 쓰지 않고, 일본에서 예전부터 부르던 습관대로 オランダ라고 한다.

0425 シートベルトをお締めください。

'안전벨트'는 영어식 표기를 써서 シートベルト(seat belt)라고 한다.

プラス+

주의해야 할 가타카나어 지명 표기

그리스	ギリシャ	아르헨티나	アルゼンチン
네덜란드	オランダ	이집트	エジプト
네팔	ネパール	칠레	チリ
미얀마	ミャンマー	캄보디아	カンボジア
벨기에	ベルギー	태국	タイ
블라디보스토크	ウラジオストク	튀니지	チュニジア
스위스	スイス	팔레스타인	パレスチナ
아랍에미리트	アラブ首長国連邦しゅちょうこくれんぽう	호주	オーストラリア

0426 **할부**로 하시겠습니까?

(　　) にしますか。

⇨

0427 **일시불**로 해 주세요.

(　　) でお願いします。

⇨

0428 이 차는 상당히 **기름**을 많이 먹는다.

この車はずいぶん (　　) を食う。

⇨

0429 은행에서 엔을 **달러**로 환전했다.

銀行で円を (　　) に両替した。

⇨

0430 **마라톤**은 올림픽의 꽃이다.

(　　) はオリンピックの花である。

⇨

0426 分割払いにしますか。

신용카드 등의 지불 방식을 말하는 '일시불, 할부' 등을 표현할 때는 払ばらい를 붙여서 말한다.

0427 一括払いでお願いします。

一括払い의 한자 표기에 주의해야 한다.

0428 この車はずいぶんガソリンを食う。

여기서 '기름'은 식용유가 아니기 때문에 油あぶら라고 할 수 없다. 자동차용으로 주유소에서 파는 기름은 ガソリン이라고 한다.

※ 주유소 : ガソリンスタンド

0429 銀行で円をドルに両替した。

'달러'의 가타카나 표기 ドル에 주의해야 한다.

0430 マラソンはオリンピックの花である。

マラトン이라고 하지 않도록 주의해야 한다.

オマケ 한・일 표현이 다른 사자성어 1

각자부담(各自負擔)	割勘わりかん
각인각색(各人各色)	十人十色じゅうにんといろ
경국지색(傾國之色)	傾国けいこくの美女びじょ
고성방가(高聲放歌)	放歌高吟ほうかこうぎん
고진감래(苦盡甘來)	苦くるしみの後あとに楽たのしみがやって来くる
교각살우(矯角殺牛)	角つのを矯ためて牛うしを殺ころす
구상유취(口尙乳臭)	青二才あおにさい
구절양장(九折羊腸)	つづら折おり
군자표변(君子豹變)	君子くんしは豹変ひょうへんす
금상첨화(錦上添花)	錦上きんじょうに花はなを添そえる
금시초문(今始初聞)	初耳はつみみ

0431 그렇게 **말꼬리** 잡지 마.

そう (　　) を取るな。

⇨

0432 대통령이 되면 **백악관**에서 생활한다.

大統領になると (　　) で暮らす。

⇨

0433 **신용카드** 발행 건수가 매년 늘고 있다.

(　　) の発行数が年々増えている。

⇨

0434 6쪽 둘째 **줄**에 빨간 **줄**을 그으세요.

６ページ２行 (　　) に赤い (　　) を引いてください。

⇨

0435 어느 쪽으로 할지 아내와 **상의**해 보겠습니다.

どちらにするのか妻と (　　) してみます。

⇨

0431 **そう言葉尻(ことばじり)を取(と)るな。**

言葉しっぽ라고 하지 않는다. 또한 言葉尻에서 尻의 발음이 じり로 바뀌는 데 주의해야 한다.

0432 **大統領(だいとうりょう)になるとホワイトハウスで暮(く)らす。**

'백악관'은 외래어 고유명사를 그대로 사용해 ホワイトハウス라고 한다.

0433 **クレジットカードの発行数(はっこうすう)が年々(ねんねん)増(ふ)えている。**

'신용카드'는 외래어 그대로 써서 クレジットカード라고 한다. 줄여서 クレジット라고도 한다.

0434 **6(ろく)ページ2行目(にぎょうめ)に赤(あか)い線(せん)を引(ひ)いてください。**

문장에서 앞에 나오는 '줄'은 순서를 나타낼 때 붙이는 말이므로 目め를 써야 하며, 뒤에 나오는 '줄'은 '선'의 뜻이기 때문에 線せん을 써야 한다.

0435 **どちらにするのか妻(つま)と相談(そうだん)してみます。**

일본어로 相談이라고 하면 전문가나 선생님 등을 대상으로 의논하는 것만이 아니라, 가족이나 친구끼리 의논하는 것도 포함된다.

プラス+

'줄'의 여러 가지 표현	
다섯 번째 줄	5行目ごぎょうめ
오십 줄에 들어서다	50代ごじゅうだいになる
줄넘기	縄跳なわとび
줄다리기	縄引なわびき
줄무늬	縞模様しまもよう
줄을 긋다	線せんを引ひく
줄을 잘 서서 출세하다	コネを利用りようして出世しゅっせする
한 줄로 서다	一列いちれつに並ならぶ

0436 **공공장소**에서 큰 소리로 대화를 나누면 안 됩니다.

(　　) で大声で話してはいけません。

⇨

0437 국제 교류 관계의 **자원봉사** 활동을 하고 있습니다.

国際交流関係の (　　) 活動をしています。

⇨

0438 매일 아침 신문의 경제 **칼럼**을 읽습니다.

毎朝、新聞の経済 (　　) を読みます。

⇨

0439 **편의점**에서 아이스크림을 샀다.

(　　) でアイスクリームを買った。

⇨

0440 **구구단**을 즐겁게 외우는 비결을 소개하겠습니다.

(　　) を楽しく覚えるコツを紹介します。

⇨

0436 **公共(こうきょう)の場(ば)で大声(おおごえ)で話(はな)してはいけません。**

'공공장소'는 公共の場라고 한다.

0437 **国際交流関係(こくさいこうりゅうかんけい)のボランティア活動(かつどう)をしています。**

'자원봉사'는 외래어를 그대로 써서 ボランティア(volunteer)라고 한다. 한자어로 自願奉仕라는 말은 쓰지 않는다.

0438 **毎朝(まいあさ)、新聞(しんぶん)の経済(けいざい)コラムを読(よ)みます。**

※ 칼럼니스트 : コラムニスト

0439 **コンビニでアイスクリームを買(か)った。**

'편의점'은 コンビニエンスストア를 줄여서 コンビニ라고 한다.

0440 **九九(くく)を楽(たの)しく覚(おぼ)えるコツを紹介(しょうかい)します。**

'구구단'은 九九라고 한다.

オマケ 한・일 표현이 다른 사자성어 2

한국어	일본어
금의환향(錦衣還鄕)	故郷こきょうに錦にしきを飾かざる
기고만장(氣高萬丈)	有頂天うちょうてん
기정사실(旣定事實)	既成事実きせいじじつ
남녀노소(男女老少)	老若男女ろうにゃくだんじょ
대서특필(大書特筆)	特筆大書とくひつたいしょ
동서고금(東西古今)	古今東西こきんとうざい
매점매석(買占賣惜)	買占かいしめ売うり惜おしみ
무전취식(無錢取食)	無銭飲食むせんいんしょく
문전축객(門前逐客), 문전박대(門前薄待)	門前払もんぜんばらい
방방곡곡(坊坊曲曲)	津々浦々つつうらうら
배은망덕(背恩忘德)	恩知おんしらず
백절불굴(百折不屈)	不撓不屈ふとうふくつ

0441 이상과 현실은 **갭**이 있기 마련입니다.

理想と現実は (　　) があるものです。

⇨ ....

0442 마케팅은 소비자의 심리를 **자극**하여 제품을 사게 한다.

マーケティングは消費者の心理を (　　) し、製品を買わせる。

⇨ ....

0443 **당구**는 집중력이 필요하다.

(　　) は集中力が必要だ。

⇨ ....

0444 **초면**인데 어쩐지 낯이 익어요.

(　　) なのに、どこか見覚えがあります。

⇨ ....

0445 **민폐** 주차를 하면 다른 차량의 통행이 방해됩니다.

(　　) 駐車をすると、他の車の通行が妨げられます。

⇨ ....

ポイント

틀리기 쉬운 가타카나어 표기 0441~0443

▶ 자세한 설명은 부록 659쪽 참고

0441 理想と現実はギャップがあるものです。

'갭'은 ギャップ라고 한다. [자음+a]의 발음은 요음으로 표기되는 경우가 많다.

0442 マーケティングは消費者の心理を刺激し、製品を買わせる。

'자극'은 刺激라고 한다.

0443 ビリヤードは集中力が必要だ。

'당구'는 ビリヤード라고 한다.

0444 初対面なのに、どこか見覚えがあります。

'초면'은 初対面이라고 한다.

0445 迷惑駐車をすると、他の車の通行が妨げられます。

'민폐주차'는 '폐'를 의미하는 迷惑를 붙여서 迷惑駐車라고 한다.

オマケ 한・일 표현이 다른 사자성어 3

한국어	일본어
백해무익(百害無益)	百害ひゃくがいあって一利いちりなし
불심검문(不審檢問)	職務質問しょくむしつもん
비일비재(非一非再)	再三再四さいさんさいし
산전수전(山戰水戰)	海千山千うみせんやません
상부상조(相扶相助)	相互扶助そうごふじょ
설상가상(雪上加霜)	泣面なきつらに蜂はち
속수무책(束手無策)	お手上てあげ
속전속결(速戰速決)	速戦即決そくせんそっけつ
시종일관(始終一貫)	終始一貫しゅうしいっかん
신호위반(信號違反)	信号無視しんごうむし

0446 단편 소설은 **원고지**로 대략 50매 정도입니다.

短編小説は、だいたい (　　) 50枚です。

⇨

0447 오늘 도시락 반찬은 **계란말이**다.

今日の弁当のおかずは (　　) だ。

⇨

0448 **답안지**를 더럽히지 않도록 주의하세요.

(　　) を汚さないように注意してください。

⇨

0449 최근 들어 **양산**을 남성이 쓰는 일이 많아졌다.

最近、(　　) を男性が使うことが多くなった。

⇨

0450 **스크린 골프**의 장점은 이동하지 않아도 연습이 가능하다는 것입니다.

(　　) のメリットは移動をしなくても、練習が可能なことです。

⇨

0446 **短編小説は、だいたい原稿用紙50枚です。**

'원고지'는 原稿用紙라고 한다.

0447 **今日の弁当のおかずは卵焼きだ。**

'계란말이'는 卵焼き라고 한다.

※ 오믈렛 : オムレツ / 스크램블드에그 : スクランブルエッグ

0448 **答案用紙を汚さないように注意してください。**

'답안지'는 答案用紙 또는 答案이라고 한다.

0449 **最近、日傘を男性が使うことが多くなった。**

'양산'은 日傘라고 한다.

0450 **シミュレーションゴルフのメリットは移動をしなくても、練習が可能なことです。**

'스크린 골프'는 シミュレーションゴルフ라고 한다.

オマケ　한・일 표현이 다른 사자성어 4

한국어	일본어
심사숙고(深思熟考)	沈思黙考ちんしもっこう
안하무인(眼下無人)	傍若無人ぼうじゃくぶじん
양자택일(兩者擇一)	二者択一にしゃたくいつ
연목구어(緣木求魚)	木きに縁よりて魚うおを求もとむ
오비이락(烏飛梨落)	李下りかに冠かんむりを正ただす
오합지졸(烏合之卒)	烏合うごうの衆しゅう
우이독경(牛耳讀經)	馬うまの耳みみに念仏ねんぶつ
월하노인(月下老人)	月下氷人げっかひょうじん
유비무환(有備無患)	備そなえあれば患うれいなし
유언비어(流言蜚語)	流言飛語りゅうげんひご
유유상종(類類相從)	類るいは友ともを呼よぶ

レベル 2

양자택일 200

사지선다 200

괄호쓰기 100

0451 이것**들**은 아동용이며, 성인용보다 작다.

これ (　　) は子供用で、大人用より小さい。

① たち　　② ら

0452 그**들**은 일본인입니다.

彼 (　　) は日本人です。

① たち　　② ら

0453 대학교 선배**들**이 시합을 보러 와 주었다.

大学の先輩 (　　) が試合を見に来てくれた。

① たち　　② ら

0454 그의 작품에는 **깊이**가 있다.

彼の作品には (　　) がある。

① 深み　　② 深さ

0455 이 강은 **깊이**가 1미터 정도여서 카누를 타기에 안성맞춤입니다.

この川は (　　) が 1 メートルぐらいなので、カヌーをするのにぴったりです。

① 深み　　② 深さ

ポイント

たち / ら 들(복수 접미사) 0451~0453

(1) たち

① 주로 私わたしたち・僕ぼくたち・あなたたち・君きみたち・彼女かのじょたち 등의 인칭대명사에 붙어서 복수를 만든다. 다만 彼かれ에는 たち를 붙일 수 없으며 ら만 붙일 수 있다.

② 사람 이외에 동물 등에도 쓴다.

(2) ら

① お前まえら・貴様きさまら・やつら・あいつら 등 사람을 나타내는 말에 붙어 두 명 이상 있음을 나타낸다. 윗사람에게는 사용하지 않는다.

② これ・それ・あれ 등 지시어에 붙어 복수를 나타낸다.

(3) たち는 これ・それ・あれ에 붙여 쓸 수 없다.

(4) ら는 たち에 비해 얕보는 느낌이 있다.

0451 ② これらは子供用で、大人用より小さい。

문장은 これ에 붙어 쓰였으므로 ら만 쓸 수 있다.

0452 ② 彼らは日本人です。

彼에는 たち를 붙일 수 없으며 ら만 붙일 수 있다.

0453 ① 大学の先輩たちが試合を見に来てくれた。

ら는 たち에 비해 얕보는 느낌이 있으므로 たち가 알맞다.

0454 ① 彼の作品には深みがある。

이 문장은 작품의 깊이가 있는지 없는지가 포인트이므로 深み가 알맞다.

0455 ② この川は深さが１メートルぐらいなので、カヌーをするのにぴったりです。

문장은 '깊은 정도'를 나타내므로 深さ가 알맞다.

0456 도쿄돔에 견학 갔을 때, 천장의 **높이**에 놀랐습니다.

東京ドームを見学したとき、その天井の (　　) に驚きました。

① 高み　　② 高さ

0457 좀 눌러 볼 테니 **통증**을 느끼면 말해 주세요.

ちょっと押してみますから、(　　) を感じたら言ってください。

① 痛み　　② 痛さ

0458 이 휴대전화의 **편리함**은 실제로 써 보지 않으면 알 수 없을 것이다.

この携帯電話の (　　) は、実際に使ってみないと分からないだろう。

① 便利み　　② 便利さ

0459 요즘 나오는 전기 제품은 **둥그스름**한 것이 많다.

最近の電気製品は (　　) のあるものが多い。

① 丸み　　② 丸さ

ポイント

～み와 ～さ 0454~0459

～み와 ～さ는 둘 다 형용사에 붙어서 명사를 만들지만 쓰임에 차이가 있다.

(1) ～み는 '～한 느낌, ～한 상태'를 나타내는 말로, 문장 속에서 포인트 부분일 때가 많다. ～みがある・～みがない 형태로 쓰이는 일이 많다.

(2) ～さ는 '～의 정도, 어느 정도 ～인가'를 나타내는 표현이다.

(3) ～み는 ～さ와 달리 모든 형용사에 쓰이는 것은 아니다.

① ～み를 쓸 수 있는 형용사

青あおみ / 赤あかみ / 温あたたかみ / 厚あつみ / 甘あまみ / ありがたみ / 痛いたみ / 旨うまみ / 面白おもしろみ / 重おもみ / 悲かなしみ / かゆみ / 苦くるしみ / 親したしみ / 真剣しんけんみ / 新鮮しんせんみ / 楽たのしみ / 強つよみ / 憎にくしみ / 深ふかみ / 丸まるみ / 弱よわみ

② ～み는 쓸 수 없고, ～さ만 쓸 수 있는 형용사

美うつくしさ / 悔くやしさ / 怖こわさ / 長ながさ / にぎやかさ / 便利べんりさ / 安やすさ / 若わかさ

0456 ② 東京ドームを見学したとき、その天井の高さに驚きました。

문장은 '높은 정도'를 나타내므로 深さ가 알맞다.

0457 ① ちょっと押してみますから、痛みを感じたら言ってください。

문장에서는 통증이 있는지 없는지가 포인트이므로 痛み가 알맞다.

0458 ② この携帯電話の便利さは、実際に使ってみないと分からないだろう。

便利에는 み를 붙일 수 없다.

0459 ① 最近の電気製品は丸みのあるものが多い。

문장에서는 둥그스름한 모양이 포인트이므로 丸み가 알맞다.

0460 올림픽은 4년**마다** 열린다.

オリンピックは４年（　　）開かれる。

① おきに　　② ごとに

0461 나는 이틀**에 한 번** 목욕합니다.

私は一日（　　）お風呂に入ります。

① おきに　　② ごとに

0462 이 한자는 어려워서 설명하기 **어렵다**.

この漢字は難しくて説明し（　　）。

① がたい　　② にくい

0463 다쳐서 걷기 **힘들다**.

怪我をしているので、歩き（　　）。

① がたい　　② にくい

ポイント

おきに와 ごとに 0460~0461

おきに와 ごとに는 같은 뜻으로도 쓰이지만, 서로 다른 뜻으로도 쓰이기 때문에 주의해야 한다.

(1) [Aおきに B]는 'B가 반복되는 간격', 즉 A와 B 사이에 어느 만큼의 시간이나 거리, 수량 등을 두는지를 나타내는 표현이다. 이 경우는 '~ 걸러'라고 생각하면 이해하기 쉽다.
예) 3日みっかおきに電話でんわをかける。3일 간격으로(사흘 걸러) 전화를 걸다.

(2) [Aごとに B]는 'A를 기준으로 하여 B가 반복되는 것'을 나타낸다.
예) 3日ごとに電話をかける。3일마다(3일에 한 번) 전화하다.

(3) 시간이나 거리가 일정 간격으로 반복된다는 뜻일 때는 [Aおきに B]와 [Aごとに B]는 같은 뜻이 된다.
예) この薬くすりは6時間じかんおきに飲のんでください。이 약은 6시간 간격으로 드세요.
=この薬は6時間ごとに飲んでください。이 약은 6시간마다 드세요.
今回こんかいのマラソンコースには、3キロおきに給水所きゅうすいじょが設もうけてある。
이번 마라톤 대회는 3킬로 간격으로 급수대가 설치되어 있다.
=今回のマラソンコースには、3キロごとに給水所が設けてある。
이번 마라톤 대회는 3킬로마다 급수대가 설치되어 있다.

0460 **② オリンピックは4年ねんごとに開ひらかれる。**

올림픽은 4년마다 열리므로 ごとに가 알맞다.

0461 **① 私わたしは一日いちにちおきにお風呂ふろに入はいります。**

'이틀에 한 번'은 '하루 간격으로(=하루 걸러 한 번)'이므로 おきに가 알맞다.

0462 **② この漢字かんじは難むずかしくて説明せつめいしにくい。**

'노력을 하면 가능하기는 하지만 ~하는 것이 어렵다'의 뜻으로 쓰였으므로 にくい가 알맞다.

0463 **② 怪我けがをしているので、歩あるきにくい。**

어떤 사정 때문에 (다쳐서) 걷기 어렵다고 할 때는 がたい는 쓸 수 없고 にくい가 알맞다.

0464 그녀가 왜 그런 일을 했는지 모르겠습니다. 설명하기 **어렵**습니다.

なぜ彼女がそんなことをしたの分かりません。説明し (　　) です。

① がたい　　② にくい

0465 A : 그 사람이 그런 일을 하리라고는 생각지도 못했어요.

B : 그렇지요? 지금도 믿기 **어려워**요.

A: あの人がああいうことをするとは思いませんでしたよ。

B: そうですね。今でも信じ (　　) です。

① がたい　　② にくい

0466 이 햄버거, 너무 커서 먹기 **어렵다**.

このハンバーガー、大きすぎて食べ (　　) 。

① づらい　　② にくい

0467 아이가 먹고 싶은 듯이 빤히 쳐다보고 있는 앞에서 케이크는 먹기 **어렵다**.

子どもがほしそうにじっと見ている前で、ケーキは食べ (　　) 。

① づらい　　② にくい

ポイント

~がたい / ~にくい ~ 어렵다, ~ 힘들다 0462~0465

⑴ ~がたい는 '~하려고 해도 그다지 쉽게는 안 된다'는 점을 강조하는 표현으로 '기분, 감정'이 포인트가 된다. 능력이나 사정 때문에 할 수 없다고 할 때는 がたい는 쓸 수 없다.

⑵ ~にくい는 '~하려고 하면 또는 노력하면 가능하지만 ~하는 것이 어렵다'는 점을 강조하는 표현으로 '능력이나 기능'이 포인트이다. 또한 にくい는 '~하는 것이 쾌적하지 않다'는 뜻도 있다.

• がたい	• にくい
このふた、開あけがたい (×)	このふた、開けにくい (◯)
分わかりがたい説明せつめい (×)	分かりにくい説明 (◯)
飲のみがたいグラス (×)	飲みにくいグラス (◯)
耐たえがたい苦くるしみ (◯)	耐えにくい苦しみ (×)
故郷こきょうは離はなれがたいものです (◯)	故郷は離れにくいものです (×)
信しんじがたい話はなし (◯)	信じにくい話 (×)

0464 **① なぜ彼女(かのじょ)がそんなことをしたのか分(わ)かりません。説明(せつめい)しがたいです。**

그녀의 감정이 중심이 되므로 がたい가 알맞다.

0465 **① そうですね。今(いま)でも信(しん)じがたいです。**

문장은 기분이나 심정이 중심이 되므로 がたい가 알맞다.

0466 **② このハンバーガー、大(おお)きすぎて食(た)べにくい。**

먹기 어려운 이유가 햄버거(대상물)에 있으므로 にくい가 알맞다.

0467 **① 子(こ)どもがほしそうにじっと見(み)ている前(まえ)で、ケーキは食(た)べづらい。**

'~하는 것이 심리적인 저항이 있어서 어렵다'는 뜻으로 쓰였으므로 づらい가 알맞다.

0468 길이 얼어서 걷기 **힘들다**.

道が凍っていて歩き (　　)。

① づらい　　　② にくい

0469 발이 아파서 걷기 **힘들다**.

足が痛くて歩き (　　)。

① づらい　　　② にくい

0470 A : 내가 그린 지도 보고 바로 올 수 있었지?

B : 아니, 알아보기 **어려웠어**. 헤맸어.

A: 私がかいた地図見たら、すぐ来られたでしょ?

B: ううん、分かり (　　) よ。迷っちゃった。

① づらかった　　　② にくかった

0471 이 지방은 태풍이 올 때**마다** 피해를 입는다.

この地方は台風 (　　) 被害を受けている。

① ごとに　　　② のたびに

0472 손님이 여기를 지날 때**마다** 램프가 켜지는 구조입니다.

お客さんがここを通る (　　) ランプがつく仕組みです。

① ごとに　　　② たびに

ポイント

～にくい / ～づらい ~ 어렵다 0466~0470

(1) ～にくい는 '～하려고 하는 것은 물리적으로(능력이나 기술) 어렵다'는 뜻이며, 또한 그 이유가 대상물에 있는 경우가 많다. 또한 にくい 앞에 무의지 동사가 올 때도 쓰인다.

(2) ～づらい는 '어떤 저항이나 장애가 있어서 ～하는 것은 어렵다'는 뜻이다. 심리적인 저항에 대해 자주 쓰인다. 또한 그 이유가 그것을 하려는 주체에 있는 경우가 많다. 또한 づらい 앞에는 무의지 동사가 오는 경우가 별로 없지만, 見みえる · 聞きこえる · 分わかる 등은 쓸 수 있다.

(3) 양쪽 다 쓸 수 있는 경우도 있지만, 이때 뉘앙스는 다르다.
クビになった人ひとにお金かねを返かえしてって、いいにくい。(어떻게 말하면 좋을지 몰라서)
해고 당한 사람에게 돈을 갚으라고 하기 어렵다.
クビになった人にお金を返してって、いいづらい。(불쌍해서)
해고 당한 사람에게 돈을 갚으라고 하기 어렵다.

ごとに / たびに ~때마다 0471~0473

▶ 자세한 설명은 부록 604쪽 참고

0468 ② 道みちが凍こおっていて歩あるきにくい。

걷기 어려운 이유가 길(대상물)에 있으므로 にくい가 알맞다.

0469 ① 足あしが痛いたくて歩あるきづらい。

걷기 어려운 이유가 발(자신)에 있으므로 づらい가 알맞다.

0470 ② ううん、分わかりにくかったよ。迷まよっちゃった。

알아보기 어려운 이유가 지도(대상물)에 있으므로 にくい가 알맞다.

0471 ② この地方ちほうは台風たいふうのたびに被害ひがいを受うけている。

문장에서 태풍이 오는 것은 규칙적으로 생기는 일이 아니므로 ごとに는 쓸 수 없고, たびに가 알맞다.

0472 ② お客きゃくさんがここを通とおるたびにランプがつく仕組しくみです。

앞에 동사가 올 때는 단속적 · 기계적인 것이라도 ごとに는 부자연스러우며, たびに를 써야 한다.

0473 운전면허증은 5년**마다** 갱신할 필요가 있습니다.

運転免許証は、５年 (　　) 更新する必要があります。

① ごとに　　② のたびに

0474 커피 마실 **때** 설탕은 넣어?

コーヒーを飲む (　　)、砂糖は入れる？

① 際　　② とき

0475 이 사람 수영에서 금메달 딴 선수야. **게다가** 3개나.

この人、水泳で金メダルを取った選手だよ。(　　) 三つも。

① さらに　　② しかも

0476 그가 구두를 사 줬어. **게다가** 이탈리아제.

彼がくつを買ってくれたよ。(　　) イタリア製。

① さらに　　② しかも

0477 그가 구두를 사 줬어. **거기다** 가방도.

彼がくつを買ってくれたよ。(　　)、かばんも。

① さらに　　② しかも

ポイント

さらに / しかも 게다가, 더욱이 0475~0478

(1) さらには '~뿐만 아니라 ~도'라는 뜻이다. 앞뒤에 동급의 내용을 나열해 문장을 강조하는 표현이다.

(2) しかもは '~했는데 게다가 ~'라는 뜻이다. 앞의 내용에 대한 부수적인 추가 내용을 써서 문장을 강조하는 표현이다.

0473 ① 運転免許証は、5年ごとに更新する必要があります。

수나 양을 나타내는 말에 붙여 쓸 수 있는 것은 ごとに이다.

0474 ② コーヒーを飲むとき、砂糖は入れる？

とき와 際さい에는 둘 다 '~할 때'라는 뜻으로 쓰지만, 際には 딱딱한 표현으로 격식 차린 장면에서 쓰는 말이다. 따라서 일상적인 장면에서는 とき를 쓰는 것이 알맞다.

0475 ② この人、水泳で金メダルを取った選手だよ。しかも三つも。

문장에서는 '금메달을 딴' 사실 뒤에 추가 정보로 '3개나'라고 덧붙였으므로 しかも가 알맞다.

0476 ② 彼がくつを買ってくれたよ。しかも、イタリア製。

그가 사 준 '구두'에 '이탈리아제'라는 추가 정보를 덧붙인 것이므로 しかも가 알맞다.

0477 ① 彼がくつを買ってくれたよ。さらに、かばんも。

'구두'에 '가방'까지 사 줬다는 뜻이므로 さらに가 알맞다.

0478 부장님이 온 것만으로도 놀랐는데 **거기다** 사장님까지 온 거예요.

部長が来ただけでもびっくりしたのに、(　　　) 社長まで来たんですよ。

① さらに　　　② しかも

0479 3시간이나 컴퓨터를 쳤더니 눈이 **피곤하다**.

３時間もコンピューターを打ったら、目が (　　)。

① くたびれた　　　② 疲れた

0480 적당하게 **피곤하니** 오히려 기분이 좋다.

適度に (　　) かえって気持ちがいい。

① くたびれて　　　② 疲れて

0481 일본의 여름은 에어컨 **없이**는 지낼 수 없다.

日本の夏はクーラー (　　) は過ごせない。

① なしで　　　② ぬきで

0482 이 약은 물 **없이** 먹을 수 있습니다.

この薬は水 (　　) 飲めます。

① なしで　　　② ぬきで

ポイント

くたびれる / 疲れる 피곤하다, 지치다 0479~0480

(1) くたびれる는 몸 전체에 대해서만 쓸 수 있고 부분에 대해서는 쓸 수 없지만, 疲れる는 양쪽 다 쓸 수 있다.

(2) くたびれる는 정신적 피로에는 쓸 수 없고 육체적 피로에만 쓸 수 있는데, 疲れる는 양쪽 다 쓸 수 있다.

(3) くたびれる는 피로의 정도가 강해서 불쾌한 상태를 나타내지만, 疲れる는 그러한 의미의 제한이 없다.

なしで / ぬきで ~ 없이 0481~0483

일부 또는 전체가 없는 상태를 나타낸다.

(1) [AなしでB]는 'A가 없는 상태에서 B'라는 뜻으로, '보통은 필요한 것, 지금까지 필요했던 것'이 없는 상태에 쓰인다. 또한 [AなしでB]는 '보통은 사용하는 A를 사용하지 않고 B'라는 뜻도 있다.

(2) [AぬきでB]는 'A를 제거한 상태에서 B'라는 뜻으로, '원래 포함된 것, 포함되는 경우가 많은 것'이 제거된 경우에 쓰인다.

0478 ① **部長が来ただけでもびっくりしたのに、さらに社長まで来たんですよ。**

문장은 부장도 오고 사장도 왔다는 뜻이므로 さらに가 알맞다.

0479 ② **3時間もコンピューターを打ったら、目が疲れた。**

신체 일부의 피로를 나타냈기 때문에 疲れる만 쓸 수 있다.

0480 ② **適度に疲れてかえって気持ちがいい。**

피곤해서 오히려 기분이 좋다고 했기 때문에 疲れる만 쓸 수 있다.

0481 ① **日本の夏はクーラーなしでは過ごせない。**

여름이기 때문에 일반적으로 에어컨을 사용하는데, 에어컨이 없다고 했으므로 なしで가 알맞다.

0482 ① **この薬は水なしで飲めます。**

보통은 물로 약을 먹는데, '없이'라고 했으므로 なしで가 알맞다.

0483 지금의 경제는 환경 문제를 **빼고** 이야기할 수가 없다.

今の経済は環境問題 (　　) 語ることはできない。

① なしで　　② ぬきで

0484 빨리 먹어라. **하나도** 안 먹었잖니.

早く食べなさい。(　　) 食べてないじゃない。

① 全然　　② まったく

0485 그 피아니스트의 앨범은 데뷔 앨범으로서는 **전혀** 나무랄 데 없는 높은 완성도를 보인다.

そのピアニストのアルバムは、デビューアルバムとしては (　　) 申し分のない出来である。

① 全然　　② まったく

0486 연락도 없이 취소하다니 **정말이지** 황당한 노릇이다.

連絡もなくキャンセルだなんて、(　　) ひどいもんだ。

① 全然　　② まったく

0487 이 캐리어는 무척 튼튼해서 **좀처럼** 깨지는 일은 없습니다.

このスーツケースはすごく丈夫ですから (　　) 割れることはありません。

① めったに　　② ほとんど

ポイント

全然(ぜんぜん)~ない / まったく~ない 전혀 ~ 않다 0484~0486

(1) 全然~ない

일상적인 장면에 자주 쓰인다. '몇 차례의 횟수 중에 ~을 하는 횟수가 무척 적다'는 뜻이다.

(2) まったく~ない

① 딱딱한 표현으로 일상적인 장면에는 거의 쓰지 않는다.

② '더 이상 할 말이 없다, 나무랄 데가 없다, 흠잡을 데가 없다' 등과 같이 강조할 때는 まったく~ない만 쓸 수 있다.

③ 뒤에 ない 표현을 쓰지 않고 별도의 부정적인 말을 사용하여 그것을 강조할 때는 まったく만 쓴다.

0483 ② 今(いま)の経済(けいざい)は環境問題(かんきょうもんだい)ぬきで語(かた)ることはできない。

경제의 한 부분으로 환경 문제를 '뺀다'는 뜻이므로 ぬきで가 알맞다.

0484 ① 早(はや)く食(た)べなさい。全然(ぜんぜん)食(た)べてないじゃない。

일상적인 장면에서는 全然이 알맞다.

0485 ② そのピアニストのアルバムは、デビューアルバムとしてはまったく申(もう)し分(ぶん)のない出来(でき)である。

'나무랄 데가 없다, 흠잡을 데가 없다'는 강조 표현이므로 まったく~ない만 쓸 수 있다.

0486 ② 連絡(れんらく)もなくキャンセルだなんて、まったくひどいもんだ。

문장 뒷부분에 ない 표현은 쓰지 않고, 부정적인 말을 사용하여 강조하는 표현이므로 まったく가 맞다.

0487 ① このスーツケースはすごく丈夫(じょうぶ)ですからめったに割(わ)れることはありません。

'깨지는 일'은 드물게, 적은 확률로 일어나는 일이므로 めったに가 알맞다. '캐리어'는 영어 표현인 スーツケース 외에 일본식 조어인 キャリーバッグ 또는 キャリーケース 등으로도 쓴다.

0488 100점은 **좀처럼** 못 맞는다.

100点なんか、(　　) とれない。

① めったに　　② ほとんど

0489 오늘 시험, **거의** 못 풀었어.

今日のテスト、(　　) できなかった。

① めったに　　② ほとんど

0490 비행기는 가끔 떨어질까 봐 **무섭다**.

飛行機はときどき落ちるか (　　)。

① 怖い　　② 恐ろしい

0491 창문을 연 **채로** 자 버렸다.

窓を開けた (　　) 寝てしまった。

① きり　　② まま

ポイント

めったに～ない / ほとんど～ない 거의 ~ 않다, 좀처럼 ~ 않다 0487~0489

(1) めったに～ない는 '몇 차례의 횟수 중에 하는 횟수가 무척 적다'는 뜻이다.
(2) ほとんど～ない는 '전체 중에서 ~하지 않는 비율이 많다'는 뜻이다. 횟수 외에도 양이나 정도에 대해서도 쓰인다.

恐ろしい / 怖い 무섭다 0490

(1) 恐ろしい는 대상의 모든 상황에 대해서 추상적, 보편적인 공포를 나타낼 때 쓴다.
(2) 怖い는 대상의 특정한 상황에 대해 선택적으로 공포를 나타낼 때 쓴다.
(3) 恐ろしい가 怖い보다 공포의 정도가 심하다.

～たきり / ～たまま ~한 채 0491

(1) ～たまま는 '~ 상태에서 (그만) ~을 하다'(바람직하지 못한 상황)의 뜻이다.
(2) ～たきり는 어떤 행위에 이어서 당연히 일어날 것으로 예상되는 일이 이루어지지 않았다는 뜻이다.

0488 ① **100点なんか、めったにとれない。**

시험을 볼 때마다 100점을 맞는 경우가 적다는 뜻이므로 めったに가 알맞다.

0489 ② **今日のテスト、ほとんどできなかった。**

시험 문제 전체 중에서 풀지 못한 비율이 많다는 것이므로 ほとんど가 알맞다.

0490 ① **飛行機はときどき落ちるか怖い。**

문장은 비행기 자체가 무서운 것이 아니라, 떨어질까 봐 무섭다는 특정한 상황에 대한 선택적 공포이므로 怖い가 알맞다.

0491 ② **窓を開けたまま寝てしまった。**

창문을 열어 둔 채로 잠을 자는 것이 당연한 행동은 아니므로 ～たきり는 부자연스럽다.

0492 문 좀 닫아 **줄래요**?

ちょっとドア、(　　)。

① 閉めてもらいませんか　　② 閉めてもらえませんか

0493 여기는 공공장소이니 담배는 **삼가 주시겠습니까**?

ここは公共の場なんですから、タバコは遠慮 (　　)。

① してもらいませんか
② してもらえませんか

0494 프린트가 모자라면 옆 사람에게 **보여 달라고 할래요**?

プリントが足りなかったら、隣の人に (　　)。

① 見せてもらいませんか
② 見せてもらえませんか

0495 A : 이 지도 잘 모르겠어요.
B : 그럼 저기 파출소에 가서 **가르쳐 달라고 할래요**?

A: この地図、よくわからないですね。
B: じゃ、あの交番に (　　)。

① 教えてもらいませんか
② 教えてもらえませんか

レベル1
レベル2
レベル3

ポイント

～てもらいませんか / ～てもらえませんか ~해 줄 수 있을까요, ~해 줄 수 없을까요

0492~0495

(1) ～てもらいませんか
① 다른 사람에게 무언가를 하도록 제안하거나 권하는 표현이다.
② 제안에 찬성하는지를 묻는 것이 포인트이다.
(2) ～てもらえませんか
① 상대에게 무언가 해 달라고 의뢰하는 표현이다. '내가 당신에게 ～해 주는 것을 받을 수 있습니까? (=당신은 내게 ～해 줄 수 있나요?)'라는 뜻이다.
② 가능한지 여부를 묻는 것이 포인트이다.
(3) 어미를 ～ますか로 쓰면 상대에게 '예, 아니요'라는 대답을 요구하는 표현인데, 대체로 상대가 거절하지 않을 것을 전제로 한다. 반면에 ～ませんか는 상대가 '아니요'라는 대답을 할 수도 있다는 것을 전제로 묻는 표현이다. 그러므로 ～ませんか가 ～ますか보다 공손한 느낌이 든다.

0492 **② ちょっとドア、閉(し)めてもらえませんか。**

상대에게 직접 문을 닫아 달라고 부탁하는 내용이므로 閉めてもらえませんか가 맞다.

0493 **② ここは公共(こうきょう)の場(ば)なんですから、タバコは遠慮(えんりょ)してもらえませんか。**

직접적으로 담배를 삼가 달라고 부탁하는 내용이므로 してもらえませんか가 알맞다.

0494 **① プリントが足(た)りなかったら、隣(となり)の人(ひと)に見(み)せてもらいませんか。**

문장은 상대에게 '옆 사람에게 보여 달라고 해 보라'고 권하는 표현이므로 してもらいませんか가 알맞다.

0495 **① じゃ、あの交番(こうばん)に教(おし)えてもらいませんか。**

잘 모르겠다고 말하는 A에게 '파출소에 가서 가르쳐 달라'고 해 보라고 권하는 표현이므로 教えてもらいませんか가 알맞다.

0496 밥을 **먹고 나서** 계속 공부하고 있다.

ご飯を (　　) 、ずっと勉強している。

① 食べてから　　② 食べた後で

0497 그와는 **졸업하고 나서** 만나지 못했다.

彼とは (　　) 、会っていない。

① 卒業してから　　② 卒業した後で

0498 아쿠타가와 씨는 내년 봄에 결혼하려고 **합니다**.

芥川さんは来年の春に結婚しようと (　　) 。

① 思っています　　② 思います

0499 A : 내년에 졸업인데 어떻게 할 생각입니까?

B : 처음에는 대학원에 진학할 생각이었는데 지금은 취직하려고 **합니다**.

A: 来年は卒業ですが、どうするつもりですか。

B: 最初は大学院に進学するつもりでしたが、今は就職しようと (　　) 。

① 思っています　　② 思います

0500 날씨가 나빠지면 **곧바로** 등산을 중지하세요.

天気が悪くなったら、(　　) 登山を中止してください。

① さっそく　　② すぐ

ポイント

～てから와 後で 0496~0497

(1) ～てから와 後で는 모두 '～하고 나서 ～'라는 관계를 나타낸다.
(2) 後で는 앞의 상황이 완료된 뒤에 이어서 일회성 행위 · 상황이 발생하는 경우에만 쓸 수 있다.
(3) 後で 뒤에 이어지는 상황이 없거나, '～하고 나서 쭉 ～하고 있다'고 계속을 나타낼 때는 後で는 쓸 수 없다.

～と思う와 ～と思っている 0498~0499

자신의 의지를 나타낼 때는 ～と思う와 ～と思っている 양쪽 다 쓸 수 있다.

(1) ～と思う는 이전부터 쭉 생각하고 있던 것에 사용한다.
(2) ～と思っている는 말하는 사람의 현재 심정을 강조할 때 쓴다. 따라서 今いま · 今は 등의 부사와 함께 쓸 때는 ～(よ)うと思っている가 알맞다.

0496 ① **ご飯を食べてから、ずっと勉強している。**

먹고 나서 계속해서 공부를 하고 있으므로 後で는 쓸 수 없다.

0497 ① **彼とは卒業してから、会っていない。**

문장은 계속 만나지 못했다고 했기 때문에 後で는 쓸 수 없다.

0498 ① **芥川さんは来年の春に結婚しようと思っています。**

思う의 주어는 일인칭만 쓸 수 있다. 제삼자의 의향을 나타낼 때는 ～と思う는 쓸 수 없고 ～と思っている만 쓸 수 있다. 이러한 종류의 동사에는 思う · 考える · 感じる 등이 있다. 이들 동사는 [私は～と思う · 思っている] [彼(第三者)は～と思っている]로 기억해 두면 좋다.

0499 ① **最初は大学院に進学するつもりでしたが、今は就職しようと思っています。**

今 · 今は 등의 부사와 함께 쓸 때는 ～と思っている가 알맞다.

0500 ② **天気が悪くなったら、すぐ登山を中止してください。**

さっそく와 すぐ는 둘 다 시간을 두지 않고 빨리, 즉 '곧'이라는 뜻을 갖고 있는데, さっそく는 좋은 일 · 의지적인 상황에만 쓰고, 좋지 않은 일 · 무의지적인 문장에는 못 쓴다. 반면에 すぐ는 이러한 제한 없이 쓸 수 있다.

0501 하늘이 어두워지더니, **곧바로** 비가 내리기 시작했다.

空が暗くなると、(　　) 雨が降りだした。

① もうすぐ　　② すぐ

0502 호텔에 **도착하면** 방에 짐을 놓고, 다시 한 번 로비에 모여 주세요.

ホテルに (　　) 部屋に荷物を置いて、もう一度ロビーに集まってください。

① 届いたら　　② 着いたら

0503 음속은 초속 340미터로 빛보다는 **느리다**.

音速は秒速340メートルで光よりは (　　)。

① のろい　　② おそい

0504 설사를 **해도** 체지방 자체는 줄지 않습니다.

下痢を (　　) 体脂肪自体は減りません。

① しても　　② やっても

0505 그 영화관, 지금 뭐 **하지**?

あの映画館、いま何を (　　) いる?

① して　　② やって

ポイント

届く / 着く 닿다, 도착하다 0502

(1) 届く는 기점에서 이동한 사물, 행위가 도착점까지 닿는 것을 나타낸다. 届く는 택배 등과 같이 남이 운반, 배달하는 것에 한해서 쓰이며, 자체적으로 이동하는 것, 즉 사람이나 탈것에 대해서는 잘 쓰이지 않는다.

(2) 着く는 도착점 또는 접촉만을 언급하는 것으로, 기점부터의 거리 의식이 없는 경우에 쓴다.

0501 ② **空が暗くなると、すぐ雨が降りだした。**

もうすぐ와 すぐ는 둘 다 '곧, 금방'이라는 뜻으로 쓰이지만, もうすぐ는 과거형 · 현재형에는 쓰이지 않고 항상 미래의 일에만 쓰인다. 따라서, 문장은 과거형의 일에 대한 것이므로 もうすぐ는 쓸 수 없고, すぐ를 써야 한다.

0502 ② **ホテルに着いたら部屋に荷物を置いて、もう一度ロビーに集まってください。**

사람이 도착하는 것이므로 着っく를 써야 한다.

0503 ② **音速は秒速340メートルで光よりはおそい。**

のろい와 おそい는 둘 다 '느리다'로 번역되는데, 비교 대상이 명확하게 명시되어 있는 경우에 ～よりおそい는 쓸 수 있지만, ～よりのろい라고는 쓰지 않는다. 즉, のろい는 절대적인 속도가 느리다는 뜻이 포함돼 있으므로 비교 문장에서는 사용하지 않는다. 또한 '인간, 기계, 이동, 동작 등이 느리다'는 표현을 할 때는 양쪽 다 쓸 수 있는데, おそい는 단순히 사실을 나타내고, のろい는 느려서 좋지 않다는 의미가 포함돼 있다.

※ 거북이 운전 : のろのろ運転(うんてん) · ノロノロ運転

0504 ① **下痢をしても体脂肪自体は減りません。**

질병이나 부상에는 する만 쓸 수 있다.

0505 ② **あの映画館、いま何をやっている？**

어떤 영화를 상영하고 있느냐고 묻는 것이므로 やる가 알맞다.

0506 어젯밤에 잠을 못 자서 몇 번이나 하품을 **했다**.

昨晩寝不足だったので、何度もあくびを（　　）。

① した　　② やった

0507 오늘 저녁 한잔**하고** 갈까요?

今晩、一杯（　　）行きます？

① して　　② やって

0508 길고양이한테 먹이를 **주지** 마세요.

野良猫に餌を（　　）ないでください。

① し　　② やら

0509 일본인은 식사 후에 "잘 먹었습니다"라고 **말한다**.

日本人は食事の後に「ごちそうさまでした」と（　　）。

① 話す　　② 言う

0510 솔직히 **말해서** 독신생활은 쓸쓸해.

正直に（　　）、一人暮らしは寂しい。

① 話して　　② 言って

ポイント

する / やる 하다 0504~0508

(1) する

① 단독으로 쓰면 동사로서 '~ 동작을 하다'의 뜻을 나타낸다.

② '한자어'에 결합하여 동사를 만든다. 이때는 やる는 쓸 수 없다.

③ 특수한 뜻을 나타내는 관용어를 만든다. 이때는 やる는 쓸 수 없다.

④ あくび(하품) · くしゃみ(재채기) 등 무의지적인 동작을 나타낸다. 이때는 やる는 쓸 수 없다.

(2) やる

① 게임, 스포츠, 업무 등을 나타내는 명사 뒤에 오는 경우가 많다. する보다 주체의 의지가 강하게 느껴진다.

② やる는 단독으로 쓰여서 다의적인 의미를 나타내며, 의미의 확장성이 크고, やる만으로 문맥을 알 수 있는 함축성을 갖는 경우가 많다. 이때는 する는 쓸 수 없다.

예) 今日きょう、やってます？＝営業えいぎょうをしていますか。

(3) する와 やる 양쪽 다 쓰일 때도 する보다 やる가 좀 더 속된 말투이며, 남성적이며, 약간 거친 느낌이 든다. 따라서 격식을 차린 장면에서는 안 쓰는 것이 좋다.

(4) '주다'의 뜻으로 쓰일 때는 やる만 쓸 수 있다.

~をする와 ~をやる 쓰임 비교 0505~0508

▶ 자세한 설명은 부록 605쪽 참고

0506 ① **昨晩寝不足だったので、何度もあくびをした。**

하품이나 재채기 등의 무의지적인 동작을 나타낼 때는 する를 쓴다.

0507 ② **今晩、一杯やって行きます？**

'술을 마시다'는 뜻으로 쓰였으므로 やる가 알맞다.

0508 ② **野良猫に餌をやらないでください。**

'주다'의 뜻으로 쓰일 때는 やる만 쓸 수 있다. 길고양이는 どら猫라고도 한다.

0509 ② **日本人は食事の後に「ごちそうさまでした」と言う。**

문장은 일방적으로 말을 전달하는 뜻이므로 言う가 알맞다.

0510 ② **正直に言って、一人暮らしは寂しい。**

'솔직히 말해서'는 관용 표현으로서 正直に言って라고 표현한다.

0511 전화로 한 시간이나 그와 **이야기를 나눴다**.

電話で一時間も彼と(　　)。

① 話した　　② 言った

0512 아버지는 피로연에서 어느 정도 흥분한 어조로 축하 인사말을 **했다**.

父は披露宴でいくぶん上がった気味にお祝いのことばを(　　)。

① 述べた　　② 語った

0513 **자기** 전에 이를 닦지 않으면 충치가 생기기 쉽다.

(　　)前に歯を磨かないと虫歯になりやすい。

① 寝る　　② 眠る

0514 대서양 해저에는 많은 비밀이 **잠들어** 있습니다.

大西洋の海底には多くの秘密が(　　)います。

① 寝て　　② 眠って

0515 봄이 되면 잔디에 **누워** 책을 읽는 학생들을 자주 볼 수 있다.

春になると芝生に(　　)本を読む学生をよく見られる。

① 寝て　　② 眠って

0516 어젯밤에 저의 어머니가 **영면에** 들었습니다.

昨夜、僕の母が(　　)就きました。

① 永遠の寝に　　② 永遠の眠りに

ポイント

話す / 言う / 述べる 말하다 0509~0512

(1) 話す는 어느 정도 정리된 내용을 언급할 때 사용되지만, 言う는 그런 제한이 없다.

(2) 言う는 '일방적인 전달'을 나타내고, 話す는 '말하는 사람과 듣는 사람의 상호 전달'이라는 느낌이 있다. 그러므로 농담이나 거짓말, 험담 같은 것들은 일방적인 전달이므로 言う를 써야 한다.

(3) 述べる는 공식적인 장면을 전제로 하며, 표출된 내용도 정돈된 경우에 쓴다.

眠る / 寝る 자다, 잠자다 0513~0517

(1) 眠る는 '수면 상태'를 나타내고, 寝る는 眠る보다 의미가 넓다.

(2) 寝る는 眠る(자다)의 뜻 외에도, '(잠을 자기 위해) 잠자리에 들다, 눕다'의 뜻으로 쓸 수 있다. 寝る가 '눕다'의 뜻으로 쓰였을 때는 眠る로 바꿔 쓸 수 없다.

(3) 寝る는 昼寝ひるね(낮잠) 등과 같이 행동에 대한 말이 많고, 眠る는 '죽음' 등을 뜻하는 추상적인 의미가 더해지는 경우가 많다.

0511 ① **電話で一時間も彼と話した。**

상대와 이야기를 나눴으므로 話す가 맞는 표현이다.

0512 ① **父は披露宴でいくぶん上がった気味にお祝いのことばを述べた。**

피로연이라는 다수의 사람이 모인 공적인 자리에서 하는 말이므로 述のべる가 알맞다.

0513 ① **寝る前に歯を磨かないと虫歯になりやすい。**

문장에서 '자다'는 '자러 가다'의 뜻이므로 寝る가 맞다.

0514 ② **大西洋の海底には多くの秘密が眠っています。**

문장에서 '잠들어 있다'는 '묻혀 있다'는 추상적인 표현이므로 眠る가 알맞다.

0515 ① **春になると芝生に寝て本を読む学生をよく見られる。**

'눕다'의 뜻으로 쓸 수 있는 것은 寝る이다.

0516 ② **昨夜、僕の母が永遠の眠りに就きました。**

'영면에 들다(죽다)'는 永遠の眠りに就く라고 한다.

0517 **한 번 깼다가 다시 잠드는** 바람에 지각할 뻔했다.

(　　) してしまって、遅刻しそうになった。

① 二度寝　　② 二度眠り

0518 기상청은 1주일 정도 강한 지진이 이어질 가능성이 있다며 주의를 **당부했다**.

気象庁は、１週間くらい強い地震が続く可能性があると注意を (　　)。

① 當付した　　② 促した

0519 지진으로 인해 설비 등에 **큰** 피해는 없었다.

地震により、設備などに (　　) 被害はなかった。

① 大きい　　② 大きな

0520 측근의 예상치 못한 배신에 **큰** 충격을 받았다.

側近のまさかの裏切りに (　　) 衝撃を受けた。

① 大きい　　② 大きな

0521 만점 받았다고 **잘난 체하지 마라**.

満点とったくらいで、(　　) 顔をするな。

① 大きい　　② 大きな

ポイント

大きい / 大きな 큰 0519~0523

(1) 大きい는 형용사이므로 활용을 하지만, 大きな는 연체사이므로 활용을 하지 않고 명사 앞에만 올 수 있다. (연체사에는 この · あらゆる · 大きな · いろんな · おかしな 등이 있다.)

(2) 大きい는 눈에 보이는 구체적인 대상을 수식하며, 大きな는 눈에 보이지 않는 추상적인 대상을 수식한다.

(3) 大きい는 객관적인 느낌을 주며, 大きな는 주관적인 느낌을 준다.

예) 大きい顔かお 큰 얼굴 (객관적이고 물리적인 얼굴 크기)
大きな顔をする 젠체하다, 잘난 체하다 (주관적이고 감정적인 판단에 따른 표현)
大きい声こえで話はなす 큰 소리로 말하다. (객관적이고 물리적으로 큰 소리)
あんまり大きな声では言いえないけど
대놓고 말하기는 뭐하지만, 말하기가 좀 조심스럽지만 (비유적인 표현)

0517 ① **二度寝**にどねしてしまって、遅刻ちこくしそうになった。

'한 번 깼다가 다시 잠드는 것'은 二度寝라고 한다.

0518 ② **気象庁**きしょうちょうは、1週間いっしゅうかんくらい強つよい地震じしんが続つづく可能性かのうせいがあると注意ちゅういを**促**うながした。

'주의를 당부하다'는 注意を促す라고 한다.

0519 ② **地震**じしんにより、設備せつびなどに**大きな**おお被害ひがいはなかった。

'피해'는 눈에 보이지 않으며, 주관적이므로 大きな를 써야 한다.

0520 ② **側近**そっきんのまさかの裏切うらぎりに**大きな**おお衝撃しょうげきを受うけた。

'배신'은 눈에 보이지 않으며, 주관적이므로 大きな를 써야 한다.

0521 ② **満点**まんてんとったくらいで、**大きな**おお顔かおをするな。

주관적인 판단을 말하는 것이므로, 관용 표현인 大きな顔かおをする(젠체하다, 잘난 체하다)를 써야 한다.

0522 그런 거 네가 상관할 바 아니야. **쓸데없는 참견**이야.

そんなこと君のかまうことではない。(　　) お世話だ。

① 大きい　　② 大きな

0523 죄송해요. **큰** 거밖에 없어요(잔돈이 없어요).

すみません、(　　) のしかないんです。

① 大きい　　② 大きな

0524 기차는 속력을 늦추어 정위치에 딱 **멈췄다**.

列車は速力をゆるめ、定位置にピタリと (　　)。

① とまった　　② とどまった

0525 복통이 **멈추지 않아**서 의사를 불렀다.

おなかの痛みが (　　) ので、医者を呼んだ。

① とまらない　　② とどまらない

0526 시간은 영원히 **멈추지** 않고 나아간다.

時は永遠に (　　) ことなく進む。

① とまる　　② とどまる

ポイント

とまる / とどまる 멈추다, 그치다 0524~0527

(1) とまる는 움직이다가 정지하는 것으로 변화하는 것을 나타낸다.
(2) とどまる는 움직임이 없는 정지된 상태를 나타낸다.

0522 **② そんなこと君のかまうことではない。大きなお世話だ。**

'쓸데없는 참견, 간섭'은 관용 표현으로 大きなお世話를 써야 한다.

0523 **① すみません、大きいのしかないんです。**

잔돈이 없을 때는 大きいのしかない라는 관용 표현을 쓴다. 다른 표현으로는 小銭こぜにがないんです라고 한다.

0524 **① 列車は速力をゆるめ、定位置にピタリととまった。**

움직이던 열차가 멈추는 것이므로 とまる를 써야 한다.

0525 **① おなかの痛みがとまらないので、医者を呼んだ。**

통증이 계속돼서 멈추지 않는 것이므로 とまらない를 써야 한다.

0526 **② 時は永遠にとどまることなく進む。**

움직일 수 없는 추상적인 것의 상태를 나타내므로 とどまる를 써야 한다.

オマケ **한・일 표현이 다른 사자성어 5**

한국어	일본어
의기상투(意氣相投)	**意気投合**いきとうごう
의기소침(意氣銷沈)	**意気消沈**いきしょうちん
이구동성(異口同聲)	**異口同音**いくどうおん
이전투구(泥田鬪狗)	**泥仕合**どろじあい

0527 신기록이 기대됐지만, 출발이 늦어서 결과는 평범한 기록에 **멈췄다**.

新記録が期待されたが、スタートが遅れ、結果は平凡な記録に( )。

① とまった　　② とどまった

0528 식사 횟수를 줄이면 **오히려** 살이 찐다고 한다.

食事の数を減らすと、( ) 太るらしい。

① かえって　　② むしろ

0529 그는 학자라기보다는 **오히려** 저널리스트라고 하는 편이 낫다.

彼は学者というより、( ) ジャーナリストと言った方がいい。

① かえって　　② むしろ

0530 **일단** 맥주 한 병 주세요. 요리는 마시면서 고를게요.

( ) ビール一本ください。料理は飲みながら選びます。

① とりあえず　　② 一応

0531 양국의 분쟁은 **일단** 해결됐지만, 재연될 가능성도 있다.

両国の紛争は ( ) 解決したが、再燃する可能性もある。

① とりあえず　　② 一応

ポイント

かえって / むしろ 오히려 0528~0529

(1) かえって는 의도나 예상과는 반대의 결과가 되었을 때 쓴다.
(2) むしろ는 두 가지를 비교하여 굳이 말하자면 어느 한쪽이 정도가 높다는 것을 나타낼 때 쓴다.
(3) 다른 구별법은 '도리어'로 번역될 경우는 かえって를 쓰고, '도리어'로 번역해서 어색한 경우는 むしろ를 쓴다.

とりあえず / 一応 우선, 일단 0530~0531

(1) とりあえず는 지금 서둘러서 해야 할 일을 '우선적으로' 먼저 한다는 뜻이다.
(2) 一応는 '완전하고 충분하지는 않지만(쓸데없는 일일지 모르지만) ~한다. 따라서 나중에 변경이 있을지도 모른다'는 뜻으로 쓴다.

0527 **② 新記録が期待されたが、スタートが遅れ、結果は平凡な記録にとどまった。**

움직임과는 상관이 없는 사물에 대해서는 とどまる를 써야 한다.

0528 **① 食事の数を減らすと、かえって太るらしい。**

행동의 의도와 반대되는 결과가 나올 수 있다고 했기 때문에 かえって를 써야 한다.

0529 **② 彼は学者というより、むしろジャーナリストと言った方がいい。**

두 가지 사항을 비교하여 말하기 때문에 むしろ를 써야 한다.

0530 **① とりあえずビール一本ください。料理は飲みながら選びます。**

문장에서 '일단'은 '지금 서둘러서, 먼저'의 뜻이므로 とりあえず가 알맞다.

0531 **② 両国の紛争は一応解決したが、再燃する可能性もある。**

문장에서 '일단'은 '완전하고 충분하지는 않지만'의 뜻으로 쓰였으므로 一応가 알맞다.

0532 우승은 못하더라도 **적어도** 3위 이내에는 들고 싶다.

優勝はできなくても、(　　) 三位以内には入りたい。

① 少なくとも　　② せめて

0533 올해의 실업자 수는 **적어도** 10만 명은 넘는다고 한다.

今年の失業者の数は、(　　) 十万人は超えるという。

① 少なくとも　　② せめて

0534 폭우로 강의 수면이 **올라갔다**.

大雨で川の水面が (　　)。

① のぼった　　② 上がった

0535 살을 빼려고 운동을 시작했지만 좀처럼 효과가 **오르지 않는다**.

やせようと思って運動を始めたが、なかなか効果が (　　)。

① のぼらない　　② 上がらない

0536 그녀는 요즘 갑자기 성적이 **올랐다**.

彼女はこのごろ急に成績が (　　)。

① のぼった　　② 上がった

0537 아버지가 불러서 2층으로 **올라갔다**.

父に呼ばれて二階に (　　)。

① のぼった　　② 上がった

ポイント

せめて / 少(すく)なくとも 하다못해, 적어도 0532~0533

(1) せめて는 '많은 기대는 하지 않지만, 최소한 이 정도 있으면 좋겠다'는 기분을 나타낸다.
(2) 少なくとも는 단지 객관적으로 최저 한계를 표현할 때 쓴다.

上(あ)がる / 登(のぼ)る 오르다 0534~0541

둘 다 낮은 곳에서 높은 곳으로 이동한다는 뜻은 같다.

(1) 上がる는 이동 장소, 위치, 정도 등 이동의 결과 즉, '도달점'에 포인트를 둔다.
(2) 登る는 높은 곳을 목표로 하여 서서히 이동해 가는 과정에 포인트를 둔다. 기본적으로 山(やま)に登る · 木(き)に登る 등 자신의 힘으로 이동하는 것에 대해서 쓴다.

0532 ② **優勝(ゆうしょう)はできなくても、せめて三位以内(さんいいない)には入(はい)りたい。**

문장에서 '적어도'는 최소한 이 정도 있으면 좋겠다는 기분을 나타내기 때문에 せめて가 알맞다.

0533 ① **今年(ことし)の失業者(しつぎょうしゃ)の数(かず)は、少(すく)なくとも十万人(じゅうまんにん)は超(こ)えるという。**

문장에서 '적어도'는 객관적으로 최저 한계를 나타내기 때문에 少なくとも가 알맞다.

0534 ② **大雨(おおあめ)で川(かわ)の水面(すいめん)が上(あ)がった。**

수면의 높이가 올라간 결과를 말하고 있기 때문에 上がる가 알맞다.

0535 ② **やせようと思(おも)って運動(うんどう)を始(はじ)めたが、なかなか効果(こうか)が上(あ)がらない。**

시도한 일에 대한 정도의 변화를 나타내므로 上がる가 알맞다.

0536 ② **彼女(かのじょ)はこのごろ急(きゅう)に成績(せいせき)が上(あ)がった。**

문장에서 '오르다'는 정도의 변화를 나타내므로 上がる가 알맞다.

0537 ② **父(ちち)に呼(よ)ばれて二階(にかい)に上(あ)がった。**

공간적으로 2층으로 이동한 결과를 나타내므로 上がる가 알맞다.

0538 불경기로 좀처럼 급료가 **오르지 않는다**.

不景気でなかなか給料が (　　) 。

① のぼらない　　② 上がらない

0539 이번 휴일에는 산에 **오를** 생각이다.

今度の休みには、山に (　　) つもりだ。

① 上がる　　② 登る

0540 어렸을 때, 자주 나무에 **오르곤** 했다.

子供のころ、よく木に (　　) ものだ。

① 上がった　　② 登った

0541 건강을 위해서 엘리베이터를 타지 않고 계단을 **오르**기로 하고 있다.

健康のために、エレベーターに乗らずに階段を (　　) ことにしている。

① 上がる　　② 登る

0542 후지산 정상에서 해가 **떠오르는** 것을 보았다.

富士山の頂上で、日が (　　) のを見た。

① 浮かび上がる　　② 昇る

0538 ② **不景気でなかなか給料が上がらない。**

급여가 낮은 정도에서 높은 정도로 바뀌지 않는다는 뜻이므로 上がる가 알맞다.

0539 ② **今度の休みには、山に登るつもりだ。**

산에서 이동해 가는 과정에 포인트가 있으므로 登る가 알맞다.

0540 ② **子供のころ、よく木に登ったものだ。**

나무를 타고 올라가는 과정에 포인트가 있으므로 登る가 알맞다.

0541 ② **健康のために、エレベーターに乗らずに階段を登ることにしている。**

계단을 걸어 올라가는 과정에 포인트가 있으므로 登る가 알맞다.

0542 ② **富士山の頂上で、日が昇るのを見た。**

'해가 떠오르다'는 日が昇る라고 한다. ①浮ぅかび上ぁがる도 '떠오르다'로 번역되지만, 이 경우는 가라앉았던 것이 물 위에 나타나거나 표면에 부상한다는 뜻을 표현할 때 쓴다.

オマケ　한・일 표현이 다른 사자성어 6

한국어	일본어
인산인해(人山人海)	黒山くろやまの人ひとだかり
일망무제(一望無際)	一望千里いちぼうせんり
일심전력(一心專力)	一意専心いちいせんしん
일희일비(一喜一悲)	一喜一憂いっきいちゆう
자초지종(自初至終)	一部始終いちぶしじゅう
작심삼일(作心三日)	三日坊主みっかぼうず
전무후무(前無後無)	空前絶後くうぜんぜつご
전전긍긍(戰戰兢兢)	戦々恐々せんせんきょうきょう
전화위복(轉禍爲福)	禍わざわいを転てんじて福ふくとなす

0543 한밤중에 문을 **두드리는** 소리에 잠이 깼다.

真夜中に戸を (　　) 音で目が覚めた。

① 打つ　　② 叩く

0544 엄마! 피곤하지. 어깨 **두드려** 줄까?

お母さん、疲れたの。肩を (　　) あげようか。

① 打って　　② 叩いて

0545 무엇이든지 갖고 싶은 것을 사 주겠다고 하자, 아이는 손뼉을 **치며** 기뻐했다.

何でも欲しいものを買ってやると言うと、子供は手を (　　) 喜んだ。

① 打って　　② 叩いて

0546 고기를 굽기 전에 봉으로 고기를 **두들겨서** 부드럽게 했다.

肉を焼くまえに、棒で (　　) 軟らかくした。

① 打って　　② 叩いて

0547 이 절은 아침 6시, 저녁 5시에 종을 **칩니다**.

このお寺は朝の６時、夕方の５時に鐘を (　　)。

① 打ちます　　② 叩きます

ポイント

打つ / 叩く / 殴る 치다, 두드리다, 때리다 0543~0550

(1) 打つ

① 손이나 물체 등을 무언가에 강하게 부딪치는 것, '소리를 내거나 물체를 날리다' 등과 같이 비교적 목적이 확실하다.

② 사람의 마음에 강한 감동을 줄 때도 사용한다.

③ 打つ는 叩く보다 순간적 기세나 충격이 있다.

(2) 叩く

① 손이나 물체를 무언가에 반복적으로 부딪치는 동작의 느낌이 있다.

② 주의 환기나 무언가를 찾을 때 쓴다.

(3) 殴る는 화가 났을 때, 흥분했을 때 등 감정이 격앙된 상태에서 때리거나 두드리는 동작을 표현할 때 쓴다. 殴る가 叩く보다 강도가 세다.

0543 ② 真夜中に戸を叩く音で目が覚めた。

동작이 반복적이며 주의를 환기시키는 뜻이기 때문에 叩く가 알맞다.

0544 ② お母さん、疲れたの。肩を叩いてあげようか。

어깨를 두드리는 반복적인 동작을 나타내므로 叩く가 알맞다.

0545 ② 何でも欲しいものを買ってやると言うと、子供は手を叩いて喜んだ。

'손뼉을 치다'는 반복적인 동작이므로 手を叩く라고 한다.

0546 ② 肉を焼くまえに、棒で叩いて軟らかくした。

봉으로 고기를 두드리는 반복적인 동작을 나타내므로 叩く가 알맞다.

0547 ① このお寺は朝の6時、夕方の5時に鐘を打ちます。

종을 치는 행동은 도구에 부딪치는 것이므로 打つ가 알맞다.

0548 시계가 12시를 **쳤습니다**.

時計が12時を (　　)。

① 打ちました　　② 叩きました

0549 오늘날처럼 전화가 보급되지 않았던 옛날에는 급할 때는 언제나 전보를 **쳤다**.

今日のように電話の普及していない昔は、急ぐ時はいつも電報を (　　)。

① 打った　　② 叩いた

0550 그녀의 열연은 나에게 강한 **감동을 주었다**.

彼女の熱演は私の胸を強く (　　)。

① 打った　　② 叩いた

0551 핸들을 갑자기 **꺾은** 탓에 차가 도랑에 빠졌다.

ハンドルを突然 (　　) せいで車が溝にはまった。

① 折った　　② 切った

0552 기적적으로 강팀을 **꺾고** 승리를 이어 나갔다.

奇跡的に強豪チームを (　　) 勝ち進んだ。

① 割って　　② 破って

0548 ① 時計が12時を**打ちました**。

문장에서 '두드리다'는 '괘종시계의 종을 치다'의 뜻이므로 打つ를 써야 한다.

0549 ① 今日のように電話の普及していない昔は、急ぐ時はいつも電報を**打った**。

예전에는 전신을 이용한 통신을 보낼 때 작은 자판을 친다는 뜻에서 '전보를 치다'라고 쓰게 됐고, 이때는 打つ를 써야 한다. 今日를 きょう로 읽으면 '오늘'이라는 뜻이고, こんにち로 읽으면 '오늘날'이라는 뜻으로 쓰인다.

0550 ① 彼女の熱演は私の胸を強く**打った**。

사람의 마음에 강한 감동을 줄 때는 打つ를 쓴다.

0551 ② ハンドルを突然**切った**せいで車が溝にはまった。

'핸들을 꺾다'는 '핸들을 돌리다'의 뜻이다. ハンドルを折おる라고 하면 '핸들을 부러뜨리다'의 뜻이 되기 때문에 ハンドルを切きる라고 해야 한다.

0552 ② 奇跡的に強豪チームを**破って**勝ち進んだ。

'강호 팀을 꺾다'는 '이기다, 승리하다'의 뜻이다. 따라서 '무찌르다, 패배시키다'의 뜻인 破る를 써야 한다.

オマケ　한・일 표현이 다른 사자성어 7

주도면밀(周到綿密)	**用意周到**よういしゅうとう
죽마고우(竹馬故友)	**竹馬**ちくば**の友**とも
중과부적(衆寡不敵)	**多勢**たぜい**に無勢**ぶぜい
중구난방(衆口難防)	**衆口**しゅうこう**ふさぎ難**がた**し**
중상모략(中傷謀略)	**誹謗中傷**ひぼうちゅうしょう
지피지기(知彼知己)	**彼**かれ**を知**し**り己**おのれ**を知**し**る**
진인사대천명(盡人事待天命)	**人事**じんじ**を尽**つ**くして天命**てんめい**を待**ま**つ**
천양지차(天壤之差)	**天**てん**と地差**ちさ / **雲泥**うんでい**の差**さ / **月**つき**とすっぽん**

0553 회의를 열 때는 **미리** 알려드리겠습니다.

会議をひらくときには、(　　) お知らせします。

① かねて　　② あらかじめ

0554 복권을 **긁어서** 당첨이 되면 상품을 받을 수 있다.

宝くじを (　　) 当たりが出たら賞品がもらえる。

① 掻いて　　② こすって

0555 가려운 곳을 **긁으**면 어째서 기분이 좋아지는 걸까?

かゆい所を (　　) と、どうして気持ちいいのだろうか。

① 掻く　　② こする

0556 내일 시험이 있어서 도서관에 **남아서** 공부했다.

明日テストがあるので、図書館に (　　) 勉強した。

① 余って　　② 残って

0557 그녀의 얼굴에는 사고의 흔적이 **남아** 있다.

彼女の顔には、事故の傷跡が (　　) いる。

① 余って　　② 残って

ポイント

あらかじめ / まえもって / かねて / かねがね 미리 0553

⑴ あらかじめ와 まえもって는 과거와 미래에 모두 쓸 수 있다.

⑵ かねて와 かねがね는 과거에 대해서만 쓰며 미래에 대해서는 쓸 수 없다.

掻く / こする 긁다 0554~0555

⑴ 掻く는 가려운 것을 긁는 행위를 나타낸다.

⑵ こする는 손톱이나 뾰족한 것으로 벗겨내는 것을 뜻한다.

残る / 余る 남다 0556~0561

⑴ 残る는 물건이나 상황, 사람 등의 일부 또는 전부가 일정 시간이 지난 후에도 없어지지 않고 남아 있는 것을 나타낸다.

⑵ 余る는 물건, 사람, 시간 등이 필요한 양을 쓰고도 아직도 있다는 뜻이다. 수학 용어에서 나머지의 뜻을 나타낼 때도 쓴다. 단, 사람이 주체적으로 하는 행위에는 쓰지 않는다.

0553 ② 会議をひらくときには、あらかじめお知らせします。

문장에서는 미래의 일을 말하고 있기 때문에 あらかじめ 또는 まえもって를 써야 한다.

0554 ② 宝くじをこすって当たりが出たら賞品がもらえる。

뾰족한 것으로 벗겨내는 것이므로 こする를 써야 한다.

0555 ① かゆい所を掻くと、どうして気持ちいいのだろうか。

가려운 것을 긁는 행위이므로 掻く를 써야 한다.

0556 ② 明日テストがあるので、図書館に残って勉強した。

'(사람이) 일정 시간이 지난 후에도 그곳에 남아 있다'는 뜻이기 때문에 残る가 알맞다.

0557 ② 彼女の顔には、事故の傷跡が残っている。

'상처가 남다'는 '없어지지 않고 남아 있다'는 뜻이므로 残る가 알맞다.

0558 기업이 살아**남기** 위해서는 우선 쓸데없는 경비를 줄일 방도를 연구해야 한다.

企業が生き (　　) ためには、まず無駄な経費を減らす道を考えなければならない。

① 余る　　② 残る

0559 어제 저녁밥이 아직 **남아** 있다.

昨夜のご飯がまだ (　　) いる。

① 余って　　② 残って

0560 그의 회사는 불경기로 사람이 **남는다고** 한다.

彼の会社は不景気で人が (　　) いるそうだ。

① 余って　　② 残って

0561 10을 4로 나누면 2가 **남는다**.

10を４に割ると２が (　　)。

① 余る　　② 残る

0562 교사의 책임은 **무겁다**.

教師の責任は (　　)。

① 重たい　　② 重い

0558 ② **企業が生き残るためには、まず無駄な経費を減らす道を考えなければならない。**

일정 시간이 지난 후에도 없어지지 않고 남아 있는 것을 나타내므로 残る가 알맞다.

0559 ② **昨夜のご飯がまだ残っている。**

분량이 아직 남아 있다는 뜻이므로 残る가 알맞다.

0560 ① **彼の会社は不景気で人が余っているそうだ。**

문장에서 '남다'는 '사람이 필요 이상으로 있다'는 뜻이므로 余る가 알맞다.

0561 ① **10を 4 に割ると 2 が余る。**

수학 용어로 '나머지'의 뜻이므로, 余る가 알맞다.

0562 ② **教師の責任は重い。**

重おもたい와 重おもい는 둘 다 '무겁다'는 뜻으로 번역되는데, 重たい는 重い보다 '실제 느끼는 감각으로서의 무게'라는 의미가 강하고, 비유적인 표현에는 쓰이지 않는다. 또한 重たい는 거의 重い로 바꾸어 쓸 수 있지만, 重い보다 속어적인 의미가 강해서 딱딱한 문장에는 쓰지 않는다. 따라서 이 문장과 같이 비유적인 표현에는 重い가 알맞다.

オマケ 한・일 표현이 다른 사자성어 8

천정부지(天井不知)	天井てんじょう知しらず
초지일관(初志一貫)	初志貫徹しょしかんてつ
청산유수(青山流水)	立板水たていたみず
청출어람(青出於藍)	出藍しゅつらんの誉ほまれ
촌철살인(寸鐵殺人)	寸鉄すんてつ人ひとを殺ころす
칠전팔기(七顚八起)	七転ななころび八起やおき

0563 빨리 일을 **끝내고** 돌아가고 싶습니다.

早く仕事を (　　) 帰りたいのです。

① 終えて　② 終わって

0564 이것으로 오늘의 간담회를 **끝내겠습니다**.

これをもって今日の懇親会を (　　)。

① 終えます　② 終わります

0565 한 사람 모자라니까 야마다 씨를 **더하자**.

一人足りないから、山田さんを (　　)。

① 足そう　② 加えよう

0566 베테랑 선수에다 젊은 선수를 **더해서** 팀을 짰다.

ベテラン選手に若手を (　　) チームを組んだ。

① 足して　② 加えて

0567 물에 기름을 **더해서** 잘 섞습니다.

水に油を (　　) よくかき混ぜます。

① 足して　② 加えて

0568 TV는 외국어 공부에 **도움이 됩니다**.

テレビは外国語の勉強に (　　)。

① 助かります　② 役立ちます

ポイント

足す / 加える 더하다 0565~0567

둘 다 '~에 ~을 더하다'는 뜻으로 쓰지만, '사람'을 대상으로 할 때는 加える만 쓸 수 있다. 만일 사람을 대상으로 足す를 쓰게 되면 더해진 사람이 도구로 취급 당하고 있다는 느낌을 갖는다. 또한 足す는 더해지는 내용물이 같을 때만 쓸 수 있는데 비해서, 加える는 내용물이 같은 것이든 다른 것이든 모두 쓸 수 있다.

助かる / 役立つ 도움이 되다 0568~0572

(1) 助かる는 '(위험 · 죽음을) 면하다, 구제되다' '부담, 고통 등이 줄어 도움이 되다'의 뜻으로 쓴다.
(2) 役立つ는 '쓸모 있다, 유용하다'의 뜻으로 쓴다.

0563 ② **早く仕事を終わって帰りたいのです。**

일반적으로 終える는 타동사로서 '끝내다'의 뜻으로, 終わる는 자동사로서 '끝나다'의 뜻으로 쓴다. 그런데 '어떤 일을 끝내려고 하는 자신의 의사나 의지를 남에게 알린다'는 뜻을 나타낼 때는 타동사로서 終わる(끝내다)가 쓰인다. 이 경우는 終える를 쓸 수 없다.

0564 ② **これをもって今日の懇親会を終わります。**

문장에서 '끝내다'는 어떤 일을 끝내려고 하는 자신의 의지를 알리는 것이므로 終わる가 알맞다.

0565 ② **一人足りないから、山田さんを加えよう。**

'사람'을 대상으로 하는 경우는 加える만 쓸 수 있다.

0566 ② **ベテラン選手に若手を加えてチームを組んだ。**

사람 수를 더한다는 뜻이므로 加える를 써야 한다.

0567 ② **水に油を加えてよくかき混ぜます。**

문장에서 '더하다'는 다른 내용물을 더하는 것이므로 加える를 써야 한다.

0568 ② **テレビは外国語の勉強に役立ちます。**

공부에 유용하다는 뜻이기 때문에 役立つ가 알맞다.

0569 지문은 인간과 원숭이에게만 있는데, 물건을 잡을 때 **도움이 된다**.

指紋は人間と猿にあるだけだが、ものをにぎるときに (　　)。

① 助かる　　② 役立つ

0570 모르모트는 의학 실험용으로 인간에게 **도움이 되고** 있다.

モルモットは医学の実験用として人間に (　　) いる。

① 助かって　　② 役立って

0571 여러 가지 책을 읽음으로써, 학습에 **도움이 되는** 지식을 얻을 수가 있다.

いろいろな本を読むことで、学習に (　　) 知識を得ることができる。

① 助かる　　② 役立つ

0572 채소 가격이 내려서 (가계에) **도움이 됩니다**.

野菜が安くなったので、(　　)。

① 助かります　　② 役立ちます

0573 어제, 친구가 이사하는 것을 **도왔다**.

昨日、友だちの引っ越しを (　　)。

① 助けた　　② 手伝った

ポイント

助ける / 手伝う 돕다 0573~0576

(1) 助ける는 위험한 일이나 죽음에서 구하거나, 곤경에 처한 사람이나 괴로워하는 사람을 구한다는 뜻을 나타낼 때 쓴다. '돕다, 거들다' 등의 뜻으로 쓴다.
(2) 手伝う는 '돕다, 거들다'의 뜻으로 쓴다.
(3) 요리, 청소, 바느질 등 자잘한 집안일을 돕는다는 뜻으로는 手伝う만 쓴다.

0569 ② **指紋は人間と猿にあるだけだが、ものをにぎるときに役立つ。**
'도움이 되다'는 유용하다는 뜻으로 쓰였으므로 役立つ가 알맞다.

0570 ② **モルモットは医学の実験用として人間に役立っている。**
실험에 유용하다는 뜻으로 쓰였으므로 役立つ가 알맞다.

0571 ② **いろいろな本を読むことで、学習に役立つ知識を得ることができる。**
학습에 도움이 된다는 뜻을 나타내기 때문에 役立つ가 알맞다.

0572 ① **野菜が安くなったので、助かります。**
가격이 내려가 부담이 줄었다는 뜻이므로 助かる가 알맞다.

0573 ② **昨日、友だちの引っ越しを手伝った。**
집안일을 돕는다는 뜻이므로 手伝う가 알맞다.

オマケ　한・일 표현이 다른 사자성어 9

탁상공론(卓上空論)	机上きじょうの空論くうろん
파안대소(破顔大笑)	破顔一笑はがんいっしょう
파죽지세(破竹之勢)	破竹はちくの勢いきおい
풍전등화(風前燈火)	風前ふうぜんの灯火ともしび

0574 무에는 소화를 **도와주는** 성분이 많이 함유되어 있다.

大根には、消化を (　　) 成分がたくさん含まれている。

① 助ける　　② 手伝う

0575 가계를 **돕기** 위해서 어머니는 파트타임을 나가기 시작했다.

家計を (　　) ために、母はパートを出始めた。

① 助ける　　② 手伝う

0576 이 사전은 사진이 풍부하게 실려 있어서 이해를 **도와**줍니다.

この辞典は写真が豊富に載っていて、理解を (　　) くれます。

① 助けて　　② 手伝って

0577 어머니가 보내 준 **말린** 생선을 구워서 먹었다.

母から送ってもらった (　　) 魚を焼いて食べた。

① 乾かし　　② 干し

0578 매실 장아찌는 매실을 소금에 절이고 나서 **말린** 것이다.

梅干しは、梅を塩で漬けてから (　　) ものだ。

① 乾かした　　② 干した

0579 비가 와서 빨래를 건조기로 **말렸다**.

雨なので、洗濯物を乾燥機で (　　)。

① 乾かした　　② 干した

ポイント

乾かす / 干す 말리다 0577~0580

(1) 乾かす는 물건 표면의 수분을 없애는 것으로, 수단은 햇볕이나 바람 외에 기타 열을 이용해도 된다. ~で乾かす 형태로만 쓴다.

(2) 干す는 '오랫동안 저장하기 위해 햇볕이나 바람에 쬐어서 속까지 수분을 빼다'의 뜻이 있지만, 乾かす는 그런 뜻이 없다. ~に干す 형태로 쓴다.

(3) 干す는 말리는 장소를 가리키는 말과 함께 쓸 수 있지만, 乾かす는 그렇지 않다.

0574 ① 大根には、消化を助ける成分がたくさん含まれている。

문장에서 '소화를 돕다'는 집안일을 돕는 것이 아니므로 助ける를 써야 한다.

0575 ① 家計を助けるために、母はパートを出始めた。

생계에 도움이 되기 위한 행동이므로 助ける가 알맞다.

0576 ① この辞典は写真が豊富に載っていて、理解を助けてくれます。

'~에 대해 이해를 돕다'의 뜻으로는 理解を助ける를 쓰면 된다.

0577 ② 母から送ってもらった干し魚を焼いて食べた。

문장은 '햇볕이나 바람에 쬐어 내부의 수분을 빼어 오래 저장하도록 말린 생선'이므로 干す를 써야 한다.

※ 건어물 : 干物(ひもの)

0578 ② 梅干しは、梅を塩で漬けてから干したものだ。

매실을 소금에 절여서 햇볕에 수분을 말리는 것이므로 干す가 알맞다.

0579 ① 雨なので、洗濯物を乾燥機で乾かした。

말리기 위한 수단이 햇볕이나 바람이 아니므로 乾かす가 알맞다.

0580 칠한 페인트를 응달에서 **말렸다**.

塗ったペンキを日陰で（　　）。

① 乾かした　　② 干した

0581 언제나 아침 식사는 빵이지만, 그날만큼은 **싫었다**.

いつも朝食はパンなのだが、その日に限って（　　）。

① 嫌いだった　　② いやだった

0582 아직 쓸 만한 것까지 버리다니 **아깝다**.

まだ使えそうなものまで捨てるなんて、（　　）。

① もったいない　　② 惜しい

0583 소중한 물건이지만 너에게 주는 것이라면 **아깝지** 않다.

大切な品だが君にあげるのなら（　　）ない。

① もったいなく　　② 惜しく

0584 누구든지 자신의 목숨은 **아까운** 법이다.

誰だって、自分の命は（　　）ものだ。

① もったいない　　② 惜しい

0585 자네에게는 **아까울** 정도로 예쁜 부인이다.

君には（　　）くらいきれいな奥さんだ。

① もったいない　　② 惜しい

ポイント

惜(お)しい / もったいない 아깝다 0582~0585

(1) 惜しい는 가치 있는 것에 대한 애석함을 나타낸다.
(2) もったいない는 정당하거나 유효하게 쓰이지 않는 것에 대한 불만, 개탄, 유감 등의 감정을 나타내는 말이다.

0580 ① 塗(ぬ)ったペンキを日陰(ひかげ)で乾(かわ)かした。

표면을 말리는 것이므로 乾かす가 알맞다.

0581 ② いつも朝食(ちょうしょく)はパンなのだが、その日(ひ)に限(かぎ)っていやだった。

嫌きらい와 いや는 모두 '싫다'의 뜻으로 쓰이지만, 嫌い는 장면・상황에 의존하지 않는 일반적인 혐오의 경향을 나타내고, いや는 그때그때의 감정에 치우쳐 언제라도 바뀔 수 있는 주관적인 혐오감을 나타낸다. 따라서 문장에서는 그날만 싫었고 다른 날은 좋을 수도 있으므로 いや가 알맞다.

0582 ① まだ使(つか)えそうなものまで捨(す)てるなんて、もったいない。

물건을 아까워하는 것이므로 もったいない가 알맞다.

0583 ② 大切(たいせつ)な品(しな)だが君(きみ)にあげるのなら惜(お)しくない。

귀중한 가치가 있는 물건에 대한 표현이므로 惜しい가 알맞다.

0584 ② 誰(だれ)だって、自分(じぶん)の命(いのち)は惜(お)しいものだ。

목숨이라는 귀중한 것에 대한 표현이므로 惜しい가 알맞다.

0585 ① 君(きみ)にはもったいないくらいきれいな奥(おく)さんだ。

문장에서 '아깝다'는 걸맞지 않은 것에 대한 유감 등의 감정을 나타내는 말이므로 もったいない가 알맞다.

0586 가을부터 겨울에 **걸쳐** 맑은 날이 많다.

秋から冬に (　　) 晴れた日が多い。

① わたって　　② かけて

0587 어젯밤부터 오늘 아침에 **걸쳐** 지진이 수백 번이나 일어났다.

昨夜から今朝に (　　) 地震が数百回も起こった。

① わたって　　② かけて

0588 그는 환경 문제에 대해 수년에 **걸쳐서** 논해 왔다.

彼は環境問題について数年に (　　) 論じてきた。

① わたって　　② かけて

0589 오늘 밤부터 내일에 **걸쳐** 쓰나미가 발생할 우려가 있으므로 주의하시기 바랍니다.

今夜から明日に (　　) 津波の恐れがあるので、注意してください。

① わたって　　② かけて

0590 내리막길에서는 속도를 **줄이세요**.

下り坂ではスピードを (　　) ください。

① 減らして　　② 落として

ポイント

～にわたって / ～にかけて ~에 걸쳐서 0586~0589

(1) ～にわたって는 '기간 동안 계속, 그 범위는 모두'라는 뜻으로 쓴다. 따라서 '~에 걸쳐' 앞에 범위를 나타내는 말 10年間 · 数年 등이 오면 ～にわたって만 쓸 수 있다.

(2) ～にかけて는 그 기간의 행위가 단속적으로 이루어지는 경우에 쓴다.

0586 ② **秋から冬にかけて晴れた日が多い。**

날씨는 맑았다 흐렸다 하는 것이므로 ～にかけて를 써야 한다.

0587 ② **昨夜から今朝にかけて地震が数百回も起こった。**

지진은 계속되는 것이 아니라 일어났다가 멈췄다를 반복하는 단속적인 것이므로 ～にかけて가 알맞다.

0588 ① **彼は環境問題について数年にわたって論じてきた。**

'수년'이라는 말이 앞에 와서 '기간 동안 계속'이라는 뜻이기 때문에 ～にわたって가 알맞다.

0589 ② **今夜から明日にかけて津波の恐れがあるので、注意してください。**

쓰나미는 현상이 계속되는 것이 아니라 일어났다 멈추었다 하는 단속적인 것이므로 ～にかけて를 써야 한다.

0590 ② **下り坂ではスピードを落としてください。**

① 減らす는 '수나 양을 줄이다'의 뜻으로, 체중 · 부담을 줄이는 경우에 쓴다. 이 문장처럼 '속도를 떨어뜨리다'의 뜻으로는 スピードを落とす라고 한다.

0591 일분일초를 **아껴 가며** 공부에 몰두했다.

寸暇を (　　) 勉強に没頭した。

① 大切にして　　② 惜しんで

0592 몸을 **아끼지 않고** 밤새워 일하다가 몸살이 나고 말았다.

身を (　　) 夜更しして働いていて、体調を崩してしまった。

① 大切にしないで　　② 惜しまないで

0593 종이 한 장도 **아껴** 쓰는 습관이 몸에 배어 있다.

紙一枚も (　　) 使う習慣が身についている。

① 大切にして　　② 惜しんで

0594 **아끼는** 찻잔을 깨뜨리고 말았다.

(　　) いる湯飲みを割ってしまった。

① 大切にして　　② 惜しんで

0595 선생님은 제자들을 **아끼고** 사랑하셨다.

先生は弟子たちを (　　)、愛した。

① 大切にし　　② 惜しみ

0596 레버(손잡이)를 눌러 화장실(변기) 물을 **내렸다**.

レバーを押してトイレの水を (　　)。

① 下ろした　　② 流した

0591 ② **寸暇を惜しんで勉強に没頭した。**

우리말의 '아끼다'에는 '절약하다, 소중히 생각하다'의 뜻이 있다. '절약하다'의 뜻에는 惜しむ를 쓰고, '소중히 생각하다(여기다)'의 뜻일 때는 大切たいせつにする를 쓴다. 문장은 '절약하다, 허투루 쓰지 않다'의 뜻이므로 惜しむ가 알맞다. 寸暇는 '극히 짧은 짬'이라는 뜻이다.

0592 ② **身を惜しまないで夜更しして働いていて、体調を崩してしまった。**

문장에서 '아끼지 않고'는 '몸을 돌보지 않고'의 뜻이므로 惜しむ가 알맞다.

0593 ② **紙一枚も惜しんで使う習慣が身についている。**

문장에서 '아끼다'는 '절약하다'의 뜻이므로 惜しむ가 알맞다.

0594 ① **大切にしている湯飲みを割ってしまった。**

문장에서 '아끼다'는 소중하게 다룬다는 뜻이므로 大切にする가 알맞다.

0595 ① **先生は弟子たちを大切にし、愛した。**

'아끼다'는 사람을 소중하게 생각한다는 뜻이므로 大切にする가 알맞다.

0596 ② **レバーを押してトイレの水を流した。**

'내리다'의 뜻으로 쓰는 下おろす는 '짐을 내리다(부리다)'와 같이 위쪽에서 아래쪽으로 이동시키는 것을 말한다. 이 문장과 같이 좁은 관을 통해 물이나 휴지 등을 이동시키는 행위는 流す를 써야 한다.

オマケ 한・일 표현이 다른 사자성어 10

피차일반(彼此一般)	**お互たがい様さま**
현모양처(賢母良妻)	**良妻賢母りょうさいけんぼ**
혈혈단신(孑孑單身)	**天涯孤独てんがいこどく**
호각지세(互角之勢)	**互角ごかく**
호구지책(糊口之策)	**糊口ここうを凌しのぐ**

0597 그 점쟁이는 사람의 운세를 잘 **맞춘다**고 평판이 자자하다.

その占い師は人の運勢をよく (　　) と評判だ。

① 当てる　　② 合わせる

0598 이것은 일본에 1개밖에 없는 **희귀한** 표본이다.

これは日本に一個しかない (　　) 標本だ。

① まれな　　② 珍しい

0599 내일은 시험이니까 오늘 밤은 **자지 않고** 공부할 생각이다.

明日は試験なので、今晩は (　　) 勉強するつもりだ。

① 寝なくて　　② 寝ないで

0600 마음에 드는 코트가 있었지만 돈이 **모자라서** 살 수 없었다.

気に入ったコートがあったけど、お金が (　　) 買えなかった。

① 足りなくて　　② 足りないで

ポイント

ないで / なくて ~ 않고, ~ 없어서 0599~0602

(1) 형용사 구문과 명사 구문에서는 なくて만 쓰이고, 동사 구문에는 ないで와 なくて 모두 쓴다.

(2) ないで
  ① '~을 하지 않은 상태에서 (~을 하다)'의 뜻이다.
  ② 앞에는 가능형을 쓸 수 없다. 뒤에는 동작 동사가 온다.
  ③ ~ずに라는 형태로도 쓴다.

(3) なくて
  ① '~이 성립하지 않아 ~하다'의 뜻을 나타낸다.
  ② 앞에는 가능형을 쓸 수 있다.
  ③ 뒤에는 말하는 사람의 감정이나 평가를 나타내는 安心あんしんする · 困こまる · 助たすかる 등이 주로 오고, 의지나 판단을 나타내는 たい · ~てください · しよう · ほうがいい · ~てはいけない · ~てもいい · つもり 등은 쓸 수 없다.

0597 ① その占い師は人の運勢をよく当てると評判だ。

'맞추다'에 해당하는 말로는 当ぁてる와 合ぁわせる가 있는데, 合わせる에는 '정확하게 추측하다'의 뜻이 없다. 정확하게 추측한다는 뜻으로 쓸 수 있는 것은 当てる뿐이다.

0598 ② これは日本に一個しかない珍しい標本だ。

まれだ와 珍しい는 둘 다 '드물다, 희귀하다'라는 뜻이 있는데, まれだ는 같은 종류의 것이 아주 적다는 것을 객관적으로 나타내므로 한 개밖에 없는 것에 대해서는 쓰이지 않는다. 또한 まれだ는 객관적으로 수효가 적다는 사실만을 나타낼 뿐 귀중하다는 뜻은 없다. 珍しい는 '귀중하다'는 가치를 나타내는 뜻을 포함한다.

0599 ② 明日は試験なので、今晩は寝ないで勉強するつもりだ。

문장은 '잠을 자지 않은 상태로 계속 공부하다'의 뜻이므로 ないで를 붙여 써야 한다.

0600 ① 気に入ったコートがあったけど、お金が足りなくて買えなかった。

코트를 사고 싶은 이유가 있지만 돈이 없는 상태이기 때문에 足りなくて가 알맞다.

0601 그 녀석이 **안 와서** 다행이었다.

あいつが (　　　) 助かった。

① 来なくて　　② 来ないで

0602 우산을 **안 가지고** 나가 비를 맞고 말았다.

傘を (　　　) 出かけて雨に降られてしまった。

① 持たなくて　　② 持たないで

0603 프랑스 혁명에 **대해** 책을 썼다.

フランス革命に (　　　) 本を書いた。

① 対して　　② 関して

0604 대학에서는 일본의 풍속에 **대해** 연구했다.

大学では日本の風俗に (　　　) 研究した。

① 対して　　② 関して

0605 교육 정책에 **대한** 의견을 듣고 싶습니다.

教育政策に (　　　) 意見を聞きたいんです。

① 対しての　　② 関しての

0606 저분의 가족에 **대해서** 자세한 것은 모릅니다.

あの方の家族に (　　　) 詳しいことは知りません。

① 対して　　② 関して

ポイント

~に対して / ~について・~に関して ~에 대해서 0603~0609

⑴ ~に対して는 앞의 내용이 뒤의 것에 대한 방향 · 대상 · 상대 · 목표물이 될 경우에 쓴다.

⑵ ~について · ~に関して는 앞의 내용이 그 뒤의 것에 대한 내용이나 주제가 될 경우에 쓴다.

⑶ 다른 구별 방법으로, 우리말로 '~에 대해서'를 '~에 관해서'로 바꿀 수 있으면 ~ついて · ~に関して를 쓰고, 바꿀 수 없을 경우는 ~に対して를 쓰면 된다.

0601 ① あいつが来なくて助かった。

문장은 '~이 성립하지 않아 ~' 즉 '그가 오지 않아 다행이다'의 뜻이므로 なくて를 써야 한다.

0602 ② 傘を持たないで出かけて雨に降られてしまった。

우산을 챙기지 않은 상태로 외출했다는 뜻이므로 ないで를 써야 한다.

0603 ② フランス革命に関して本を書いた。

'프랑스 혁명'이 책의 내용이 되므로 ~について 또는 ~に関して를 써야 한다.

0604 ② 大学では日本の風俗に関して研究した。

'일본의 풍속'은 논문의 주제가 되므로 ~について 또는 ~に関して를 써야 한다.

0605 ② 教育政策に関しての意見を聞きたいんです。

'교육 정책'은 의견의 내용이 되므로 ~について 또는 ~に関して를 써야 한다.

0606 ② あの方の家族に関して詳しいことは知りません。

'가족'에 관한 내용이므로 ~について 또는 ~に関して를 써야 한다.

0607 나이 드신 부모님에 **대해** 해 드릴 수 있는 가장 큰 효도는 무엇일까요?

年老いた親に (　　) できる最大の親孝行とは何でしょう？

① 対して　② 関して

0608 이 조건에서는 법칙이 성립하는데 **대해**, 조건이 바뀌면 성립하지 않는다.

この条件では法則が成り立つのに (　　)、条件が変わると成り立たない。

① 対して　② 関して

0609 가나는 음을 나타내기만 하는데 **대해**, 한자는 의미도 나타낸다.

仮名は音を示すだけであるのに (　　)、漢字は意味も表す。

① 対して　② 関して

0610 다친 손가락의 통증이 겨우 **가라앉기** 시작했다.

怪我をした指の痛みがやっと (　　) きた。

① 沈んで　② 引いて

0611 햇볕을 **쬐서** 운동화를 말렸다.

日に (　　) 運動靴を乾かした。

① 当てて　② 映して

0607 ① **年老いた親に対してできる最大の親孝行とは何でしょう？**

앞에 나오는 내용이 뒤에 나오는 내용의 대상을 나타내므로 ～に対して가 알맞다.

0608 ① **この条件では法則が成り立つのに対して、条件が変わると成り立たない。**

앞에 나오는 내용이 뒤에 나오는 내용과 상대가 되므로 ～に対して가 알맞다.

0609 ① **仮名は音を示すだけであるのに対して、漢字は意味も表す。**

앞 내용 仮名가 뒤 내용 漢字와 상대가 되므로 ～に対して가 알맞다.

0610 ② **怪我をした指の痛みがやっと引いてきた。**

①沈しずむ는 '배가 가라앉다'와 같이 아래쪽으로 잠기는 경우, '기분이 가라앉다'의 뜻으로 쓴다. 이 문장에서 '가라앉다'는 '진정되다, 사라지다'의 뜻이기 때문에 引く를 써야 한다.

0611 ① **日に当てて運動靴を乾かした。**

②映うつす에는 '빛, 열, 바람 등을 쐬다'의 뜻이 없다. 이 뜻으로 쓸 수 있는 것은 当てる이다.

プラス⁺

'~에 대해서'의 여러 가지 표현

한국어	日本語
선거 제도에 대해서 비판하다.	選挙制度せんきょせいどに対たいして批判ひはんする。
선거 제도에 대해서 의견을 발표하다.	選挙制度に関かんして意見いけんを発表はっぴょうする。
소득에 대한 세율이 높아질 전망이다.	所得しょとくに対する税率ぜいりつが高たかくなる見込みこみだ。
이번 주 토요일에 한국의 전통 의상에 대해서 특별 강연이 열린다.	今週こんしゅうの土曜日どようびに、韓国かんこくの伝統衣装でんとういしょうに関して、特別とくべつ講演こうえんが開ひらかれる。
졸업 논문 제목은 '한국 경제의 문제점에 대해서'입니다.	卒論そつろんの題目だいもくは「韓国経済けいざいの問題点もんだいてんに関して」です。
학생은 선생님에 대해 높임말을 써야 한다.	学生がくせいは先生せんせいに対して尊敬語そんけいごを使つかわなければならない。

0612 데이트 신청을 했는데 **거절당했다.**

デートに誘ったのに、(　　)。

① 拒絶された　　② 断られた

0613 이것은 학교 물건이니까 **마음대로** 쓰면 안 됩니다.

これは学校のものですから、(　　) 使ってはいけません。

① わがままに　　② かってに

0614 연구실에 **마음대로** 들어가서는 안 됩니다.

研究室に (　　) 入ってはいけません。

① わがままに　　② かってに

0615 사진을 앨범에 붙이면서 **즐거웠던** 여행을 되새겨 보았다.

写真をアルバムにはりながら、(　　) 旅を振り返った。

① 嬉しかった　　② 楽しかった

0616 아이들은 **즐겁게** 야구를 하고 있습니다.

子供たちは、(　　) 野球をしています。

① 嬉しそうに　　② 楽しそうに

ポイント

わがまま / かって 맘대로, 제멋대로 0613~0614

(1) わがままは 주변이나 상황은 고려하지 않고 자기 멋대로 행동하는 것을 말한다. 따라서 わがまま는 자기 주변 사람들의 바람과는 다르게 행동하는 것을 나타낸다.

(2) かって는 타인의 의지나 의견을 무시하고 행동하는 것을 나타낸다.

(3) 주로 わがまま는 성격, かって는 행동에 사용한다. 단, わがままにふるまう(마음대로 행동하다)는 관용구로 기억해 두자.

0612 ② デートに誘ったのに、断られた。

拒絶きょぜつする와 断る는 둘 다 '거절하다'로 번역되지만, 拒絶する는 남의 제안이나 요구 등을 물리치는 정도가 아주 강한 단어이다. 따라서 拒絶反応はんのう(거부 반응)·面会めんかい拒絶(면회 거부) 등 극히 일부분을 제외하고는 잘 쓰이지 않는다. 이 경우는 断る를 써야 한다.

0613 ② これは学校のものですから、かってに使ってはいけません。

학교의 공공 기물에 대해서 말하고 있기 때문에 わがまま보다는 かって가 더 알맞다.

0614 ② 研究室にかってに入ってはいけません。

문장에서 '마음대로'는 '허가 없이'라는 구체적인 동작에 대한 것이므로 かって가 알맞다.

0615 ② 写真をアルバムにはりながら、楽しかった旅を振り返った。

자신의 추억으로 느끼는 즐거움이므로 楽しい가 알맞다.

0616 ② 子供たちは、楽しそうに野球をしています。

문장에서 '즐겁게'는 자신들의 행동을 통해 쾌감을 느끼는 것이므로 楽しそうに가 알맞다.

0617 등산의 **즐거움**을 다른 사람들도 알았으면 해서 블로그를 시작했습니다.

山登りの（　　）をほかの人にも知ってほしいと思って、ブログを始めました。

① 嬉しさ　　② 楽しさ

0618 **신나는** 음악을 들으면 춤추고 싶어진다.

（　　）音楽を聞くと、踊りたくなる。

① 嬉しい　　② 楽しい

0619 아이가 처음으로 "엄마 좋아"라고 말했을 때, **기뻐서** 울고 말았습니다.

子どもから初めて「ママ好き」って言われた時、（　　）泣いてしまいました。

① 嬉しくて　　② 楽しくて

0620 악취가 심했던 스미다 강에 물고기가 돌아왔다는 **기쁜** 소식도 들립니다.

悪臭のひどかった隅田川に魚が帰ってきたという（　　）ニュースも聞かれます。

① 嬉しい　　② 楽しい

ポイント

嬉しい / 楽しい 즐겁다, 기쁘다 0615~0621

(1) 嬉しい

말하는 사람의 기쁜 감정을 나타낼 뿐이며, たのしい처럼 사물의 성질을 나타낼 수는 없다. 예를 들어 あの人ひとはうれしい人ひとだ / うれしい音楽おんがくを聞きくと踊おどりたくなる라고는 쓸 수 없다. 다만, うれしい知しらせを受うけ取とった와 같이 어떤 사물이나 사람이 '기쁜' 감정의 직접적 원인이 될 때는 쓸 수 있다.

(2) 楽しい

① 자신의 행동에 대한 쾌감을 나타낼 때 쓴다. 또한 분위기가 무척 좋아서 밝고 만족한 기분이 될 때에 쓴다.

② '분위기' 외에도 어떤 사물이나 사람, 상황의 성질을 나타낼 때도 '즐거운 분위기를 갖는다'는 뜻으로 쓴다.

(3) '소풍을 갈 수 있다'는 사실은 사람을 기쁘게(うれしく) 하고, '소풍' 자체는 즐겁게(たのしく) 한다. 단, 생각하는 것도 하나의 행동으로, 소풍에 대해서 상상하거나 생각하는 것만으로도 즐거울(たのしい) 수 있다. 그런 점에서 たのしい와 うれしい는 비슷하다.

0617 **② 山登やまのぼりの楽たのしさをほかの人ひとにも知しってほしいと思おもって、ブログを始はじめました。**

'등산을 했을 때 느끼는 만족한 기분'에 대해 말하는 것이므로 楽しさ가 알맞다.

0618 **② 楽たのしい音楽おんがくを聞きくと、踊おどりたくなる。**

사물이나 사람, 상황의 성질을 나타낼 때 쓸 수 있는 것은 楽しい이다.

0619 **① 子こどもから初はじめて「ママ好すき」って言いわれた時とき、嬉うれしくて泣ないてしまいました。**

아이가 처음으로 엄마가 좋다고 얘기했던 장면에서 느끼는 '기쁨의 감정'을 나타내므로 嬉しい가 맞다.

0620 **① 悪臭あくしゅうのひどかった隅田川すみだがわに魚さかなが帰かえってきたという嬉うれしいニュースも聞きかれます。**

문장에서 '기쁜'은 기대했던(또는 바람직한 방향이라고 생각하는) 상황으로 변화된 것에 대한 쾌감을 나타내므로 嬉しい가 알맞다.

0621 찜통더위에도 가전 제조 업체는 에어컨 생산에 쫓겨 **즐거운** 비명을 지르고 있다.

蒸し暑さにも、家電メーカーはクーラーの生産に追われ、(　　　)悲鳴をあげている。

① 嬉しい　　② 楽しい

0622 WHO는 가자 지구에서 기아와 관련**된** 사망자 수가 증가하고 있다고 발표했다.

WHOは、ガザ地区で飢餓に関連(　　　)死亡者数が増加していると発表した。

① した　　② された

0623 수영장에서 수영했더니 눈이 빨갛게 충혈**됐다**.

プールで泳いだら目が赤く充血(　　)。

① した　　② された

0624 체내에 산소가 결핍**되면** 생명이 위험해진다.

体内の酸素が欠乏(　　)命が危険になる。

① すると　　② されると

0625 어제의 화재는 문어발식 배선에서 누전**된** 것이었다.

昨日の火事は、たこ足配線から漏電(　　)ものだった。

① した　　② された

ポイント

'한자어+되다'를 する로 번역해야 하는 한자어 0622~0634

우리말의 [한자어+되다]를 [한자어+される]가 아니라 [한자어+する]로 번역해야 하는 경우가 있다. 이 구분에 대해서는 명확한 기준은 없지만, 일반적으로 [한자어+되다]가 되는 한자어 동사는 자동사에서만 볼 수 있다. 타동사나 자 · 타동사 양쪽으로 쓰이는 동사에는 이러한 현상은 일어나지 않는다. 따라서 수동문의 경우는 される, 자동사 구문을 포함하는 다른 경우는 する로 생각하면 된다. する 앞에 오는 한자어 명사는 움직임을 나타내는 '동작성'보다는 '상태성'이 매우 강한 것임을 알 수 있다. '되다'를 する로 번역해야 하는 대표적인 한자어는 관용구처럼 외우는 것이 좋다.

▶ 자세한 설명은 부록 606쪽

0621 ① **蒸し暑さにも、家電メーカーはクーラーの生産に追われ、嬉しい悲鳴をあげている。**

생산량이 늘어 기쁨의 비명을 지른다는 긍정적인 상황에 따른 쾌감을 나타내므로 嬉しい가 알맞다.

0622 ① **WHOは、ガザ地区で飢餓に関連した死亡者数が増加していると発表した。**

関連은 '상태성'이 매우 강하므로 する를 써야 한다.

0623 ① **プールで泳いだら目が赤く充血した。**

充血은 '상태성'이 매우 강하므로 する를 써야 한다.

0624 ① **体内の酸素が欠乏すると命が危険になる。**

欠乏는 '상태성'이 매우 강하므로 する를 써야 한다.

0625 ① **昨日の火事は、たこ足配線から漏電したものだった。**

漏電은 '상태성'이 매우 강하므로 する를 써야 한다.

オマケ　한 · 일 표현이 다른 사자성어 11

호사다마(好事多魔)	好事こうじ魔多まおおし
호언장담(豪語壯談)	大言壮語たいげんそうご
화중지병(畵中之餠)	絵えに描かいた餅もち
후회막급(後悔莫及)	後悔こうかい先さきに立たたず

0626 세 번째 도전에서 마침내 국회 의원에 당선**됐다**.

三回目の挑戦で、やっと国会議員に当選 (　　) 。

① した　　② された

0627 정전으로 컴퓨터를 사용할 수 없어서 온종일 업무가 마비**됐다**.

停電でコンピューターが使えず、終日業務が麻痺 (　　) 。

① した　　② された

0628 마스크를 쓰지 않고 돌아다니다가 코로나19에 감염**됐다**.

マスクをしないで出歩いてコロナに感染 (　　) 。

① した　　② された

0629 그 프로젝트는 약 한 달 동안 진행**됐다**.

そのプロジェクトは約 1 か月間、進行 (　　) 。

① した　　② された

0630 주택이 밀집**된** 골목길 때문에 소방차가 들어갈 수 없었다.

住宅が密集 (　　) 路地だったので、消防車が入っていけなかった。

① した　　② された

0626 ① **三回目の挑戦で、やっと国会議員に当選した。**

挑戦은 '상태성'이 매우 강하므로 する를 써야 한다.

0627 ① **停電でコンピューターが使えず、終日業務が麻痺した。**

麻痺는 '상태성'이 매우 강하므로 する를 써야 한다.

0628 ① **マスクをしないで出歩いてコロナに感染した。**

感染은 '상태성'이 매우 강하므로 する를 써야 한다.

0629 ① **そのプロジェクトは約１か月間、進行した。**

'진행됐다'는 進行した 또는 進すすめられた라고 해야 한다.

0630 ① **住宅が密集した路地だったので、消防車が入っていけなかった。**

密集은 '상태성'이 매우 강하므로 する를 써야 한다.

オマケ　'약이 오르다, 화가 나다'의 뜻으로 쓰는 관용구

頭あたまに来くる · 頭に血ちがのぼる · かっとなる · 逆上ぎゃくじょうする · 激怒げきどする · しゃくにさわる · 神経しんけいにさわる · トサカに来くる · 怒おこる · 腹はらが立たつ · かっとなる 등이 있다. 가장 격한 것은 逆上する이다. 逆上する는 분별을 잃을 정도로 매우 화가 난 상태로, 이때 한 행위는 나중에 진정됐을 때 자신도 왜 그렇게 날뛰었는지 이해가 안 갈 정도이다. 頭に血がのぼる와 かっとなる는 頭に来る와 거의 비슷한 의미지만, 頭に血がのぼる는 '흥분하다'라는 뜻이 강하고, かっとなる는 화를 참지 못하고 욱하는 기분이 되는 것을 뜻한다. しゃくにさわる와 神経にさわる는 화가 난다는 점에서는 頭に来る와 비슷하지만, しゃくにさわる와 神経にさわる는 상대방의 행동이나 말이 맘에 들지 않아서 화가 난다는 뉘앙스가 있다. トサカに来る는 속어이다. 또한 頭に湯気ゆげを立たてる는 '머리에 김(수증기)을 내다'라는 뜻으로 '무섭게 화내다'라는 뜻이다.

0631 청사의 개축 계획이 겨우 결정**됐다**.

庁舎の建て替え計画がやっと決定 (　　) 。

① した　　② された

0632 연일 계속되는 회의로 피로가 누적**됐다**.

連日の会議で疲労が累積 (　　) 。

① した　　② された

0633 용의자의 진술은 모순**되는** 점이 많아서 믿기 어렵다.

容疑者の供述には矛盾 (　　) 点が多いので、信じがたい。

① する　　② される

0634 노후화**된** 건물은 이용자의 안전을 위협한다.

老朽化 (　　) 建物は利用者の安全を脅かす。

① した　　② された

0635 이 **정도**의 로봇은 누구든 만들 수 있다.

これ (　　) のロボットは誰にでも作れる。

① ほど　　② ぐらい

0636 감기에 걸렸지만, 병원에 갈 **정도**는 아니었다.

風邪を引いたけれど病院へ行く (　　) じゃなかった。

① ほど　　② ぐらい

ポイント

ほど / ぐらい 정도 0635~0637

(1) 정도가 낮은 경우는 ほど는 쓸 수 없고, ぐらい만 쓸 수 있다.

(2) ぐらい는 같은 정도를 언급하는 경우가 많다. 이때 주로 こ・そ・あ・ど 등의 지시어에 붙어 쓰인다.

(3) 정도, 한계를 나타내기 위한 비교의 기준을 제시할 경우 긍정의 경우는 ほど를 ぐらい로 바꿔 쓸 수 있지만, 부정의 경우는 ほど만 쓸 수 있다.

0631 ① **庁舎(ちょうしゃ)の建(た)て替(か)え計画(けいかく)がやっと決定(けってい)した。**

'결정됐다'는 決定した 또는 決きまった라고 해야 한다.

0632 ① **連日(れんじつ)の会議(かいぎ)で疲労(ひろう)が累積(るいせき)した。**

'누적됐다'는 累積した 또는 たまった라고 해야 한다.

0633 ① **容疑者(ようぎしゃ)の供述(きょうじゅつ)には矛盾(むじゅん)する点(てん)が多(おお)いので、信(しん)じがたい。**

矛盾은 '상태성'이 매우 강하므로 する를 써야 한다.

0634 ① **老朽化(ろうこうか)した建物(たてもの)は利用者(りようしゃ)の安全(あんぜん)を脅(おびや)かす。**

老朽化는 '상태성'이 매우 강하므로 する를 써야 한다.

0635 ② **これぐらいのロボットは誰(だれ)にでも作(つく)れる。**

'이 정도'라고 약간 낮춰서 말하는 것이므로 ぐらい를 써야 한다.

0636 ① **風邪(かぜ)を引(ひ)いたけれど病院(びょういん)へ行(い)くほどじゃなかった。**

부정적인 정도를 나타내는 경우는 ぐらい는 쓸 수 없고 ほど만 쓸 수 있다.

0637 오사카에서 도쿄까지 어느 **정도** 걸립니까?

大阪から東京までどの (　　) かかりますか。

① ほど　　② ぐらい

0638 일본의 노동조합은 미국의 조합만큼 **파업**을 하지 않는다.

日本の労働組合はアメリカの組合ほど (　　) をしない。

① ストライク　　② ストライキ

0639 아버지가 아프셔서 본가에 **가야 한다**.

父が病気になったので、実家に (　　)。

① 帰らなければならない　　② 帰るべきだ

0640 놀이동산에 들어갈 때 표를 **사야 한다**.

遊園地に入るときは、チケットを (　　)。

① 買わなければならない　　② 買うべきだ

0641 이렇게 하면 김치에 맛이 잘 **배어 들어**요(**스며들어**요).

こうすると漬け物に味がよく (　　) んです。

① 滲む　　② 染みる

0642 물 때문에 잉크가 **번져서** 읽을 수가 없다.

水でインクが (　　) 読めない。

① 滲んで　　② 染みて

ポイント

なければならない / べきだ ~해야 한다 **0639~0640**

의무나 조언의 뜻으로 쓴다.

(1) なければならない는 법이나 정해진 규칙 등에서 의무를 나타낸다. 일반적인 일에도 쓰고 개인적인 일에도 쓸 수 있다.

(2) べきだ는 인간으로 당연해 하는 상식, 사회 통념상 인간으로서 마땅한 의무 등을 말할 때 쓴다. 개인적인 일에는 쓰지 않는다. '조언'일 때는 타인에게만 쓸 수 있다.

0637 ② **大阪から東京までどの<u>ぐらい</u>かかりますか。**

この·その·あの·どの 등의 지시어에 붙어서 같은 정도를 말하는 것은 ぐらい이다.

0638 ② **日本の労働組合はアメリカの組合ほど<u>ストライキ</u>をしない。**

'파업(스트라이크)'은 영어 표현을 써서 ストライキ 또는 줄여서 スト라고 한다. strike를 ストライク라고 하면 야구 용어로서 '스트라이크'가 된다.

※ '단식 투쟁'은 ハンスト라고 하는데 이것은 ハンガーストライキ(hunger strike)의 약자이다. 또한 '총(동맹)파업'은 ゼネスト라고 하는데 이것은 ゼネラルストライキ(general strike)의 약자이다.

0639 ① **父が病気になったので、実家に<u>帰らなければならない</u>。**

개인적인 일이므로 なければならない가 알맞다.

0640 ① **遊園地に入るときは、チケットを<u>買わなければならない</u>。**

티켓 구매는 상식이 아니라 정해진 규칙이므로 なければならない가 알맞다.

0641 ② **こうすると漬け物に味がよく<u>染みる</u>んです。**

滲にじむ와 染しみる는 모두 '배다, 스며들다'로 번역이 된다. 滲む는 시각적으로 파악할 수 있는 경우만 쓴다. 이 문장처럼 맛이 배는 것은 직접 눈으로 확인할 수 없으므로 滲む는 쓸 수 없고, 染みる를 써야 한다.

0642 ① **水でインクが<u>滲んで</u>読めない。**

잉크는 눈으로 확인할 수 있으므로 滲む를 써야 한다.

0643 난을 **기르는** 것은 어렵다.

欄を (　　) のは難しい。

① 養う　　② 育てる

0644 나이 든 어머니를 **부양해야** 합니다.

年老いた母を (　　) なりません。

① 養わなければ　　② 育てなければ

0645 **교수님**, 잠시 상의 드릴 일이 있습니다만, 시간 좀 내 주시겠습니까?

(　　) 、ちょっとご相談したいことがありますが、お時間を割いていただけませんか。

① 教授　　② 先生

0646 아사리 **교수님**, 내일 교수 회의에 참석하시나요?

浅蜊 (　　) 、明日の教授会に参加されますか。

① 教授　　② 先生

0647 **의원님**의 지적은 지당하다고 생각합니다.

(　　) のご指摘はごもっともだと思います。

① 議員　　② 先生

ポイント

育てる / 養う 기르다, 양육하다 0643~0644

(1) 育てる는 대상이 동물이나 식물이나 모두 가능하지만, 養う는 식물에 대해서는 쓸 수 없다.
(2) '부양하다'의 뜻으로는 養う만 쓸 수 있다.

0643 ② **欄を育てるのは難しい。**

① 養う는 식물에 대해서는 쓸 수 없다.

0644 ① **年老いた母を養わなければなりません。**

'부양하다'의 뜻으로는 養う만 쓸 수 있다.

0645 ② **先生、ちょっとご相談したいことがありますが、お時間を割いていただけませんか。**

일본어의 教授きょうじゅ는 직책을 나타낼 뿐이고 경칭의 의미는 없다. 호칭을 할 때는 教授라든지 教授様さま를 쓰지 않고, 先生라고 해야 한다.

0646 ② **浅蜊先生、明日の教授会に参加されますか。**

교수끼리 부를 때도 先生를 쓴다.

0647 ② **先生のご指摘はごもっともだと思います。**

국회 의원에 대한 경칭도 先生를 쓴다.

※ 국회 의원 동료끼리는 君(くん)을 붙여서 부른다. 内閣総理大臣(ないかくそうりだいじん)、石破茂(いしばしげる)君(くん)(내각 총리대신 이시바 시게루 의원)이라고 부른다.

プラス⁺

우리말과 다른 先生 호칭

국회 의원에 대한 경칭은 '의원님'이 아니라 先生이다.

변호사에 대한 경칭은 '변호사님'이 아니라 先生이다.

先生라고 부르는 것에 대한 거부감으로 이러한 경칭을 쓰지 말자는 움직임도 있다.

0648 벨트를 **풀어야** 할 정도로 밥을 많이 먹었다.

ベルトを (　　) なければならないほど、ご飯をたくさん食べた。

① はずさ　　② ぬが

0649 가까운 시일 내에 시간을 **내서** 찾아뵙겠습니다.

近いうちに時間を (　　)、お伺いします。

① 出して　　② 作って

0650 **비를 맞아** 감기에 걸렸습니다.

雨 (　　) 風邪を引きました。

① に打たれて　　② に降られて

0651 **발리**가 안 되는 테니스 선수는 일류가 될 수 없다.

(　　) ができないテニスプレーヤーは一流にはなれない。

① バレー　　② バリー　　③ ボレー　　④ バレエ

0652 **배구**는 계절에 관계없이 즐길 수 있는 스포츠입니다.

(　　) は季節に関係なく楽しめるスポーツです。

① バレー　　② バリー　　③ ボレー　　④ バレエ

0648 ① ベルトをはずさなければならないほど、ご飯をたくさん食べた。

'벨트를 풀다'는 ベルトをはずす이다.

0649 ② 近いうちに時間を作って、お伺いします。

'시간을 내서'는 '시간을 만들어서, 짬을 봐서'라는 뜻이므로 時間をつくる 또는 暇ひまをみる라고 한다.

0650 ② 雨に降られて風邪を引きました。

'비를 맞다'를 직역하여 雨あめに打うたれる라고 하면 안 되고, '비가 오다'를 수동형으로 만들어서 피해의 느낌을 주는 간접 수동을 만들면 된다. 조사 を를 쓰지 않도록 주의하자.

0651 ③ ボレーができないテニスプレーヤーは一流にはなれない。

테니스의 타법 중 하나인 발리(volley)는 영어 표기를 써서 ボレー라고 한다.

0652 ① バレーは季節に関係なく楽しめるスポーツです。

'배구(volleyball)'는 バレーボール라고 하며, 준말이 volley인데, 이 경우는 バレー라고 읽는다. 같은 철자라도 어떻게 읽느냐에 따라 뜻이 달라질 수 있으므로 주의해야 한다.

オマケ 대학생 용어・은어

空あきコマ	공강 시간
エグ単たん / 鬼単おにたん	헬강(학점 따기 힘든 수업)
学園祭がくえんさい	(대학) 축제
学割がくわり	학생 할인, 学生割引がくせいわりびき의 줄임말
再履さいり	재수강
代返だいへん	대출, 대리 출석
ピ逃にげ	출튀(출석만 하고 가 버리는 것)
ヤマ	예상 문제
楽単らくたん	꿀강(학점 따기 쉬운 수업), 개꿀 수업
レジュメ	발표 자료, 발표 요약문

0653 **발레**를 배우면 발가락의 힘을 단련할 수 있어요.

(　　) を習うと、足の指の力を鍛えることができます。

① バレー　② バリー　③ ボレー　④ バレエ

0654 순서를 **기다려 주세요**.

順番を (　　)。

① お待ちにください　② お待ちになさってください
③ お待ちください　④ お待ちしてください

0655 안내해 드릴 테니 **여기**서 **잠시** 기다려 주시기 바랍니다.

ご案内いたしますから、(　　) で (　　) お待ちください。

① こっち / ちょっと　② こっち / 少々
③ こちら / ちょっと　④ こちら / 少々

0656 에모리 씨, 이쪽은 (우리 회사의) **미야케 사장이십니다**.

江守さん。こちらが (　　)。

① 三宅社長でございます
② 社長の三宅でございます
③ 三宅社長でいらっしゃいます
④ 社長の三宅でいらっしゃいます

ポイント

경어 0654~0672

▶ 자세한 설명은 부록 646쪽 참고

0653 ④ **バレエを習(なら)うと、足(あし)の指(ゆび)の力(ちから)を鍛(きた)えることができます。**

'발레'는 프랑스어로 ballet이며, バレエ라고 표기한다. 가타카나어의 장음 표기는 원칙적으로 [ー]로 표기하지만, '발레'는 예외로 バレエ라고 쓴다. 또한 '발레리나'는 장음 기호가 사라져서 バレリーナ라고 한다.

0654 ③ **順番(じゅんばん)をお待(ま)ちください。**

'기다리다'의 존경 표현은 여러 가지로 표현할 수 있는데 보기 중에서는 お待ちください가 알맞다. 보기 ②에서 なさって를 なって로 고치면 알맞은 표현이 된다.

0655 ④ **ご案内(あんない)いたしますから、こちらで少々(しょうしょう)お待(ま)ちください。**

부사어의 공손어를 써야 하는 문장이다. 앞쪽에는 '이쪽' こっち의 공손어인 こちら를, 뒤쪽은 '좀, 약간'의 뜻으로 ちょっと의 공손어인 少々를 써야 한다.

0656 ② **江守(えもり)さん。こちらが社長(しゃちょう)の三宅(みやけ)でございます。**

다른 집단에 속한 사람에게 우리 쪽 사람을 말할 때는 자신보다 높은 직위의 사람이라도 낮춰서 말해야 한다. 직함을 이름 뒤에 붙이면 높이는 말이 되므로, 이때는 [직함＋の＋이름]으로 표현해야 한다. 따라서 '미야케 사장'은 社長の三宅라고 해야 한다.

オマケ **'후회해도 소용없다, 늦었다'의 뜻으로 쓰는 관용구**

後(あと)の祭(まつ)り · 手遅(ておく)れ · 間(ま)に合(あ)わない · 遅(おそ)きに失(しっ)する · 遅(おそ)きに過(す)ぎる · 期(き)を失(しっ)する 등이 있다. 手遅れ는 병이나 부상 등의 치료, 또는 어떤 일에 대한 처리 등이 늦었다는 뜻이다. 後の祭り는 어떤 일에 실패했다는 사실을 나중에 후회하거나, 투덜거리는 뜻으로 쓰이거나, 혹은 '어떤 일이 발생한 후에 뭔가를 해도 이미 늦었다, 소용없다'의 뜻으로 쓰인다. 間に合わない는 어떤 상황이 완료되지 않았을 때도 쓸 수 있지만, 後の祭り는 완료된 상황에만 쓸 수 있다. 遅きに失する · 遅きに過ぎる는 문어체 표현이다.

0657 어머니는 지난달부터 입원하고 **계십니다**.

母は先月から入院して (　　)。

① おられます　　② おります
③ いらっしゃいます　　④ ございます

0658 아무것도 **말씀드릴** 것이 없습니다.

何も (　　) ことはございません。

① 話してあげる　　② お話しなさる
③ おっしゃる　　④ お話しする

0659 무거워 보이네요. **들어 드릴까요**?

重そうですね。(　　)。

① 持って上げましょうか　　② 持って差し上げましょうか
③ お持ちしましょうか　　④ お持ちになりましょうか

0660 손님께서 이쪽에서 **기다리고 계십니다**.

お客様がこちらで (　　)。

① お待ちしております　　② お待ちです
③ お待ちします　　④ 待っております

0661 **서 계신** 분이 계시므로 좀 더 자리를 좁혀 주시기 바랍니다.

(　　) 方がいらっしゃいますので、もう少しお詰めください。

① お立ちです　② お立ちの　③ お立っている　④ お立ちする

ポイント

お・ご～いたす / させていただく ~해 드리다 0658~0659

둘 중 어느 것을 쓰는 것이 좋은지 단적으로 정리할 수는 없다. 상황에 따라 다르다. 대체로 그 행위가 상대에게 '폐'를 끼칠 위험이 있을 때는 させていただく를 많이 쓰고, '은혜, 혜택'을 줄 가능성이 있을 때는 お・ご～いたす / お・ご～する를 쓰는 경향이 있다.

0657 ② 母は先月から入院しております。

일본어에서는 자신이 속한 그룹의 사람을 상대에게 말할 경우는 낮춰서 말해야 하므로 いる(있다)의 겸양 표현 おる를 써야 한다.

0658 ④ 何もお話しすることはございません。

話す(말하다)의 겸양 표현은 お話しする이다. 존경 표현은 お話しになる・お話しなさる・おっしゃる이다.

0659 ③ 重そうですね。お持ちしましょうか。

上げる・差し上げる는 윗사람에게 물건을 주거나 그 사람을 위해서 무언가를 할 경우에 쓰는 겸양 표현으로, '~해 드리다'라고 번역되어 굉장히 공손한 표현처럼 들리지만, 1인칭 주체의 행위로서는 강요하는 듯한 인상을 주기 때문에, [お・ご～する] [お・ご～いたす]의 형태를 사용하는 것이 좋다. 이 문장에서도 '들어 드릴까요?'는 お持ちしましょうか라고 하는 것이 좋다.

0660 ② お客様がこちらでお待ちです。

①③④는 모두 겸양어이다. 존경 표현은 [お・ご＋ます형＋だ]를 써서 お待ちですと라고 하거나 待っていらっしゃいます를 써야 한다.

0661 ② お立ちの方がいらっしゃいますので、もう少しお詰めください。

立つ의 존경 표현은 여러 가지가 있지만, 명사를 수식할 때는 [お・ご～の＋명사], 부정형은 [お・ご～でない＋명사]가 된다. 따라서 이 문장에서는 お立ちの라고 써야 한다.

0662 입장권을 **소지하고 계시지 않는** 분은 매표소에서 당일표를 구입해 주세요.

入場券を (　　) 方は切符売り場にて当日券をお求めください。

① お持ってない　② お持ちしてない
③ お持ちでない　④ お持ちない

0663 오늘은 댁에 **계십니까**?

今日はお宅に (　　)。

① おりますか　② いらっしゃいますか
③ おられますか　④ いますか

0664 선생님께서 **소개해 주셔**서 바로 만나 뵐 수 있었습니다.

先生が (　　) ので、すぐお目にかかれました。

① 紹介してくれた　② ご紹介してくださった
③ ご紹介くださった　④ ご紹介いただいた

0665 담당자에게 **물어보세요**.

担当者に (　　)。

① 伺ってください　② お伺いください
③ お聞きください　④ お聞きしてください

0666 상하기 쉬운 것이니까 빨리 **드세**요.

傷みやすいものですから、お早めに (　　) ください。

① いただいて　② 召し上がって
③ お食べになって　④ 頂戴して

ポイント

존경어 0662~0667

▶ 자세한 설명은 부록 647쪽 참고

겸양어 I / 겸양어 II 0668~0670

▶ 자세한 설명은 부록 650쪽, 652쪽 참고

0662 **③ 入場券にゅうじょうけんをお持もちでない方かたは切符きっぷ売うり場ばにて当日券とうじつけんをお求もとめください。**

[お・ご＋ます형＋だ]의 부정형은 [お・ご～でない＋명사]이다. 따라서 お持ちでない라고 하면 된다. にて는 주로 장소, 수단, 방법, 이유, 시간 등을 나타내는 조사로, で와 거의 같은 뜻으로 쓰이며, 공식적이고 격식 있는 표현이다.

0663 **② 今日きょうはお宅たくにいらっしゃいますか。**

①의 おる는 겸양어 II 이며, ③의 おられる는 おる에 존경을 나타내는 수동이 쓰였으므로 잘못된 표현이다. おられる는 일본인들도 자주 틀리는 표현이다. 존재를 나타내는 いる의 존경어는 いらっしゃる이다.

0664 **③ 先生せんせいがご紹介しょうかいくださったので、すぐお目めにかかれました。**

'~해 주시다'에 해당하는 표현은 お・ご～くださる이므로 ご紹介くださる를 쓰면 된다. ご紹介いただく도 쓸 수 있지만, 이때는 앞의 조사가 に가 돼야 한다.

0665 **③ 担当者たんとうしゃにお聞きき ください。**

①과 ②의 伺うかがう는 '묻다'의 겸양어 I 에 해당하는 특수 동사이며, ④의 お～する는 겸양어 I 표현이다. 따라서 お・ご～くださる를 써서 お聞きください 또는 お尋たずねくださいい라고 해야 한다.

0666 **② 傷いたみやすいものですから、お早はやめに召めし上あがってください。**

①いただく와 ④頂戴ちょうだいする는 食たべる(먹다)・飲のむ(마시다)・もらう(받다)의 겸양어이다. ③에서 食べる는 관습상 お・ご～になる 형으로 고칠 수 없는 동사이다. 따라서 召し上がる를 써서 召し上がってください 또는 お召し上がりください를 써야 한다.

0667 무척 혼잡하오니, **보신** 분은 앞쪽으로 나아가 주세요.

たいへん込み合っておりますので、(　　　) 方は、前の方へお進みください。

① ご覧になった　　② 拝見なさった
③ お見になった　　④ ご覧した

0668 그럼 사양하지 않고 **들겠습니다**.

では、遠慮なく (　　)。

① お食べします　　② いただきます
③ 召し上がります　　④ 拝見します

0669 선생님, 이 책 모레까지 **빌려도** 될까요?

先生、この本をあさってまでお借り(　　　)よろしいでしょうか。

① しても　② になっても　③ なさっても　④ くださっても

0670 일전에 찍은 사진이 나와서 선생님께 **보여 드리겠습니다**.

先日撮った写真ができましたので、先生に (　　)。

① 拝見いたします　　② お見せいたします
③ お見せになります　　④ ご覧になります

0671 잊으**신** 물건이 없도록 **주의해** 주세요.

(　　) 忘れ物のないよう、(　　) 注意ください。

① お / お　② お / ご　③ ご / お　④ ご / ご

0667 **① たいへん込み合っておりますので、ご覧になった方は、前の方へお進みください。**

②拝見はいけんなさるは '보다(見みる)'의 겸양어 I 인 拝見する에 존경어인 なさる를 붙여 쓴 잘못된 표현이다. ③에서 見る는 1음절이므로 [お・ご＋ます형＋になる] 형으로 고칠 수 없다. '보시다'는 ご覧らんになる를 써야 한다.

0668 **② では、遠慮なくいただきます。**

①의 食べる는 겸양어 I 로 만들 수 없으므로 お食べする라고 할 수 없고, ③은 존경어이다. ④拝見はいけんする는 見みる(보다)의 겸양어 I 이다. 따라서 いただきます를 써야 한다.

0669 **① 先生、この本をあさってまでお借りしてもよろしいでしょうか。**

'빌리다'에 해당하는 표현은 겸양어 I 인 [お・ご＋ます형＋する]를 쓰면 된다.

0670 **② 先日撮った写真ができましたので、先生にお見せいたします。**

'보여 드리다'에 해당하는 표현은 겸양어 I 인 [お・ご＋ます형＋する] 또는 [お・ご＋ます형＋いたす]를 쓰면 되므로, お見せする・お見せいたす・ご覧らんに入いれる를 쓰면 된다. お見せいたす가 [お・ご＋ます형＋する]보다 좀 더 공손한 표현이다.

0671 **② お忘れ物のないよう、ご注意ください。**

접두사 お・ご를 앞에 붙여 써서 존경어, 겸양어, 공손어, 미화어 등으로 쓴다. お・ご를 붙이는 규칙은 일반적으로 고유 일본어에는 お를 붙이고, 한자어에는 ご를 붙인다. 따라서 문장에서 忘れ物는 고유 일본어이므로 お를 붙이고, 注意는 한자어이므로 ご를 붙여야 한다.

オマケ 대상을 나타낼 때, 조사 に만 쓸 수 있는 단어 1

가르치다	に教おしえる	말씀드리다	に申もうし上あげる
건네다	に渡わたす	말하다	に言いう
답하다, 대답하다	に返事へんじする / に答こたえる	묻다	に聞きく
드리다	にあげる / に差さし上あげる	방문하다	に尋たずねる
듣다	に聞きく	뵙다	にお目めにかかる

0672 오늘은 일이 많아서 빨리 돌아갈 수 있을 것 같지도 **않습니다**.

今日は仕事がたくさんありますので、早く帰れそうも (　　)。

① できません　② ございません
③ いらっしゃいません　④ いません

0673 이 정도로 국제적으로 비난을 **받는다면**, 정부도 계획을 백지로 돌릴 수밖에 없다.

これだけ国際的に非難を (　　) 政府も計画を白紙に戻さざるをえない。

① もらえば　② されれば　③ すれば　④ うければ

0674 노래방에 가면 듣기 싫어도 다른 사람의 형편없는 노래를 **들어야 한다**.

カラオケに行くと、いやでも他人の下手な歌を (　　)。

① 聞かせる　② 聞かれる　③ 聞ける　④ 聞かされる

0675 그는 자전거를 훔쳐 경찰에 **잡혔다**.

彼は自転車を盗んで警察に (　　)。

① 捕まえた　② 捕まえられた
③ 捕まった　④ 捕まえさせた

0676 환경 오염에 의해 많은 생명이 **위협 받고** 있다.

環境汚染により、多くの生命が (　　) いる。

① おびやかれて　② おびやかされて
③ おびやかして　④ おびやかって

ポイント

수동・사역・사역수동에서 주의 사항 0673~0687

▶ 자세한 설명은 부록 607쪽 참고

0672 **② 今日は仕事がたくさんありますので、早く帰れそうもございません。**

자신의 일에 대해 말하는 것이므로 ない의 공손어인 ございません을 써야 한다.

0673 **② これだけ国際的に非難をされれば政府も計画を白紙に戻さざるをえない。**

비난, 모욕 등과 부정적인 것을 받는다고 할 경우는 もらう는 쓸 수 없고, '하다'의 수동 표현인 される를 써야 한다.

0674 **④ カラオケに行くと、いやでも他人の下手な歌を聞かされる。**

문장을 직역하면 '다른 사람의 노래를 듣게 함을 당하다'의 뜻이므로 'A가 B에게 ~시키다'라는 사동문을 'B가 A에게 시킴을 당하다'로 B의 시점으로 바꾸어 말하는 사역수동문을 써야 한다. 직역하면 어색하므로 내용에 따라 자연스럽게 번역하도록 주의해야 한다. 聞く는 5단 동사이므로 聞(き)かせられる 또는 聞(き)かされる를 써야 한다.

0675 **③ 彼は自転車を盗んで警察に捕まった。**

'잡히다'는 捕(つか)まる라는 동사가 있으므로 수동형을 쓸 필요가 없다. '잡다'는 捕(つか)まえる이다.

0676 **② 環境汚染により、多くの生命がおびやかされている。**

'위협하다'에 해당하는 おびやかす를 수동형으로 고치면 おびやかされる이다.

0677 바쁠 때 친구가 **와서** 난감하네요.

忙しい時、友だちに (　　) 困っています。

① 来させて　② 来て　③ 来られて　④ 来させられて

0678 부모의 고마움은 부모님이 **돌아가시고 나서야** 비로소 알게 되는 법이다.

親のありがたさは親に (　　) みて、はじめて分かるものだ。

① 死なせて　② 死んで　③ 死なれて　④ 死なされて

0679 교통사고로 양친을 **잃었다**는 얘기를 듣고 나도 모르게 눈물이 흘렀다.

交通事故で両親を (　　) という話を聞いて、思わず涙がこぼれた。

① なくなった　② なくした

③ なくされた　④ なくせられた

0680 아기 울음소리에 **깨어**, 그 뒤로 좀처럼 잠을 이루지 못했다.

赤ん坊の泣き声に (　　)、その後なかなか寝付かれなかった。

① 起こして　② 起こさせて

③ 起きさせて　④ 起こさせられて

0681 엄마가 내가 아끼는 노트를 **버려** 버렸습니다.

母に私の大切なノートを (　　) しまいました。

① すてて　② すてていって

③ すてられて　④ すてさせて

0677 ③ **忙しい時、友だちに来られて困っています。**

바쁠 때 친구가 와서 난감하다는 뜻이므로 자동사의 간접 수동을 만들어 피해의 느낌을 주면 된다. ②来きてを 쓰면 곤란한 느낌도 없고, 이때는 수동이 아니므로 앞의 조사가 が가 돼야 하므로 문법적으로도 틀렸다.

0678 ③ **親のありがたさは親に死なれてみて、はじめて分かるものだ。**

②死んでを 쓰면 곤란한 처지의 느낌도 없고, 이때는 수동이 아니므로 앞의 조사가 が가 돼야 하므로 문법적으로도 틀렸다.

0679 ② **交通事故で両親をなくしたという話を聞いて、思わず涙がこぼれた。**

'잃다'에 해당하는 말은 なくす이다. ①なくなった는 '돌아가셨다'는 뜻이 되므로 앞의 조사가 が가 돼야 한다.

0680 ④ **赤ん坊の泣き声に起こさせられて、その後なかなか寝付かれなかった。**

문장은 '아이 울음소리가 나를 깨게 함을 당하다'의 뜻이므로 'A가 B에게 ~시키다'라는 사동문을 'B가 A에게 시킴을 당하다'로 B의 시점으로 바꾸어 말하는 사역수동문을 써야 한다. 5단 활용 동사이므로 起こさせられる라고 써야 한다.

0681 ③ **母に私の大切なノートをすてられてしまいました。**

'버리다'를 쓰려면 母 다음의 조사가 が가 돼야 하는데, に가 쓰였으므로 수동형으로 써야 한다.

オマケ 대상을 나타낼 때, 조사 に만 쓸 수 있는 단어 2

부탁하다	**にお願ねがいする / に頼たのむ**	전하다	**に伝つたえる**
빌려주다	**に貸かす**	전보를 치다	**に電報でんぽうを打うつ**
빌리다	**に借かりる**	전화를 걸다	**に電話でんわをかける**
사죄하다	**に謝あやまる**	주다	**にやる**
소개하다	**に紹介しょうかいする**	주의를 주다	**に注意ちゅういする**
알리다	**に知しらせる**	지급하다	**に払はらう**
양보하다	**に譲ゆずる**	질문하다	**に質問しつもんする**

0682 자유롭게 사는 것은 우리들의 권리이므로 누구에게도 **침해 받고** 싶지 않다.

自由に生きることは、私たちの権利であるから、だれにも (　　　) たくない。

① 犯され　② 侵され　③ 冒され　④ 置かされ

0683 그 초밥집이라면 4인분 정도는 주문하고 나서 30분 이내에 **배달해** 줍니다.

あのすし屋なら、四人前くらいは注文してから30分以内に (　　　) くれますよ。

① 届いて　② 届けて　③ 届かせて　④ 届かれて

0684 3시간이나 **기다렸**는데 친구가 못 온다고 **말했다**.

３時間も (　　　) のに、友だちに来られないと (　　　) 。

① 待たれた / 言われた　② 待たされた / 言った

③ 待ったされた / 言った　④ 待たされた / 言われた

0685 선배 때문에 마시기 싫은 술을 억지로 **마셨다**.

先輩に酒を (　　　) 。

① 飲んだ　② 飲まさせた　③ 飲まれた　④ 飲ませられた

0686 중학생 때 세계의 국기를 많이 **외워야 해서** 싫었는데 퀴즈 프로그램에 나갔을 때는 도움이 되었다.

中学生の時、世界の国旗をたくさん (　　　) いやだったが、クイズ番組に出場した時には役立った。

① 覚えて　② 覚えられて

③ 覚えさせて　④ 覚えさせられて

0682 ② **自由に生きることは、私たちの権利であるから、だれにも侵されたくない。**

①~④ 모두 おかす로 발음하지만, 犯す는 '범죄, 실수 등을 저지르다, 범하다'의 뜻이고, 冒す는 '(위험 등을) 무릅쓰다'의 뜻이고, 置かされる는 置く의 사역수동형이다. '침해하다'는 뜻의 한자는 侵す이다.

0683 ② **あのすし屋なら、四人前くらいは注文してから30分以内に届けてくれますよ。**

내용상 초밥집이 배달해 주는 것이므로 타동사를 써야 한다. 따라서 届ける가 알맞다.

0684 ④ **3時間も待たされたのに、友だちに来られないと言われた。**

앞쪽 구문은 '친구가 나를 3시간이나 기다리게 함을 당하다'의 뜻이므로 'A가 B에게 ~시키다'라는 사동문을 'B가 A에게 시킴을 당하다'라는 B의 시점으로 바꾸어 말하는 사역수동문을 써야 하며, 뒤쪽 구문은 친구가 그렇게 말한 것이므로 수동형을 써야 한다.

0685 ④ **先輩に酒を飲ませられた。**

'A가 B에게 ~시키다'라는 사동문을 'B가 A에게 시킴을 당하다'라고 B의 시점으로 바꾸어 말하는 사역수동문이다. 'A에게 강요당해 행동하다'의 뜻으로 'B가 귀찮다, 싫다'고 생각하는 경우에 쓴다. 行く・読む 등 5단 활용 동사의 경우에는 行かせられる・読ませられる 대신에 行かされる・読まされる를 주로 쓴다. 문장은 '선배에게 술을 마시는 것을 당하다'의 뜻이므로 사역수동 형태를 써야 한다. 우리말로 직역하면 어색하므로 내용에 따라 자연스럽게 번역하도록 주의해야 한다.

0686 ④ **中学生の時、世界の国旗をたくさん覚えさせられていやだったが、クイズ番組に出場した時には役立った。**

문장은 '세계 국기를 외우는 것을 당하다'의 뜻이므로 사역수동 형태를 써야 한다.

0687 아라이 씨 성적이 우수해서 국가**가** 장학금을 지급하기로 했대요.

新井さん、成績が優秀なので、国 (　　) 奨学金を支給されることになったそうだよ。

① から　② に　③ で　④ が

0688 지난번에는 자네가 냈으니까, 오늘은 내가 **낼게**.

この前、君におごってもらったから、今日は僕に (　　) よ。

① おごってあげる　② おごってもらう
③ おごってくれ　④ おごらせてくれ

0689 자동차가 펑크 나서 곤란해 있던 차에, 모르는 사람이 도와**줘서** 해결되었다.

自動車がパンクして困っていたら、知らない人に手伝って (　　)、助かった。

① あげて　② くれて　③ もらって　④ くださって

0690 선생님께서 저희의 생각을 이해해 **주셨으면** 합니다.

先生に私たちの考えを分かって (　　) と存じます。

① あげたい　② さしあげたい
③ いただきたい　④ くだされば

0691 교과서를 안 가지고 와서 친구가 **보여줬**습니다.

テキストを持ってこなかったので、友だちに (　　) ました。

① 見せてくれ　② 見てくれ
③ 見せてもらい　④ 見てもらい

ポイント

수수 표현에서 주의 사항 0688~0692

▶ 자세한 설명은 부록 609쪽 참고

0687 ① **新井**あらい**さん、成績**せいせき**が優秀**ゆうしゅう**なので、国**くに**から奨学金**しょうがくきん**を支給**しきゅう**されることになったそうだよ。**

문장은 수동형이므로 조사 が를 쓸 수 없다. 또한 수동문에서 행위 주체가 사람이 아니라 국가나 회사, 학교와 같은 단체나 조직일 때는 には 쓸 수 없고 から만 쓸 수 있다.

0688 ④ **この前**まえ**、君**きみ**におごってもらったから、今日**きょう**は僕**ぼく**におごらせてくれよ。**

'낼게' 앞쪽에 조사 に가 쓰였으므로 적극적인 제안 표현인 ～させてください(くれ)를 써서 おごらせてくれ라고 하면 된다. 만약 앞쪽의 조사가 が라면 おごってあげる도 쓸 수 있다. 다만 ～てあげる는 은혜와 호의를 상대방에게 베푸는 입장에서 하는 말이므로 받는 사람이 불쾌감을 느낄 수도 있으므로 어법적으로는 문제가 없지만, ～させてください를 쓰는 것이 좋다.

0689 ③ **自動車**じどうしゃ**がパンクして困**こま**っていたら、知**し**らない人**ひと**に手伝**てつだ**ってもらって、助**たす**かった。**

모르는 사람이 도와준 것인데, 동작의 주체인 知らない人(모르는 사람)의 뒤에 조사 に가 나오기 때문에 もらって를 써야 한다.

0690 ③ **先生**せんせい**に私**わたし**たちの考**かんが**えを分**わ**かっていただきたいと存**ぞん**じます。**

선생님이 우리 생각을 이해해 주기를 바란다는 의미인데, 先生 뒤에 조사 に가 나오기 때문에 いただきたい를 써야 한다. 만약 조사 が가 쓰였다면 くだされば를 쓰면 된다. 存じます는 思おもいます의 겸양어Ⅱ이다.

0691 ③ **テキストを持**も**ってこなかったので、友**とも**だちに見**み**せてもらいました。**

'친구가 보여줬다'는 友だちが見せてくれた인데, 友だち 뒤에 に가 있으므로 ～てもらう를 써서 見せてもらいました라고 하면 된다.

0692 이번 자선 행사는 실로 많은 사람이 기부를 **해 주었다**.

今回のチャリティーは、実に多くの人から寄付をして(　　)。

① くれた　② やった　③ さしあげた　④ もらった

0693 냉동하면 3개월은 **가**요.

冷凍すれば三ヶ月は(　　)ます。

① 立ち　② 行き　③ 持ち　④ 取り

0694 그의 연주는 **어쩜 그리** 훌륭할까?

彼の演奏は(　　)すばらしいんだろう。

① なんて　② なんど　③ なんら　④ なんか

0695 아이를 구하기 위해서 바다로 **뛰어**들었다.

子どもを助けるために海へ(　　)込んだ。

① 突き　② 飛び　③ 歩き　④ 滑り

0696 볼링에서 핀이 한 번에 전부 **넘어가면** 스트라이크입니다.

ボウリングで、ピンが一回で全部(　　)とストライクです。

① 転ぶ　② 越える　③ 倒れる　④ 滑る

0697 답이 맞으면 동그라미를 **치세요**.

答えが合っていたら、丸を(　　)ください。

① 打って　② つけて　③ かけて　④ 張って

0692 **④ 今回のチャリティーは、実に多くの人から寄付をしてもらった。**

'많은 사람이 기부를 해 주었다'는 多くの人が寄付をしてくれた인데, 多くの人 뒤에 から가 있으므로 ~てもらう를 써서 寄付をしてもらった라고 하면 된다.

0693 **③ 冷凍すれば三ヶ月は持ちます。**

문장에서 '가다'는 오랫동안 그 상태를 유지한다는 뜻이므로 持つ를 써야 한다.
※ '오래가다(오랫동안 그 상태를 유지하다)'는 長持ちする 또는 長(なが)く持(も)つ라고 한다.

0694 **① 彼の演奏はなんてすばらしいんだろう。**

だろう와 함께 쓰여 놀람이나 어이없음, 훌륭하다고 생각하는 일에 대해 감탄을 담아 쓰는 말은 なんて이다. なんと~だろう의 격의 없는 표현이다.

0695 **② 子どもを助けるために海へ飛び込んだ。**

문장에서 '뛰어들다'는 달려서 들어가는 것이 아니라, 몸을 던져 날 듯이 들어가는 것을 의미하므로 飛び込む가 알맞다.

0696 **③ ボウリングで、ピンが一回で全部倒れるとストライクです。**

문장에서 '넘어가다'는 볼링 핀이 다 쓰러진다는 뜻이므로 倒れる라고 하는 것이 알맞다.

0697 **② 答えが合っていたら、丸をつけてください。**

'동그라미를 치다'는 표시를 한다는 뜻이므로 つける를 써야 한다.

オマケ **'게으르다, 농땡이 피우다'의 뜻으로 쓰는 관용구**

油あぶらを売うる・怠おこたる・サボる・怠なまける・ずるける 등이 있다. サボる・怠ける・ずるける는 의도적으로 게을리하는 것이지만, 怠る는 반드시 그런 것은 아니다. 注意ちゅういを怠って事故じこを起おこした와 같은 경우에는 깜빡해서, 해야만 되는 것을 하지 않는 경우도 포함된다. 怠る는 약간 문장체의 느낌이 있으며, サボる와 ずるける는 속어이다.

0698 캠프장에 도착하자 바로 텐트를 **쳤다**.

キャンプ場に着くとすぐにテントを (　　) 。

① 打った　② つけた　③ かけた　④ 張った

0699 테니스를 치려고 네트를 **쳤다**.

テニスをするので、ネットを (　　) 。

① 打った　② つけた　③ かけた　④ 張った

0700 경찰이 로프를 **치고** 그곳을 출입 금지시켰다.

警察はロープを (　　) 、そこを立ち入り禁止にした。

① 打って　② つけて　③ かけて　④ 張って

0701 선수마다 홈런을 **치는** 방법은 모두 다르다.

選手ごとにホームランを (　　) 方法は皆違う。

① 打つ　② つける　③ かける　④ 張る

0702 딸기에 설탕을 **뿌려** 먹으면 더 달고 맛있어요.

イチゴに砂糖を (　　) 食べると、さらに甘くておいしいです。

① 撒いて　② 注いで　③ かけて　④ ばらついて

0703 식사를 하고 나면 이를 **닦읍**시다.

食事をしたら歯を (　　) ましょう。

① 研ぎ　② 磨き　③ 拭き　④ 洗い

ポイント

磨く / 拭く / 洗う / 研ぐ 닦다 0703~0705

(1) 磨く는 표면을 문질러서 매끈하게 하는 것을 나타낸다.
예) 靴くつを磨く。 구두를 닦다. / ダイヤモンドを磨く。 다이아몬드를 연마하다.

(2) 拭く는 종이, 행주, 손수건, 걸레 등으로 표면을 문질러서 더러움이나 물기를 없애 깨끗하게 하는 것을 나타낸다.
예) 雑巾ぞうきんで廊下ろうかを拭く。 걸레로 바닥을 닦다.
ハンカチで汗あせを拭く。 손수건으로 땀을 닦다.

(3) 洗う는 물을 이용해서 더러움을 씻어내는 것을 나타낸다.

(4) 研ぐ는 칼날 등 날붙이를 돌이나 가죽 등으로 문질러서 잘 잘리도록 예리하게 하는 것을 나타낸다. 단, '거울을 닦다'는 鏡かがみを磨みがく가 맞지만, 鏡を研ぐ라고 할 때도 있다. 이 경우는 옛날에 쓰던 금속제 거울을 닦을 때 쓰던 말이고, 보통 유리 거울에는 研ぐ를 쓰지 않는다.

0698 ④ キャンプ場に着くとすぐにテントを張った。

문장에서 '텐트를 치다'와 같이 어떤 것의 전체 또는 끝에서 끝까지 어떤 것을 펼친다는 뜻에는 張る를 써야 한다.

0699 ④ テニスをするので、ネットを張った。

'네트를 치다'는 끝에서 끝까지 어떤 것을 펼친다는 뜻의 張る를 써야 한다.

0700 ④ 警察はロープを張って、そこを立ち入り禁止にした。

'로프를 치다'는 끝에서 끝까지 어떤 것을 펼친다는 뜻의 張る를 써야 한다.

0701 ① 選手ごとにホームランを打つ方法は皆違う。

'홈런을 치다'는 ホームランを打つ이다.

0702 ③ イチゴに砂糖をかけて食べると、さらに甘くておいしいです。

撒まく는 '파종하다'의 뜻이다. '조미료 등을 치다'는 '수분, 가루 등을 흩뿌리다'의 뜻이므로 かける를 써야 한다.

0703 ② 食事をしたら歯を磨きましょう。

'치아'는 날붙이가 아니기 때문에 磨く를 써야 한다.

0704 출근하기 전에 구두를 정성스럽게 **닦아** 놓는다.

出勤する前に靴を丁寧に (　　) おく。

① 研ぎ　② 磨いて　③ 拭いて　④ 洗って

0705 무뎌진 가위를 숫돌로 **갈았다**.

切れなくなった鋏をといしで (　　)。

① 研いだ　② 磨いた　③ 拭いた　④ 洗った

0706 모기한테 **물린** 자리가 빨갛게 부어올랐다.

蚊に (　　) ところが赤く腫れ上がった。

① くわえた　② 噛まれた
③ 打たれた　④ 刺された

0707 개한테 **물리면** 반드시 알코올 등으로 소독을 해야 한다.

犬に (　　) たら、必ずアルコールなどで消毒をしなければならない。

① くわえ　② 噛まれ　③ 打たれ　④ 刺され

0708 차례로 줄을 **서** 주세요.

順番に列を (　　) ください。

① 立って　② 作って　③ 並んで　④ 結んで

ポイント

噛む / 刺す 물다 0706~0707

(1) 噛む는 '이(이빨)로 물다, 깨물다'의 뜻이다.

(2) 刺す는 곤충 등이 뾰족한 침 등으로 주사로 찌르듯이 무는 것을 나타낸다.

0704 ② **出勤する前に靴を丁寧に磨いておく。**

구두의 광택을 낸다는 뜻이므로 磨く를 써야 한다.

0705 ① **切れなくなった鋏をといしで研いだ。**

가위를 돌이나 가죽 등으로 문질러서 잘 잘리도록 예리하게 한다는 뜻이므로 研ぐ가 알맞다.

0706 ④ **蚊に刺されたところが赤く腫れ上がった。**

'벌레에 물리다'를 직역하여 噛まれる를 쓰면 안 된다. 噛む는 '이로 깨무는 것'이다. '벌레가 물다'는 '뾰족한 침 등으로 찌르다'의 뜻이므로 刺す를 써야 하며, '물리다'는 수동형인 刺される를 쓰면 된다.

0707 ② **犬に噛まれたら、必ずアルコールなどで消毒をしなければならない。**

개에게 이빨로 물리는 것이므로 噛まれる가 알맞다.

0708 ② **順番に列を作ってください。**

'줄을 서다'는 '줄을 짓다(만들다)'의 뜻이므로 列を作る라고 한다.

0709 한강 작가의 소설을 사려고 줄을 **섰습니다**.

ハンガン作家の小説を買うために列に(　　)。

① 立ちました　② 作りました
③ 並びました　④ 結びました

0710 아기는 젖병을 **문** 채 잠이 들었다.

赤ん坊は母乳瓶を(　　)まま眠った。

① くわえた　② 噛んだ　③ 打った　④ 刺した

0711 이를 **악물고** 공부에 매진했다.

歯を(　　)勉強に励んだ。

① くわえて　② 食いしばって
③ 抜いて　④ 刺して

0712 미국에는 셀프 **주유소**가 무척 많다.

アメリカにはセルフサービスの(　　)がずいぶん多い。

① 注油所　② ガソリンスタンド
③ サービスステーション　④ 石油ステーション

0713 일단 구입한 표는 **환불**이 안 됩니다.

いったん買った切符は(　　)できません。

① 還払　② 払い戻し　③ 戻し払い　④ 支払い

0709 ③ **ハンガン作家(さっか)の小説(しょうせつ)を買(か)うために列に並(なら)びました。**

'줄을 서다'는 列に並ぶ 또는 列を作つくる라고 한다.

0710 ① **赤(あか)ん坊(ぼう)は母乳瓶(ぼにゅうびん)をくわえたまま眠(ねむ)った。**

입으로 가볍게 무는 경우는 くわえる를 써야 한다.

0711 ② **歯(は)を食(く)いしばって勉強(べんきょう)に励(はげ)んだ。**

'이를 악물다'는 食いしばる라고 한다. くわえる는 입으로 가볍게 무는 것을 말하고, 食いしばる는 강하게 깨무는 것을 말하는데, 여기에 의미가 확대되어 힘을 쏟거나 고통이나 슬픔 등을 참는 것을 뜻하기도 한다.

0712 ② **アメリカにはセルフサービスのガソリンスタンドがずいぶん多(おお)い。**

'주유소'는 일본식 조어인 ガソリンスタンド라고 한다. 영어 표현을 그대로 써서 ガスステーション(gas station)이나 サービスステーション(service station)이라고는 하지 않는다.

0713 ② **いったん買(か)った切符(きっぷ)は払(はら)い戻(もど)しできません。**

'환불'을 한자 그대로 써서 還払이라고 쓰지는 않는다. 일본어로는 払い戻し라고 한다.

オマケ　'걱정이 되어 마음을 놓지 못하다, 안절부절못하다'의 뜻으로 쓰는 관용구

気きが気きでない · 心配しんぱいだ · 不安ふあんだ · 落おち着つかない · 気きもそぞろ가 있다. 心配だ와 不安だ는 상당히 비슷한 말이지만, 단순히 어떤 일이 나쁜 결과가 될까 봐 진정되지 않는다는 뜻이며, 시간상으로 절박한 느낌은 적다. 気が気でない는 나쁜 예감이 드는 일이 가까운 미래에 일어날지도 모른다는 강한 불안감이 있어서 진정하지 못하는 모양을 나타낸다. 気もそぞろ에는 불안한 기분은 없고, 다른 일이 마음에 걸려 지금 하고 있는 일에 집중을 못하고 진정되지 않는 상태를 말한다.

0714 무척 피곤했기 때문에 **곧바로** 잤다.

とても疲れていたので、(　　) 寝た。

① さっそく　② すぐ　③ さき　④ まだ

0715 아침이 되면 **반드시** 해가 떠오른다.

朝になると (　　) 日が昇る。

① 必ず　② ぜひ　③ きっと　④ 確か

0716 그의 뻔뻔스러운 행동에는 정나미가 **떨어진다**.

彼のずうずうしい行動には愛想が (　　)。

① 尽きる　② 切れる　③ 治る　④ 落ちる

0717 **무사 만루**에서 4번 타자에게 타순이 돌아왔습니다.

(　　) で4番バッターに打席が回ってきました。

① 無死満塁　② 無事満塁

③ ノーアウト満塁　④ 四球満塁

0718 젖은 구두는 충분히 말리지 않으면 곰팡이가 **피는** 경우가 있다.

ぬれた靴は十分乾かさないと、かびが (　　) ことがある。

① できる　② 咲く　③ 生える　④ しみる

0714 ② とても疲(つか)れていたので、すぐ寝(ね)た。

내용상 '곧, 바로'라는 뜻의 부사가 나와야 하는데, 보기에서 '곧, 바로'에 해당하는 부사는 さっそく와 すぐ가 있다. 하지만 さっそく는 좋은 일에만 쓰이며, 의지적인 동작에 쓰이는데 반해, すぐ는 좋지 않은 일, 무의지적인 문장에 쓰인다. 따라서 이 문장에서는 すぐ가 알맞다.

0715 ① 朝(あさ)になると必(かなら)ず日(ひ)が昇(のぼ)る。

必ず와 きっと는 판단 · 예상이 확실하게 여겨질 때 쓴다. 必ず는 의무 · 약속 등을 말하는 문장에서 자주 쓰이며, 명백한 논리에 따라서 결과가 얻어질 때 사용하므로 확률적으로 우위에 있고, 판단에 대한 확신이 높을 때 쓴다. きっと는 다소 주관적인 느낌이며 의지 · 희망을 나타내는 문장에서 주로 쓴다. ぜひ는 '아무쪼록, 어떻게 해서라도'의 뜻으로 강한 희망이나 바람을 나타낸다. 문장은 명백한 논리에 따라서 얻어지는 결과를 나타내므로 きっと와 ぜひ는 쓸 수 없고, 必ず만 쓸 수 있다.

0716 ① 彼(かれ)のずうずうしい行動(こうどう)には愛想(あいそ)が尽(つ)きる。

'정나미가 떨어지다'를 표현할 때는 '다하다, 바닥나다, 끝나다'의 뜻이 있는 동사 尽きる를 써서 愛想が尽きる라고 한다.

0717 ③ ノーアウト満塁(まんるい)で4番(よんばん)バッターに打席(だせき)が回(まわ)ってきました。

'무사 만루'를 한자어로 그대로 바꿔서 無死満塁로 하지 않는다. ノーアウト満塁라고 한다.

0718 ③ ぬれた靴(くつ)は十分(じゅうぶん)乾(かわ)かさないと、かびが生(は)えることがある。

'곰팡이가 피다'에는 동사 生(は)える를 써야 한다. ② 咲(さ)く는 '꽃 등이 피다'의 뜻이기 때문에 곰팡이에는 해당하지 않는다.

0719 집에 와 보니 소포가 **와** 있었다.

家に帰ると小包が (　　) いた。

① 来て　② 行って　③ 帰って　④ 届いて

0720 발판에 **올라가서** 높은 곳에 있는 책을 꺼냈다.

台に (　　) 高いところにある本を取った。

① 上がって行って　② 登って行って
③ 乗って　④ 乗って行って

0721 우리 선생님은 중요한 것을 꼭 **집어서** 설명해 주신다.

うちの先生は重要なものをしっかり (　　) 説明してくれる。

① 取り上げて　② 取って　③ 挟んで　④ 入れて

0722 세탁물을 빨래집게로 **집어서** 널었다.

洗濯物を洗濯バサミで (　　) 干した。

① 取り上げて　② 取って　③ 挟んで　④ 入れて

0723 장사가 **잘되는** 모양이에요.

商売がうまく (　　) ようです。

① なってる　② 行ってる　③ できてる　④ やってる

0719 ④ **家に帰ると小包が届いていた。**

'소포가 오다'는 '보내 온 것이 도착하다'의 뜻이므로 届く를 써야 한다.

0720 ③ **台に乗って高いところにある本を取った。**

'발판에 올라가다'를 직역하여 上あがって行く 또는 登のぼって行く로 하면 안 된다. あがる와 のぼる는 낮은 곳에서 높은 곳으로 올라가는 것을 의미하므로 쓸 수 없다. 이 문장에서는 乗る를 써야 한다.

0721 ① **うちの先生は重要なものをしっかり取り上げて説明してくれる。**

문장에서 '집다'는 몇 가지 중에서 중요한 부분만을 지적한다는 뜻으로 쓰였기 때문에 取り上げる를 써야 한다.

0722 ③ **洗濯物を洗濯バサミで挟んで干した。**

문장에서 '집다'는 빨래집게에 끼운다는 뜻이므로 挟む를 써야 한다.

0723 ② **商売がうまく行ってるようです。**

문장에서 '되다'는 진척된다는 뜻이므로 行く를 써야 한다.

プラス+

'집다'의 여러 가지 표현	
빨래집게로 집다	洗濯せんたくバサミで挟はさむ
서랍에 집어넣다	引ひき出だしに入いれる
스시를 손으로 집어 먹다	寿司すしを手てでつまんで食たべる
젓가락으로 집다	箸はしで挟はさむ
중요한 것을 집다	重要じゅうようなものを取とり上あげる
후추를 집다	コショウを取とる

0724 일본어 공부는 **잘되고** 있어?

日本語の勉強はうまく (　　) ?

① なってる　② 行ってる　③ できてる　④ やってる

0725 무슨 일이 있었는지 대충 상상이 **된다**.

何があったのか大体想像が (　　)。

① なる　② できる　③ つく　④ 見える

0726 모두 실력이 있기 때문에 누가 이길지 예상이 **안 된다**.

みな実力があるので、誰が勝つか予想が (　　)。

① ならない　② できない　③ つかない　④ 見えない

0727 아버지는 성질이 **급해서** 걸핏하면 고함을 친다.

父は気が (　　) よくどなる。

① 早くて　② 短くて　③ やさしくて　④ いそいで

0728 배터리가 **나가서** 차가 움직이지 않는다.

バッテリーが (　　) 車が動かない。

① 出て　② 出て行って　③ あがって　④ 終わって

0729 이 샴푸는 거품이 잘 **난다**.

このシャンプはよく泡が (　　)。

① 出る　② 立つ　③ できる　④ 生える

0724 ② 日本語の勉強はうまく行ってる？

문장에서 '되다'는 진척된다는 뜻이므로 行く를 써야 한다.

0725 ③ 何があったのか大体想像がつく。

예상이나 상상이 된다고 할 때는 つく를 써야 한다.

0726 ③ みな実力があるので、誰が勝つか予想がつかない。

'예상이 되다'는 予想がつく라고 한다.

0727 ② 父は気が短くてよくどなる。

'성질이 급하다'는 뜻으로는 気が早はやい와 気が短みじかい가 있는데, 気が早い에는 '화를 잘 내다'의 뜻은 없다.

0728 ③ バッテリーがあがって車が動かない。

'배터리가 나가다'는 배터리 수명이 끝났다는 뜻이다. 따라서 バッテリーがあがる를 써야 한다.

0729 ② このシャンプはよく泡が立つ。

'거품이 나다'는 泡が出でる라고 직역하기 쉽지만, 이 경우는 '거품 등이 잘 일어나다'의 뜻으로 立つ를 써서 泡が立つ라고 한다.

※ 거품을 내다 : 泡を立てる

0730 스웨터에 구멍이 **났다**.

セーターに穴が (　　)。

① 出た　② 立った　③ 空いた　④ した

0731 아버지는 바둑을 **두러** 기원에 가셨다.

父は碁を (　　) 碁会所に行った。

① 置きに　② さしに　③ 打ちに　④ しに

0732 일요일에는 늘 아버지와 장기를 **둡니다**.

日曜日にはいつも父と将棋を (　　)。

① 置きます　② さします　③ 打ちます　④ します

0733 통역할 사람을 한 명 더 **두어야만** 하게 됐다.

通訳する人をもう一人 (　　) ならなくなった。

① 置かなければ　② 雇わなければ

③ 打たなければ　④ しなければ

0734 이 마을은 환경 보전 농업에 힘을 **쏟고** 있다.

この村は環境保全農業に力を (　　) いる。

① 置いて　② 貸して　③ 注いで　④ 入れて

0730 ③ **セーターに穴(あな)が空(あ)いた。**

'구멍이 나다'는 穴が出でる라고 직역하기 쉽지만, 이 경우는 '구멍이 생기다'의 뜻으로 穴が空く라고 한다.

0731 ③ **父(ちち)は碁(ご)を打(う)ちに碁会所(ごかいしょ)に行(い)った。**

'두다'에 해당하는 말로 置おく가 있지만, 이것이 모든 경우에 적용되는 것은 아니다. '바둑을 두다'는 碁を打うつ라고 한다.

0732 ② **日曜日(にちようび)にはいつも父(ちち)と将棋(しょうぎ)をさします。**

'장기를 두다'는 将棋を置く라고 하면 안 된다. 말을 움직여서 하는 놀이는 さす를 쓴다. 将棋をさす라고 한다.

0733 ② **通訳(つうやく)する人(ひと)をもう一人(ひとり)雇(やと)わなければならなくなった。**

사람을 고용한다는 뜻이므로 雇う를 써야 한다.

0734 ③ **この村(むら)は環境保全農業(かんきょうほぜんのうぎょう)に力(ちから)を注(そそ)いでいる。**

'힘을 쏟다'의 뜻으로는 力を注ぐ를 써야 한다.

プラス+

'두다'의 여러 가지 표현

가만두지 않다	放ほうっておかない	여유를 두다	余裕よゆうを持もつ
거리를 두다	距離きょりを置おく	염두에 두다	念頭ねんとうに置おく
그대로 두세요	そのままにしておきなさい	장기를 두다	将棋しょうぎを指さす
두고 보자	今いまに見みてな	제자를 두다	弟子でしをとる
뜻을 두다	志こころざす	직원을 두다	職員しょくいんを雇やとう
마음에 두다	心こころに留とめる	체스를 두다	チェスを指さす
바둑을 두다	碁ごを打うつ	혐의를 두다	嫌疑けんぎを抱いだく

0735 내 나름대로 곰곰이 생각한 **끝에** 내린 결론이니까 아무 말도 하지 마.

私なりによく考えた (　　) 出した結論なので、何も言わないで。

① わけで　② さいご　③ すえに　④ 終わりに

0736 인간관계로 이렇게 **고생**할 거라면 이 회사를 그만두는 편이 낫다.

人間関係でこんなに (　　) するなら、この会社を辞めた方がいい。

① 苦労　② 苦生　③ 苦悶　④ 苦痛

0737 설날에 아빠랑 연을 **날렸습니다**.

お正月に父とたこを (　　)。

① あげました　② 飛ばせました

③ 取りました　④ やりました

0738 어렵게 **단독 주택**을 마련했다.

やっとのことで、(　　) を手に入れた。

① 単独住宅　② 単独の家　③ 共同住宅　④ 一軒家

0739 결혼을 전제로 남자친구와 **동거**를 하고 있다.

結婚を前提に彼と (　　) している。

① 同居　② 同住　③ 同棲　④ 同生

0735 ③ **私なりによく考えたすえに出した結論なので、何も言わないで。**

'~한 끝에'를 표현할 때는 [동사 과거형＋すえに]의 형태로 쓴다.

0736 ① **人間関係でこんなに苦労するなら、この会社を辞めた方がいい。**

'고생'을 한자어 그대로 써서 苦生라고 하지 않는다.

0737 ① **お正月に父とたこをあげました。**

'연을 날리다'를 직역하여 たこを飛とばせる라고 하면 안 된다. たこをあげる라고 한다.

0738 ④ **やっとのことで、一軒家を手に入れた。**

'단독 주택'을 직역하여 単独住宅으로 쓰지 않는다. 일본어에서 '단독 주택'은 一軒家いっけんや 또는 一戸建いっこだての家いえ라고 한다.

0739 ③ **結婚を前提に彼と同棲している。**

'동거'를 일본어로 同居どうきょ라고 하면 말 그대로 '함께 사는 것'을 뜻한다. 결혼하지 않은 남녀가 함께 사는 것을 말할 때는 同棲를 쓴다.

オマケ **'결말이 나다, 정리되다', '결말을 내다, 정리하다'의 뜻으로 쓰는 관용구**

けりがつく · 決着けっちゃくがつく · かたがつく · けじめをつける · ピリオドを打うつ · 区切くぎりをつける 등이 있다. 決着がつく · かたがつく는 けりがつく와 거의 같은 내용으로, 오랜 세월에 걸쳐서 분쟁 중이었던 것 또는 제안 등을 단번에 해결하는 경우에 사용한다. けじめをつける는 이것에 감정이 더해져서, 당사자가 납득하여 어떤 형태로든 정리한다는 뜻이다. ピリオドを打つ는 여기에 비해 약간 객관성이 높고, 대상은 단순한 것이라도 괜찮다.

0740 커 가면서 딸아이는 **말수**가 적어졌다.

成長するにつれて、娘は (　　) が少なくなった。

① 言葉数　② 話数　③ 言語数　④ 口数

0741 **번호표**를 뽑고 순서를 기다려 주세요.

(　　) を取って順番を待ってください。

① 番号票　② 番号切符　③ 番号札　④ 順番札

0742 **언론 시사회**에 초대 받았다.

(　　) に招かれた。

① 言論試写会　② マスメディア試写会
③ メディア試写会　④ マスコミ試写会

0743 **유통 기한**이 지난 것은 모두 버렸다.

(　　) が過ぎたものは全部捨てた。

① 流通期限　② 売買期限　③ 可食期限　④ 賞味期限

0744 언니는 **전문 대학**에 다니고 있습니다.

姉は (　　) に通っています。

① 専門大学　② 専門学校　③ 短期大学　④ 短期学校

0740 ④ 成長(せいちょう)するにつれて、娘(むすめ)は口数(くちかず)が少(すく)なくなった。

'말수'는 口数라고 한다. '말수가 적다'는 無口むくちだ라고도 쓴다.

0741 ③ 番号札(ばんごうふだ)を取(と)って順番(じゅんばん)を待(ま)ってください。

'번호표'는 番号札, '이름표'는 名札なふだ라고 한다. 또한 '뽑다'도 選えらぶ가 아니라 取る를 쓰는 데 주의해야 한다.

0742 ④ マスコミ試写会(ししゃかい)に招(まね)かれた。

'언론 시사회'를 나타낼 때는 앞에 '매스컴'을 뜻하는 말을 붙여서 マスコミ試写会라고 한다.

0743 ④ 賞味期限(しょうみきげん)が過(す)ぎたものは全部(ぜんぶ)捨(す)てた。

'유통 기한이 지나다'는 賞味期限が切きれる · 賞味期限が過すぎる라고 한다.

0744 ③ 姉(あね)は短期大学(たんきだいがく)に通(かよ)っています。

'전문 대학'은 일본어로 短期大学라고 한다. 専門学校せんもんがっこう라는 말도 있는데, 이것은 요리 · 의상 · 미용 등 실용적인 기술을 배우는 곳으로, 우리나라의 '(전문적인 기능을 배우는) 학원'에 해당한다.

0745 **첨단** 기술의 도입에 따라 생산량이 비약적으로 늘었다.

(　　) 技術の導入によって生産量が飛躍的に伸びた。

① 尖端　② 前端　③ 最端　④ 先端

0746 자전거 바람이 **빠졌어요**.

自転車の空気が (　　)。

① 嵌まりました　② 落ちました
③ 抜けました　④ 陥りました

0747 개는 냄새를 잘 맡고 귀가 **밝은** 동물입니다.

犬は臭いをよく嗅ぎ、耳が (　　) 動物です。

① いい　② 明るい　③ 近い　④ 大きい

0748 우리 남편은 잠귀가 **밝아서** 문소리만 나도 잠이 깨요.

うちの主人は寝るときも耳が (　　)、ドアの音がしても目が覚めます。

① よくて　② 明るくて　③ 近くて　④ 大きくて

0749 우리 할머니는 귀가 **어두워서** 큰 소리로 말하지 않으면 잘 알아듣지 못해요.

うちのおばあさんは耳が (　　) 大きい声で言わないとちゃんと聞き取れません。

① 暗くて　② 遠くて　③ 狭くて　④ 小さくて

ポイント

抜ける / 嵌まる / 落ちる / 陥る 빠지다 0746

(1) 抜けるは '머리카락 · 치아 · 바람 · 마개 · 이름 등이 빠지다, 줄어들다'의 뜻이다.

(2) 嵌まるは 재미 · 슬픔 · 도락 · 사랑 · 잠 · 유혹 등에 열중해 빠지는 것을 나타낸다.

(3) 落ちるは '떨어지다'의 뜻이다.

(4) 陥るは '딜레마 · 중태에 빠지다'의 뜻이다.

0745 ④ 先端技術の導入によって生産量が飛躍的に伸びた。

'첨단'은 先端, '최첨단'은 最先端さいせんたん이라고 한다.

0746 ③ 自転車の空気が抜けました。

'바람이 빠지다'를 나타낼 때는 抜ける를 써야 한다.

0747 ① 犬は臭いをよく嗅ぎ、耳がいい動物です。

'귀가 밝다'는 직역해서 耳が明あかるい라고 하면 안 되고, '듣기 능력이 좋다'는 뜻으로 耳がいい라고 한다.

0748 ① うちの主人は寝るときも耳がよくて、ドアの音がしても目が覚めます。

耳がよい는 '귀가 밝다'는 뜻이다.

0749 ② うちのおばあさんは耳が遠くて大きい声で言わないとちゃんと聞き取れません。

'귀가 어둡다'는 耳が暗い가 아니라 耳が遠い이다.

プラス+

'빠지다'의 여러 가지 표현

기운이 빠지다	気きが抜ぬける	바다에 빠지다	海うみに落おちる
드라마에 빠지다	ドラマに嵌はまる	바람이 빠지다	空気くうきが抜ぬける
딜레마에 빠지다	ジレンマに陥おちいる	살이 빠지다	体重たいじゅうが減へる / 痩やせる
때가 빠지다	垢あかが取とれる	이름이 빠지다	名前なまえが抜ぬける
머리카락이 빠지다	髪かみの毛けが抜ぬける	함정에 빠지다	罠わなに落おちる

0750 어제는 친구랑 **눈싸움**을 했습니다.

昨日は友だちと (　　) をしました。

① 雪けんか　② 雪戦争　③ 雪合戦　④ 雪戦い

0751 어제는 아빠랑 **눈사람**을 만들었습니다.

昨日はパパと (　　) を作りました。

① 雪人　② 雪おもちゃ　③ 雪人形　④ 雪だるま

0752 **징검다리** 연휴란 평일을 낀 연휴를 말한다.

(　　) 連休とは、休日が平日を挟んで並ぶことをいう。

① 飛び石　② 飛び石橋

③ ゴールデンウィーク　④ ホリデー

0753 내일 시험을 위해 **벼락치기** 할 생각이다.

明日の試験のため、(　　) するつもりだ。

① 一夜漬け　② 徹夜勉強

③ かみなり打ち　④ 山掛け

0754 **당일치기**로 갈 수 있는 곳을 알려 주세요.

(　　) で行けるところを教えてください。

① 当日帰り　② 日帰り　③ 夜帰り　④ 寝帰り

0750 ③ **昨日(きのう)は友(とも)だちと雪合戦(ゆきがっせん)をしました。**

'눈싸움'을 직역해서 雪(ゆき)けんか라고 하면 안 된다.

0751 ④ **昨日(きのう)はパパと雪(ゆき)だるまを作(つく)りました。**

'눈사람'을 직역해서 雪人라고 하면 안 된다. だるま는 '오뚝이'라는 뜻인데, '눈사람'이 오뚝이와 닮았다고 해서 雪だるま라고 한다.

0752 ① **飛(と)び石(いし)連休(れんきゅう)とは、休日(きゅうじつ)が平日(へいじつ)を挟(はさ)んで並(なら)ぶことをいう。**

'징검다리 연휴'를 말할 때는 飛び石(징검돌)를 붙여서 飛び石連休라고 한다.

0753 ① **明日(あした)の試験(しけん)のため、一夜漬(いちやづ)けするつもりだ。**

하룻밤 사이에 벼락치기로 한다는 뜻으로 一夜漬け라고 한다. 徹夜勉強는 꼭 하룻밤만으로 제한해서 말하는 것이 아니라 '밤샘 공부' 자체를 뜻하는 말이다.

0754 ② **日帰(ひがえ)りで行(い)けるところを教(おし)えてください。**

'당일치기'는 '그날 돌아올 수 있다'는 뜻으로 日帰り라고 한다.

オマケ **'명심하다'의 뜻으로 쓰는 관용구**

肝(きも)に銘(めい)じる・心(こころ)に刻(きざ)む・胸(むね)に刻む・肝銘(かんめい)する・銘肝(めいかん)する・心にとめる가 있다. 그런데, 주어가 자신일 때는 肝に銘じる・心に刻む・胸に刻む는 모두 어떤 것을 확실히 기억해 둔다는 의미에서는 같다고 볼 수 있지만, 그 기억해 두는 내용에 차이가 있다. 肝に銘じる는 교훈적인 것, 중요한 사실, 충고, 지적 등을 기억해 두는 것으로, 감동적인 것에는 쓸 수 없다. 반면에 心に刻む・胸に刻む는 그다지 교훈적인 것에 대해서는 말하지 않고, 추억이나 이야기 등을 잊어버리지 않도록 한다는 의미이다. 肝銘する와 銘肝する는 한자어로서 뜻은 거의 비슷한데, 지금은 그다지 많이 사용되지 않는 말이다. 心にとめる는 '잊지 않다' 외에, '염려하다'의 뜻이 있지만, 肝に銘じる에는 그러한 뜻은 없다.

0755 나는 **아이쇼핑** 하러 백화점에 자주 간다.

私は (　　) をしようとデパートへよく行く。

① アイショッピング　② ガラスショッピング
③ ウィンドウショッピング　④ ブランドショッピング

0756 **양상추**로 샐러드를 만들었다.

(　　) でサラダを作った。

① キャベツ　② 西洋チシャ　③ 洋チシャ　④ レタス

0757 이 **예식장**에서 결혼하려면 1년 전에 예약을 해야 한다.

この (　　) で結婚するためには、一年前に予約をしなければならない。

① 礼式場　② 婚姻式場　③ 結婚式場　④ 婚礼式場

0758 일본인은 **예의범절**을 중시한다.

日本人は (　　) を重んじる。

① 礼儀作法　② 礼儀凡節　③ 礼儀道徳　④ 礼儀節度

0759 저 사람은 머리를 잘 **굴린다**.

あの人は頭をよく (　　) 。

① 転がす　② 働かす　③ 回す　④ 転ばす

0755 ③ 私はウィンドウショッピングをしようとデパートへよく行く。

우리는 '아이쇼핑, 윈도쇼핑'을 다 쓰지만, 일본에서는 영어 표현을 그대로 써서 ウィンドウショッピング(window shopping)라고 한다.

0756 ④ レタスでサラダを作った。

'양상추'는 외래어를 써서 レタス(lettuce)라고 한다.

0757 ③ この結婚式場で結婚するためには、一年前に予約をしなければならない。

'예식장'은 말 그대로 '결혼식장'이라는 뜻으로 結婚式場라고 한다.

0758 ① 日本人は礼儀作法を重んじる。

'예의범절'을 한자어로 그대로 읽어서 礼儀凡節이라고 하지 않도록 주의해야 한다.

0759 ② あの人は頭をよく働かす。

여기서 '머리를 잘 굴리다'는 머리를 써서 해결 방안을 생각해낸다는 뜻이므로 働かす가 알맞다. ①転ころがす와 ④転ころばす에는 '머리를 쓰다'라는 뜻이 없다.

オマケ 컴퓨터 용어 1

그림판	ペイント	도구함	ツールボックス
글꼴	フォント	도움말	ヘルプ
길잡이	アシスタント	등록 정보	プロパティ
내 컴퓨터	マイコンピューター	디스크 조각 모음	ディスクデフラグ
내 문서	マイドキュメント	미리 보기	プレビュー
대화 상자	ダイアログボックス	바둑판식 배열	並ならべて表示ひょうじ
도구	ツール	바탕화면	壁紙かべがみ
도구모음	ツールバー	받은편지함	受信じゅしんトレイ

0760 식사를 할 때 코를 **풀**면 실례입니다.

食事をする時、鼻を (　　) と失礼です。

① かく　② かむ　③ とく　④ 取る

0761 직성이 **풀릴** 때까지 때려 줘.

気が (　　) までなぐってくれ。

① すむ　② なく　③ とく　④ 取る

0762 그룹 **채팅** 기능을 사용하면 복수의 유저와 동시에 대화를 나눌 수 있습니다.

グループ (　　) 機能を使用すると、複数のユーザーと同時に会話ができます。

① チェティン　② チェティング
③ チャティング　④ チャット

0763 **류머티즘**으로 몸을 움직일 수 없게 된 어머니를 돌보고 있습니다.

(　　) で体が動かなくなった母の面倒を見ています。

① リウマティズム　② リウマティズン
③ リウマチ　④ リウマチズム

0764 장미 재배는 무척 손이 많이 **갑**니다.

バラの栽培はとても手が (　　) ます。

① かかり　② いき　③ もち　④ あがり

0760 ② 食事をする時、鼻を**かむ**と失礼です。

'코를 풀다'는 鼻をかむ라고 한다.

0761 ① 気が**すむ**までなぐってくれ。

'마음이 풀리다'는 '직성이 풀리다'의 뜻으로 쓰이는 済すむ를 써서 気が済む라고 한다.

0762 ④ グループ**チャット**機能を使用すると、複数のユーザーと同時に会話ができます。

우리는 '채팅'이라고 하지만, 일본어로는 チャット라고 쓴다.

0763 ③ **リウマチ**で体が動かなくなった母の面倒を見ています。

'류머티즘'은 リウマチ로 표기한다.

0764 ① バラの栽培はとても手が**かかり**ます。

문장에서 '손이 가다'는 수고와 노력이 필요하다는 뜻이므로 手がかかる를 써야 한다.

オマケ 컴퓨터 용어 2

보조 프로그램	アクセサリ	알림판	タスクトレイ
복사하기	コピー	압축 풀기	解凍かいとう
붙여넣기	貼はり付つけ	열기	開ひらく
사용자 정의	ユーザー設定せってい	예약된 작업	タスク
새로고침	更新こうしん	외장 하드 디스크	外付そとづけハードディスク
시스템 관리 마법사	メンテナンスウィザード	인쇄 미리 보기	印刷いんさつプレビュー / プリントプレビュー
시스템 대기	スタンバイ	임시 보관함	下書したがき
실행 취소	キャンセル	자판	キーボード

0765 임플란트는 보험이 **안 된다**.

インプラントは保険が (　　)。

① ならない　② いかない　③ きかない　④ されない

0766 우리나라는 천연자원**이** 부족하다.

わが国は、天然資源 (　　) 乏しい。

① を　② に　③ の　④ が

0767 손님, 짐은 이것**이** 전부입니까?

お客さま、お荷物はこれ (　　) 全部ですか。

① が　② で　③ に　④ は

0768 우리 집은 아들**뿐**이에요.

うちは息子 (　　) なんです。

① ばかり　② だけ　③ さえ　④ まで

0769 시라사카 씨는 걱정거리라도 있는지 아까부터 줄곧 담배**만** 피우고 있다.

白坂さんは心配ごとでもあるのか、さっきからずっとたばこ (　　) 吸っている。

① ばかり　② だけ　③ さえ　④ まで

ポイント

だけ / ばかり(1) ~뿐, ~만 0768~0770

(1) だけ는 대상의 범위를 한정한다. 예를 들어 末すえっ子こだけが息子むすこです。(막내만 아들입니다.)라고 할 때 '그 이상이나 이외의 것은 부정하고, 오직 그 범위의 것만'의 뜻이 강하다. 즉 '막내 말고는 다 딸'이라는 뜻이다.

(2) ばかり는 一時間いちじかんばかり遅おくれます。(1시간 정도 늦겠습니다.)처럼 수량을 나타내는 말에 붙여 쓰면 '정도'의 뜻이 되고, 일반 명사나 사람을 나타내는 명사 息子 · 娘 · 男 · 女 등에 붙으면 범위를 한정하여 '모두 아들 · 딸 · 남자 · 여자'의 뜻이 된다. 또한 어떤 동작 · 행위 · 작용 등을 전제로 하는 한정하는 경우는 ばかり만 쓸 수 있다.

0765 ③ インプラントは保険ほけんがきかない。

문장에서 '안 된다'는 그 기능이 제대로 발휘되고 있지 않다는 뜻이므로 きく를 써야 한다.

0766 ② わが国くには、天然資源てんねんしげんに乏とぼしい。

'~이 부족하다'는 ~に乏しい 형태로 쓴다.

0767 ② お客きゃくさま、お荷物にもつはこれで全部ぜんぶですか。

'이것이'를 직역하여 これが로 쓰면 [AがBだ]라는 문형이 되어 [A는 B이다]의 뜻이 되어 버린다. 그런데 これ와 全部는 동격이 될 수 없기 때문에 수량 범위의 한도를 나타내는 で를 써서 これで라고 한다. 이때 これで는 '이것으로'의 뜻이 되고, これで全部ですか는 "이것으로 끝이고 더는 없습니까?"라는 뜻이 된다.

0768 ① うちは息子むすこばかりなんです。

범위를 한정하는 것이기 때문에 ばかり가 알맞다.

0769 ① 白坂しらさかさんは心配しんぱいごとでもあるのか、さっきからずっとたばこばかり吸すっている。

행위, 작용 등을 전제로 하는 한정의 경우에는 ばかり만 쓸 수 있다.

0770 유이 씨**만** 집합 시간에 늦었다.

油井さん（　　）が集合時間に遅れた。

① ばかり　② だけ　③ さえ　④ まで

0771 저 사람은 열심히 공부하고 있으**니까** 입학시험에 합격하겠지.

あの人はよく勉強している（　　）、入学試験に合格するだろう。

① から　② ので　③ が　④ けど

0772 하루 종일 해도 한 마리도 낚지 못했기 **때문에** 더 이상 낚시 따위는 가고 싶지 않다.

一日中やっても一匹もつれなかった（　　）、もうつりなんか行きたくない。

① から　② ので　③ が　④ けど

0773 위험하**니까** 만지지 마.

危ない（　　）、触るな。

① から　② ので　③ が　④ けど

0774 시간이 없으**니까** 서둘러.

時間がない（　　）、急げ。

① から　② ので　③ が　④ けど

ポイント

원인, 이유를 나타내는 から / ので / ～て 0771~0777

(1) から는 이유나 원인을 주관적으로 나타내므로 뒤에 주로 의뢰, 명령, 희망, 허가, 권유, 금지, 의지, 추량, 요구 등의 표현이 이어진다.

(2) ので는 이유나 원인을 객관적으로 나타내므로 뒤에 의뢰, 명령, 희망, 허가, 권유, 금지, 의지, 추량, 요구 등의 표현이 따르지 못한다.

(3) ～て는 이유나 원인을 나타내지만, から와 ので보다 원인과 결과의 관계가 약하다. ～て가 많이 쓰이는 경우는 뒷부분에 감정 표현(困こまる · 寂さびしい · うれしい · すみません 등), 가능 동사, 상태 동사, 그 외의 무의지 동사가 나올 때이다.

0770 ② **油井さんだけが集合時間に遅れた。**

문장에서 '~만'은 대상의 범위를 한정해 주기 때문에 だけ가 알맞다.

0771 ① **あの人はよく勉強しているから、入学試験に合格するだろう。**

문장에서는 뒤쪽에 추량 표현이 나오므로 から가 알맞다.

0772 ① **一日中やっても一匹もつれなかったから、もうつりなんか行きたくない。**

문장에서는 뒤쪽에 희망 표현이 나오므로 から가 알맞다.

0773 ① **危ないから、触るな。**

②ので를 쓰는 경우, 문장 끝에 명령 · 금지와 같은 강한 의지 표현이 올 수 없다.

0774 ① **時間がないから、急げ。**

②ので를 쓰는 경우, 문장 끝에 명령 · 금지와 같은 강한 의지 표현이 올 수 없다.

0775 피곤해 보이**니까** 충분히 휴식을 취하세요.

疲れているようです (　　) 、十分に休憩を取ってください。

① から　② ので　③ が　④ けど

0776 너무 늦었**으니** 돌아가도 돼.

もう遅い (　　) 、帰ってもいいよ。

① から　② ので　③ が　④ けど

0777 의견을 말하지 않은 것은 말해도 소용없다고 생각했기 **때문**입니다.

意見を言わなかったのは、言っても無駄だと思った (　　) です。

① から　② ので　③ が　④ けど

0778 계약서에 도장을 **찍었다**.

契約書に判子を (　　) 。

① 押した　② 刺した　③ 打った　④ 入れた

0779 포크로 사과를 **찍어** 먹었다.

フォークでりんごを (　　) 食べた。

① 押して　② 刺して　③ 打って　④ 入れて

0780 회를 간장에 **찍어** 먹었다.

さしみを醤油に (　　) 食べた。

① 出して　② かけて　③ つけて　④ 入れて

0775 **① 疲れているようですから、十分に休憩を取ってください。**

문장은 추량의 뜻이 있으므로 から가 알맞다.

0776 **① もう遅いから、帰ってもいいよ。**

이 문장에서는 뒤에 허가 표현이 나오므로 から가 알맞다.

0777 **① 意見を言わなかったのは、言っても無駄だと思ったからです。**

~(の)は~からです와 같이 이유나 원인이 도치된 경우는 から만 쓸 수 있다.

0778 **① 契約書に判子を押した。**

'도장을 찍다'는 도장을 인주에 발라서 종이에 누른다는 뜻이므로 判子を押す라고 한다.

0779 **② フォークでりんごを刺して食べた。**

포크로 찌르는 것이기 때문에 刺す를 쓴다.

0780 **③ さしみを醤油につけて食べた。**

'간장에 찍다'는 醤油につける라고 한다.

プラス+

'찍다'의 여러 가지 표현	
구두점을 찍다	句読点くとうてんを打うつ
도장을 찍다	判子はんこを押おす
사진을 찍다	写真しゃしんを撮とる
스탬프를 찍다	スタンプを押おす
이 후보를 찍다	この候補こうほに入いれる
점을 찍다	点てんを打うつ
포크로 배를 찍다	フォークで梨なしを刺さす
회를 간장에 찍다	さしみを醤油しょうゆにつける

0781 긴 문장은 구두점을 **찍지** 않으면 읽기 힘들다.

長い文は句読点を（　　）ないと読みにくい。

① 打た　② 入れ　③ かけ　④ つけ

0782 이 방은 **깨끗해서** 기분이 좋다.

この部屋は（　　）、気持ちがいい。

① きれいから　② きれいなので
③ きれいで　④ きれいけど

0783 우리 사이에 대해서는 상상에 **맡기겠습니다**.

ぼくたちの仲については、想像に（　　）。

① やめます　② 預けます　③ 託します　④ 任せます

0784 돈은 집에 놔두면 위험하니 은행에 **맡깁**시다.

お金はうちにおいておくと危ないので銀行に（　　）ましょう。

① 任せ　② 託し　③ 預け　④ やり

0785 한국 학생들은 선생님에 **대해** 존경심이 강하기 때문에 가르치기 쉽다.

韓国の学生は先生に（　　）尊敬の念が高いので、教えやすい。

① 関して　② 対して　③ 応じて　④ 概して

ポイント

預[あず]ける / 託[たく]する / 任[まか]せる 맡기다 0783~0784

(1) 預ける는 남에게 사람 · 물건을 맡기는 것을 나타낸다.
(2) 託する는 다른 사람이 있는 곳으로 가져가게 하거나 전하게 하는 것, 위탁하는 것을 나타낸다.
(3) 任せる는 상황 · 판단 · 생각 등을 자신이 하지 않고 다른 사람이 하게 하는 것, '~에 따르다'의 뜻으로 쓴다.

0781 ① **長[なが]い文[ぶん]は句読点[くとうてん]を打[う]たないと読[よ]みにくい。**

'구두점을 찍다'는 '표시를 하다'는 뜻의 동사 打うつ를 써서 句読点を打つ라고 한다.

0782 ③ **この部屋[へや]はきれいで、気持[きも]ちがいい。**

문장은 감정을 표현하고 있기 때문에 で가 알맞다.

0783 ④ **ぼくたちの仲[なか]については、想像[そうぞう]に任[まか]せます。**

문장에서는 '(상대의 생각 · 판단 등) ~에 따르다'의 뜻이므로 任せる를 써야 한다.

0784 ③ **お金[かね]はうちにおいておくと危[あぶ]ないので銀行[ぎんこう]に預[あず]けましょう。**

이 문장과 같이 '은행에 돈을 맡기다 · 예금하다'라는 개념은 預ける에만 있고, 託する와 任せる에는 없다.

0785 ② **韓国[かんこく]の学生[がくせい]は先生[せんせい]に対[たい]して尊敬[そんけい]の念[ねん]が高[たか]いので、教[おし]えやすい。**

앞쪽 구문이 뒤쪽 구문에 대한 대상이 되기 때문에 対する가 알맞다.

オマケ 컴퓨터 용어 3

잘라내기	切きり取とり	즐겨찾기	お気きに入いり
제목 바	メニューバー	찾기	検索けんさく
제어판	コントロールパネル	탐색기	エクスプローラ
주소	アドレス	화면 보호기	スクリーンセーバー

0786 최근 공해를 배출하는 기업에 **대한** 비판이 강해지고 있다.

最近、公害を出す企業に (　　) 批判が強くなっている。

① 関する　② 対する　③ とっての　④ かけて

0787 친구가 도서관 자리를 **잡아** 주었다.

友だちが図書館の席を (　　) おいてくれた。

① とらえて　② つかまえて
③ つかんで　④ 取って

0788 이것은 몸의 균형을 **잡는** 체조입니다.

これは体のバランスを (　　) 体操です。

① とらえる　② つかまえる
③ つかむ　④ とる

0789 밀대로 반죽을 **밀었다**.

麺棒で生地を (　　)。

① 押した　② 広げた　③ 伸ばした　④ した

0790 때를 **밀면** 피부가 매끈해집니다.

あかすりを (　　)、肌がつるつるになります。

① 押せば　② 広げば　③ 伸ばせば　④ すれば

0786 ② **最近、公害を出す企業に対する批判が強くなっている。**

앞쪽 구문이 뒤쪽 구문에 대한 대상이 되기 때문에 対するが 알맞다.

0787 ④ **友だちが図書館の席を取っておいてくれた。**

문장에서 '자리를 잡다'는 자리를 확보한다는 뜻이므로 取る만 쓸 수 있다.

0788 ④ **これは体のバランスをとる体操です。**

문장에서 '균형을 잡다'는 균형을 유지한다는 뜻이므로 取る만 쓸 수 있다.

0789 ③ **麺棒で生地を伸ばした。**

문장에서 '밀다'는 눌러서 얇게 편다는 뜻이므로 伸のばす를 써야 한다.

0790 ④ **あかすりをすれば、肌がつるつるになります。**

'때를 밀다'는 あかすりをする라고 한다.

プラス+

'밀다'의 여러 가지 표현	
대표로 밀다	代表だいひょうに推おす
때를 밀다	あかすりをする
문을 밀다	ドアを押おす
반죽을 밀다	生地きじを伸のばす
수염을 밀다	ひげを剃そる

0791 컵과 뜨거운 **물**만 있으면 맛있는 레귤러 커피를 즐길 수 있다.

カップと熱い (　　) さえあればおいしいレギュラーコーヒーが楽しめる。

① 水　② お水　③ お湯　④ お冷

0792 **물**을 끓여서 차를 내 주세요.

(　　) を沸かしてお茶を出してください。

① 水　②茶水　③ 湯　④ お冷

0793 이 온천**물**은 신경통에 잘 듣는다고 한다.

この温泉の (　　) は神経痛によく効くという。

① 水　② 温水　③ 湯　④ 冷

0794 따뜻한 **물**에 잠겨 있으면 하루의 피로가 풀린다.

温かい (　　) に浸かっていると、一日の疲れが取れる。

① 水　② 温水　③ 湯　④ 冷

0795 물이 오염돼서 **생수**를 사서 마시는 시대가 되었다.

水が汚染されて、(　　) を買って飲む時代になった。

① 天然水　② 炭酸水　③ 生水　④ 泥水

ポイント

水(みず) / 湯(ゆ) 물 0791~0795

우리말로는 '물'이라고 하면 '뜨거운 물'과 '차가운 물', '따뜻한 물' 등으로 종류만 나누어서 말하면 되지만 일본어는 단어 자체가 따로 있다.

(1) 水는 차가운 성질을 가진 물, 즉 냉수를 뜻한다.
(2) 湯는 뜨거운 물, 즉 '가열하여 데운 물'이다. 湯에는 불로 뜨겁게 한 물, 목욕물, 대중목욕탕 등의 뜻이 있다. 따라서 '뜨거운 물'이라고 해서 熱あつい水みず로 쓰면 안 되고 湯라고 해야 한다. お湯が沸わく(물이 끓다) · 湯を沸わかす(물을 끓이다) 형태로 쓴다. '순간 온수기'는 湯沸ゆわかし器き라고 한다.
(3) 시판하는 '생수'는 天然水てんねんすい 또는 ミネラルウォーター라고 한다.
(4) 生水なまみず는 '끓이지 않은 물'을 가리키므로 주의한다.

0791 ③ カップと熱いお湯(ゆ)さえあればおいしいレギュラーコーヒーが楽(たの)しめる。

문장에서 '물'은 '뜨겁게 끓인 물'이므로 お湯ゆ를 써야 한다.

0792 ③ 湯(ゆ)を沸(わ)かしてお茶(ちゃ)を出(だ)してください。

문장에서 '물'은 '불로 뜨겁게 한 물'이므로 湯ゆ를 써야 한다.

0793 ③ この温泉(おんせん)の湯(ゆ)は神経痛(しんけいつう)によく効(き)くという。

온천의 물은 '따뜻한 물'이므로 湯를 써야 한다.

0794 ③ 温(あたた)かい湯(ゆ)に浸(つ)かっていると、一日(いちにち)の疲(つか)れが取(と)れる。

따뜻한 물이라고 했으므로 湯를 써야 한다.

0795 ① 水(みず)が汚染(おせん)されて、天然水(てんねんすい)を買(か)って飲(の)む時代(じだい)になった。

'생수'는 天然水 또는 ミネラルウォーター라고 한다.

0796 아기가 태어나면 **출생 신고**를 해야 한다.

赤ん坊が生まれたら (　　) をしなければならない。

① 出生申告　② 出生通報　③ 出生届　④ 出生申し出

0797 **혼인 신고서**를 제출하면 법적으로 부부라는 것을 인정받는다.

(　　) を提出すれば、法的に夫婦であると認められる。

① 婚姻申告書　② 婚姻通報書
③ 婚姻届　④ 婚姻申し出

0798 습득물은 반드시 경찰에 **신고해야** 한다.

拾得物は必ず警察に (　　) べきだ。

① 申告する　② 通告する　③ 届ける　④ 申し出る

0799 옆집에서 심하게 싸우는 소리가 들려서 경찰에 **신고했어요**.

隣の家から激しく喧嘩する声が聞こえて、警察に (　　)。

① 申告しました　② 通報しました
③ 届けました　④ 申し出ました

0800 **마일리지** 카드를 가지고 있으면 적립된 포인트에 따라 무료로 비행기를 탈 수 있다.

(　　) カードを持っていると、たまったポイントに応じて、無料で飛行機に乗れる。

① マイリジ　② マイリージ　③ マイレジ　④ マイレージ

ポイント

申告 / 届 / 通報 신고 <u>**0796~0799**</u>

(1) 申告는 법률상 의무로서 공공 기관에 특정 사실을 알리는 것을 말한다. 예를 들면, 確定かくてい申告しんこく(확정 신고) · 所得しょとく申告(소득 신고) · 税関ぜいかん申告(세관 신고) 등에만 쓴다.

(2) 届는 出生届しゅっしょうとどけ(출생 신고) · 婚姻届こんいんとどけ(혼인 신고) · 欠席届けっせきとどけ(결석 신고) · 欠勤届けっきんとどけ(결근 신고) 등 관청, 경찰서, 회사, 학교 등에 제출하는 서류 또는 습득물을 경찰서 등에 가져가는 행위를 말한다.

(3) 通報는 경찰서나 소방서 등에 연락하여 사건, 사고, 화재 등을 신고하는 것을 말한다. 또한 경찰에 신고하는 경우 110番ひゃくとおばんする라는 표현도 쓰는데, 이때 110번은 우리나라의 112에 해당하는 번호이다.

0796 **③ 赤ん坊が生まれたら出生届をしなければならない。**

'출생 신고'는 관청에 하는 것이므로 出生届라고 한다.

0797 **③ 婚姻届を提出すれば、法的に夫婦であると認められる。**

'혼인 신고서'는 婚姻届라고 한다.

0798 **③ 拾得物は必ず警察に届けるべきだ。**

습득물을 경찰서 등에 가져가는 행위는 届ける를 쓴다.

0799 **② 隣の家から激しく喧嘩する声が聞こえて、警察に通報しました。**

'사건 사고를 알리는 것'이므로 通報する를 쓴다. 우리의 112번에 해당하는 번호인 110번을 써서 110番ひゃくとおばんする라는 표현도 쓴다.

0800 **④ マイレージカードを持っていると、たまったポイントに応じて、無料で飛行機に乗れる。**

'마일리지 카드'는 マイレージカード라고 한다.

0801 이 차는 몸이 **불편한** 사람도 쉽게 운전할 수 있습니다.

この車は体の (　　) 人でも楽に運転できます。

① 不自由な　② 不便な　③ 悪い　④ 痛い

0802 저 사람은 씀씀이가 **헤픈** 것이 결점이다.

あの人は金遣いが (　　) のが欠点だ。

① 多い　② 大きい　③ 荒い　④ 広い

0803 **재해 지역**에는 음식물은커녕 식수조차 부족한 상태이다.

(　　) では食べ物はおろか、水さえ足りない状態である。

① 災害地　② 被害地　③ 被災地　④ 災難地

0804 약과 함께 녹차를 마시는 것은 **피하는** 편이 좋다.

薬と一緒にお茶を飲むのは (　　) 方がいい。

① さけた　② よけた　③ にげた　④ はずれた

0805 좁은 길을 엄청난 속도로 달려온 자전거를 황급히 **피했다**.

狭い道をすごいスピードで走って来た自転車を慌てて (　　)。

① さけた　② よけた　③ にげた　④ はずれた

ポイント

避ける / 避ける 피하다 0804~0805

(1) さける는 바람직하지 않은 것이나 해가 되는 것을 미리 알고 의식적으로 멀어지려 하거나 접촉하려 하지 않는 것을 의미한다. 또한 불이익을 초래하는 언동을 삼가는 것도 포함된다. 구체적인 것과 추상적인 것에도 쓸 수 있다.

(2) よける는 눈앞의 위험에 대해 반사적으로 몸을 움직여서 물리적으로 피하려는 동작을 나타낸다. 구체적이고 물리적 대상에만 쓰인다.

(3) さける와 よける 둘 다 避ける라고 쓰기 때문에 주의해야 한다.

0801 ① この車は体の不自由な人でも楽に運転できます。

우리말의 '불편하다'는 신체적인 불편, 정신적인 불편, 생활의 불편 등 매우 다양하게 쓰이지만, 일본어의 不便ふべん은 신체적인 불편이나 정신적인 불편에 대해서는 잘 쓰이지 않는다. 특히 신체적으로 불편한 경우에는 자유롭지 못하다는 뜻으로 不自由ふじゆう를 써야 한다.

0802 ③ あの人は金遣いが荒いのが欠点だ。

'씀씀이가 헤프다'는 돈을 함부로 마구 쓴다는 뜻으로 金遣いが荒い라고 해야 한다.

0803 ③ 被災地では食べ物はおろか、水さえ足りない状態である。

'재해 지역'은 被災地라고 한다.

0804 ① 薬と一緒にお茶を飲むのはさけた方がいい。

문장은 바람직하지 않은 것이나 해가 되는 것을 미리 알고 의식적으로 멀어지려 하는 것을 뜻하므로 さける가 알맞다.

0805 ② 狭い道をすごいスピードで走って来た自転車を慌ててよけた。

눈앞의 위험에 대해 반사적으로 몸을 움직여서 피하려는 동작이므로 よける가 알맞다.

0806 대부분의 재수생은 4월부터 **학원**에 다니기 시작합니다.

大部分の浪人生は4月から (　　) に通い始めます。

① 学院　② 塾　③ スクール　④ 予備校

0807 고베 시에서는 소형 가전 **수거함**을 설치했습니다.

神戸市では、小型家電 (　　) を設置しました。

① 収去函　② 収去ボックス
③ 回収函　④ 回収ボックス

0808 남동생은 운동회에서 일등을 **했다**.

弟は運動会で一等を (　　)。

① した　② 取った　③ なした　④ 受けた

0809 작년에 산 주식이 내려서 100만원이나 손해를 **보았다**.

去年買った株が下がって100万ウォンも損を (　　)。

① した　② 取った　③ 見た　④ 受けた

0810 어머니는 아버지 회사에서 사무를 **보고** 있습니다.

母は父の会社で事務を (　　) います。

① して　② 執って　③ 見て　④ 受けて

ポイント

予備校 / 塾 / 教室 / スクール / 学校 학원 0806

(1) 일본어에서 学院은 関西学院大学かんせいがくいんだいがく 등 고유명사로만 쓰인다.

(2) 우리나라의 학원에 해당하는 것에는 予備校よびこう · 塾じゅく · 教室きょうしつ · スクール · 学校がっこう 등이 있다.

① 豫備校는 고등학생이나 재수생이 주로 다니는 '대규모 대입 학원'을 가리킨다.

② 塾じゅく는 '소규모로 영어나 학교 과목 등을 교육하는 보습 학원'을 가리킨다.

③ 教室きょうしつ와 スクール는 소규모로 영어 회화나 수영, 발레, 피아노, 미술 등 특정 기술이나 지식을 습득하는 학원을 가리킨다.

④ 学校がっこう는 정규 학교가 아닌 경우, 이 명칭을 쓰는 경우는 대규모로 어학 교육 및 컴퓨터, 요리 등 전문 기술 교육 등을 하는 학원을 가리킨다.

0806 ④ 大部分の浪人生は４月から予備校に通い始めます。

문장은 재수생이 다니는 학원을 말하므로 予備校가 적당하다. 참고로, 일본은 새 학기가 4월에 시작되므로 입시 학원도 4월부터 정규 과정이 시작된다.

0807 ④ 神戸市では、小型家電回収ボックスを設置しました。

'수거함'은 回収ボックス라고 한다.

0808 ② 弟は運動会で一等を取った。

'일등을 하다'는 一等を取る라고 표현한다. 取とる는 어떤 일을 해서 자신의 것으로 차지하는 경우에 많이 쓴다.

0809 ① 去年買った株が下がって100万ウォンも損をした。

'손해를 보다'는 損そんをする라고 한다. 見る 동사를 쓸 수 없다.

0810 ② 母は父の会社で事務を執っています。

'사무를 보다'는 역할에 따라 정해진 일을 한다는 뜻이 있는 執る를 써서 事務を執る라고 한다.

0811 엄마는 집에 돌아오면 곧바로 화장을 **지운다**.

母は家に帰るとすぐに化粧を (　　)。

① 消す　② 落とす　③ する　④ 取る

0812 나중에 **지울 수** 있게 연필로 썼습니다.

後で (　　) ように鉛筆で書きました。

① 消せる　② 落とせる　③ できる　④ 取れる

0813 겨우 그는 아버지의 원수를 **갚았다**.

やっと彼は父の仇を (　　)。

① 返した　② 打った　③ した　④ 取った

0814 감기로 코가 **막혀서** 무슨 냄새인지 전혀 알 수 없다.

風邪で鼻が (　　) いるので、全然においが分からない。

① 詰まって　② 混んで　③ 塞いで　④ 閉まって

0815 오늘따라 길이 **막힌**다.

今日に限って道が (　　) いる。

① 詰まって　② 混んで　③ 塞いで　④ 閉まって

0816 좀처럼 승부가 **나지 않아** 시합이 연장되었다.

なかなか勝負が (　　)、試合が延長された。

① 出ず　② つかず　③ 取れず　④ せず

0811 ② **母は家に帰るとすぐに化粧を落とす。**

'화장을 지우다'는 직역하여 化粧を消す라고 하기 쉬운데, ① 消ゖす는 글자나 녹음을 지우는 경우를 말하고, 얼룩이나 화장 등을 지울 경우는 落とす를 써야 한다.

0812 ① **後で消せるように鉛筆で書きました。**

연필로 쓴 것을 지우는 것이기 때문에 消ゖす를 써야 한다.

0813 ② **やっと彼は父の仇を打った。**

'원수를 갚다'를 직역하여 仇を返す라고 하면 안 된다. 仇を打つ라고 해야 한다.

0814 ① **風邪で鼻が詰まっているので、全然においが分からない。**

문장에서 '막히다'는 코가 가득 쌓여 있다는 뜻이므로 詰まる를 써야 한다.

0815 ② **今日に限って道が混んでいる。**

문장에서 '막히다'는 길이 혼잡하다는 뜻이므로 混む를 써야 한다.

0816 ② **なかなか勝負がつかず、試合が延長された。**

'승부가 나다'는 勝負が出る가 아니라 勝負がつく라고 해야 한다.

オマケ　헷갈리는 동물 울음소리 1

개	犬いぬ	ワンワン
개구리	蛙かえる	ゲロゲロ
거위	鵞鳥がちょう	ガアガア
고양이	猫ねこ	ニャオ
닭	鶏にわとり	コケコッコ
말	馬うま	ヒヒーン
모기	蝦か	ブーン
병아리	ひよこ	ピヨピヨ
비둘기	鳩はと	クウクウ
새	鳥とり	チッチッ

0817 오다 씨가 회사를 그만둔다는 소문이 **났다**.

織田さんが会社を辞めるという噂が (　　) 。

① 出た　② 立った　③ 取れた　④ した

0818 병이 **나**면 정신 건강이 악화할 가능성이 커집니다.

病気に (　　) とメンタルヘルスが悪化する可能性が高くなります。

① 出る　② 立つ　③ なる　④ する

0819 재정의 정상화를 **도모하기** 위한 대책이 필요합니다.

財政の正常化を (　　) ための対策が必要です。

① 図る　② 立つ　③ 取る　④ する

0820 술에 취해 길에서 소변을 **보는** 사람도 있다.

酔っぱらって道で小便を (　　) 人もいる。

① 見る　② なる　③ 取る　④ する

0821 내일 당신 집에 **가기는** 가겠지만, 몇 시가 될지는 아직 모르겠습니다.

明日あなたの家に (　　) 行くが、何時になるかはまだ分かりません。

① 行くのは　② 行くとは

③ 行くには　④ 行くでは

0817 ② 織田さんが会社を辞めるという噂が立った。

'소문이 나다'는 세상에 퍼진다는 뜻이 있는 立つ를 써서 うわさが立つ라고 하거나 うわさになる라고 해야 한다.

0818 ③ 病気になるとメンタルヘルスが悪化する可能性が高くなります。

'병이 나다'는 病気になる라고 한다.

0819 ① 財政の正常化を図るための対策が必要です。

'도모하다'는 図る라고 한다.

0820 ④ 酔っぱらって道で小便をする人もいる。

'소변을 보다'는 小便をする이다. 동사 する에 주의해야 한다. 小便은 しょんべん이라고도 읽는데, 이것은 속어이다.

0821 ③ 明日あなたの家に行くには行くが、何時になるかはまだ分かりません。

[동사(형용사)＋には＋동사(형용사)]의 형태로 앞뒤에 같은 단어를 겹쳐서, '결과는 어떻게 될지 모르겠지만'이라는 기분으로 어쨌든 그 동작을 한다는(그 상태에 있는) 것을 나타낸다.

オマケ 헷갈리는 동물 울음소리 2

소	牛うし	モー
염소	山羊やぎ	メエメエ
오리	あひる	ガアガア
올빼미	フクロウ	ホオホオ
원숭이	猿さる	キャッキャッ
쥐	鼠ねずみ	チュウチュウ
참새	すずめ	チュンチュン

0822 도중에 길을 잃으면 전화하세요.

途中で道（　　）迷ったら電話をしてください。

① を　② に　③ と　④ で

0823 다음 주 자네가 도쿄 본사에 가 주었으면 하네.

来週君（　　）東京の本社に行ってもらいたいんだ。

① が　② で　③ に　④ は

0824 사장님, 제가 할 수 있는 일이라면 무엇이든 하겠습니다.

社長、私（　　）できることなら何でもいたします。

① が　② で　③ に　④ は

0825 자회사가 신제품을 개발하여 성공을 거둔 후로는 모회사도 상당히 그 혜택을 입었다.

子会社が新製品を開発して成功を収めてからは、親会社もずいぶんその恩恵（　　）浴した。

① を　② に　③ と　④ が

0826 일억 엔을 자본으로 장사를 시작했다.

1億円を資本（　　）商売を始めた。

① も　② に　③ と　④ で

0822 ② 途中で道に迷ったら電話をしてください。

'길을 잃다'는 道を迷う가 아니라, 조사 に를 써서 道に迷う라고 한다.

0823 ③ 来週君に東京の本社に行ってもらいたいんだ。

〜てほしい 또는 〜てもらいたい는 다른 사람이 무언가 해 주기를 바랄 때 쓰는 말로, '~해 주기를 바라다, ~해 주었으면 하다' 등으로 번역된다. 이때 행동을 할 사람에 대한 조사는 が가 아니라 に를 써야 한다.

0824 ③ 社長、私にできることなら何でもいたします。

'제가'라고 해서 주격 조사 が로 쓰면 안 된다. 능력이나 자격이 있는지 없는지를 내용으로 할 때는 주체를 나타내는 말에 조사 に를 써야 한다.

0825 ② 子会社が新製品を開発して成功を収めてからは、親会社もずいぶんその恩恵に浴した。

'은혜 · 혜택을 입다'를 표현할 때는 조사 を가 아니라 に를 써서 恩恵に浴する로 기억하자.

0826 ② 1億円を資本に商売を始めた。

문장에서 쓴 〜を〜に의 형태는 〜を〜にして(~을 ~으로 해서)의 뜻을 나타낸다.

オマケ '읽기'에 따라 뜻이 달라지는 한자 모음 1

頭数	あたまかず 인원수	とうすう 두수, 마리 수 (짐승 따위의 수효)
堪能	かんのう 능숙함, 또는 그런 사람	たんのう ①만족함 ②기술에 숙달함
金星	きんせい 금성	きんぼし ①(스모에서 平幕ひらまく의 선수가 横綱よこづな에게 이기는 일 ②수훈, 공훈
工夫	くふう ①고안, 궁리 ②깊이 생각함	こふう 토목 공사의 인부
成敗	せいはい 성패	せいばい ①징벌함, 처벌함 ②참수함
存在	そんざい 존재	ぞんざい 일을 소홀히 함, 겉날림, 난폭함

0827 러시아워 때의 전철은 움직일 수도 없을 정도**로** 붐빈다.

ラッシュ時の電車は身動きもできないほど (　　) 込んでいる。

① も　② に　③ と　④ で

0828 이 비행기는 현재 런던**을** 향하고 있습니다.

この飛行機は現在ロンドン (　　) 向かっています。

① を　② に　③ と　④ が

0829 적**을** 이기려면 우선 적을 알아야 한다.

敵 (　　) 勝つには、まず敵を知らなければならない。

① を　② に　③ と　④ で

0830 이 문장에 일본어로 해석을 **달아** 주세요.

この文章に日本語で解釈を (　　) ください。

① つくって　② はかって　③ つけて　④ やって

0831 책 제목을 뭐라고 **지을**까요?

本の題目を何と (　　) ましょうか。

① つくり　② とり　③ つけ　④ やり

레벨 1 레벨 2 레벨 3

0827 ② ラッシュ時(じ)の電車(でんしゃ)は身動(みうご)きもできないほど**に**込(こ)んでいる。

동작이나 상태가 어떤 모양인지 나타내는 조사는 に이다.

※ ラッシュ時는 ラッシュじ · ラッシュどき로도 읽을 수 있으며, ラッシュ · 通勤(つうきん)ラッシュ · ラッシュアワー라고도 한다.

0828 ② この飛行機(ひこうき)は現在(げんざい)ロンドン**に**向(む)かっています。

'~을 향해서'라는 방향을 나타낼 때는 ~を向かって가 아니라, ~に向かって이다.

0829 ② 敵(てき)**に**勝(か)つには、まず敵(てき)を知(し)らなければならない。

'~을 이기다'는 ~を勝つ가 아니라 ~に勝つ라고 해야 한다.

0830 ③ この文章(ぶんしょう)に日本語(にほんご)で解釈(かいしゃく)を**つけて**ください。

문장에서 '달다'는 주석이나 조건, 제목 등을 붙인다는 뜻이므로 つける를 써야 한다.

0831 ③ 本(ほん)の題目(だいもく)を何(なん)と**つけ**ましょうか。

'제목을 짓다'를 직역하여 題目をつくる라고 하면 안 된다. 제목을 만드는 것이 아니라 정하는 것으로 이해해야 한다. 따라서 이 경우 이름이나 가격을 정한다는 뜻으로 쓰이는 동사 つける를 써야 한다.

オマケ	'읽기'에 따라 뜻이 달라지는 한자 모음 2	
賃金	ちんぎん 임금, 품삯	ちんきん 임대료, 사용료
葛藤	つづらふじ 칡과 등나무	かっとう 갈등
手書き	てかき 글씨를 잘 쓰는 사람, 능필	てがき 인쇄가 아닌 손으로 쓰는 일
生物	なまもの 날것, 조리하지 않은 것	せいぶつ 생물
人事	ひとごと 남의 일	じんじ 인사
三色	みいろ 세 가지 색	さんしき / さんしょく 삼원색
三十日	みそか 그믐날	さんじゅうにち 30일

0832 하고 싶은 일을 할 수 있는 지금 회사에서 일할지, 보수가 좋은 직장으로 전직할지 **딜레마**에 빠져 있다.

やりたい仕事ができる今の会社で働くか、給料の良い職場に転職するかで、(　　) に陥っている。

① ディレンマ　② ディレマ　③ ジレンマ　④ ジレマ

0833 여드름은 절대 **짜지** 마세요.

にきびは絶対 (　　) ないでください。

① つぶさ　② おさ　③ しぼら　④ こわさ

0834 애정을 담뿍 **쏟아서** 경작한 쌀입니다.

愛情をたっぷり (　　) 作ったお米です。

① こぼして　② ながして　③ そそいで　④ して

0835 나와 동생이 싸우면 엄마는 언제나 동생 **편**을 들어 나를 나무란다.

私と妹が喧嘩をすると、母はいつも妹の (　　) を持って私を怒る。

① 手　② 腕　③ 肩　④ 足

0836 이 짐은 어디에 **내려놓으면** 되나요?

この荷物はどこに (　　) いいですか。

① 下せば　② 下げば　③ 下ろせば　④ 載せば

0832 ③ やりたい仕事(しごと)ができる今(いま)の会社(かいしゃ)で働(はたら)くか、給料(きゅうりょう)の良(よ)い職場(しょくば)に転職(てんしょく)するかで、ジレンマに陥(おちい)っている。

'딜레마(dilemma)'는 ジレンマ라고 한다. 외래어 표기 원칙에서, di는 원칙적으로 [ディ]로 표기하지만, 예외적으로 デ·ジ로 표기하는 경우도 있다. 또한 di를 [dáɪ]로 발음하는 경우에는 ダイ로 표기한다. 딜레마는 예외에 속한다.

0833 ① にきびは絶対(ぜったい)つぶさないでください。

'여드름을 짜다'를 직역하여 にきびをしぼる라고 하면 안 된다. しぼる는 비틀어서 물기를 없애는 것이다. '여드름을 짜다'는 힘을 주어 빼내는 것이므로 つぶす를 써야 한다.

0834 ③ 愛情(あいじょう)をたっぷりそそいで作(つく)ったお米(こめ)です。

'애정을 쏟다'에 해당하는 동사는 '마음이나 힘 등을 한 방향으로 향하게 하다, 집중하다'의 뜻이 있는 注そそぐ를 써야 한다.

0835 ③ 私(わたし)と妹(いもうと)が喧嘩(けんか)をすると、母(はは)はいつも妹の肩(かた)を持(も)って私を怒(おこ)る。

'편들다, 역성들다, 가세하다'의 뜻으로 쓰이는 관용구는 肩を持つ이다. 비슷한 말로는 味方みかたになる·ひいきする 등이 있다.

0836 ③ この荷物(にもつ)はどこに下(お)ろせばいいですか。

'짐을 내리다'는 들고 있는 짐을 아래로 내려놓는 것이므로 下ろす를 써야 한다.

プラス+

'쏟다'의 여러 가지 표현

눈물을 쏟다	涙なみだを流ながす	정성을 쏟다	性根しょうねを入いれる
불만을 쏟다	不満ふまんをぶちまける	커피를 쏟다	コーヒーをこぼす
애정을 쏟다	愛情あいじょうを注そそぐ	코피를 쏟다	鼻血はなぢを出だす
잉크를 쏟다	インクをこぼす		

0837 눈이 아파서 안약을 **넣었다.**

目が痛くて目薬を（　　）。

① 入れた　② 足した　③ さした　④ やった

0838 격렬한 비가 내리는 가운데, 우산을 **쓰고** 엄마를 마중하러 역까지 갔습니다.

激しい雨の中を、傘を（　　）、母を迎えに駅まで行きました。

① かぶって　② して　③ さして　④ 打って

0839 죄송합니다. 차가 고장 **나서** 늦었습니다.

すみません。車が故障（　　）遅れました。

① して　② 出て　③ やって　④ できて

0840 펑크가 **나서** 타이어를 바꿨다.

パンク（　　）のでタイヤを替えた。

① した　② 出た　③ やった　④ できた

0841 겨우 승부가 **났다.**

やっと勝負が（　　）。

① した　② 出た　③ ついた　④ とった

0842 대졸과 고졸과는 월급이 무척 차이가 **납니다.**

大卒と高卒では月給にとても差が（　　）。

① します　② 出ます　③ つきます　④ とります

0837 ③ 目が痛くて目薬をさした。

'안약을 넣다'는 目薬を入れるが 아니라 目薬をさす라고 한다. さす는 '뾰족한 것으로 찌르다'의 뜻이 있는데, 안약통 주둥이의 뾰족한 부분으로 눈에 찌르는 듯이 흘려 넣기 때문에 目薬をさす라고 표현한다.

0838 ③ 激しい雨の中を、傘をさして、母を迎えに駅まで行きました。

'우산(양산)을 쓰다'는 傘をかぶる가 아니라 傘をさす이다. かぶる는 '무언가로 덮는 것'을 의미하며, さす는 '뾰족한 것으로 찌르다'의 뜻이 있다. 따라서 우산을 쓰는 것은 우산으로 우리 몸을 덮는 것이 아니라 우산의 뾰족한 부분을 하늘을 향해서 찌르는 느낌이므로 傘をさす라고 표현한다.

0839 ① すみません。車が故障して遅れました。

'고장 나다'는 する 동사를 써서 故障する라고 한다.

0840 ① パンクしたのでタイヤを替えた。

'펑크 나다'는 する 동사를 써서 パンクする라고 한다.

0841 ③ やっと勝負がついた。

'승부가 나다'는 勝負がつく이다.

0842 ③ 大卒と高卒では月給にとても差がつきます。

'차이가 나다'는 差がつく라고 한다.

オマケ 한・일 표현이 다른 한자어 1

각자 부담(各自負擔)	割わり勘かん	계좌(計座)	口座こうざ
감축 운행	間引まびき運転うんてん	교감(校監)	教頭きょうとう
강등(降等)	格下かくさげ	교정쇄(校正刷)	ゲラ刷すり
거물(巨物)	大物おおもの	관청(官廳)	役所やくしょ

0843 아기의 이가 **나기** 시작했다.

赤ちゃんの歯が (　　) きた。

① 生えて　② 出て　③ なり　④ とり

0844 양말에 구멍이 **났다**.

靴下に穴が (　　)。

① 開いた　② 出た　③ なった　④ とった

0845 전원을 넣어도 TV가 **안 나온다**.

電源を入れてもテレビが (　　)。

① 映らない　② 出ない　③ つけない　④ 入れない

0846 조명 덕분에 실물보다 예쁘게 **나왔다**.

照明によって実物よりきれいに (　　) いる。

① 映って　② 出て　③ ついて　④ とって

0843 ① **赤ちゃんの歯が生えてきた。**

문장에서 '나다'는 치아 등이 자라는 것을 뜻하므로 식물의 싹이나 뿌리가 나오거나 동물의 이 · 뿔 · 털 등이 나온다는 뜻의 生える를 써야 한다.

0844 ① **靴下に穴が開いた。**

'구멍이 나다'는 구멍이 뚫린다는 뜻이므로 穴が開く를 써야 한다.

0845 ① **電源を入れてもテレビが映らない。**

'텔레비전이 나오다'는 텔레비전 영상이 반사해서 우리 눈에 보인다는 뜻이므로 出る를 쓰면 안 되고 映る를 써야 한다.

0846 ① **照明によって実物よりきれいに映っている。**

문장에서 '나왔다'는 조명이 반사해서 우리 눈에 보인다는 뜻이므로 映る를 써야 한다.

プラス⁺

'나다'의 여러 가지 표현

구멍이 나다	穴あなが開あく	시간이 나다	時間じかんがある
기운이 나다	力ちからが出でる	신나다	興きょうが沸わく
냄새가 나다	においがする	여드름이 나다	にきびができる
도로가 나다	道路どうろができる	이가 나다	歯はが生はえる
돈이 나다	お金かねができる	자국이 나다	跡あとがつく
맛이 나다	味あじがする	짜증 나다	いらだつ
먼지가 나다	埃ほこりが立たつ	차멀미가 나다	クルマ酔よいする
병이 나다	病気びょうきになる	차이가 나다	差さがつく
사건이 나다	事件じけんが起おこる	현기증이 나다	めまいがする
소리가 나다	声こえ・音おとがする	홍수가 나다	洪水こうずいが起おこる
소문이 나다	噂うわさになる	화가 나다	腹はらが立たつ
승부가 나다	勝負しょうぶがつく		

0847 목욕하고 **나오**면 언제나 차가운 맥주를 마신다.

風呂から(　　)と、いつも冷たいビールを飲む。

① やる　② 出る　③ あがる　④ さがる

0848 어린애라면 **몰라도** 대학생이 빨래 하나 못하다니 놀랐다.

子どもならいざ(　　)、大学生が洗濯もできないとは驚いた。

① 知らない　② 知らず　③ 知らなく　④ 知らぬ

0849 시간이 지남에 **따라** 슬픔도 누그러졌다.

時間がたつに(　　)、悲しみも薄らいできた。

① よって　② ついて　③ つれて　④ したがって

0850 그 소포의 끈을 **풀어** 주세요.

その小包のひもを(　　)ください。

① 解いて　② 解して　③ まいて　④ 取って

0847 ③ **風呂から**<u>**あがる**</u>**と、いつも冷たいビールを飲む。**

문장에서 '나오다'는 목욕을 끝마치고 나온다는 뜻이므로 あがる를 써야 한다. 風呂から出でる라고 하면 목욕탕, 욕실이라는 공간에서 나온다는 뜻이 되므로 적합하지 않다.

0848 ② **子どもならいざ**<u>**知らず**</u>**、大学生が洗濯もできないとは驚いた。**

'~은 어떤지 모르겠지만, ~은 그렇다 쳐도'라는 의미를 나타낼 때는 ～はいざ知らず를 쓴다. 앞 구문과 뒷 구문에는 대비되는 내용이 나온다.

0849 ③ **時間がたつに**<u>**つれて**</u>**、悲しみも薄らいできた。**

우리말의 '~에 따라'에 해당하는 일본어에는 ～によって・～につれて・～にしたがって가 있는데, 문장과 같이 어느 한쪽의 변화에 따라서 다른 한쪽이 변해 간다는 대략적인 이해 관계를 나타낼 때는 つれて를 써야 한다.

0850 ① **その小包のひもを**<u>**解いて**</u>**ください。**

문장에서 '풀다'는 포장을 풀어 헤치는 것이므로 とく 또는 ほどく 만 쓸 수 있다.

オマケ　한・일 표현이 다른 한자어 2

구호	スローガン / 掛かけ声ごえ	단풍(丹楓)	紅葉もみじ・こうよう
궁합(宮合)	相性あいしょう	단호(斷乎)함	断固だんこ
낙도(落島)	離島りとう	대리 시험	替かえ玉だま受験じゅけん
내복(内服)	下着したぎ / 肌着はだぎ	대진표(對陣表)	対戦たいせんスケジュール
뇌물(賂物)	賄賂わいろ	도화지(圖畫紙)	画用紙がようし
다목적 화장실	多機能たきのうトイレ	동거(同居)	同棲どうせい
단속(團束)	取とり締しまり	매실주(梅實酒)	梅酒うめしゅ

0851 **쪽지 시험**과 리포트가 너무 많아서 스트레스가 쌓입니다.

(　　) とレポートが多すぎて、ストレスが溜まるんです。

⇨

0852 수면 부족으로 **다크서클**이 생기고 말았다.

睡眠不足で (　　) ができちゃった。

⇨

0853 칼슘은 콩류, **견과류**, 녹황색 채소에 많이 함유되어 있다.

カルシウムは、豆類、(　　)、緑黄色野菜に多く含まれている。

⇨

0854 **자일리톨** 껌은 충치 예방에 도움이 됩니다.

(　　) ガムは虫歯予防に役立ちます。

⇨

0855 이 링크를 **댓글** 란에 붙여 넣어 주세요.

このリンクを (　　) 欄に貼り付けてください。

⇨

0856 **미식축구** 경기는 시종일관 긴박감이 있어요.

(　　) の試合は終始緊迫感があります。

⇨

0851 小テストとレポートが多すぎて、ストレスが溜まるんです。

'쪽지 시험'은 小テスト라고 한다.

0852 睡眠不足で目の下のクマができちゃった。

우리말로는 영어 표현 dark circle을 그대로 써서 말하지만, 일본어로는 ダークサークル이라고 하지 않고 目めの下したのクマ라고 한다. '눈 밑에 다크서클이 생기다'는 目の下にクマができる 또는 目元めもとにクマができる라고 한다.

0853 カルシウムは、豆類、ナッツ類、緑黄色野菜に多く含まれている。

'견과류'는 ナッツ類라고 한다.

0854 キシリトールガムは虫歯予防に役立ちます。

자일리톨은 キシリトール라고 한다.

0855 このリンクをコメント欄に貼り付けてください。

일본어로 '댓글'은 コメント라고 한다. '대댓글'은 コメントのコメント, '댓글창'은 コメント欄, '댓글을 달다'는 コメントを書く・コメントをつける라고 한다. 또한 '악플'은 中傷ちゅうしょうコメント・悪質あくしつコメント・悪意あくいのコメント・悪意のあるコメント・悪意のレス라고 한다.

0856 アメリカンフットボールの試合は終始緊迫感があります。

일본어로 '미식축구'는 アメリカンフットボール, 줄여서 アメフト라고 한다.

オマケ 한・일 표현이 다른 한자어 3

한국어	일본어	한국어	일본어
매진(賣盡)	売うり切きれ	방석(方席)	座布団ざぶとん
목수(木手)	大工だいく	방충망(防蟲網)	網戸あみど
문병(問病)	見舞みまい	복권(福券)	宝籤たからくじ
무전취식(無錢取食)	無銭飲食むせんいんしょく	봉투(封套)	封筒ふうとう
미국(美國)	米国べいこく	분장실(扮裝屋)	楽屋がくや
미식축구(美式蹴球)	アメリカンフットボール	부통령(副統領)	副大統領ふくだいとうりょう
발췌(拔萃)	抜粋ばっすい	붕대(繃帶)	包帯ほうたい

0857 1이 나오면 **당첨**이고 그 외의 숫자는 **꽝**이에요.

１が出ると（　　）、それ以外の数字は（　　）です。

⇨ ……………………………………

0858 새로운 **원전** 건설 계획이 발표되었다.

新しい（　　）の建設計画が発表された。

⇨ ……………………………………

0859 차관은 지금까지 아시아를 중심으로 한 **개도국**의 경제 발전에 크게 기여해 왔다.

借款は、これまでアジアを中心とした（　　）の経済開発に大きく寄与してきた。

⇨ ……………………………………

0860 **프로파일러**의 조언으로 수사팀은 새로운 접근법을 시도했습니다.

（　　）の助言で捜査チームは新しいアプローチを試みました。

⇨ ……………………………………

0861 프로 테니스 선수 오사카 나오미는 스킨케어 브랜드를 **론칭**한다고 발표했다.

プロテニス選手の大坂なおみは、スキンケアブランドを（　　）することを発表した。

⇨ ……………………………………

ポイント

틀리기 쉬운 가타카나어 표기 0860~0861

▶ 자세한 설명은 부록 659쪽 참고

0857 1が出ると当たり、それ以外の数字は外れです。

'당첨'은 当たり, '꽝'은 外れ라고 한다.

0858 新しい原発の建設計画が発表された。

'원자력 발전소'를 우리는 '원전'으로 줄여서 말하는데, 일본은 原発로 줄여서 말한다.

0859 借款は、これまでアジアを中心とした途上国の経済開発に大きく寄与してきた。

'개발도상국'를 우리는 '개도국'으로 줄여서 말하는데, 일본은 途上国로 줄여서 말한다.

0860 プロファイラーの助言で捜査チームは新しいアプローチを試みました。

'프로파일러(profiler)'는 プロファイラー라고 한다. 우리말은 알파벳 철자 p, f, ph를 모두 'ㅍ'으로 표기하지만, 일본어는 p는 パ・ピ・プ・ペ・ポ로 f와 ph는 ファ・フィ・フ・フェ・フォ로 표기한다는 사실에 주의하자.

0861 プロテニス選手の大阪なおみは、スキンケアブランドをローンチすることを発表した。

'론칭'은 ローンチ라고 하는데, ロンチ・ラーンチ・ランチ라고도 한다.

オマケ　한・일 표현이 다른 한자어 4

비리(非理)	**汚職**おしょく	상가(商街)	**商店街**しょうてんがい
빙수(氷水)	**かき氷**こおり	상사병(相思病)	**恋煩**こいわずらい
사례금(謝禮金)	**礼金**れいきん	생일(生日)	**誕生日**たんじょうび
사양(辭讓)	**遠慮**えんりょ	서예(書藝)	**書道**しょどう
살포(撒布)	**散布**さんぷ	석사(碩士)	**修士**しゅうし

0862 **입주** 후 필요한 절차를 바로 진행해 주세요.

(　　) 後に必要な手続きをすぐに行ってください。

⇨ ....

0863 그 얘기는 **금시초문**입니다.

その話は (　　) です。

⇨ ....

0864 **교감** 선생님이 수업 진행을 지켜보고 있어요.

(　　) 先生が授業の進行を見守っています。

⇨ ....

0865 **화상** 회의에서 실시간으로 협업할 수 있습니다.

(　　) 会議でリアルタイムでコラボレーションできます。

⇨ ....

0866 그 **앱**은 실시간으로 위치 정보를 제공합니다.

その (　　) はリアルタイムで位置情報を提供します。

⇨ ....

0862 **入居**後に必要な手続きをすぐに行ってください。

'입주'는 入居라고 한다.

※ 입주민 : 入居者(にゅうきょしゃ)

0863 その話は**初耳**です。

'금시초문'은 初耳라고 한다.

0864 **教頭**先生が授業の進行を見守っています。

'교감 선생님'은 教頭先生라고 한다.

0865 **ビデオ**会議でリアルタイムでコラボレーションできます。

'화상 회의'는 ビデオ会議 또는 テレビ会議, TV会議라고 한다.

※ 영상통화는 テレビ電話(でんわ), ビデオ通話(つうわ)라고 하는데, 줄여서 ビデ通(つう)라고도 한다.

0866 その**アプリ**はリアルタイムで位置情報を提供します。

'앱'은 アプリ라고 한다.

オマケ 한・일 표현이 다른 한자어 5

성경(聖經)	聖書せいしょ	승부 조작	八百長やおちょう
성묘(省墓)	墓参はかまいり	시간 강사(時間講師)	非常勤講師ひじょうきんこうし
세탁소(洗濯所)	クリーニング屋や	시청(市廳)	市役所しやくしょ
소문(所聞)	噂うわさ	식단(食單)	献立こんだて
속담(俗談)	諺ことわざ	실내화	上履うわばき
수갑(手錠)	手錠てじょう	야맹증(夜盲症)	鳥目とりめ
수영복(水泳服)	水着みずぎ	약혼(約婚)	婚約こんやく
수의사	獣医じゅうい	양산(陽傘)	日傘ひがさ
수표(手票)	小切手こぎって	양서류(兩棲類)	両生類りょうせいるい
순록(馴鹿)	トナカイ	양호실(養護室)	保健室ほけんしつ

0867 환경 보호를 위해 **재활용**을 더욱 촉진해야 합니다.

環境保護のために、(　　)をさらに促進すべきです。

⇨

0868 **몰래**카메라의 사용은 상대방의 승낙을 얻지 않고 하는 것이므로 도촬에 해당합니다.

(　　)カメラの使用は相手の承諾を得ずにすることですので、盗撮にあたります。

⇨

0869 **지자체**는 지역 경제를 활성화하기 위해 다양한 노력을 하고 있습니다.

(　　)は地元の経済を活性化するために様々な取り組みを行っています。

⇨

0870 그의 실패를 **타산지석**으로 삼아 자신의 행동을 되돌아보기로 했다.

彼の失敗を(　　)として、自分の行動を見直すことにした。

⇨

0871 달걀의 **알끈**에는 시알산이 풍부하게 들어 있습니다.

卵の(　　)にはシアル酸が豊富に含まれています。

⇨

0872 경찰은 **진범**을 찾기 위해 수사를 계속하고 있습니다.

警察は(　　)を見つけるために捜査を続けています。

⇨

0867 **環境保護(かんきょうほご)のために、リサイクルをさらに促進(そくしん)すべきです。**

'재활용'은 リサイクル라고 한다.

※ 재활용품 : リサイクル品(ひん) · 再利用品(さいりようひん) / 자원 재활용 : 資源(しげん)リサイクル / 재활용 쓰레기 : 再利用(さいりよう)ゴミ

0868 **隠(かく)しカメラの使用(しよう)は相手(あいて)の承諾(しょうだく)を得(え)ずにすることですので、盗撮(とうさつ)にあたります。**

'몰래카메라'는 隠しカメラ라고 한다.

0869 **自治体(じちたい)は地元(じもと)の経済(けいざい)を活性化(かっせいか)するために様々(さまざま)な取(と)り組(く)みを行(おこな)っています。**

'지자체'는 自治体라고 한다.

0870 **彼(かれ)の失敗(しっぱい)を他山(たざん)の石(いし)として、自分(じぶん)の行動(こうどう)を見直(みなお)すことにした。**

'타산지석'은 他山の石이라고 한다.

0871 **卵(たまご)のカラザにはシアル酸(さん)が豊富(ほうふ)に含(ふく)まれています。**

알끈은 カラザ라고 한다. カラザ는 그리스어 chalaza에서 유래하며, 殼座 또는 殼鎖로 표기하기도 한다.

0872 **警察(けいさつ)は真犯人(しんはんにん)を見(み)つけるために捜査(そうさ)を続(つづ)けています。**

'진범'은 真犯人이라고 한다.

オマケ 한 · 일 표현이 다른 한자어 6

어부(漁夫, 漁父)	漁師りょうし	우울증(憂鬱症)	うつ病びょう
어음(於音)	手形てがた	우회전(右回轉)	右折うせつ
언약(言約)	口約束くちやくそく	원고지(原稿紙)	原稿用紙げんこうようし
연말정산(年末精算)	年末調整ねんまつちょうせい	원전(原電)	原発げんぱつ
영정(影幀)	遺影いえい	위장복(僞裝服)	迷彩服めいさいふく
예식장(禮式場)	結婚式場けっこんしきじょう	위협(威脅)	脅威きょうい
오락실(娛樂室)	ゲームセンター	위협사격(威脅射擊)	威嚇射撃いかくしゃげき
외계인(外界人)	宇宙人うちゅうじん / エイリアン	유기견(遺棄犬)	捨すて犬いぬ
우비(雨備)	雨具あまぐ	육포	ビーフジャーキー

0873 친위대가 **쿠데타**를 일으키는 것은 국가의 안정을 위협하는 일이 됩니다.

親衛隊が (　　) を起こすことは、国の安定を脅かすことになります。

⇨

0874 **양서류**는 물속에서도 육지에서도 살 수 있다.

(　　) は水中でも陸上でも生きることができる。

⇨

0875 **명문대**에 들어가기 위해 열심히 공부하고 있습니다.

(　　) に入るために一生懸命勉強しています。

⇨

0876 아쉽게도 이 상품은 **완판**되었습니다.

残念ながら、こちらの商品は (　　) いたしました。

⇨

0877 **비상** 연락망을 작성하는 목적은 비상시에 필요한 연락처를 확보하는 것입니다.

(　　) 連絡網を作る目的は、緊急時に必要な連絡先を確保することです。

⇨

0878 장난하다 들킨 학생들은 선생님 뒤를 따라 **교무실**로 들어갔다.

いたずらを見つかった生徒たちは、先生の後ろに続いて (　　) に入って行った。

⇨

0873 親衛隊が**クーデター**を起こすことは、国の安定を脅かすことになります。

'쿠데타'는 クーデター라고 한다.

0874 **両生類**は水中でも陸上でも生きることができる。

'양서류'는 両生類라고 한다.

0875 **名門大学**に入るために一生懸命勉強しています。

'명문대'은 名門大学라고 한다.

0876 残念ながら、こちらの商品は**完売**いたしました。

'완판'은 完売라고 한다.

0877 **緊急**連絡網を作る目的は、緊急時に必要な連絡先を確保することです。

'비상 연락망'은 緊急連絡網라고 한다.

0878 いたずらを見つかった生徒たちは、先生の後ろに続いて**職員室**に入って行った。

'교무실'은 職員室라고 한다.

オマケ 한・일 표현이 다른 한자어 7

은신처(隱身處)	隠かくれ家が	인주(印朱)	朱肉しゅにく / 印肉いんにく
은하수(銀河水)	天あまの川がわ	일기 예보(日氣豫報)	天気予報てんきよほう
의심(疑心)	疑うたがい	일전(日前)	先日せんじつ
의치(義齒)	入歯いれば	임원(任員)	役員やくにん
이물질(異物質)	異物いぶつ	입산 허용일(入山許容日)	山開やまびらき
이발소(理髮所)	床室とこや / 理髪店りはつてん	자극(刺戟)	刺激しげき
이별(離別)	別わかれ	자명종(自鳴鐘)	目覚めざまし時計どけい
이인자(二人者)	ナンバーツー / 二番手にばんて	자극(刺戟)	刺激しげき
이재민(罹災民)	被災者ひさいしゃ	자칭 타칭	自他じたともに
인도(人道)	歩道ほどう	장갑(掌匣)	手袋てぶくろ

0879 그 부부는 금실이 좋은 **잉꼬**부부이다.

その夫婦はとても仲がいい (　　) 夫婦だ。

⇨

0880 **피차일반**이니까 신경 쓰지 마.

(　　) だから気にしないでね。

⇨

0881 **환경친화적인** 상품과 기업이 늘고 있다.

(　　) 商品や企業が増えている。

⇨

0882 나는 오른손잡이지만 훈련해서 **양손잡이**가 되었습니다.

僕は右利きなんですが、訓練をして (　　) になりました。

⇨

0883 이번 주 월요일은 **대체** 휴일이므로 회사는 쉽니다.

今週の月曜日は (　　) 休日なので、会社は休みです。

⇨

0884 아버지가 프랑스 **본고장**의 와인을 마시고 싶어 했기 때문에 면세점에서 한 병 샀다.

父がフランス (　　) のワインを飲みたがっているので、免税店で一本買った。

⇨

0879 **その夫婦はとても仲がいいおしどり夫婦だ。**

'잉꼬부부'는 おしどり(원앙새)를 붙여 おしどり夫婦라고 한다.

0880 **お互い様だから気にしないでね。**

'피차일반'은 お互い様라고 한다.

0881 **環境に優しい商品や企業が増えている。**

'환경친화적이다'는 環境に優しい라고 한다.

0882 **僕は右利きなんですが、訓練をして両手利きになりました。**

'양손잡이'는 両手利き라고 한다.

※ 양발잡이 : 両足利(りょうあしき)き / 양손과 양발을 자유자재로 쓸 수 있는 사람 : 両利(りょうき)き

0883 **今週の月曜日は振替休日なので、会社は休みです。**

'대체 휴일'은 代替休日이 아니라 振替休日라고 한다.

0884 **父がフランス本場のワインを飲みたがっているので、免税店で一本買った。**

'본고장'은 本場ほんば라고 한다.

オマケ **한・일 표현이 다른 한자어 8**

한국어	일본어	한국어	일본어
장례식(葬禮式)	葬式そうしき	조상(祖上)	祖先そせん / 先祖せんぞ
재수생(再修生)	浪人ろうにん	족자(簇子)	掛物かけもの
재활용(再活用)	リサイクル	종합(綜合)	総合そうごう
전당포(典當鋪)	質屋しちや	좌회전(左回轉)	左折させつ
전형(銓衡)	選考せんこう	주치의(主治醫)	かかりつけ医い
접수(接受)	受付うけつけ	중상모략(中傷謀略)	誹謗中傷ひぼうちゅうしょう
정답(正答)	正解せいかい	중장년층(中壯年層)	中高年層ちゅうこうねんそう
정체(停滯)	渋滞じゅうたい	직함(職銜)	肩書かたがき
제사(祭祀)	法事ほうじ / 法会ほうえ	진범(眞犯)	真犯人しんはんにん
조교(助教)	助手じょしゅ	질문 공세(質問攻勢)	質問攻しつもんぜめ

0885 잡을 수 있을 것 같은 **뜬공**이라도 안타가 되는 경우가 있다.

取れそうな (　　) でも安打になることがある。

⇨

0886 제비**뽑기**로 정하자.

くじ (　　) で決めよう。

⇨

0887 저 형제는 **연년생**이다.

あの兄弟は (　　) だ。

⇨

0888 이 개혁안에는 **찬반** 양론이 있기 때문에 신중하게 논의를 진행해야 한다.

この改革案には (　　) 両論があるため、慎重に議論を進めるべきだ。

⇨

0889 사장이니 부장이니 하는 **직함**만으로 사람을 판단하는 것은 좋지 않다.

社長や部長といった (　　) だけで人を判断するのはよくない。

⇨

0890 수해로 인한 **감염병** 확산이 우려되고 있다.

水害による (　　) の拡大が懸念されている。

⇨

0885 取れそうなフライでも安打になることがある。

야구 용어 중 '뜬공'은 영어 표현을 써서 フライ(fly)라고 한다.

0886 くじ引きで決めよう。

'제비뽑기'를 직역해서 くじ選えらび로 하면 안 된다. 일본어로 '제비뽑기'는 くじ引き라고 한다.

0887 あの兄弟は年子だ。

'연년생'은 우리말과 같은 한자를 그대로 쓰지 않도록 주의해야 한다.

0888 この改革案には賛否両論があるため、慎重に議論を進めるべきだ。

문장에서 '찬반'은 한자어지만 우리말과는 다르게 賛否를 쓴다.

0889 社長や部長といった肩書だけで人を判断するのはよくない。

'직위, 직함'은 肩書라고 한다.

0890 水害による感染症の拡大が懸念されている。

'감염병'은 한자어지만 우리말과는 다르게 症를 붙여서 感染症를 쓴다.

オマケ　한・일 표현이 다른 한자어 9

찬반(贊反)	賛否さんぴ	파출소(派出所)	交番こうばん
책방(冊房)	本屋ほんや / 書店しょてん	편지지(便紙紙)	便箋びんせん
철사(鐵絲)	針金はりがね	폭설(暴雪)	大雪おおゆき
첨예(尖銳)함	先鋭せんえい	폭염(暴炎)	猛暑もうしょ
첨단(尖端)	先端せんたん	표(票)	切符きっぷ
초인종(招人鐘)	呼鈴よびりん	품귀(品貴)	品薄しなうす / 品切しなぎれ
추수(秋收)	刈入かりいれ	풍경(風磬)	風鈴ふうりん
추첨(抽籤)	抽選ちゅうせん	풍어(風魚)	大漁たいりょう
치약(齒藥)	歯磨はみがき粉こ	풍향계	風見かざみ
친정(親庭)	実家じっか	하인(下人)	召使めしつかい

0891 어떡해! **선크림** 바르는 거 깜빡했어.

しまった。(　　　) を塗るのを忘れた。

⇨ ……………………………………

0892 이 카드는 **직불카드**여서 할부가 안 됩니다.

このカードは (　　　) で、分割ができません。

⇨ ……………………………………

0893 **셀카**로 매력적인 사진을 찍는 비결을 알려 주세요.

(　　　) で魅力的な写真を撮るコツを教えてください。

⇨ ……………………………………

0894 살인 현장 근처에 살던 남자가 **진범**으로 떠올랐다.

殺人現場の近くに住んでいた男が (　　　) として浮上した。

⇨ ……………………………………

0895 **휴대용 선풍기**는 정말 편리하네요.

(　　　) は本当に便利ですね。

⇨ ……………………………………

0896 엔을 원으로 **환전**해 주세요.

円をウォンに (　　　) してください。

⇨ ……………………………………

0891 しまった。日焼け止めを塗るのを忘れた。

'선크림(자외선 차단제)'은 日焼ひやけ止どめ라고 한다.

0892 このカードはデビットカードで、分割ができません。

'직불 카드'는 영어 표현을 그대로 써서 デビットカード(debit card)라고 한다.

0893 自撮りで魅力的な写真を撮るコツを教えてください。

'셀카'는 自撮り인데, 自分撮じぶんどり・セルフィー(selfie)・セルカ(セルフカメラ의 줄임말)라고도 한다.

0894 殺人現場の近くに住んでいた男が真犯人として浮上した。

'진범'은 真犯人이라고 한다.

0895 ポータブル扇風機は本当に便利ですね。

'휴대용 선풍기'는 ポータブル扇風機・ハンディファン・ハンディ扇風機・携帯けいたい扇風機라고 한다.

0896 円をウォンに両替してください。

'환전'은 両替라고 한다.

オマケ　한・일 표현이 다른 한자어 10

학년(學年)	**年生**ねんせい	혼담(魂膽)	**縁談**えんだん
학점(學點)	**單位**たんい	홍보(弘報)	**広報**こうほう
학창 시절(學窓時節)	**学生時代**がくせいじだい	홍역(紅疫)	**麻疹**はしか・ましん
함수(函數)	**関数**かんすう	화투(花鬪)	**花札**はなふだ
행선지(行先地)	**行**ゆき**先**さき	환갑(還甲)	**還暦**かんれき
행성(行星)	**惑星**わくせい	흑백 논리(白黑論理)	**白黒論理**しろくろろんり
현수막(懸垂幕)	**垂**たれ**幕**まく	흑백 사진(黑白寫眞)	**白黒写真**しろくろしゃしん / **モノクロ写真**
현장감	**臨場感**りんじょうかん	흡연(吸煙)	**喫煙**きつえん
호언(豪言)	**豪語**ごうご	희비극(喜悲劇)	**悲喜劇**ひきげき

0897 떫은 감을 벗겨서 굵은 실에 꿰어서 햇볕에 말리면 **곶감**이 된다.

渋柿をむいて、太い糸につるして日に干すと、(　　)になる。

⇨ ....

0898 자세 개선을 위해 **필라테스**를 하고 있어요.

姿勢改善のために (　　) をしています。

⇨ ....

0899 **예매**권이 조기 매진되었습니다.

(　　) 券が早期完売しました。

⇨ ....

0900 최근 **외계인**을 소재로 한 영화가 인기다.

最近、(　　) をテーマにした映画が人気だ。

⇨ ....

0901 그는 증거를 **인멸**한 일로 체포됐다.

彼は証拠を (　　) したことで逮捕された。

⇨ ....

0902 면세점에서는 **명품**을 싸게 살 수 있다.

免税店では (　　) が安く買える。

⇨ ....

0897 渋柿をむいて、太い糸につるして日に干すと、干し柿になる。

'곶감'은 干し柿라고 한다.

※ 단감 : 甘柿(あまがき)

0898 姿勢改善のためにピラティスをしています。

'필라테스'는 ピラティス라고 한다. 외래어의 발음에 차이가 있다는 점에 유의하자.

0899 前売り券が早期完売しました。

'예매권'은 前売り券 또는 前売りチケット라고 한다.

0900 最近、宇宙人をテーマにした映画が人気だ。

宇宙人에는 '우주 비행사'의 뜻도 있지만, '외계인'의 뜻으로도 많이 쓴다.

※ '외계인'의 뜻으로는 エイリアン(alien) · 異星人(いせいじん)이라고도 한다.

0901 彼は証拠を隠滅したことで逮捕された。

'인멸'은 앞쪽 한자를 湮이 아닌 隠을 써서 隠滅라고 한다.

0902 免税店ではブランド品が安く買える。

'명품'은 ブランド品 또는 ブランド物もの라고 한다.

※ 명품 가방 : 高級(こうきゅう)ブランドバッグ · ハイブランド / 명품점 : ブランドショップ

オマケ　'두 손 들다, 지다'의 뜻으로 쓰는 관용구

かぶとを脱ぬぐ · シャッポを脱ぐ · 脱帽だつぼうする · 手てを上あげる · お手上てあげ · ひざを屈くっする · 白旗はっきを上げる · 旗はたを巻まく · 軍門ぐんもんに下さがる · かなわない가 있다. かぶとを脱ぐ는 경쟁이나 승부에 대해서 말하지만, シャッポを脱ぐ는 경쟁이나 승부의 개념이 없다. 脱帽する와 かぶとを脱ぐ는 둘 다 참패하여 상대방에게 경의를 표하는 것을 뜻하지만, 脱帽する가 かぶとを脱ぐ보다 경의의 뜻이 강하다. 手を上げる와 お手上げ는 경의의 뜻도 없으며, '패배했다'는 뜻도 없다. 이 말은 '자기로서는 도저히 어떻게 해 볼 수 없다, 두 손 들었다'는 뜻이다. ひざを屈する에는 상대방에게 굴복한다는 의미지만, かぶとを脱ぐ에는 그러한 뜻은 없다. 白旗を上げる와 旗を巻く는 경의의 의미가 없으며, 단지 패배했다는 것을 인정하는 것만 나타낸다. 그리고 軍門に下がる는 져서 상대방의 지배에 복종하는 의미가 있지만, かぶとを脱ぐ에는 그런 뜻이 없다.

0903 이곳은 **출입** 금지입니다.

ここは (　　) 禁止です。

⇨

0904 **연줄**로 입사한 사원은 오래 못 간다.

(　　) で入社した社員は長く行かない。

⇨

0905 **우울증** 등 정신 질환까지 보장하는 보험이 나왔다.

(　　) など、精神疾患まで補償する保険が出た。

⇨

0906 **스팸** 메일을 받으면 가능한 한 열지 않도록 주의합시다.

(　　) メールを受信したら、なるべく開かないよう気を付けましょう。

⇨

0907 이번 경기에서는 **아군**의 맹활약으로 우리 팀이 크게 승리했다.

今度の試合では (　　) の大活躍でうちのチームが大勝利した。

⇨

0908 식품을 맛있게 냉동하는 **팁**을 알려 드리겠습니다.

食品をおいしく冷凍する (　　) を教えます。

⇨

0903 **ここは立ち入り禁止です。**

'출입 금지'는 立ち入り禁止라고 한다.

0904 **コネで入社した社員は長く行かない。**

'연줄'을 뜻하는 コネ는 コネクション(connection)의 준말이다.

0905 **うつ病など、精神疾患まで補償する保険が出た。**

'우울증'은 한자 '울(鬱)'을 붙여서 말하는데, 히라가나로 써서 흔히 うつ病라고 쓴다.

0906 **迷惑メールを受信したら、なるべく開かないよう気を付けましょう。**

'스팸 메일'은 迷惑メール라고 한다.

0907 **今度の試合では味方の大活躍でうちのチームが大勝利した。**

'아군'은 한자어지만, 그대로 쓰지 않고 '우리 편'의 뜻인 味方를 쓴다.

0908 **食品をおいしく冷凍するコツを教えます。**

'팁(tip)'은 '비결, 비법'의 뜻으로 쓰는 영어 외래어인데, 일본어로는 tip을 쓰지 않고 こつ를 쓰는데, 흔히 가타카나로 표기한다.

オマケ **'불꽃 튀기는 경쟁을 하다, 맹렬히 싸우다, 격전을 벌이다'의 뜻으로 쓰는 관용구**

鎬(しのぎ)を削(けず)る・花火(はなび)を散(ち)らす・つばぜり合(あ)いを演(えん)じる・抜(ぬ)きつ抜(ぬ)かれつ・互角(ごかく)だ 등이 있다. 鎬を削る는 긴박한 상태에서 격렬하게 싸우는 것을 나타내는데, 이 경우 양쪽의 힘이 팽팽해야 하며, 힘의 차이가 확연히 날 때는 이 말을 쓸 수 없다. 花火を散らす는 스포츠 등의 경기 외에 '토론'에 대해서도 쓰이지만, 鎬を削る는 '토론'에 대해서는 쓰이지 않는다. つばぜり合いを演じる는 鎬を削る와 쓰임이 비슷하다. 抜きつ抜かれつ・互角だ는 모두 '싸움의 모양'을 묘사하지만, 鎬を削る는 싸움의 모양을 묘사하는 것 외에 행동 그 자체에, 그것도 한곳을 목표로 하는 방향성이 있는 행동에 쓰인다는 차이점이 있다.

0909 졸업 **학점**을 다 따지 못하면 졸업을 할 수 없다.

卒業 (　　) をすべて修得しないと、卒業ができない。

⇨

0910 **구조조정** 당하는 사람들에게는 공통된 특징이 있는 듯합니다.

(　　) される人には共通した特徴があるようです。

⇨

0911 **자책골**이 경기의 흐름을 바꿔 버렸다.

(　　) が試合の流れを変えてしまった。

⇨

0912 정리해고 당한 사람들 가운데는 **노숙자**가 되고 마는 사람도 있다.

リストラされた人の中には (　　) になってしまう人もいる。

⇨

0913 **에너지 절약** 운동이 전국적으로 추진되고 있다.

(　　) 運動が全国的に進められている。

⇨

0914 정찰 위성은 적의 동향을 **실시간**으로 감시한다.

偵察衛星は敵の動向を (　　) で監視する。

⇨

0909 卒業単位をすべて修得しないと、卒業ができない。

'학점'은 単位라고 한다.

0910 リストラされる人には共通した特徴があるようです。

'구조조정'은 영어 표현 リストラクチャリング(Restructuring)의 약자를 써서 リストラ라고 한다.

0911 オウンゴールが試合の流れを変えてしまった。

'자책골'은 영어 표현을 그대로 써서 オウンゴール(own goal)라고 한다. 예전에는 自殺点じさつてん이라고 했는데, 1994년 일본 축구 협회가 영어 표기 own goal에 따르기로 정한 뒤로는 オウンゴール이라는 명칭이 사용되고 있다.

0912 リストラされた人の中にはホームレスになってしまう人もいる。

우리말의 '노숙자'를 일본에서는 영어 표현을 그대로 써서 ホームレス(homeless)라고 한다.

0913 省エネ運動が全国的に進められている。

'에너지 절약'은 省エネ라고 한다. 省エネ는 省エネルギー의 준말이다.

0914 偵察衛星は敵の動向をリアルタイムで監視する。

'실시간'은 외래어를 써서 リアルタイム라고 한다. 偵察衛星는 スパイ衛星라고도 한다.

プラス+

'금지' 표현	
금지 영업(매춘, 외설 등 행정 공익상 판매 금지)	**禁止営業**きんしえいぎょう
면회 금지	**接見禁止**せっけんきんし
발매 금지	**発売禁止**はつばいきんし / **発禁**はっきん
영업 금지	**営業禁止**えいぎょうきんし

0915 고령화 사회로 인해 **독거**노인이 많아졌습니다.

高齢化社会で、(　　)のお年寄りが多くなりました。

⇨

0916 **방심**은 금물이야. 산의 날씨는 변화무쌍하니까.

(　　)は禁物だよ。山の天気は変わりやすいから。

⇨

0917 **대선** 직전에 여야 간 충돌이 발생했다.

(　　)の直前に与野間の衝突が起きた。

⇨

0918 **모회사**의 낙하산 인사가 자회사를 망친다.

(　　)の天下り人事が子会社をダメにする。

⇨

0919 본격적으로 **홍보** 활동에 돌입할 예정이다.

本格的に(　　)活動に突入する予定だ。

⇨

0920 정상 **참작**은 판사의 재량에 의해 형을 줄여 주는 것입니다.

情状(　　)は、裁判官の裁量により刑を減軽することです。

⇨

0915 **高齢化社会で、独り暮らしのお年寄りが多くなりました。**

'독거노인'은 '혼자 사는 노인'이라는 뜻인 独り暮らしのお年寄り라고 한다.

0916 **油断は禁物だよ。山の天気は変わりやすいから。**

'방심하다'를 한자어로 그대로 쓴 放心ほうしんする는 ぼんやりする(멍하다)의 뜻으로, 放心状態じょうたい(멍한 상태)라는 용법 이외에는 거의 쓰지 않는다. 우리말의 '방심하다'의 뜻에 알맞은 말로는 油断ゆだんする · 気きをゆるめる(ぬく)라고 해야 한다. 油断する는 '주의를 게을리하다'의 뜻이며, 気をゆるめる(ぬく)는 '긴장을 풀다'의 뜻이다. 따라서 '방심은 금물'은 油断は禁物 또는 油断大敵たいてき라고 한다.

0917 **大統領選挙の直前に与野間の衝突が起きた。**

우리는 '대통령 선거'를 줄여서 '대선'이라고 표현하지만, 일본어에서는 줄여서 말하지 않는다.

0918 **親会社の天下り人事が子会社をダメにする。**

'모회사'는 한자어지만, 우리말과는 다르게 親会社를 쓴다.

0919 **本格的に広報活動に突入する予定だ。**

'홍보'는 한자어지만, 우리말과는 다르게 広報를 쓴다.

0920 **情状酌量は、裁判官の裁量により刑を減軽することです。**

'정상 참작'은 한자어지만, 우리말과는 다르게 情状酌量이라고 한다. 情状酌量의 정식 용어는 酌量減軽しゃくりょうげんけい이다.

オマケ	알아 두면 유용한 어휘 · 관용구 1
相あいづちを打うつ	맞장구를 치다
相棒あいぼう	상대, 짝, 파트너
青田刈あおたがり / 青田買あおたがい	입도선매, 졸업 전의 학생과 입사 계약을 맺는 일
青菜あおなに塩しお	무성귀에 소금을 뿌린 듯이 풀죽은 모양
赤札あかふだ	특가품, 예약 완료 상품
揚あげ足あしを取とる	남의 말꼬리나 실수를 잡고 늘어지다

0921 직원의 정확한 소득세를 결정하기 위해서 회사는 직원의 연말**정산**을 합니다.

社員の正しい所得税を決めるために、会社は社員の年末（　　）をしています。

⇨ ....

0922 **주5일제**를 도입함으로써 종업원의 노동 시간 단축과 스트레스 경감 등을 기대할 수 있습니다.

（　　）を導入することで、従業員の労働時間の短縮やストレス軽減などが期待できます。

⇨ ....

0923 그는 올림픽이 끝난 후 **은퇴**하여 코치가 되었다.

彼はオリンピックが終わった後、（　　）してコーチになった。

⇨ ....

0924 아무리 바빠도 신문 **표제어**는 훑어본다.

どんなに忙しくても、新聞の（　　）には目を通す。

⇨ ....

0925 **폭설**로 교통이 마비되었다.

（　　）で交通が麻痺した。

⇨ ....

0926 **한약**은 효과가 나타날 때까지 통상 1~2주일 정도 걸린다.

（　　）は効果が出るまでに通常１～２週間程度かかる。

⇨ ....

0921 **社員の正しい所得税を決めるために、会社は社員の年末調整をしています。**

'연말 정산'은 한자어지만, 우리말과는 다르게 年末調整라고 한다.

0922 **週休二日制を導入することで、従業員の労働時間の短縮やストレス軽減などが期待できます。**

'주5일제'는 일본에서는 일주일 중에 이틀 쉰다는 뜻인 週休二日制를 쓴다.

※ 주4일제 : 週休三日制(しゅうきゅうみっかせい)

0923 **彼はオリンピックが終わった後、引退してコーチになった。**

'은퇴'는 한자어지만 우리말과는 다르게 引退라고 써야 한다.

0924 **どんなに忙しくても、新聞の見出しには目を通す。**

見出し는 '표제어, 헤드라인, 목차' 등의 뜻으로 쓴다.

0925 **大雪で交通が麻痺した。**

'폭설'은 '큰 눈'이라는 뜻으로 大雪라고 한다.

0926 **漢方薬は効果が出るまでに通常1～2週間程度かかる。**

'한약'를 뜻하는 漢方薬를 줄여서 우리말처럼 漢薬이라고 쓰지 않는 데 주의해야 한다.

オマケ 알아 두면 유용한 어휘・관용구 2

あご足あしつき	행사나 여행 등에 필요한 숙박비・식비・교통비를 주최 측이 부담하는 것
あごで使つかう	사람을 거만하게 부리다
当あて馬うま	들러리, 형식적 후보
油あぶらが乗のる	일이 잘 진척되다, 순조롭게 되다, (일에) 가락이 붙다
息いきを抜ぬく	긴장을 풀고 잠시 쉬다
板いたにつく	아주 제격이다, 잘 어울리다
一目いちもく置おく	경의를 표하다, 한 수 위로 보다
糸いとを引ひく / 独活うどの大木たいぼく	덩치만 크고 쓸모없는 사람
うなぎ登のぼり	(물가, 온도, 지위 등이) 자꾸 올라감

0927 옛날에 이 **항구**는 중국 무역의 본거지로서 번창했었다.

昔、この (　　) は中国貿易の根拠地として栄えた。

⇨

0928 자식은 부모에게 **효도**해야 한다.

子供は (　　) しなければいけない。

⇨

0929 **불효자**였던 나도 아이를 갖고 나서야 처음으로 부모님의 은혜를 알았다.

(　　) だった私も、子供を持って、はじめて親の恩を知った。

⇨

0930 누나는 수학여행 선물로 **효자손**을 사 왔다.

姉は修学旅行のお土産に (　　) を買ってきた。

⇨

0931 그녀는 **무남독녀**로 자랐다.

彼女は (　　) で育った。

⇨

0932 **환율** 급등으로 여행 수지가 흑자를 냈다.

(　　) 急騰で旅行収支が黒字を出した。

⇨

0927 昔、この**港**は中国貿易の根拠地として栄えた。

'항구'를 한자 그대로 쓴 港口こうこう는 '항구의 입구'를 나타낸다. 우리말의 '항구'의 뜻으로는 港みなと를 써야 한다.

0928 子供は**親孝行**しなければいけない。

'효도'는 親孝行라고 한다.

※ 충효 : 忠孝(ちゅうこう) / 효녀 : 孝女(こうじょ) · 孝行娘(こうこうむすめ) / 효심 : 孝心(こうしん)

0929 **親不孝**だった私も、子供を持って、はじめて親の恩を知った。

'불효자'는 親不孝라고 한다.

0930 姉は修学旅行のお土産に**孫の手**を買ってきた。

등을 긁는 데 쓰는 '효자손'은 孫の手라고 한다.

0931 彼女は**一人っ子**で育った。

형제자매 없이 혼자인 경우는 一人っ子라고 한다. 아들딸을 구분해서 말할 때는 '외아들'은 一人息子ひとりむすこ, '외딸'은 一人娘ひとりむすめ라고 한다.

0932 **為替レート**急騰で旅行収支が黒字を出した。

'환율'은 為替レート 또는 レート라고도 한다.

オマケ　알아 두면 유용한 어휘 · 관용구 3

鵜うの目め鷹たかの目め	열심히 무엇을 찾는 모양, 눈에 불을 켜고 하는 것
馬うまが合あう	마음이 맞다
裏目うらめに出でる	기대에 어긋나다, 반대의 결과가 되다
上うわっ調子ちょうし	침착하지 못하고 경솔함
上前うわまえをはねる	남에게 전해 줄 임금이나 대금의 일부를 가로채다, 삥땅 치다
えたいが知しれない	정체를 알 수 없다
烏帽子えぼしを着きせる	이야기를 덧붙이다, 과장해서 말하다
大船おおぶねに乗のる	마음이 든든하다
大風呂敷おおぶろしきを広ひろげる / 空そらを吹ふく	허풍을 떨다

0933 롯폰기 **교차로**는 항상 차가 붐빈다.

六本木の (　　) はいつも車が込んでいる。

⇨

0934 저는 와인보다 **매실주**를 더 좋아합니다.

私はワインより (　　) の方が好きです。

⇨

0935 옛날에는 **방충망**으로 벌레의 침입을 막고자 하는 발상은 없었다.

昔は、(　　) で虫の侵入を防ごうという発想はなかった。

⇨

0936 내일은 **방학식**이니까 가방은 안 가져와도 됩니다.

明日は (　　) ですから、かばんを持ってこなくてもいいです。

⇨

0937 수술을 해 보니 암은 위뿐만 아니라 **간**까지도 전이되어 있었다.

手術をしてみると、癌は胃だけにとどまらず、(　　) にも転移していた。

⇨

0933 **六本木の交差点はいつも車が込んでいる。**

'교차로'에 해당하는 말은 交叉路가 아니라 交差点이다. 가운데 글자 差에 주의해야 한다.

0934 **私はワインより梅酒の方が好きです。**

'매실주'는 梅酒라고 한다.

0935 **昔は、網戸で虫の侵入を防ごうという発想はなかった。**

'방충망'은 '망을 친 문'이라는 뜻으로 網戸를 쓴다.

0936 **明日は終業式ですから、かばんを持ってこなくてもいいです。**

일본어로는 '방학'이라는 말이 따로 없기 때문에 '방학식'이라는 말도 없다. 우리말의 '방학식'에 해당하는 말로는 '수업을 끝낼 때 거행하는 식'이라는 뜻으로 終業式라고 한다.

※ 개학식 : 始業式(しぎょうしき)

0937 **手術をしてみると、癌は胃だけにとどまらず、肝臓にも転移していた。**

'간'은 肝臓かんぞう라고 한다.

※ 신장염 : 腎炎(じんえん)

オマケ　알아 두면 유용한 어휘・관용구 4

お裾分すそわけ	남에게 나누어 주는 것
お茶ちゃの子こ	식은 죽 먹기다, 아주 쉽다
お茶ちゃを濁にごす	어물거리거나 속여서 그 자리를 모면하다
お茶ちゃをひく	손님이 없어 한가하다
尾鰭おひれを付っける	과장하여 말하다, 더 보태어 말하다
親おやの七光ななひかり	가문의 후광, 부모의 후광, 금수저
折紙おりがみつき	확실히 보증함
笠かさに着きる	권력이나 세력을 등에 업고 뻐기다, 으스대다
角かどが取とれる	성격이 원만해지다

0938 **수면제**는 만성적인 불면 증상에 사용하고, **수면 보조제**는 일시적 불면 증상에 사용합니다.

(　　) は慢性的な不眠症状に対して使用し、(　　) は一時的な不眠症状に使用します。

⇨

0939 어머니는 **약사**이다.

母は (　　) である。

⇨

0940 **사랑니**를 뽑은 지 일주일이 지나다.

(　　) を抜いてから一週間過ぎる。

⇨

0941 일본인은 **장례식**에는 검은 옷을 입고 간다.

日本人は (　　) には黒の服を着て行く。

⇨

0942 **유엔** 안보리는 전쟁을 방지하기 위해 적극적으로 노력하고 있습니다.

(　　) 安保理は、戦争を防ぐために積極的に働きかけています。

⇨

0938 **睡眠薬は慢性的な不眠症状に対して使用し、睡眠改善薬は一時的な不眠症状に使用します。**

'수면제'는 睡眠薬, '수면 보조제'는 睡眠改善薬라고 한다. 睡眠薬는 眠剤みんざい・睡眠導入剤すいみんどうにゅうざい・催眠薬さいみんやく라고도 한다.

0939 **母は薬剤師である。**

'약사'는 한자를 그대로 써서 薬師라고 하지 않고, 薬剤師라고 쓴다.

0940 **親知らずを抜いてから一週間過ぎる。**

'사랑니'는 親知らず라고 한다.

※ 틀니 : 入(い)れ歯(ば) / 임시 치아 : 仮歯(かし) / 어금니 : 奥歯(おくば) / 덧니 : 八重歯(やえば)

0941 **日本人は葬式には黒の服を着て行く。**

'장례식'은 葬式라고 한다.

0942 **国連安保理は、戦争を防ぐために積極的に働きかけています。**

'국제 연합(UN)'은 国連こくれん, UN안보리는 国連安保理라고 한다.

オマケ 알아 두면 유용한 어휘・관용구 5

金かねに糸目いとめをつけない / 金に飽あかす	돈을 아끼지 않고 쓰다
閑古鳥かんこどりが鳴なく	파리 날리다, 장사가 안 되다
清水きよみずの舞台ぶたいから飛とび降おりる	중대한 문제를 과감하게 결정하다
管くだを巻まく	술에 취해 허튼소리를 지껄이다, 술주정하다
下駄げたを預あずける	맡기다, 일임하다
けりがつく / けりをつける	결말이 나다, 결말을 내다
げんを担かつぐ / 縁起えんぎを担かつぐ	어떤 일이든 길흉(미신)을 따지다
弘法こうぼう筆ふでを選えらばず	명인은 도구와 상관없이 훌륭한 일을 해낸다
匙さじを投なげる	포기하다
鯖さばを読よむ	수량 등을 속이다
鎬しのぎを削けずる	불꽃 튀기는 경쟁을 하다, 맹렬히 싸우다, 격전을 벌이다
しゃちほこばる	긴장해서 몸이 굳어지다, 지나치게 격식을 차리다

0943 유니세프는 전 세계 어린이들의 생명과 건강을 지키기 위해 활동하는 UN**기구**입니다.

ユニセフは世界中の子供の命と健康を守るために活動する国連( )です。

⇨

0944 **무비자** 제도를 악용한 불법 체류가 늘어나고 있다.

( )制度を悪用して不法滞在が増えている。

⇨

0945 미일 **정상 회담**에서 개발도상국에 대한 차관 문제가 논의되었다.

日米の( )で開発途上国に対する借款問題が話し合われた。

⇨

0946 금연하겠다고 가족에게 선언했는데 **작심삼일**이 되고 말았다.

禁煙すると家族に宣言したが、( )になってしまった。

⇨

0947 초지일관은 **좌우명**으로 인기 있는 말입니다.

初志貫徹は、( )として人気のある言葉です。

⇨

0943 ユニセフは世界中の子供の命と健康を守るために活動する国連機関です。

'기구(機構)'는 영어로는 organization인데, 우리나라는 모두 '기구'라고 번역하지만, 일본에서는 機構きこう와 機関きかん으로 나누어 쓴다. 차이는 명확하지는 않지만, OPEC(석유수출국기구, Organization of Petroleum Exporting Countries)와 같이 상부 조직 같은 것이 존재하지 않는 경우는 機構를, WHO(세계보건기구, World Health Organization)와 같이 상부에 UN이라는 조직이 있는 경우는 機関을 쓴다.

0944 ノービザ制度を悪用して不法滞在が増えている。

'무비자'는 ノービザ 또는 無査証むさしょう라고 한다.

0945 日米の首脳会談で開発途上国に対する借款問題が話し合われた。

'정상 회담'은 首脳会談しゅのうかいだん이라고 한다.

0946 禁煙すると家族に宣言したが、三日坊主になってしまった。

三日坊主는 스님이 되려고 출가했지만, 수행이 너무 힘들어 참지 못하고 3일 만에 그만두었다는 이야기에서 나온 말로 '작심삼일'의 뜻으로 쓴다.

0947 初志貫徹は、座右の銘として人気のある言葉です。

'좌우명'은 座右の銘 또는 외래어를 써서 モット라고 한다. '초지일관'을 初志貫徹라고 하는 점에도 주의하자.

プラス+

정상 회담 용어	
남북 정상 회담	南北なんぼく首脳会談しゅのうかいだん
G7(Group of Seven Summit), 주요 7개국 정상회의	主要国しゅようこく首脳会議しゅのうかいぎ / 先進国せんしんこく首脳会議
선진 7개국 정상회의	主要しゅよう7か国ななかこく首脳会議しゅのうかいぎ / 先進せんしん7か国首脳会議 / サミット
한중일 정상 회담	日中韓にっちゅうかん首脳会談しゅのうかいだん

0948 그는 현역 최고의 **왼손** 투수로 불리고 있다.

彼は現役最高の (　　) 投手と呼ばれている。

⇨ ....

0949 지하철 안에서는 함부로 **유인물**을 나눠 주지 마세요.

地下鉄の中ではむやみに (　　) を配らないでください。

⇨ ....

0950 그는 **성희롱**으로 고소당했다.

彼は (　　) で告訴された。

⇨ ....

0948 **彼(かれ)は現役最高(げんえきさいこう)の左腕(さわん)投手(とうしゅ)と呼(よ)ばれている。**

'왼손 투수'를 직역해서 左手ひだりて投手とうしゅ라고 하면 안 된다. 일본어로는 サウスポー 또는 左腕さわん投手とうしゅ라고 한다. 줄여서 左腕さわん이라고도 한다.

0949 **地下鉄(ちかてつ)の中(なか)ではむやみにビラを配(くば)らないでください。**

'유인물'은 외래어에서 온 말로 ビラ라고 한다.

0950 **彼(かれ)はセクハラで告訴(こくそ)された。**

'성희롱' セクハラ는 セクシャルハラスメント・セクシュアルハラスメント (sexual harassment)의 줄임말이다. 性的せいてき嫌いやがらせ라고도 한다. '성추행'도 セクハラ이다.

プラス⁺

'괴롭힘' 관련 용어

アカハラ	アカデミックハラスメント(일본 조어 academic harassment)의 줄임말
	학내 괴롭힘
アルハラ	アルコールハラスメント(일본 조어 alcohol harassment)의 줄임말
	음주 강요 등 술자리 괴롭힘
カスハラ	カスタマーハラスメント(일본 조어 customer harassment)의 줄임말
	고객의 갑질 행위
スメハラ	スメルハラスメント(일본 조어 smell harassment)의 줄임말
	담배, 구취, 땀 냄새, 향수 등 냄새 괴롭힘
パタハラ	パタニティハラスメント(일본 조어 paternity+harassment) 줄임말
	육아 휴가를 이용하는 남성에 대한 괴롭힘
パワハラ	パワーハラスメント의 줄임말
	직장 상사의 괴롭힘, 직장 내 갑질, 갑질
マタハラ	マタニティハラスメント(일본 조어 maternity+harassment)의 줄임말
	(직장에서) 임신・출산과 관련한 괴롭힘, 임산부 괴롭힘

レベル 3

양자택일 260

사지선다 145

괄호쓰기 145

0951 **승차하실 수 없습니다**. 다음 열차를 이용해 주세요.

(　　)。次の電車をご利用ください。

① ご乗車できません　　② ご乗車になれません

0952 다음 주 일요일에 소방 설비 점검하러 찾아뵙겠습니다만, **집에 계실** 필요는 없습니다.

来週の日曜日に消防設備の点検に伺いますが、(　　)必要はありません。

① ご在宅する　　② ご在宅なさる

0953 선생님께서도 이 가게를 자주 **이용하십**니까?

先生もこの店をよく(　　)んですか。

① ご利用される　　② ご利用なさる

0954 운전면허증은 3번 창구에서 **받아** 주세요.

運転免許証は３番の窓口で(　　)ください。

① いただいて　　② お受け取り

0955 사장님은 오늘 **돌아오**시나요?

社長は今日(　　)んですか。

① 帰っていらっしゃる

② お帰りになって来る

ポイント

존경어 0951~0956

▶ 자세한 설명은 부록 647쪽 참고

0951 ② **ご乗車になれません。次の電車をご利用ください。**

①ご乗車できません은 ご乗車する(겸양어Ⅰ)의 가능 부정 형태이므로 알맞지 않다. 이럴 때는 ご乗車になれません이나 ご乗車いただけません・ご乗車はできません으로 써야 한다.

0952 ② **来週の日曜日に消防設備の点検に伺いますが、ご在宅なさる必要はありません。**

①ご在宅する는 [お・ご(御)~する] 형태로 쓰는 겸양어Ⅰ이다. 이 경우는 [ご+ます형+なさる]를 써서 ご在宅なさる라고 표현해야 한다. 또한 ご在宅なさる必要를 간결하게 ご在宅の必要라고 해도 된다. 참고로 경어 접두사 御는 お・おん・ご・み 등으로 읽는다.

0953 ② **先生もこの店をよくご利用なさるんですか。**

①ご利用される는 [お・ご(御)~する] 형태인 ご利用する(겸양어Ⅰ)와 れる(존경어)가 합쳐진 표현으로 겸양어Ⅰ과 존경어가 섞인 틀린 표현이다. 이 경우는 [ご+ます형+なさる]를 써서 ご利用なさる 또는 [お・ご+ます형+になる]를 써서 ご利用になる로 하거나 する만 존경어로 바꿔서 利用される 또는 利用なさる라고 하면 된다.

0954 ② **運転免許証は３番の窓口でお受け取りください。**

いただく를 '받다'의 뜻으로 사용할 경우는 겸양어Ⅰ이다. 따라서 윗사람에게 어떻게 하라고 말할 때는 쓸 수 없다. 이때는 [お・ご+ます형+ください] 형태로 바꿔서 お受け取りください라고 해야 한다.

0955 ① **社長は今日帰っていらっしゃるんですか。**

복합동사일 때는 일반적으로 뒷부분을 존경어로 만든다.

0956 **이해하기 어려운** 점은 주저하지 마시고 물어봐 주세요.

(　　) 点は、遠慮なくお尋ねください。

① お分かりにくい
② お分かりになりにくい

0957 이 방을 30분 정도 **쓰고 싶습니다만**.

この部屋を三十分ほど (　　)。

① お使いしたいんですが
② 使わせていただきたいんですが

0958 이 제품을 **알고** 있습니다.

この製品を (　　) います。

① 存じて　　② 存じ上げて

0959 아버지도 미타라이 씨를 뵙고 싶다고 **얘기**했습니다.

父も御手洗さんをお目にかかりたいと、(　　) おりました。

① 申して　　② 申し上げて

0960 파리 패션위크에는 저도 **가는**데 유이 씨도 가지 않으실래요?

パリ・ファッションウィークには私も (　　) が、油井さんもおいでになりませんか。

① まいります　　② 伺います

ポイント

겸양어 I / 겸양어 II 0957~0960

▶ 자세한 설명은 부록 650, 652쪽 참고

0956 ② お分かりになりにくい点(てん)は、遠慮(えんりょ)なくお尋(たず)ねください。

分かりにくい는 [동사+형용사] 형태로 된 문장이다. 이것을 존경어로 고칠 때는 동사 부분만 존경어로 고치면 된다. 따라서 分かる를 お分かりになる로 고치고, 여기에 にくい를 결합하면 お分かりになりにくい가 된다.

0957 ② この部屋(へや)を三十分(さんじゅっぷん)ほど使(つか)わせていただきたいんですが。

'방'은 사물이므로 겸양어 I 을 쓸 수 없으므로 お使いする는 쓸 수 없다.

0958 ① この製品(せいひん)を存(ぞん)じています。

'제품'에는 겸양어 I 인 存じ上げる는 안 되고, 겸양어 II 인 存じる를 써야 한다.

0959 ① 父(ちち)も御手洗(みたらい)さんをお目(め)にかかりたいと、申(もう)しておりました。

아버지가 미타라이 씨를 뵙고 싶다고 자식에게 말한 것이므로, 겸양 표현을 쓸 대상이 없다. 따라서 겸양어 II 인 申して를 써야 한다.

0960 ① パリ・ファッションウィークには私(わたし)もまいりますが、油井(ゆい)さんもおいでになりませんか。

파리 패션 위크가 겸양 표현의 대상이 될 수 없으므로, 겸양어 I 인 ②伺(うかが)います는 안 되고, 겸양어 II 인 まいります를 써야 한다.

0961 교수님, 스키도 **탈 수 있으세요**?

先生、スキーも（　　）。

① できますか　　② なさいますか

0962 사장님, **커피 드시고 싶으세요**?

社長、（　　）。

① コーヒーがお飲みになりたいですか
② コーヒーでもいかがですか

0963 어제 긴자에서 우치무라 선생님을 **만나 뵀습니다**.

昨日銀座で内村先生に（　　）。

① お目にかけました　　② お目にかかりました

0964 어느 분이 새 임원으로 뽑혔는지 **아십니까**?

どなたが新しい役員に選ばれたか（　　）。

① 存じていらっしゃいますか
② ご存じですか

0965 교장 선생님께서는 그 사건에 대해 아무것도 **모르셔**서 제가 개요를 말씀드렸습니다.

校長先生はその事件について何も（　　）ので、わたくしが概略をお話いたしました。

① お知りでなかった　　② ご存じなかった

0961 ② 先生、スキーもなさいますか。

①できますかは 윗사람에게는 쓸 수 없다. なさいますか(하십니까) 정도로 표현하는 것이 좋다.

0962 ② 社長、コーヒーでもいかがですか。

たいですかは 윗사람에게는 쓸 수 없다. いかがですか(어떠신지요) 정도로 의향을 물어보는 표현이 적당하다.

0963 ② 昨日銀座で内村先生にお目にかかりました。

보기 두 개의 형태는 비슷하지만, 전혀 다른 뜻이므로 주의해야 한다. お目にかけるは 見みせる(보이다)의 겸양어이다. 会あう(만나다)의 겸양어는 お目にかかる이다.

0964 ② どなたが新しい役員に選ばれたかご存じですか。

①存ぞんじていらっしゃいますかは 知る(알다)의 겸양어Ⅱ인 存じる에 존경어인 いらっしゃる를 붙여 쓴 잘못된 표현이다. '아십니까'는 ご存じですか이다.

0965 ② 校長先生はその事件について何もご存じなかったので、わたくしが概略をお話いたしました。

[お・ご＋ます형＋になる]는 어간이 1음절인 단어에는 사용하지 못하므로 知る(알다)의 존경어인 ご存ぞんじだ의 부정형인 ご存じなかった를 써야 한다.

0966 후쿠이 선생님은 언제나 기모노를 **입고** 계십니다.

福井先生はいつも着物を (　　) います。

① お着になって　　② 召して

0967 손님께서 **주무시**니까, 좀 조용히 하렴.

お客様が (　　) から、ちょっと静かにしなさい。

① お寝になりました　　② お休みになりました

0968 오늘도 **경청해 주셔서** 감사합니다.

本日も (　　) ありがとうございました。

① ご拝聴　　② ご清聴

0969 늦었으니까 내일 **하면** 어떨까요?

もう遅いから明日に (　　)、どうですか。

① すれば　　② したら

0970 그 단어는 사전을 **보면** 나와 있어요.

その言葉は辞書を (　　)、出ていますよ。

① 見るなら　　② 見たら

0971 신문사에 **문의하면** 알겠지요.

新聞社に (　　)、分かるでしょう。

① 問い合わせるなら　　② 問い合わせたら

ポイント

たら・と・なら・ば의 주의 사항 0969~0976

▶ 자세한 설명은 부록 611쪽 참고

0966 ② 福井先生(ふくいせんせい)はいつも着物(きもの)を召(め)しています。

[お・ご＋ます형＋になる]는 거의 모든 동사에 적용할 수 있지만, 어간이 1음절인 단어에는 쓰지 못한다. 따라서 お着になる는 쓸 수 없다. 이 경우는 着る의 존경어인 召めす 또는 お召めしになる라고 해야 한다.

0967 ② お客様(きゃくさま)がお休(やす)みになりましたから、ちょっと静(しず)かにしなさい。

寝ねる는 어간이 1음절이므로 お寝になる는 쓸 수 없다. 이 경우는 お休やすみになる를 쓴다.

0968 ② 本日(ほんじつ)もご清聴(せいちょう)ありがとうございました。

拝聴はいちょう는 聞きく(듣다)의 겸양어 I 이다. 拝가 들어가면 겸양어가 된다는 사실을 기억해 두자. 존경어인 清聴를 써야 하며, 清聴가 한자어이므로 접두사는 ご를 붙인다.

0969 ② もう遅(おそ)いから明日(あした)にしたら、どうですか。

[AばB] 형태에서는 포인트가 A 에 있으므로 의문사가 A 에 올 때는 ば를 쓸 수 있지만, 의문사가 B 에 올 때는 ば를 쓸 수 없다. 이때는 たら를 써야 한다.

0970 ② その言葉(ことば)は辞書(じしょ)を見(み)たら、出(で)ていますよ。

앞의 사항이 이루어져야 뒤의 사항이 일어나는 경우는 なら는 쓸 수 없고 たら・と・ば만 쓸 수 있다.

0971 ② 新聞社(しんぶんしゃ)に問(と)い合(あ)わせたら、分(わ)かるでしょう。

앞의 사항이 이루어져야 뒤의 사항이 일어나는 경우이기 때문에 たら・と・ば만 쓸 수 있다.

0972 큰 소리로 음악을 **듣고 싶으면** 이어폰을 껴야 한다.

大きな音で音楽を(　　)、イヤホンをつけるべきだ。

① 聞きたいなら　　② 聞きたいと

0973 장난감을 좀 **만졌더니**, 부서지고 말았다.

おもちゃにちょっと(　　)、壊れてしまった。

① 触れば　　② 触ると

0974 연주가 **끝나자** 관객들은 자리에서 일어나 박수 쳤다.

演奏が(　　)、観客は立ち上がって拍手した。

① 終われば　　② 終わると

0975 미국인 친구가 입원하고 있어서 병문안 가는데, 뭘 **가지고 가면** 좋을까?

アメリカ人の友だちが入院しているので、お見舞いに行くんだけど、何を(　　)いいのかな。

① 持って行ったら　　② 持って行ったほうが

0976 내일 회의 건입니다만, 언제 어디로 **가면** 될까요?

明日の会議のことなんですが、何時にどこへ(　　)いいんですか。

① 行けば　　② 行ったほうが

0972 ① **大きな音で音楽を聞きたいなら、イヤホンをつけるべきだ。**

문장 끝에 의지, 명령, 금지, 의뢰, 바람 등이 나올 때는 と는 쓸 수 없고 たら・なら・ば만 쓸 수 있다.

0973 ② **おもちゃにちょっと触ると、壊れてしまった。**

なら와 ば는 문장 끝에 과거형을 쓸 수 없다. 단, 과거의 습관 등일 때는 ば는 사용할 수 있다.

0974 ② **演奏が終わると、観客は立ち上がって拍手した。**

시간적으로 바로 뒤에(곧바로)라는 뜻으로 사용할 수 있는 가정・조건 표현은 たら와 と이다.

0975 ① **アメリカ人の友だちが入院しているので、お見舞いに行くんだけど、何を持って行ったらいいのかな。**

～ばいい・～たらいい・～たほうがいい는 모두 조언 관련 표현인데, 조언을 요청하는 경우, いつ・どこ・だれ・なに・どんな 등의 '의문사'와 함께 쓸 수 있는 것은 ～ばいい와 ～たらいい이며, ～たほうがいい는 쓸 수 없으므로 주의해야 한다. 문장에서는 何(의문사)가 있으므로 持って行ったら가 알맞다.

0976 ① **明日の会議のことなんですが、何時にどこへ行けばいいんですか。**

문장에 何時に・どこ(의문사)가 앞에 있으므로 行けば가 알맞다.

オマケ 알아 두면 유용한 어휘・관용구 6

白羽しらはの矢やが立たつ	여러 사람 중에서 특별히 뽑히다, 발탁되다
図ずに乗のる	우쭐대다
千三屋せんみつや	①거짓말쟁이, 허풍선이 ②복덕방, 거간꾼
袖そでにする	소홀히 하다, 차갑게 대하다, 거추장스럽게 여기다
大根役者だいこんやくしゃ	연기가 서투른 배우
高飛車たかびしゃ	위압적인 태도, 고자세
伊達だて	멋을 부림, 맵시를 냄
狸寝入たぬきねいり / 空寝そらね	자는 체함, 꾀잠

0977 길가의 낙엽을 쓸어 모아 마대에 담아서 끈으로 꽉 **묶었다**.

道端の落ち葉を掃き集めて麻袋に入れて、ひもでしっかり（　　）。

① つないだ　　② 結んだ

0978 생일 선물에 예쁜 리본이 **묶여** 있었다.

誕生日のプレゼントに、きれいなリボンが（　　）あった。

① つないで　　② 結んで

0979 양국 정부가 손**잡고** 환경 개선에 대처하고 있다.

両国の政府が手を（　　）環境改善に取り組んでいる。

① つないで　　② 結んで

0980 어린아이를 데리고 에스컬레이터를 이용할 때는 손을 **잡고** 탑시다.

小さな子どもを連れてエスカレーターを利用する際は、手を（　　）乗りましょう。

① つないで　　② 結んで

0981 돼지고기와 소고기 간 것을 사용하고, 달걀을 넣어 **잘 뭉치게 하는** 햄버거는 일본의 독자적인 것입니다.

合い挽き肉を使い、卵で（　　）ハンバーグは日本独自のものなのです。

① つなぐ　　② 結ぶ

ポイント

結ぶ / つなぐ 잇다, 묶다 0977~0981

(1) 結ぶ는 연결할 때 끈과 같은 가늘고 긴 것만 가능하지만, つなぐ는 그러한 제한이 없다.
(2) 結ぶ는 연결하는 것이 장식을 위한 것일 때도 있지만, つなぐ는 장식과는 무관하다.
(3) つなぐ는 묶거나 이은 것을 비교적 간단하게 풀 수 있지만, 結ぶ는 쉽게 풀 수 없다.
(4) 結ぶ는 끈을 이용하여 잇거나 묶어서 내용물이 움직이지 않게 하거나, 용기 속 내용물이 빠져나오지 않게 한다는 뜻이 있다. 이때는 つなぐ는 쓸 수 없다.
(5) 다른 사람의 손을 잡을 때는 手をつなぐ를 쓰고, '협력하다, 제휴하다'의 뜻으로 쓰면 手を結ぶ를 쓴다.
(6) つなぐ는 원래 떨어져 있던 것들을 흐트러지지 않고 잘 뭉치게 하는 매개물이나 행위를 나타낸다. 이때는 結ぶ는 쓸 수 없다.

0977 ② **道端の落ち葉を掃き集めて麻袋に入れて、ひもでしっかり結んだ。**

내용물이 나오지 않게 끈으로 묶는다고 할 때는 結ぶ만 쓸 수 있다.

0978 ② **誕生日のプレゼントに、きれいなリボンが結んであった。**

쉽게 풀 수 없고 장식의 개념이 들어가 있으므로 結ぶ가 알맞다.

0979 ② **両国の政府が手を結んで環境改善に取り組んでいる。**

'협력하다, 제휴하다'의 뜻으로 쓰일 때는 手を結ぶ를 쓴다.

0980 ① **小さな子どもを連れてエスカレーターを利用する際は、手をつないで乗りましょう。**

다른 사람의 손을 잡을 때는 手をつなぐ를 쓰는데, 이 경우는 잡은 손을 비교적 간단하게 풀 수 있다는 뉘앙스를 준다. 한편 手を握(にぎ)る도 '손을 잡다'의 뜻이 있는데, 이때는 힘을 주는 것에 포인트가 있으며, 또한 다른 사람의 손을 잡을 때도 쓸 수 있고 자기 손을 잡을 때도 쓸 수 있다. 手を結ぶ는 실제로 손을 잡는 것이 아니라 '협력하다, 제휴하다'의 뜻이다.

0981 ① **合い挽き肉を使い、卵でつなぐハンバーグは日本独自のものなのです。**

원래 떨어져 있던 것들을 흐트러지지 않고 잘 뭉치게 하는 매개물을 나타낼 때는 つなぐ만 쓸 수 있다.

0982 자동판매기를 **줄여서** 자판기라고 한다.

自動販売機を (　　) 自販機と言う。

① 省いて　　② 略して

0983 좀 더 절약하면 쓸데없는 경비를 **줄일 수 있다.**

もう少し節約すれば無駄な経費が (　　)。

① 省ける　　② 略せる

0984 일요일은 **대체로** 집에 있는다.

日曜日は (　　) 家にいる。

① おおよそ　　② たいてい

0985 인구가 **부쩍** 늘었다.

人口が (　　) 増えた。

① ぐいぐい　　② ぐんぐん

0986 그는 못을 **쑥** 뽑았다.

彼は釘を (　　) 引き抜いた。

① ぐいぐい　　② ぐんぐん

ポイント

略りゃくす / 省はぶく 생략하다, 줄이다 0982~0983

(1) 略す는 일부분만 남기고, 없어도 되는 부분을 빼서 전체를 간단히 한다는 뜻이다.

(2) 省く는 없는 편이 나은 쓸데없는 부분을 빼서 간단히 하는 것을 말한다.

(3) '경칭은 생략하다, 이하 생략' 등의 표현에서는 둘 다 쓸 수 있다.

ぐんぐん / ぐいぐい 부쩍, 쑥쑥 0985~0986

둘 다 기세 좋은 모양을 나타내지만, ぐんぐん은 '속도'에, ぐいぐい는 '힘'에 포인트가 있다. 예를 들면, お酒さけをぐんぐん飲のむ라고 하면 술을 마시는 속도 · 양에 중점을 두지만, お酒さけをぐいぐい飲のむ라고 하면 한 번에 기세 좋게 마시는 것을 나타낸다.

0982 ② 自動販売機じどうはんばいきを略りゃくして自販機じはんきと言いう。

없어도 뜻이 통하도록 말을 줄인다는 뜻이므로 略す가 알맞다.

0983 ① もう少すこし節約せつやくすれば無駄むだな経費けいひが省はぶける。

쓸데없는 경비를 줄이는 것이므로 省く가 알맞다.

0984 ② 日曜日にちようびはたいてい家うちにいる。

おおよそ · たいてい · たいがい는 전부 '대체로, 대략'이라는 뜻이 있다. 대개 구분 없이 쓰이지만, '동작이나 현상이 일어날 가능성'이 중점 내용일 때는 おおよそ는 쓸 수 없고, たいてい와 たいがい만 쓸 수 있다.

0985 ② 人口じんこうがぐんぐん増ふえた。

문장과 같이 '속도'에 관한 문장에는 ぐんぐん이 알맞다.

0986 ① 彼かれは釘くぎをぐいぐい引ひき抜ぬいた。

문장은 힘을 써서 하는 행동이기 때문에ぐいぐい가 알맞다.

0987 그녀의 요리 솜씨는 **확실하다**.

彼女の料理の腕は、(　　)。

① 明らかだ　　② 確かだ

0988 하기노 씨는 **아마** 교토 출신이셨죠?

萩野さんは、(　　) 京都の出身でしたよね。

① 明らか　　② 確か

0989 이번 조사로 공해의 원인이 **확실해**졌다.

今度の調査で公害の原因が (　　) なった。

① 明らかに　　② 確かに

0990 이렇게 증거가 있기 때문에 그가 범인이라는 사실은 **분명하다**.

こんなに証拠があるのだから、彼が犯人であることは (　　)。

① 明らかだ　　② 確かだ

0991 장마가 **끝나**면 본격적인 여름이 시작된다.

梅雨が (　　) と、夏本番が始まる。

① 終わる　　② 明ける

ポイント

確(たし)かだ / 明(あき)らかだ 명백하다, 분명하다 0987~0990

(1) 確かだ

① 화자의 주관적인 확신을 암시하여 객관성이 부족하지만, 확신하여 신용할 수 있다는 자신감을 나타낸다.

② '내 기억에 틀림이 없다면 …'과 같이 기억을 더듬으며 이야기할 때 사용한다. 이때는 '아마'라고도 번역할 수 있다.

(2) 明らかだ

① 누가 봐도 분명하고 의문의 여지가 없는 것을 나타낸다.

② 자신의 주관이 아닌 일반적이고 객관적인 판단이다.

③ 明らかにする는 어떤 것을 드러내거나 공표한다는 뜻이다.

0987 ② 彼女(かのじょ)の料理(りょうり)の腕(うで)は、確(たし)かだ。

문장은 주관적인 확신을 말하고 있으므로 確かだ가 알맞다.

0988 ② 萩野(はぎの)さんは、確(たし)か京都(きょうと)の出身(しゅっしん)でしたよね。

문장은 자신의 기억을 더듬으며 말하고 있으므로 確かだ가 알맞다.

0989 ① 今度(こんど)の調査(ちょうさ)で公害(こうがい)の原因(げんいん)が明(あき)らかになった。

문장에는 '조사'라는 객관적인 문구가 있으므로 明らかに가 알맞다.

0990 ① こんなに証拠(しょうこ)があるのだから、彼(かれ)が犯人(はんにん)であることは明(あき)らかだ。

문장에는 '증거가 있다'는 객관적인 이유가 있으므로 明らかだ가 알맞다.

0991 ② 梅雨(つゆ)が明(あ)けると、夏本番(なつほんばん)が始(はじ)まる。

'장마가 끝나다'는 梅雨つゆが終おわる라고 직역하기 쉽지만, 梅雨が明ける가 맞는 표현이다.

※ 장마 시작 : 梅雨入(つゆい)り / 장마 끝 : 梅雨明(つゆあ)け

0992 전화 한 통으로 **끝날** 문제가 아니다.

電話一本で (　　) 問題ではない。

① 終わる　　② 済む

0993 아침은 토스트에다 커피 정도로 **끝내는** 집이 많다.

朝はトーストにコーヒーぐらいで (　　) 家が多い。

① 終える　　② 済ます

0994 그 정치가는 **뻔뻔스럽게** 뇌물을 요구했다.

あの政治家は (　　) 賄賂を要求した。

① ずうずうしく　　② 臆面もなく

0995 모두가 줄을 잘 지켜 서서 기다리고 있는데 **뻔뻔스러운** 아줌마가 옆에서 끼어들었다.

みんなきちんと並んで持っていたのに (　　) おばちゃんが横から入って来た。

① ずうずうしい　　② 臆面もない

ポイント

ずうずうしい / 臆面もない 뻔뻔하다 0994~0995

(1) 행동에 거리낌이 없고 부끄러움을 모른다는 점에서는 둘 다 비슷하게 쓰이지만, 臆面もない는 객관적인 시각만 서술할 때 쓰고, ずうずうしい는 피해의식도 함께 표현할 때 쓴다.

(2) 臆面もない가 수식하는 것은 상당히 객관적인 느낌이고, 제삼자가 받는 피해나 피해의식과는 관계가 없다. 반면에 ずうずうしい는 피해를 본 사람의 피해의식이 깔려 있는 표현이다.

0992 **② 電話一本で済む問題ではない。**

문장에서 '끝나다'는 '해결되다, 결말이 나다, 도리를 다하다'라는 뜻으로 쓰였기 때문에 済む가 알맞다.

0993 **② 朝はトーストにコーヒーぐらいで済ます家が多い。**

문장에서 '끝내다'는 終おえる라고 직역하기 쉽지만, 여기서는 '때우다, 해결하다'의 뜻으로 쓰였으므로 終える는 쓸 수 없고 済ます만 쓸 수 있다.

0994 **② あの政治家は臆面もなく賄賂を要求した。**

문장은 뇌물을 요구한 정치가에 대한 사실 자체를 서술한 것이므로 臆面もない가 알맞다.

0995 **① みんなきちんと並んで待っていたのにずうずうしいおばちゃんが横から入って来た。**

문장에서는 아줌마가 새치기함으로써 내가 피해를 보는 것이므로 ずうずうしい가 알맞다.

0996 기말고사는 **성실하게** 공부했기 때문에 자신 없는 영어 점수가 올랐습니다.

期末テストは (　　　) 勉強したので、苦手な英語の点数が上がりました。

① 誠実に　　　② 真面目に

0997 신문에서 시사 문제를 중고생을 위해 **쉬운** 말로 해설한 기사를 읽었다.

新聞で、時事問題を中高生向きに、(　　　) 言葉で解説している記事を読んだ。

① たやすい　　　② 易しい

0998 예문이 많아서 **쉽게** 이해할 수 있었다.

例文が多くて、(　　　) 理解できた。

① たやすく　　　② 易しく

0999 늦게 들어가면 엄마는 **시끄럽게 잔소리를 한다**.

遅く帰ると母は (　　　)。

① 騒がしい　　　② うるさい

ポイント

易しい / たやすい 쉽다 0997~0998

(1) 易しい는 내용이 알기 쉬워서 쉽게 이해할 수 있다는 뜻을 나타낸다.
(2) たやすい는 실행하는 데 수고나 노력을 필요로 하지 않는다는 뜻을 나타낸다.
(3) 내용에 대해서는 たやすい는 쓸 수 없다.
(4) '간단하게, 편하게'라는 뜻으로 부사적으로 쓸 때는 たやすい만 쓸 수 있고, 易しい는 쓸 수 없다.

うるさい / やかましい / 騒がしい / 騒々しい 시끄럽다 0999~1001

(1) うるさい는 소리로 인한 주관적인 불쾌감을 나타내며, 객관적인 소리의 크기와 상관없이 쓸 수 있다. 따라서 '소리가 커서 시끄럽다'는 뜻에서 발전하여 심한 잔소리 등으로 인해 '귀찮다'는 불쾌감까지도 표현한다.
(2) やかましい는 소리에 대한 불쾌감을 나타내지만, うるさい에 비해서 소리의 크기를 객관적으로 파악한다는 느낌이 강하다. 또한 '화제로 거론되는 일이 많다'는 뜻으로 쓰일 때는 やかましい만 쓸 수 있다.
(3) うるさい는 소음의 지속성, やかましい는 소음의 크기에 중점을 두는 경향이 있다는 차이점이 있다.
(4) 騒がしい와 騒々しい는 うるさい와 やかましい보다 객관성이 강하며, 대상의 양태 표현에 중점을 두며, 소리뿐만 아니라 동요하는 분위기나 소란스러움의 의미도 포함한다.

0996 ② **期末テストは真面目に勉強したので、苦手な英語の点数が上がりました。**

誠実せいじつだ는 사리사욕이 없고, 사람을 배신하지 않는 진정성이 있다는 추상적인 뜻이 강하며, 真面目だ는 '진지하게, 진심으로 임하다'라는 구체적인 뜻이 강하다. 따라서 진지하게 온 힘을 다해 하는 모습을 나타낼 때는 真面目だ가 알맞다.

0997 ② **新聞で、時事問題を中高生向きに、易しい言葉で解説している記事を読んだ。**

문장은 '말의 내용이 쉽다'는 뜻이므로 易しい만 쓸 수 있다.

0998 ① **例文が多くて、たやすく理解できた。**

'간단하게, 편하게'라고 부사적으로 쓸 때는 たやすい만 쓸 수 있다.

0999 ② **遅く帰ると母はうるさい。**

문장은 심한 잔소리 등으로 인해 귀찮다는 불쾌감까지도 표현하므로 うるさい와 やかましい만 쓸 수 있다.

1000 총리 승계 문제로 정계가 **시끄럽다**.

総理後継問題で政界が（　　）。

① 騒がしい　　② うるさい

1001 최근 입시 문제가 텔레비전에서 **떠들썩하게** 거론되고 있다.

最近、入試問題がテレビで（　　）取りざたされている。

① やかましく　　② うるさく

1002 수출**용** 제품은 사이즈를 좀 크게 만들어졌다.

輸出（　　）の製品はサイズが少し大きくなっている。

① 向き　　② 向け

1003 이 기계는 너무 커서 가정에서 사용하기에는 **적합하지 않**다.

この機械は大きすぎて家庭で使うのには（　　）だ。

① 不向き　　② 不向け

1004 여기는 여학생**용** 기숙사이므로 남성은 들어갈 수 없습니다.

ここは女子学生（　　）の寮ですから、男性は入れません。

① 向き　　② 向け

ポイント

向きだ / 向けだ ~에 적합하다, ~에 알맞다 1002~1007

(1) 向きだ는 '~에 적합하다, 알맞다'는 뜻이다. 어떤 용도에 적합하기는 하지만, 다른 대상으로도 쓰이며 특별히 그것만 의도하는 것은 아니다. 주로 '~에 적합한, ~에 알맞은'으로 번역된다.

(2) 向けだ는 '특별히 ~에 맞게 만들었다, ~을 위해 만들었다'는 뜻이다. 특정 대상이 있는 경우이기 때문에 이외의 것은 대상으로 삼지 않는다. 따라서 의도를 갖고 만들었다는 뜻이 강하다. 向け는 주로, '~용'으로 번역된다.

1000 ① **総理後継問題で政界が騒がしい。**

문장은 동요하여 침착함을 잃어버리는 것을 나타내므로 騒がしい와 騒々そうぞうしい만 쓸 수 있다.

1001 ① **最近、入試問題がテレビでやかましく取りざたされている。**

화제로 거론되는 일이 많다는 뜻으로 쓰일 때는 やかましい만 쓸 수 있다.

1002 ② **輸出向けの製品はサイズが少し大きくなっている。**

문장은 '특별히 수출용에 맞게 크기를 크게 했다'는 뜻이므로 向け가 알맞다.

1003 ① **この機械は大きすぎて家庭で使うのには不向きだ。**

문장은 특별한 의도가 있는 기계를 말하는 것이 아니므로 不向き가 알맞다.

1004 ② **ここは女子学生向けの寮ですから、男性は入れません。**

'특별히 여학생을 위해 만든 기숙사'란 뜻이므로 向け가 알맞다.

1005 이 스포츠는 무척 격렬해서, 체력에 자신 있는 사람에게 **적합**합니다.

このスポーツはとても激しいですので、体力に自信のある人（　　）です。

① 向き　　② 向け

1006 최근의 어린이**용** 그림책은 제법 내용이 알찬 학술적인 것이 인기라고 한다.

最近の子ども（　　）の絵本は、結構内容の濃い、学術的なものが人気だという。

① 向き　　② 向け

1007 고령자**용**의 글자가 큰 사전이 매상을 늘리고 있다고 한다.

高齢者（　　）の字の大きな辞書が売れ行きを伸ばしているという。

① 向き　　② 向け

1008 아무리 어려운 과제라도 학원생들은 **끈질기게** 물고 늘어진다.

どんな難しい課題にも、塾生たちは（　　）食い下がってくる。

① しつこく　　② くどく

1009 한겨울의 **차가운** 북풍이 정면으로 세차게 불어닥쳤다.

真冬の（　　）北風が真っ向から吹き付けた。

① 冷やっこい　　② 冷たい

ポイント

冷たい / 冷やっこい 차갑다 1009

(1) 冷たい는 객관적이며 일반적으로 기온이 낮은 것을 나타내고, 온도의 한계가 있는 건 아니다.

(2) 冷やっこい는 인간이 어느 정도 상쾌하게 느끼는 정도의 저온이라는 암시가 있으며, 극단적으로 저온인 경우는 쓰이지 않는다.

1005 ① このスポーツはとても激しいですので、体力に自信のある人向きです。

문장은 특별한 의도가 있는 것이 아니므로 向き가 알맞다.

1006 ② 最近の子ども向けの絵本は、結構内容の濃い、学術的なものが人気だという。

문장은 '특별히 어린이를 위해 만든 그림책'이란 뜻이므로 向け가 알맞다.

1007 ② 高齢者向けの字の大きな辞書が売れ行きを伸ばしているという。

문장은 '특별히 고령자를 위해 만든 사전'의 뜻이므로 向け가 알맞다. 이 밖에도 学生がくせい向けかばん(학생용 가방) · 初心者しょしんしゃ向けのコース(초보자용 코스) 등으로 다양하게 쓰인다.

1008 ① どんな難しい課題にも、塾生たちはしつこく食い下がってくる。

くどい와 しつこい는 둘 다 '집요하다, 끈질기다'라는 뜻으로 사용되는데, くどい는 しつこい보다 집요함이 끈적끈적한 느낌까지 준다는 뜻이 담겨 있어서 좋지 않은 뜻으로 쓰인다. 문장은 긍정적인 뜻으로 쓰였으므로 しつこい가 맞다.

1009 ② 真冬の冷たい北風が真っ向から吹き付けた。

①冷ひやっこい는 사람이 어느 정도 상쾌하게 느끼는 정도의 저온이라는 암시가 있으며, 극단적으로 저온인 경우는 쓰이지 않는다.

1010 너무도 재미있어서 웃음을 참기 **어려웠다**.

あまりにもおかしくて笑いを (　　)。

① 耐えがたかった　　② 抑えられなかった

1011 요즘 재판에서는 검찰 측의 **패배**가 계속되고 있다.

このところ、裁判では検察側の (　　) が続いている。

① 白星　　② 黒星

1012 아버지의 기쁨도 **한층** 컸다.

父の喜びも (　　) であった。

① ひときわ　　② ひとしお

1013 서쪽에서 보이는 산들 중에서 **한층 더** 높은 것은?

西の方に見える山々の中で (　　) 高いのは？

① ひときわ　　② ひとしお

ポイント

ひときわ / ひとしお 한층 1012~1013

(1) ひときわ는 객관적인 일에 쓰인다. 또한 ひときわ는 술어로 쓰이지 못하며, ひとしお만 술어로 쓴다.

(2) ひとしお는 ひときわ보다 의미가 한정적으로 쓰이는데, 주로 감정적인 것을 나타낼 때 쓴다.

1010 ② あまりにもおかしくて笑(わら)いを抑(おさ)えられなかった。

耐(た)える와 抑える는 둘 다 '참다'라는 뜻으로 쓰이지만, 耐える는 고통이나 모욕 등 부정적인 뜻을 포함한 '참기 어렵다, 견디기 어렵다'의 뜻이 된다. 웃음이나 감사 등 긍정적인 것을 참는 경우는 抑(おさ)える를 써야 하며, 이 경우 '참기 어렵다, 억누르기 어렵다'의 뜻이 된다.

1011 ② このところ、裁判(さいばん)では検察側(けんさつがわ)の黒星(くろぼし)が続(つづ)いている。

白星(しろぼし)는 속이 흰(먹칠하지 않은) 별표나 동그라미표, 특히 일본 씨름인 스모에서 승리를 나타내는 ○표시를 의미한다. 여기서 의미가 확대되어 '성공, 공훈'이라는 뜻으로 쓰이게 됐다. 黒星는 '검정'이 가지고 있는 좋지 않은 이미지를 반영하여 스모에서 '패배'를 의미하는 말이다. 여기서 의미가 확대되어 '승부에서 지는 것, 실패, 뒤처리가 허술함'이라는 뜻으로 쓰이게 되었다.

1012 ② 父(ちち)の喜(よろこ)びもひとしおであった。

문장은 술어로 쓰였으므로 ひとしお가 알맞다.

1013 ① 西(にし)の方(ほう)に見(み)える山々(やまやま)の中(なか)でひときわ高(たか)いのは？

문장은 완전히 객관적인 것이므로 ひときわ가 알맞다.

レベル1 レベル2 レベル3

1014 현재 내각의 지지율은 발족 당시보다 약간 떨어지는 **경향이 있다**.

現在の内閣の支持率は発足時よりやや下がり (　　)。

① がちだ　　② 気味だ

1015 요즘은 구름 낀 **흐릿한** 날씨가 계속되어, 빨래를 말리지 못해서 애를 먹고 있다.

ここのところ、曇り (　　) の天気が続いて、洗濯物が干せなくて困る。

① がち　　② 気味

1016 감기 **기운이 있어서** 기침이 난다.

風邪 (　　) で、せきが出る。

① がち　　② 気味

1017 추운 날에는 집 안에만 틀어박히기 **십상이다**.

寒い季節は家の中にこもり (　　)。

① がちだ　　② 気味だ

ポイント

~がちだ / 気味だ ~한 경향이 있다, ~한 상태이다 1014~1017

둘 다 '어떤 상태로 되려는 모양, 치우친 모양, 그러한 경향이 있다'는 뜻을 나타낸다.

(1) ～がちだ

① '일반적인 경향'을 나타낸다.

② がちだ는 '전체 중에서 ～이 차지하는 비율이 높다'는 뜻이며, '자주 그러하다, 그러한 경향이 있다'는 뜻이다.

③ 주로 사람의 행동이나 사물의 움직임에 대해 '평상시의 경향'을 나타낸다.

④ がちだ 앞에는 부정적인 내용이 오고, 걱정 · 불만 · 비난 등의 기분을 포함하는 경우가 많다.

⑤ [AがちにB]의 형태로 'A한 모습으로 B'라는 쓰임도 있다.

예) じゃ、コーヒーをと、彼女かのじょは遠慮えんりょがちに答こたえた。
'그럼, 커피를'이라고 그녀는 조심스레 대답했다.

(2) 気味だ

① '～의 모습이다, ～한 모습이 보이다, 현재 약간 ～하다'의 뜻이다.

② 주로 사람이나 사물의 현재 상태에 대해 쓴다.

③ 気味だ 앞에는 '부정적인 상태'가 쓰여, 걱정하는 기분을 포함하는 경우가 많다.

(3) がちだ와 気味だ 양쪽 다 쓸 수 있는 문장이라도 의도하는 건 다르다.

예) この時計とけいは遅おくれがちだ。
이 시계는 툭 하면 늦는다. (늦는 일이 많다, 일반적으로 늦는 경향이 있다.)
この時計は遅れ気味だ。 이 시계는 좀 늦는 것 같다. (현재 약간 늦다.)

1014 **② 現在の内閣の支持率は発足時よりやや下がり気味だ。**

현재의 지지율이 낮아진 상태에 대해 말하고 있으므로 気味だ가 알맞다. 発足을 ほっそく라고 읽는 것에도 유의하자.

1015 **① ここのところ、曇りがちの天気が続いて、洗濯物が干せなくて困る。**

문장은 '전체 날씨 중에 흐린 날이 차지하는 비율이 높다, 자주 그렇다, 흐린 경향이 있다'의 뜻이므로 がち가 알맞다.

1016 **② 風邪気味で、せきが出る。**

현재 감기 기운이 있는 상태에 대해 말하고 있으므로 気味だ가 알맞다.

1017 **① 寒い季節は家の中にこもりがちだ。**

추운 날에 보이는 일반적인 경향을 나타내므로 がちだ가 알맞다.

1018 다음 주 일주일 동안은 **구름 낀 흐린 날씨가 이어지**겠습니다.

来週 1 週間は (　　) でしょう。

① 曇りがち　　② 曇るきらいがある

1019 건강할 때는 건강의 고마움을 잊기 **쉽다**.

元気な時は、健康のありがたさを忘れ (　　)。

① がちだ　　② っぽい

1020 나이가 드니 **뭐든 잘** 잊어버리**게** 되었다.

年をとると、忘れ (　　) なった。

① がちに　　② っぽく

1021 여동생은 어릴 때 **자주** 병**이 났었다**.

妹は子どものころ、病気 (　　)。

① がちだった　　② っぽかった

ポイント

〜がちだ / 〜っぽい ~한 상태가 되기 쉽다, ~하는 경향이 있다 1019~1022

(1) 〜がちだ

① '(명사)~이 나타내는 상태가 되기 쉽다, 그러한 성향이 농후하다'는 뜻을 나타낸다.

② 앞에는 부정적인 내용이 오고, 사용할 수 있는 명사는 한정되어 있다.

③ 〜がちだ 앞에 동사가 오면, 의도하지 않아도 그렇게 되고 만다는 뜻을 나타낸다.

(2) 〜っぽい

① 명사나 동사의 연용형과 함께 사용하는 경우 '그런 느낌이 든다, 경향이 있다'는 뜻의 형용사가 된다.

② 색상을 나타내는 명사 뒤에 오면 '〜 색을 띠고 있다, 〜 색에 가깝다'는 뜻을 나타낸다.

③ 女おんな・男おとこ・子こども・やくざ 등에 〜っぽい를 붙여 써서 '여자・남자・아이・깡패 같다'는 뜻을 나타낸다.

(3) 〜がちだ를 동사와 함께 쓰는 경우, 목적어가 필요하다. 한편 〜っぽい는 '전체적인 성질'이라는 뜻이 되므로 목적어는 필요 없다.

(4) 〜がちだ를 명사와 함께 쓰는 경우, 좋지 않은 상태를 나타내는 명사로 한정되지만, 〜っぽい는 그런 제한은 없다.

(5) 〜がちだ는 '현재는 그렇지 않지만, 마이너스 방향으로 변해 간다'는 뜻이며, 그것이 성격・성향처럼 되고 만 것이 〜っぽい이다.

1018 ① **来週らいしゅう1週間いっしゅうかんは曇くもりがちでしょう。**

きらいがある도 '~라는 경향이 있다'고 번역하지만, '경향'을 나타낼 때만 사용할 수 있고, 이 문장처럼 '빈도'를 나타낼 때는 きらいがある는 쓸 수 없고 がち만 쓸 수 있다. 또한 명사와 이어질 때도 がち는 遠慮えんりょがち처럼 바로 이어지지만 きらいがある는 独断専行どくだんせんこうのきらいがある처럼 の가 있어야 하고, 동사와 이어질 때는 がち는 ます형, きらいがある는 사전형에 붙는다.

1019 ① **元気げんきな時ときは、健康けんこうのありがたさを忘わすれがちだ。**

문장에 동사의 목적어가 나와 있으므로 〜がちだ만 쓸 수 있다.

1020 ② **年としをとると、忘わすれっぽくなった。**

문장에는 동사의 목적어가 없으므로 〜っぽく만 알맞다.

1021 ① **妹いもうとは子こどものころ、病気びょうきがちだった。**

좋지 않은 상태를 나타내는 명사와 함께 쓰이는 것은 〜がちだ이다.

1022 그는 언제나 흰색 **계통의** 옷을 입고 있다.

彼はいつも白 (　　) 服を着ている。

① がちの　　② っぽい

1023 그는 나한테**만** 사실을 얘기해 주었다.

彼は私に (　　) 本当のことを話してくれた。

① だけ　　② ばかり

1024 그렇게 단것**만** 먹으면 치아에 안 좋아요.

そんなに甘いもの (　　) 食べていたら、歯に悪いよ。

① だけ　　② ばかり

1025 다시 한 번**만** 내가 설명하게 해 주세요.

もう一度 (　　) 私に説明させてください。

① だけ　　② ばかり

1026 앉아 있지**만** 말고 조금은 움직여라.

座って (　　) いないで、少しは動きなさい。

① だけ　　② ばかり

レベル1
レベル2
レベル3

ポイント

だけ / ばかり(2) ~만, 정도 1023~1026

(1) だけ는 '그 외의 다른 것은 없다'는 의미이며, ばかり는 '전체 중에서 비율이 높다'는 의미이다.

(2) だけ는 숫자 뒤에 와도 '~에 한정하다'라는 의미는 변함이 없지만, ばかり는 숫자 뒤에 오면 '대략적인 분량 · 정도'의 의미가 된다.

예) 10分じゅっぷんだけ休やすませてください。10분만 쉬게 해 주세요.

10分ばかり休ませてください。10분 정도 쉬게 해 주세요.

(3) '~만'이라는 뜻으로 동사에 접속할 때 だけ 앞에는 ~ている형이 오고, ばかり 앞에는 て형이 온다.

1022 ② 彼(かれ)はいつも白(しろ)っぽい服(ふく)を着(き)ている。

색상을 나타내는 명사 뒤에 쓰여 '~ 색을 띠고 있다, ~ 색에 가깝다'는 의미를 나타내는 표현은 ~っぽい이다.

1023 ① 彼(かれ)は私(わたし)にだけ本当(ほんとう)のことを話(はな)してくれた。

'나에게만'은 나 이외는 없다는 뜻이므로 だけ만 쓸 수 있다.

1024 ② そんなに甘(あま)いものばかり食(た)べていたら、歯(は)に悪(わる)いよ。

단것만 먹는 좋지 않은 일이 반복해서 일어나는 것을 말하므로 ばかり만 쓸 수 있다.

1025 ① もう一度(いちど)だけ私(わたし)に説明(せつめい)させてください。

문장은 '한 번만'이라는 뜻으로밖에 사용할 수 없으므로 ばかり는 쓸 수 없고 だけ만 쓸 수 있다.

1026 ② 座(すわ)ってばかりいないで、少(すこ)しは動(うご)きなさい。

'~만'이라는 뜻으로 사용될 때 て형이 오는 것은 ばかり뿐이다.

1027 오늘은 아침부터 즐거운 일**투성이**라 기분이 좋다.

今日は朝から楽しいこと (　　) で、気分がいい。

① だらけ　　② ばかり

1028 잠**만** 자지 말고, 가끔은 공부라도 좀 하지 그래.

寝て (　　) いないで、たまには勉強でもしたら。

① だらけ　　② ばかり

1029 이런 오자**투성이** 편지 따위 읽고 싶지 않아.

こんな誤字 (　　) の手紙なんか、読みたくない。

① だらけ　　② ばかり

1030 아~. 현관이 흙**투성이**다.

あ～あ、玄関が泥 (　　) だ。

① だらけ　　② まみれ

1031 모두가 단것은 좋아하지만, 단것**투성이**의 메뉴라면 좀 그렇지?

みんな甘いものは好きだけど、甘いもの (　　) のメニューだったらねえ…。

① だらけ　　② まみれ

ポイント

だらけ / ばかり 투성이, 뿐 1027~1029

수나 양이 평균보다 많음을 나타내는 단어이다.

(1) だらけ는 '좋지 않은 일이 너무도 많다'는 뜻으로 쓰인다. だらけ 앞에는 긍정적 의미는 잘 쓰이지 않고, 명사만 앞에 올 수 있다. 또한 だらけ 뒤에는 불쾌한 기분이나 감정을 나타내는 표현이 온다.

(2) ばかり는 '전체 중에 어떤 일이 차지하는 비율이 많다'의 뜻으로 쓰인다. ばかり 앞에는 긍정과 부정 둘 다 올 수 있다. ばかり 앞에는 명사 외에 형용사(현재형), 동사(て형)도 올 수 있다. 이때는 '~만 하고 그 외의 것은 안 한다'는 뜻이 된다.

1027 **② 今日は朝から楽しいことばかりで、気分がいい。**

だらけ는 좋지 않은 일에만 쓸 수 있으므로 양쪽 다 쓸 수 있는 ばかり가 알맞다.

1028 **② 寝てばかりいないで、たまには勉強でもしたら。**

앞에 동사가 나와 있으므로 ばかり만 쓸 수 있다.

1029 **① こんな誤字だらけの手紙なんか、読みたくない。**

불쾌한 기분이나 감정을 표현했기 때문에 だらけ가 알맞다.

1030 **① あ~あ、玄関が泥だらけだ。**

현관이 전체적으로 흙으로 덮인 것이 아니라, 부분적으로 흙이 묻어 있으므로 だらけ가 알맞다.

1031 **① みんな甘いものは好きだけど、甘いものだらけのメニューだったらねえ…。**

だらけ와 まみれ는 둘 다 '투성이'로 번역되지만, 문장에서는 단것 자체는 싫어하지 않지만 그것이 많은 것은 좋아하지 않는다는 뜻이므로 だらけ가 알맞다.

1032 피**범벅**이 된 좌석 커버가 사고의 격렬함을 말해 준다.

血 (　　) になった座席のカバーが、事故の激しさを物語ってくれる。

① だらけ　　② まみれ

1033 단것에는 사족을 못 쓰기 때문에 눈앞에 있으면 **그만** 먹고 만다.

甘い物には目がないので、目の前にあると (　　) 食べてしまう。

① つい　　② 思わず

1034 어제 강연은 너무나 좋아서 **나도 모르게** 일어나 박수를 치고 말았다.

昨日の講演会、すごくよかったので、(　　) 立ち上がって拍手しちゃった。

① つい　　② 思わず

ポイント

だらけ / まみれ 투성이 1030~1032

(1) だらけ는 '무언가 가득 차 있는 모양'을 나타내며, 그에 대한 부정적인 기분이나 감정을 포함한다. 또한 だらけ는 그 자체는 싫은 것이 아니라도 그것이 많은 것은 좋지 않다고 표현할 때 쓴다.

(2) まみれ는 '표면이 전체적으로 더러운 것 또는 좋지 않은 것으로 씌워져 있는 모습'을 나타내며, 그에 대한 부정적인 기분이나 감정을 포함하는 경우가 많다. 또한 まみれ는 깨끗하게 없애기 어려운 것이 표면에 묻어 있거나 스며 있는 느낌을 나타낸다.

つい / 思わず 나도 모르게, 무심결에 1033~1034

(1) つい

① '보거나 듣거나 한 것 등에 무의식적으로 또는 습관적으로 반응하여 어떤 행동을 하는 것'을 나타낸다. 주로 해서는 안 된다고 생각하는 일이나 하지 않으려고 했던 일을 억제하지 못하고 결국은 하고 말았을 때에 쓴다.

② '하지 말았어야 했다, 부주의했다'는 후회의 기분을 나타내기도 하지만, 동시에 일부러 그렇게 한 것은 아니라고 상대에게 전하는 뉘앙스도 있다.

(2) 思わず

① '보거나 듣거나 한 것 등에 강한 자극을 받아 무의식적으로 반응하여 어떤 행동을 하는 것'을 나타낸다. つい와 달리 습관적인 것에는 사용하지 않는다.

② '그렇게 할 생각은 없었는데 너무도 ~했기 때문에'라는 기분을 나타내는 경우가 많다.

1032 **② 血まみれになった座席のカバーが、事故の激しさを物語ってくれる。**

좌석 표면이 전체적으로 부정적인 느낌의 것으로 씌워져 있는 모습을 나타내므로 まみれ가 알맞다.

1033 **① 甘い物には目がないので、目の前にあるとつい食べてしまう。**

먹어서는 안 된다고 생각하는데 억제하지 못하고 결국은 먹고 말았다는 뜻이므로 つい가 알맞다.

1034 **② 昨日の講演会、すごくよかったので、思わず立ち上がって拍手しちゃった。**

문장에서 강연을 듣고 반사적으로 일어난 것은 나쁜 일도 습관적인 행동도 아니므로 つい는 쓸 수 없고, 思わず가 알맞다.

1035 야기 씨는 결혼한 지 2년**밖에 안 됐**는데 벌써 이혼을 생각하고 있는 것 같다.

八木さんは一昨年結婚した (　　) なのに、もう離婚を考えているらしい。

① ばかり　　② ところ

1036 산 지 얼마 **안 된** 접시를 깨고 말았다.

買った (　　) の皿を割ってしまった。

① ばかり　　② ところ

1037 하품하는 **모습**을 들켰다.

あくびをした (　　) を見られた。

① ばかり　　② ところ

1038 A : 여보세요, 히가시 씨?

B : 아~ 아즈마 씨. 저도 지금 막 전화하려던 **참**이에요.

A: もしもし、東(ひがし)さん。

B: ああ、東(あずま)さん。私も今、かけようと思っていた (　　) です。

① ばかり　　② ところ

ポイント

～たばかり / ～たところ ~한 지 얼마 안 된, 막 ~한 뒤 1035~1039

(1) ～たばかり

① '～한 지 시간이 얼마 지나지 않았다'고 느낄 때의 표현으로, 실제로 시간이 어느 정도 짧은지는 그다지 중요하지 않다. 동작 직후가 아니더라도 말하는 사람이 그다지 시간이 지나지 않았다고 느끼는 경우에 쓸 수 있다.

② 명사가 뒤에 올 때는 [～たばかり＋の＋명사] 형태로 쓴다.

(2) ～たところ

① '～하고 나서 바로, 막 ~했을 때, 막 ~한 장면'의 뜻이다. '～한 뒤, 시간이 짧았다'는 사실을 강조하는 표현이다.

② [～たところ＋の＋명사] 형태로는 쓰지 않는다.

③ ところ는 조사 を가 그 뒤에 와서 '바로 그 순간'이라는 뜻이 된다.

④ ところ에는 ～たところ 외에, ～るところ · ～ているところ로도 쓴다. ～るところ는 '～을 하기 직전, 막 ~하려던 참', ～ているところ는 '～하고 있는 도중'을 강조하는 표현이다.

1035 ① 八木(やぎ)さんは一昨年(おととし)結婚(けっこん)したばかりなのに、もう離婚(りこん)を考(かんが)えているらしい。

문장에서 '2년'은 '바로'라고 말할 정도의 시간은 아니므로 ～たところ는 안 되고 ～たばかり만 쓸 수 있다.

1036 ① 買(か)ったばかりの皿(さら)を割(わ)ってしまった。

[～の＋명사] 형태로 쓸 수 있는 것은 ばかり뿐이다.

1037 ② あくびをしたところを見(み)られた。

조사 を가 뒤에 와서 '바로 그 순간'이라는 뜻으로 쓰이는 것은 ～たところ이다.

1038 ② ああ、東(あずま)さん。私(わたし)も今(いま)、かけようと思(おも)っていたところです。

아즈마 씨가 아직 전화를 걸기 전이므로 ～たところ만 쓸 수 있다.

1039 고맙습니다. 알려 주시지 않았더라면 잊어버릴 **뻔**했습니다.

ありがとうございます。注意していただかなかったら忘れていた（　　）です。

① ばかり　　② ところ

1040 지금 밥을 먹고 **있습니다**.

今、ご飯を（　　）。

① 食べています　　② 食べつつあります

1041 수술 뒤, 그의 몸은 조금씩 회복되어 **가고 있다**.

手術後、彼の体は少し回復し（　　）。

① ている　　② つつある

1042 주위 사람들에게 알려지는 것이 **두려워서** 잠자코 있었다.

周りの人に知れるのを（　　）、黙っていた。

① 怖がって　　② 恐れて

ポイント

～つつある / ～ている ~(하)고 있다 1040~1041

(1) ～つつある는 '변화하는 도중, 즉, 변화가 진행 중'을 나타낸다. 桜さくらが散ちりつつある(벚꽃이 지고 있다)라고 하면 '지고 있는 도중'을 나타내므로, 아직 일부는 피어 있다는 사실을 나타낸다. ～つつある는 '동작의 진행'을 나타낼 수 없다.

(2) ～ている

① '순간 동사'(동작의 의미가 순간적으로 성립하는)에 붙어서 쓰일 때는 동작이 일어난 상태, 즉 '결과의 상태'를 나타낸다. 桜が散っている라고 하면 '꽃이 진 뒤의 상태' 즉, 벚꽃이 져 있는 것을 나타낸다. ～ている를 무조건 '~(하)고 있다'라고 번역하면 안 된다.

② '동작 동사'(동작의 연속에 의해 의미가 성립하는)에 붙어서 쓰일 때는 '동작이 현재 일어나고 있는 도중, 진행 중'을 나타낸다.

(3) 따라서 순간 동사의 경우, 뒤에 ～つつある가 올 때와 ～ている가 올 때 뜻이 달라진다.

예) 学校がっこうの役割やくわりも変かわりつつあるんですね。
학교의 역할도 변하고 있네요. (변하는 도중)
学校の役割も変っているんですね。 학교의 역할도 변했군요. (결과의 상태)
学校の役割も変ってきているんですね。 학교의 역할도 변해 가고 있네요. (변하는 도중)

▶ 자세한 설명은 부록 612쪽 참고 : 순간 동사의 종류

1039 ② **ありがとうございます。注意していただかなかったら忘れていたところです。**

사정이 달랐으면 일어날 뻔한 일이 직전에 나지 않게 됐다는 의미로 쓰일 때는 ～たところ만 쓸 수 있다. 이때 앞에는 ～ば・～たら 등의 조건절을 함께 쓰는 일이 많다. 그 일이 일어나기 바로 직전임을 강조할 때는 もう少すこしで～ところだった라고 쓴다. 또한 ところ 앞에는 현재형이 올 때도 있다.

1040 ① **今、ご飯を食べています。**

'동작의 진행'은 ～つつある는 쓸 수 없고, ～ている만 쓸 수 있다.

1041 ② **手術後、彼の体は少し回復しつつある。**

문장에서 조금씩 회복돼 가는 '변화의 도중'을 나타내므로 ～つつある가 알맞다.

1042 ② **周りの人に知れるのを恐れて、黙っていた。**

주위에 알려지는 것이 걱정된다고 했기 때문에 恐れる가 알맞다. 恐れる는 나쁜 결과가 될까봐 걱정한다는 뜻이 있고, 怖がる는 그런 뜻이 없다.

1043 구매한 물건 500엔**당** 추첨권 1장을 받을 수 있다.

買い物500円 (　　) 1枚の抽選券がもらえる。

① あたり　　② につき

1044 이 과자는 한 봉지**당** 80칼로리이므로, 다이어트에 적합한 음식이다.

この菓子は一袋 (　　) 80カロリーなので、ダイエットに最適な食べ物である。

① あたり　　② につき

1045 서로가 사랑하는 **이상은** 결혼하는 것이 순리겠지.

お互いに愛し合っている (　　) 結婚するのが自然だろう。

① うえは　　② からには

1046 준비 운동도 하지 않고 **갑자기** 물에 들어가면 위험해요.

準備運動もしないで、(　　) 水に入ると危ないですよ。

① とつぜん　　② いきなり

ポイント

あたり / つき ~당 1043~1044

(1) [A あたり B]는 'A에 할당하면 B가 되다'의 뜻이다. A에는 기본적으로 [1+조수사]가 오는데, 큰 숫자는 적용되지 않는다. 관습적으로 '1'로 인식되는 것은 '1'을 생략할 수도 있다.
(2) [A つき B] 또한 'A에 할당하면 B가 되다'의 뜻이다. A에는 한 단위라고 생각할 수 있으면 어중간한 숫자라도 쓸 수 있지만, あたり 앞에는 기본적으로는 '1'뿐이다.
(3) [A つき B]는 A라는 단위로 B가 부가된다는 의미지만, [A あたり B]는 단위에 대응하는 수치만을 나타낸다.

うえは / からには ~한 이상 1045

(1) うえは는 책임이나 각오가 뒤따르는 행위를 나타내는 표현과 어울려, '그 행위를 하기(했기) 때문에'라는 뜻을 나타낸다. うえは 뒤에는 '따라서 그에 적합한 행동을 해야 한다'는 뜻의 표현이 나오는 격식 차린 표현이다. うえは 뒤에는 앞의 상황을 견뎌낸 뒤에 따라오는 한정된 선택지나 결의를 나타내는 문장으로 절박한 상황이나 엄숙한 각오를 말하는 문장에 주로 쓰이지만, からには에는 그러한 비장함은 없다.
(2) からには는 '이러한 상황이 된 이상은'이라는 뜻을 나타낸다. からには 뒤에는 '끝까지 관철한다'는 뜻의 표현이 온다. 의뢰, 명령, 의지, 당위 등을 나타내는 문장에 쓴다.

1043 ② 買(か)い物(もの)500円(えん)につき 1 枚(まい)の抽選券(ちゅうせんけん)がもらえる。

あたり 앞에는 기본으로는 1만 올 수 있으므로, 이 문장에서는 500엔을 기준으로 1장이 부가되는 뜻이기 때문에 つき만 쓸 수 있다.

1044 ① この菓子(かし)は一袋(ひとふくろ)あたり80カロリーなので、ダイエットに最適(さいてき)な食(た)べ物(もの)である。

あたり 앞에는 기본적으로 1만 올 수 있는데, 1봉지라고 했으므로 あたり가 알맞다.

1045 ② お互(たが)いに愛(あい)し合(あ)っているからには結婚(けっこん)するのが自然(しぜん)だろう。

문장에서는 비장함은 없으므로 うえは는 부자연스럽고, からには가 자연스럽다. からには 대신에 以上いじょう를 써도 된다.

1046 ② 準備運動(じゅんびうんどう)もしないで、いきなり水(みず)に入(はい)ると危(あぶ)ないですよ。

'단계나 순서를 빼먹고'라는 뜻이 있을 때는 いきなり만 쓸 수 있다. 突然とつぜん에는 그런 뜻이 없다.

1047 시합을 시작하고 1분도 지나지 않은 사이에 **느닷없이** 선제골을 먹혔다.

試合開始から 1 分も経たないうちに、(　　　) 先制ゴールを決められた。

① とつぜん　　② いきなり

1048 벚꽃이 **지기 전에** 꽃구경하러 가요.

桜が (　　) 花見に行きましょう。

① 散らないうちに　　② 散るまえに

1049 가족여행을 **겸해서** 현지를 시찰하고 왔다.

家族旅行 (　　) 現地を視察してきた。

① がたがた　　② をかねて

1050 **일어나자마자** 현기증이 났다.

(　　)、めまいがした。

① 立ち上がるが早いか　　② 立ち上がったとたん

ポイント

ないうちに / まえに ~하기 전에 1048

(1) [AないうちにB]는 '반드시 A를 전제로 하고, 그 전에 B를 한다'는 뜻이다.
(2) [AまえにB]는 '(언제인지는 모르지만) A가 일어날 가능성이 있으므로, 그때까지 B를 해 둬야 한다'는 뜻이다. まえに는 전후 관계를 객관적으로 말하는 표현이다.
(3) [AないうちにB]는 '일반적으로는 앞부터 순서로 진행돼야 하는데, A 전에 B를 한다'는 뜻으로, B가 빠르다는 뉘앙스가 있다.
예) あの人ひとは父ちちが死しなないうちに、葬式そうしきの用意ようをした。
그 사람은 아버지가 돌아가시기 전에 장례식 준비를 했다.
(장례식 준비를 한 것은 죽은 뒤가 아니라 죽기 전이다)

がたがた / ～をかねて 겸해서 1049

(1) がたがた
① がたがた의 앞뒤가 같은 정도의 목적임을 나타낸다. 주로 예스러운 장면, 편지 등에 쓴다.
② がたがた 앞에 올 수 있는 말은 お見舞みまい・お礼れい・散歩さんぽ・報告ほうこく 등으로 매우 한정적이다.
(2) [AをかねてB]는 'B를 하는 것이 목적이지만, A라는 또 하나의 목적도 있다'는 뜻이다.

1047 ② 試合開始しあいかいしから1分いっぷんも経たたないうちに、いきなり先制せんせいゴールを決きめられた。

'아무런 전조도 없이'라는 뜻을 포함할 때는 いきなり만 쓸 수 있다.

1048 ① 桜さくらが散ちらないうちに花見はなみに行いきましょう。

꽃은 반드시 지기 때문에 ないうちに가 알맞다.

1049 ② 家族旅行かぞくりょこうをかねて現地げんちを視察しさつしてきた。

がたがた 앞에 올 수 있는 말은 お見舞みまい・お礼れい・散歩さんぽ・報告ほうこく 등으로 매우 한정되어 있으므로, 여기서는 をかねて가 알맞다.

1050 ② 立たち上あがったとたん、めまいがした。

～が早はやいか와 ～たとたん은 둘 다 '~하자마자'라는 뜻으로 사용되지만, ～が早いか의 뒤에는 무의지 동사가 올 수 없다. 따라서 문장은 ～たとたん만 쓸 수 있다.

1051 그는 새 부서에 배속되자**마자** 베테랑 수준의 일솜씨를 보였다.

彼は新しい部署に配属される（　　）ベテラン並みの働きをした。

① が早いか　　② や否や

1052 저 아이는 어린 **만큼** 참지 못한다.

あの子は幼い（　　）我慢できない。

① だけあって　　② だけに

1053 당첨되리라고는 생각하지 않았던 **만큼** 복권이 당첨됐을 때는 깜짝 놀랐다.

当たるとは思っていなかった（　　）、宝くじが当たった時は驚いた。

① だけあって　　② だけに

1054 몇 번이나 수술을 반복한 **끝에** 그는 건강한 몸이 되었다.

何回も手術を繰り返した（　　）彼は健康な体になった。

① あげく　　② すえ

ポイント

～が早(はや)いか / ～や否(いな)や ~하자마자 1051

(1) ～が早いかは '～ 하자마자 곧바로 ～'의 뜻으로, 거의 동시에 이루어진 경우에 쓰인다.

(2) ～や否やは '～ 직후에 곧바로, ～ 기다렸다는 듯이'의 뜻이다.

～だけあって / ～だけに ~인 만큼, ~한 만큼 1052~1053

(1) [AだけあってB]는 B에 중점을 두며, [AだけにB]는 A에 중점을 둔다.

(2) だけには 부정적인 내용에 대해서도 쓰지만, だけあっては 특별한 경우를 제외하고는 부정적인 내용에 대해서는 쓰지 않는다.

(3) だけには 예상 · 기대에 반한 결과에 대해서도 쓸 수 있지만, だけあっては '역시 예상 · 기대했던 대로'라는 긍정적인 내용을 강조한다.

あげく / すえ ~한 결과, ~한 끝에 1054

(1) あげくは [명사＋の＋あげく] [동사 た형＋あげく] 형태로 쓰이며, 앞쪽에서 서술한 상태가 오랜 시간 계속된 뒤 그러한 결말 · 해결 · 전개되었다는 뜻을 나타낸다. あげく 앞의 표현은 정신적으로 부담스럽거나 부정적인 일인 경우가 많다.

(2) すえは [명사＋の＋すえ] [동사 た형＋すえ] 형태로 쓰이며, '어느 기간의 마지막에, 끝에'라는 뜻이다. 앞쪽에는 어떤 내용이든 올 수 있다.

1051 ② **彼(かれ)は新(あたら)しい部署(ぶしょ)に配属(はいぞく)されるや否(いな)やベテラン並(な)みの働(はたら)きをした。**

'~하자마자'의 앞뒤에 시간의 흐름으로 이어지는 경우는 ①が早(はや)いかは 쓸 수 없고 や否や만 쓸 수 있다.

1052 ② **あの子(こ)は幼(おさな)いだけに我慢(がまん)できない。**

문장은 부정적인 내용이므로 だけに를 써야 한다.

1053 ② **当(あ)たるとは思(おも)っていなかっただけに、宝(たから)くじが当(あ)たった時(とき)は驚(おどろ)いた。**

예상과 다른 결과에 대해 말하고 있으므로 だけに를 써야 한다.

1054 ② **何回(なんかい)も手術(しゅじゅつ)を繰(く)り返(かえ)したすえ彼(かれ)は健康(けんこう)な体(からだ)になった。**

앞쪽 내용이 부정적인 것이 아니므로 あげく는 적합하지 않다.

1055 추도식에 참석한 사람들 사이에서 희생자의 죽음을 슬퍼하는 흐느낌이 **새어** 나왔다.
追悼式に参列した人々の間から、犠牲者の死を悲しむすすり泣きが（　　）きた。

① 漏って　　② 漏れて

1056 학교 측의 착오로 내 이름이 졸업생 명부에서 **빠져** 있었다.
学校側の手違いで、ぼくの名前が卒業生名簿から（　　）いた。

① 漏って　　② 漏れて

1057 이 집은 낡아서 여기저기 지붕이 **샌다**.
この家は古くなって、あちこち屋根が（　　）。

① 漏る　　② 漏れる

1058 이것은 회사 기밀이기 때문에 누구에게도 **누설해서는** 안 된다.
これは会社の秘密だから、だれにも（　　）いけない。

① 漏らしては　　② こぼしては

레벨 1
레벨 2
레벨 3

ポイント

漏(も)れる / 漏(も)る 새다, 빠지다 1055~1057

(1) 漏れる

① 소리 · 액체 · 빛 · 가스 등 또는 본래 있어야 할 곳을 떠나 작고 좁은 입구를 통해 외부로 샌다는 뜻으로, 새어 나가는 물질에 포인트가 있다.

② 어떤 범위에 마땅히 들어가 있어야 할 것이 빠졌다는 뜻이다.

③ 비밀로 감추고 있던 것이 외부로 누설된다는 뜻이다.

(2) 漏る

소리 · 빛 · 모래 등을 제외한 물질, 주로 물 등이 새는 것을 말한다. 물이 새는 사물, 장소와 함께 쓰이기 때문에, 漏る 앞에는 사물, 장소 등이 나온다.

漏(も)らす / こぼす 새게 하다, 쏟다 1058~1062

(1) 漏らす

① 밖으로 나오지 말아야 하는 액체 · 빛 · 방사선 등이 작은 구멍이나 틈으로부터 조금씩 새어 나오는 것을 나타낸다.

② 비밀이나 정보가 새는 것을 나타낸다. 또한 그러한 상태가 되는 것을 ～がもれる라고 한다.

(2) こぼす

① 용기에 담겨 있던 것의 일부나 전부를, 용기를 기울이거나 흔들거나 하여 쏟는다는 뜻이다.

② 불평이나 불만을 다른 사람에게 흘리거나 내뱉는다는 뜻이다.

(3) 漏らす는 작은 구멍이나 틈에서 조금씩 시간을 들여 내보내지만, こぼす는 한 번에 내보내는 차이가 있다.

1055 ② **追悼式(ついとうしき)に参列(さんれつ)した人々(ひとびと)の間(あいだ)から、犠牲者(ぎせいしゃ)の死(し)を悲(かな)しむすすり泣(な)きが漏(も)れてきた。**

소리(흐느낌)가 새는 것이므로 漏れる가 맞다.

1056 ② **学校側(がっこうがわ)の手違(てちが)いで、ぼくの名前(なまえ)が卒業生名簿(そつぎょうせいめいぼ)から漏(も)れていた。**

명부에 마땅히 들어가 있어야 할 것이 빠졌다는 뜻이므로 漏れる가 맞다.

1057 ① **この家(いえ)は古(ふる)くなって、あちこち屋根(やね)が漏(も)る。**

사물이 훼손되어 샌다는 뜻이므로 漏る가 맞다.

1058 ① **これは会社(かいしゃ)の秘密(ひみつ)だから、だれにも漏(も)らしてはいけない。**

비밀이나 정보가 새는 것에는 漏らす를 써야 한다.

1059 원전에서 방사선이 **누출되는** 사고가 있었다.

原発で、放射線が (　　) という事故があった。

① 漏れる　　② こぼれる

1060 외국의 요인이 일본에 왔기 때문에, 경찰에서는 물 **샐 틈 없는** 경비를 하고 있다.

外国の要人が来日したので、警察では水も (　　) 警備をしている。

① 漏らさぬ　　② こぼさぬ

1061 의자 다리에 걸려 넘어져서 들고 있던 커피를 **쏟고** 말았다.

いすの足につまづいて、持っていたコーヒーを (　　) しまった。

① 漏らして　　② こぼして

1062 어머니는 요즘 물가가 비싸서 힘들다고 불평을 **쏟아 놓는**다.

母は、このごろ物価が高くて困ると (　　) いる。

① 漏らして　　② こぼして

1063 **빈** 캔이나 **빈** 병은 재활용합시다.

(　　) 缶や (　　) 瓶はリサイクルしましょう。

① 空き　　② 空の

ポイント

空き / 空 빈 1063~1067

(1) 空き

① 空き缶かん(빈 캔) · 空き瓶びん(빈병) · 空き箱ばこ(빈 상자)와 같이 [空き＋명사] 형태로 쓰며, '안에 아무것도 없는 빈 용기'라는 뜻이다. 원래 들어 있었던 것, 들어 있어야 할 것이 없다는 의미가 강하다. 따라서 현재 사용하지 않는 장소나 공간에 대해서도 空き地ち(공터) · 空き部屋べや(빈방) · 空き家や(빈집) 등과 같이 쓴다. 空き時間じかん은 아무 예정이 없는 '빈 시간'을 나타낸다.

② [空き＋명사] 형태로, 뒤에 오는 명사를 꾸며 주는 역할을 하지만, 空きです 형태로는 쓰지 않는다.

③ 空きがある(ない)와 같이 '그것이 있다(없다)'는 뜻으로도 쓴다.

(2) 空

① 안에 아무것도 들어 있지 않은 상태를 나타낸다. 이 경우 회화체에서는 からっぽ라고도 한다.

② '형식뿐이고 진정한 내용물은 없다, 효과가 없다'는 뜻으로 사용한다.

1059 ① **原発で、放射線が漏れるという事故があった。**

밖으로 나오지 말아야 하는 방사선이 나왔으므로 漏れる이다.

1060 ① **外国の要人が来日したので、警察では水も漏らさぬ警備をしている。**

'물 샐 틈 없는 경비'는 '밖으로 나와서는 안 되는 액체가 틈으로 조금씩 나오는 것'에 비유하여 허술함이 없는 것을 나타낸다.

1061 ② **いすの足につまづいて、持っていたコーヒーをこぼしてしまった。**

문장은 커피가 한꺼번에 쏟아진 것이므로 こぼす가 맞다.

1062 ② **母は、このごろ物価が高くて困るとこぼしている。**

불평이나 불만을 다른 사람에게 말하는 것은 こぼす이다.

1063 ① **空き缶や空き瓶はリサイクルしましょう。**

[空き＋명사] 형태로 '안에 아무것도 들어 있지 않은 내용물이 없는 용기'라는 뜻일 때는 空き를 쓴다.

1064 콘서트 예약을 하고 싶은데 **빈** 좌석 있나요?

コンサートの予約をしたいのですが、座席の (　　) はありますか。

① 空き　　② 空

1065 어제 다 먹어 버렸기 때문에 쿠키 상자는 **비었**습니다.

昨日食べてしまったので、クッキーの箱は (　　) です。

① 空き　　② 空

1066 힘껏 방망이를 휘둘렀으나 **헛스윙**이었다.

思い切りバットを振ったが、(　　) だった。

① 空き振り　　② 空振り

1067 자동차가 옆으로 빠져서 차바퀴가 **헛돌**았다.

車が横にはまって、車輪が (　　) した。

① 空き回り　　② 空回り

1068 신용카드 연장 **절차**가 간소화될 전망이다.

クレジットカードの延長 (　　) が簡素化される見通しだ。

① 手順　　② 手続き

1064 ① **コンサートの予約(よやく)をしたいのですが、座席(ざせき)の空(あ)きはありますか。**

'빈 좌석이 있다, 없다'고 할 때는 空きがある · ない를 쓴다.

1065 ② **昨日(きのう)食(た)べてしまったので、クッキーの箱(はこ)は空(から)です。**

空きです의 형태로는 쓰지 않는다.

1066 ② **思(おも)い切(き)りバットを振(ふ)ったが、空振(からぶ)りだった。**

'헛~'이 붙어 행동을 한 만큼의 효과가 없다는 뜻이므로 空가 알맞다.

1067 ② **車(くるま)が横(よこ)にはまって、車輪(しゃりん)が空回(からまわ)りした。**

차바퀴가 바퀴로서 역할을 못 한다는 뜻이므로 空가 알맞다.

1068 ② **クレジットカードの延長(えんちょう)手続(てつづ)きが簡素化(かんそか)される見通(みとお)しだ。**

순서대로 처리하거나 계약 등을 실행하는 것을 뜻하므로 手続き를 써야 한다.

プラス+

'헛~'으로 시작되는 명사

헛돎, 공전	**空回**からまわ**り / 空転**くうてん	헛소동	**空騒**からさわ**ぎ**
헛들음, 잘못 들음	**空耳**そらみみ	헛스윙	**空振**からぶ**り**
헛봄	**空目**そらめ		

1069 유산 상속을 할 때는 많은 **절차**가 필요합니다.

遺産相続をする時には、たくさんの (　　) が必要になります。

① 手順　　　　② 手続き

1070 공문서는 법적 **절차**나 증거로 사용될 수 있습니다.

公文書は法的 (　　) や証拠として使用されることがあります。

① 手順　　　　② 手続き

1071 정밀도 높은 측정 결과를 얻기 위해 적절한 **절차**가 필요합니다.

精度の高い測定結果を得るために、適切な (　　) が必要です。

① 手順　　　　② 手続き

1072 표준화에 따라 **절차**가 통일되었습니다.

標準化に伴い、(　　) が統一されました。

① 手順　　　　② 手続き

1073 화학 약품은 전문 시설에서 엄격한 **절차**에 따라 소각된다.

化学薬品は、専門の施設で厳密な (　　) に従って焼却される。

① 手順　　　　② 手続き

ポイント

手順 / 手続き 순서 1068~1073

(1) 手順

① 어떤 일을 실행하는 방법 · 순서를 나타낸다. 手順은 특정한 목적을 달성하기 위해, 또는 어떤 것을 만들기 위해 순서를 따라야 하는 행동의 흐름이다.

② 효율적으로 일을 진행하기 위한 가이드라인이나 매뉴얼이라는 뜻으로 쓴다.

(2) 手続き

① 순서대로 처리하거나 계약 등을 실행하는 것을 나타낼 때 쓴다.

② 입국 심사나 자동차 면허 취득, 입학, 입사 등에 필요한 절차, 특히 중요한 서류나 문서 등으로 실행되는 사무적 절차를 나타낸다.

(3) 手順은 효율성을 강조하는 문장에 많이 쓰이고, 手続き는 조직이나 기관 등의 규칙이나 법 관련 용어로 많이 쓰인다.

1069 ② **遺産相続をする時には、たくさんの手続きが必要になります。**

중요한 서류나 문서 등으로 실행되는 사무적인 절차를 뜻하므로 手続き를 써야 한다.

1070 ② **公文書は法的手続きや証拠として使用されることがあります。**

법적인 사무 절차를 뜻하므로 手続き를 써야 한다.

1071 ① **精度の高い測定結果を得るために、適切な手順が必要です。**

효율적으로 일을 진행하기 위한 절차를 뜻하므로 手順을 써야 한다.

1072 ① **標準化に伴い、手順が統一されました。**

절차의 표준화에 대한 것이므로 手順을 써야 한다.

1073 ① **化学薬品は、専門の施設で厳密な手順に従って焼却される。**

효율적으로 일을 진행하기 위한 매뉴얼을 뜻하므로 手順을 써야 한다.

1074 3일이나 밤을 샜더니 피곤해서 눈이 **푹 들어가고** 말았다.

三日も徹夜したら、疲れて目が (　　) しまった。

① くぼんで　　② 引っこんで

1075 그는 튀어나온 배가 **들어가도록** 매일 밤 복근 운동을 하고 있다.

彼は、出っぱったおなかが (　　) ように、毎晩腹筋運動をしている。

① へこむ　　② 引っこむ

1076 **향기로운** 커피를 음미했다.

(　　) コーヒーを吟味した。

① 芳しい　　② 香ばしい

1077 이 향수에서는 장미의 **향기로운** 향이 납니다.

この香水にはバラの (　　) 香りがします。

① 芳しい　　② 香ばしい

1078 고전을 읽으니 오랜만에 **향기로운** 문학에 접한 느낌이었습니다.

古典を読み、久しぶりに (　　) 文学に触れた思いでした。

① 香ばしい　　② かおりたかい

ポイント

香しい / 芳しい / かおりたかい / 香ばしい 향기롭다 1076~1078

(1) 香しい와 芳しい는 꽃, 과일 등 식물에서 나는 좋은 냄새에 주로 쓴다.
(2) かおりたかい와 香ばしい는 커피나 차의 좋은 냄새, 동물적인 좋은 냄새, 불에 알맞게 굽거나 볶아서 나는 좋은 냄새 등을 나타낼 때 주로 쓴다.
(3) 문학, 문장 등에서 추상적으로 '향기가 있다, 격조가 있다'는 뜻일 때는 かおりたかい를 쓴다.

1074 **① 三日も徹夜したら、疲れて目がくぼんでしまった。**

문장에서 '들어가다'는 밖에서 안으로 들어가는 행동이 아니라, 일부가 안쪽으로 움푹 팬 상태가 되는 것을 말한다. 따라서 이 문장에서는 くぼむ를 써야 한다.

※ くぼむ의 동의어로 へこむ가 있다.

1075 **② 彼は、出っぱったおなかが引っこむように、毎晩腹筋運動をしている。**

문장에서 '들어가다'는 튀어나오거나 돌출된 것이 원래의 상태로 되돌아가는 것을 말한다. 따라서 이 문장에서는 引っこむ를 써야 한다.

1076 **② 香ばしいコーヒーを吟味した。**

커피 향에는 かおりたかい 또는 香ばしい가 알맞다.

1077 **① この香水にはバラの芳しい香りがします。**

꽃향기를 나타낼 때는 香かぐわしい 또는 芳しい가 알맞다.

1078 **② 古典を読み、久しぶりにかおりたかい文学に触れた思いでした。**

香ばしい로 나타내는 냄새는 구체적인 것이고, 추상적으로 '향기가 있다'는 뜻으로는 かおりたかい를 써야 한다.

1079 내 **배꼽시계**는 정확합니다.

私の (　　) は正確です。

① 腹時計　　② へそ時計

1080 '주먹밥'이라고 하면 바로 어머니 **모습**이 눈에 떠오른다.

「にぎりめし」というと、すぐにおふくろの (　　) が目に浮かぶ。

① 面影　　② 姿

1081 있는 그대로의 **모습**을 보여 주세요.

ありのままの (　　) を見せてください。

① 面影　　② 姿

1082 지도는 실제 토지의 **모습**을 종이에 옮긴 것이다.

地図は実際の土地の (　　) を紙の上に写したものである。

① 面影　　② 姿

1083 가부키에는 여배우가 없기 때문에 남자가 여자의 **모습**을 하고 연극을 한다.

歌舞伎には、女優がいないので、男が女の (　　) をして芝居をする。

① 面影　　② 姿

ポイント

面影 / 姿 모습 1080~1087

(1) 面影는 '기억에 남아 있는 옛날의 모습'을 나타낸다.

(2) 姿는 '현실에 보이는 모습'을 나타낸다.

1079 ① **私の腹時計は正確です。**

'배꼽'이 일본어로 へそ이므로 '배꼽시계'를 へそ時計 또는 への時計라고 생각하기 쉽지만, 腹時計라고 해야 한다.

1080 ① **「にぎりめし」というと、すぐにおふくろの面影が目に浮かぶ。**

문장에서 '모습'은 기억에 남아 있는 모습이므로 面影가 알맞다.

1081 ② **ありのままの姿を見せてください。**

문장에서 '모습'은 현재 눈에 보이는 모습을 뜻하므로 姿가 알맞다.

1082 ② **地図は実際の土地の姿を紙の上に写したものである。**

문장에서 '모습'은 실제로 눈에 보이는 모습이므로 姿가 알맞다.

1083 ② **歌舞伎には、女優がいないので、男が女の姿をして芝居をする。**

남자가 여장을 하여 여자처럼 보이는 모습을 뜻하므로 姿가 알맞다.

オマケ 알아 두면 유용한 어휘・관용구 7

月つきとスッポン	천양지차, 하늘과 땅 차이
辻褄つじつまが合あわない	이치가 맞지 않다, 조리가 맞지 않다
敵てきに塩しおを送おくる	적이 곤경에 빠졌을 때 구해 주다
手てぐすねを引ひく	충분히 준비하여 기다리다
手前味噌てまえみそ	자화자찬
どじを踏ふむ	얼빠진 짓을 하다, 실수하다
とどのつまり	결국, 최종적으로, 필경
虎とらの子こ	①애지중지하는 것 ②비장의 금품

1084 나는 거울에 자신의 **모습**을 비춰 보았다.

私は鏡に自分の (　　) を映してみた。

① 面影　　② 姿

1085 문득 주위를 돌아보니 방 안에 있던 사람들은 어디론가 **모습**을 감추었다.

ふと周りを見回すと、部屋の中にいた人々はどこかに (　　) を消していた。

① 面影　　② 姿

1086 청년의 눈은 두 번 다시 돌아오지 않을 애인의 **모습**을 쫓고 있었다.

青年の目は、二度と帰らない恋人の (　　) を追っていた。

① 面影　　② 姿

1087 언니는 생전의 어머니 **모습**을 꼭 빼닮았다.

姉は、ありし日の母の (　　) に生き写しだ。

① 面影　　② 姿

1088 가자미와 넙치의 **모양**은 아주 비슷하다.

かれいとひらめの (　　) はよく似ている。

① 模様　　② 形

1084 ② **私は鏡に自分の姿を映してみた。**

거울에 비친 실제 모습을 뜻하므로 姿가 알맞다.

1085 ② **ふと周りを見回すと、部屋の中にいた人々はどこかに姿を消していた。**

사람들의 형체(모습)를 뜻하므로 姿가 알맞다.

1086 ① **青年の目は、二度と帰らない恋人の面影を追っていた。**

문장에서 '모습'은 '기억에 남아 있는 모습'이므로 面影가 알맞다.

1087 ① **姉は、ありし日の母の面影に生き写しだ。**

문장에서 '모습'은 '기억에 남아 있는 모습'이므로 面影가 알맞다.

1088 ② **かれいとひらめの形はよく似ている。**

일본어에서 模様もよう는 '장식으로 붙이는 도형 · 무늬 · 도안 · 색의 조합' 또는 '상황 · 동정 · 형편 · 기미 · 기색' 등의 뜻으로 쓰이며, '생김새'라는 뜻으로는 쓰이지 않는다. '생김새'라는 뜻의 단어는 形이다. 따라서 문장에서는 생김새가 비슷하다는 말이므로, 形が似ている라고 써야 한다.

オマケ 알아 두면 유용한 어휘 · 관용구 8

虎とらの巻まき	(병법) 비밀 전법서, 족보, 참고서
どんぶり勘定かんじょう	수중에 있는 돈을 장부에 기입하지 않고 마음대로 쓰는 일, 주먹구구(식)
二束三文にそくさんもん	싸구려
二足にそくの草鞋わらじを履はく	겸(직)할 수 없는 일을 겸하다, 양다리를 걸치다
にべもない	쌀쌀하다, 냉정하다, 정떨어지다
濡衣ぬれぎぬを着きせられる	누명을 쓰다, 까닭 없는 구설수에 오르다
喉のどから手てが出でる	몹시 탐이 나다, 너무 갖고 싶다
伸のるか反そるか / いちかばちか	성공하느냐 실패하느냐, 흥하냐 망하냐, 이기느냐 지느냐
暖簾のれんを下おろす	①그날의 장사를 마치다 ②장사를 그만두다, 폐업하다
箱入はこいり娘むすめ	①상자에 넣어 소중히 간직하고 싶을 정도로 애지중지 키운 딸 ②소중한 것
半畳はんじょうを入いれる	야유를 퍼붓다
左前ひだりまえ	운이 나빠짐, 불우해짐, 가세가 기욺, 경제적으로 곤란해짐

1089 폭설로 인해 신칸센 도착은 한 시간 정도 늦어질 **모양**입니다.

大雪のため、新幹線の到着は一時間くらい遅れる（　　）です。

① 模様　　② 形

1090 솔로들 가운데 10명 중 4명은 최악의 이성 유형으로 '아무에게나 **대시**하는 사람'을 꼽았다.

シングル10人中４人は、最悪の異性のタイプとして「誰にでも（　　）する人」をあげた。

① ダッシュ　　② アタック

1091 다른 사람을 밀어내면서까지 자기가 올라가려고 하다니 **치사한** 녀석이다.

他人をけ落としてまで自分が這い上がろうとするなんて、（　　）やつだ。

① 浅ましい　　② さもしい

1092 야시로 씨의 강연회는 언제나 많은 청중이 모인다고 하는데, 사실은 (인원수를) **부풀려서** 발표했다고 한다.

八代さんの講演会にはいつもたくさんの聴衆が集まるというが、実は（　　）発表したそうだ。

① 膨らまして　　② 鯖を読んで

ポイント

さもしい / 浅ましい 비열하다, 야비하다 1091

(1) さもしい는 물욕, 식욕 등에 대한 혐오감을 나타낸다.

(2) 浅ましい는 물욕, 식욕 이외에도 인간 본성의 노출에 대한 혐오감을 일반적으로 나타내므로 さもしい보다 쓰임이 넓다.

1089 ① 大雪のため、新幹線の到着は一時間くらい遅れる模様です。

문장은 '기미'라는 뜻으로 사용되었으므로 模様가 맞다.

1090 ② シングル10人中４人は、最悪の異性のタイプとして「誰にでもアタックする人」をあげた。

이성에게 호감을 드러내며 하는 행동인 '대시하다'는 アタックする라고 한다. 영어 attack에서 온 말이다.

1091 ① 他人をけ落としてまで自分が這い上がろうとするなんて、浅ましいやつだ。

인간의 본성을 노출하는 데 대한 혐오감을 표현하고 있으므로 浅ましい가 알맞다.

1092 ② 八代さんの講演会にはいつもたくさんの聴衆が集まるというが、実は鯖を読んで発表したそうだ。

문장에서 '부풀리다'는 '원래 수보다 크게 하다'의 뜻인데, 膨ふくらむ에는 이러한 뜻이 없다. 이 경우는 '나이나 수량을 자신의 사정에 맞게 줄이거나 늘린다'는 뜻이 있는 鯖を読む를 써야 한다.

※ 鯖を読む는 어시장에서 중개인들이 さば(고등어)를 세면서 상자에 집어넣는데, 상자에 집어넣는 속도가 입으로 세는 속도보다 느리기 때문에 차이가 생기는 데서 생긴 말이다. 연예인이 방송용 나이를 줄여 말하는 것, 사람들이 자신의 체중을 줄여서 말하거나 키를 높여서 말하는 경우가 모두 鯖を読む에 해당한다.

1093 젊은이가 **화려한** 도시를 동경하는 것은 무리가 아닐지도 모른다.

若者が (　　) 都会に憧れるのは無理のないことかも知れない。

① あでやかな　　② 華やかな

1094 여배우 하세가와 씨는 어젯밤 그 **화려한** 생애의 막을 내렸다.

女優の長谷川さんは、昨夜、その (　　) 生涯の幕を閉じた。

① あでやかな　　② 華やかな

1095 벌에 쏘여서 얼굴이 **부었다**.

蜂に刺されて顔が (　　)。

① むくんだ　　② はれた

1096 나는 술 마신 다음 날은 얼굴이 **붓는다**.

私はお酒を飲んだ次の日は顔が (　　)。

① むくむ　　② はれる

1097 다친 데가 **부으면** 이 약을 바르세요.

怪我をしたところが (　　)、この薬を塗ってください。

① むくんだら　　② はれたら

ポイント

あでやか / 華(はな)やか 화려하다 1093~1094

(1) あでやかは 오로지 복장, 화장 등 눈에 보이는 모습에 한정되어 있고, 대상도 주로 여성에 한정해서 쓴다.

(2) 華やかは 눈에 보이는 것 외에도 '번창하며 눈에 잘 띄다'라는 뜻이 있다. 예를 들면, 화려한 생활·활동·문장 등은 華やかな生活せいかつ·活動かつどう·文章ぶんしょう라고는 쓰지만, あでやかな生活·活動·文章라고는 하지 않는다. 대상은 주로 여성에 쓰지만, 아이돌 가수의 복장 등 남자에 대해서 말하기도 한다.

(3) あでやかは 華やかの 뜻에 '요염하다'라는 뜻이 더해져 있다. 따라서 아이가 華やかな服装을 하고 있다고는 할 수 있지만, あでやかな服装을 하고 있다고는 할 수 없다.

はれる / むくむ 붓다 1095~1097

(1) はれる는 종기나 긁혀서 부은 것과 같이 부분적인 것에 대해서도 쓴다. 벌레에 물렸거나 종기가 나서 부었거나 넘어져서 부었거나 울어서 부은 경우 등 외부 자극이 원인이 될 때 쓴다.

(2) むくむ는 심장병, 각기병 등으로 얼굴이나 발 전체가 부어서 누르면 들어갈 정도로 부기가 있는 경우에 쓴다. 원인에 있어서도 むくむ는 내과적인 것으로 제한된다.

1093 ② **若者(わかもの)が華(はな)やかな都会(とかい)に憧(あこが)れるのは無理(むり)のないことかも知(し)れない。**

도시의 화려한 생활을 나타내고 있으므로 華やか가 알맞다.

1094 ② **女優(じょゆう)の長谷川(はせがわ)さんは、昨夜(ゆうべ)、その華(はな)やかな生涯(しょうがい)の幕(まく)を閉(と)じた。**

눈에 보이지 않는 추상적인 화려함을 뜻하기 때문에 華やか가 알맞다.

1095 ② **蜂(はち)に刺(さ)されて顔(かお)がはれた。**

벌에 쏘여서 부은 것은 외부의 자극에 의해서 부은 것이므로 はれる가 알맞다.

1096 ① **私(わたし)はお酒(さけ)を飲(の)んだ次(つぎ)の日(ひ)は顔(かお)がむくむ。**

술을 마셔서 부은 경우는 몸속의 원인에 의한 것이므로 むくむ가 알맞다.

1097 ② **怪我(けが)をしたところがはれたら、この薬(くすり)を塗(ぬ)ってください。**

외부의 자극에 의해 부은 것이므로 はれる가 알맞다.

1098 숲속에서 야수의 포효가 **희미하게** 들려왔다.

森の奥から野獣の咆哮が (　　) 聞えてきた。

① ほのかに　　② かすかに

1099 미역을 물에 담가 **불려** 놓으세요.

ワカメを水に浸けて (　　) おいてください。

① 増やして　　② 戻して

1100 우리 선생님은 평소에는 상냥하지만, 진짜로 화가 나면 매우 **무섭다**.

うちの先生は、ふだんはやさしいけれど、本気で怒るととても (　　)。

① 恐ろしい　　② 怖い

1101 비행기는 추락할까봐 **무섭다**.

飛行機は落ちるか (　　)。

① 恐ろしい　　② 怖い

1102 엄마는 나이를 먹으니까 **눈물이 많아**졌어요.

母は年を取って (　　) なりました。

① 涙が多く　　② 涙もろく

ポイント

ほのか / かすか 희미하다, 어렴풋하다, 아련하다 1098

ほのか는 '농도가 낮은 모양'을 나타내는데, 정도가 매우 낮아서 더욱 보고 싶거나 알고 싶다는 기대감을 포함하고 있다. 따라서 긍정적이지 못한 것이 대상일 때는 ほのか는 적절하지 않고, かすか를 써야 한다.

1098 ② **森(もり)の奥(おく)から野獣(やじゅう)の咆哮(ほうこう)がかすかに聞(きこ)えてきた。**

동물의 포효 소리는 기대감을 가질 대상이 아니므로 かすかに를 써야 한다.

1099 ② **ワカメを水(みず)に浸(つ)けて戻(もど)しておいてください。**

戻もどす와 増ふやす는 모두 '불리다'의 뜻이지만, '물에 담그거나 해동하거나 해서 가공하기 전 상태로 되돌리다'의 뜻으로 쓸 수 있는 것은 戻す이다.

1100 ② **うちの先生(せんせい)は、ふだんはやさしいけれど、本気(ほんき)で怒(おこ)るととても怖(こわ)い。**

문장은 '선생님이 진짜로 화가 나면'이라는 특정한 상황에 대한 선택적 공포에 해당하므로 怖い가 알맞다.

1101 ② **飛行機(ひこうき)は落(お)ちるか怖(こわ)い。**

문장은 비행기 자체가 무서운 것이 아니라 '추락할까봐 무섭다'는 특정한 상황에 대한 선택적 공포에 해당하므로 怖い가 알맞다. 恐ろしい는 대상의 모든 상황에 대해서 추상적 · 보편적인 공포를 나타낸다. 恐ろしい가 怖い보다 공포의 정도가 높다.

1102 ② **母(はは)は年(とし)を取(と)って涙(なみだ)もろくなりました。**

'눈물이 많다'는 뜻은 '툭하면 운다, 잘 우는 경향이 있다'는 뜻이므로 涙もろい를 써야 한다.

1103 이것은 얼굴의 기미를 **빼는** 크림입니다.

これは顔のシミを (　　) クリームです。

① 取る　　② 抜く

1104 낡은 스웨터의 보풀을 **제거했다**.

古いセーターの毛玉を (　　)。

① 取った　　② 抜いた

1105 치과에서 흔들거리는 이를 두 개 **뽑았습니다**.

歯医者で、グラグラしている歯を２本 (　　)。

① 取りました　　② 抜きました

1106 손가락에 박힌 가시가 **뽑히지 않는다**.

指に刺さったとげが (　　)。

① 取れない　　② 抜けない

1107 제 국은 소고기를 **빼고** 주세요.

私のスープは牛肉 (　　) お願いします。

① 取って　　② 抜きで

ポイント

抜く / 取る 뽑다, 빼다 1103~1107

(1) 抜く는 '잡초나 털 등과 같이 위로 돋아 나와 있는 것, 치아 등과 같이 박혀 있는 것을 잡아당겨 밖으로 끄집어내는 것, 들어가 있는 것 · 섞여 있는 것을 밖으로 꺼내어 없애다'의 뜻으로 쓴다.

(2) 取る는 보풀, 주근깨, 기미 등 달라붙은 것을 제거하는 것을 나타낸다.

1103 ① **これは顔のシミを取るクリームです。**

이 문장에서는 기미를 없애는 것이므로 取る가 알맞다.

1104 ① **古いセーターの毛玉を取った。**

보풀을 없애는 것이므로 取る가 알맞다.

※ 보풀 제거기 : 毛玉(けだま)取(と)り器(き)

1105 ② **歯医者で、グラグラしている歯を２本抜きました。**

'치아'는 박혀 있는 것을 빼는 것이므로 抜く를 쓴다.

1106 ② **指に刺さったとげが抜けない。**

'가시'는 박혀 있는 것이므로 抜く를 쓴다.

1107 ② **私のスープは牛肉抜きでお願いします。**

국에 들어 있는 고기를 밖으로 꺼내어 제거하는 것이므로 抜く를 써야 한다.

1108 몸 상태가 안 좋으면 **속는 셈 치고** 이 약을 먹어 봐.

体の調子が悪いのだったら、(　　) と思ってこの薬を飲んでごらん。

① 騙された　　② ごまかされた

1109 저도 나이가 들어 몸이 여기저기 안 좋아지기 시작했지만, **조심하며** 그럭저럭 살아가고 있습니다.

私も年をとって体があちこち悪くなってきたけれど、(　　) どうにかやっています。

① 騙し騙し　　② ごまかしごまかし

1110 그 점원은 장부를 **속이고** 있던 것이 발각되어 해고당했다.

その店員は帳簿を (　　) いたことが見つかって、首になった。

① 騙して　　② ごまかして

1111 그녀는 언제나 나이를 두세 살 정도 어리다고 **속인다**.

彼女はいつも年齢を２つ３つ若く (　　)。

① 騙す　　② ごまかす

1112 음식을 만드는 것이 번거로워서 간편식으로 **때웠다**.

食事を作るのが面倒なので、インスタントのもので (　　)。

① 騙した　　② ごまかした

ポイント

騙す / ごまかす 속이다 1108~1112

(1) 騙す

① 거짓말을 해서 진짜라고 믿게 하는 것을 말한다.

② 騙し騙し는 상태가 좋지 않은 몸이나 기계를 조심하면서 계속 쓰는 상황을 나타낸다.

(2) ごまかす

① 사실을 말하고 싶지 않을 때나 상황이 좋지 않은 화제인 경우에 약간 거짓말을 하거나 적당히 얼버무리는 것을 말한다. 또한 적당히 일을 무마시킬 때 사용한다.

② 자신에게 이익이 되는 방향으로, 몰래 다른 사람이나 회사 등의 물건, 돈의 액수, 계산 등을 엉터리로 하는 것을 말한다.

③ 정식으로 요리하지 않고 간편식 등으로 때우는 것을 나타낸다.

(3) 騙す는 사람, ごまかす는 내용에 포인트가 있다. 따라서 (誰)を騙す · (なに)をごまかす의 형태로 주로 쓴다. (誰)をごまかす라는 표현은 쓰기도 하지만, (なに)を騙す는 쓰지 않는다.

1108 ① **体の調子が悪いのだったら、騙されたと思ってこの薬を飲んでごらん。**

거짓말을 해서 상대에게 진짜라고 믿게 하는 것을 말하므로 騙す를 써야 한다.

1109 ① **私も年をとって体があちこち悪くなってきたけれど、騙し騙しどうにかやっています。**

騙し騙し는 상태가 좋지 않은 몸이나 기계를 조심조심하며 계속 쓰는 상황을 나타낸다.

1110 ② **その店員は帳簿をごまかしていたことが見つかって、首になった。**

돈의 액수나 계산을 엉터리로 하는 것은 ごまかす를 써야 한다.

1111 ② **彼女はいつも年齢を２つ３つ若くごまかす。**

사실을 얘기하고 싶지 않을 때, 자신에게 상황이 좋지 않은 화제의 경우에 약간 거짓말하거나 적당히 말해서 얼버무릴 때는 ごまかす를 쓴다.

1112 ② **食事を作るのが面倒なので、インスタントのものでごまかした。**

음식을 제대로 만들지 않고 간편식 등으로 때운다는 뜻으로는 ごまかす를 써야 한다.

1113 미국과 영국이 **몰래** 공모했다.

アメリカとイギリスとが (　　) 共謀した。

① そっと　　② こっそり

1114 이번 대회는 요코즈나가 결장해서 **그런지** 관람객 수가 신통치 않다.

今場所は横綱が欠場する (　　)、人の入りは今一つだ。

① だけあって　　② とあって

1115 이 레스토랑은 비싼 **만큼** 매우 맛있네요.

このレストランは高い (　　) とてもおいしいですね。

① だけあって　　② とあって

1116 사소한 의견 차이가 **원인이 되어** 큰 싸움으로 번졌다.

ささいな食い違いを (　　)、大喧嘩になった。

① きっかけに　　② 契機に

1117 우리 엄마는 **입을 열**면 반드시 잔소리를 한다.

ぼくの母は、口を (　　) と必ず小言を言う。

① 開ける　　② 開く

ポイント

そっと / こっそり 몰래, 살짝 1113

(1) そっと는 소리를 내지 않고 조용히 움직이는 모습을 표현한다.

(2) こっそり는 소리가 나는지 여부는 상관이 없고 '남이 알지 못하도록 하는 행동'에 포인트가 있다.

～だけあって / ～とあって ~이라서, ~인 만큼 1114~1115

(1) [AだけあってB]

① B에 포인트가 있고, A라는 사실이 있으므로 B라는 결과가 나온 것에 감탄, 찬사와 같은 감정이 들어간 표현이다.

② だけあって는 특별한 경우를 제외하고는 부정적인 내용에 대해서는 쓰지 않는다.

(2) [AとあってB]는 A라는 사실이 있으므로 B라는 객관적 결과가 나왔다는 의미이며, B에 주관적인 표현은 오지 않는다.

1113 ② アメリカとイギリスとがこっそり共謀(きょうぼう)した。

문장처럼 소리를 내는 것과 상관없는 상황에 대해서는 そっと를 쓰지 않는다.

1114 ② 今場所(こんばしょ)は横綱(よこづな)が欠場(けつじょう)するとあって、人(ひと)の入(い)りは今一(いまひと)つだ。

だけあって는 부정적인 내용에 대해서는 쓰지 않으므로 とあって를 써야 한다. 今一つ는 イマイチ라고도 한다.

1115 ① このレストランは高(たか)いだけあってとてもおいしいですね。

'맛있다'는 것은 주관적인 생각이므로 ② とあって는 쓸 수 없다.

1116 ① ささいな食(く)い違(ちが)いをきっかけに、大喧嘩(おおげんか)になった。

①きっかけに와 ②契機(けいき)に는 모두'~을 계기로'라는 뜻이지만, 일상적 · 가벼운 상황에는 きっかけに, 공식적 · 중요한 전환점에는 契機に를 쓴다. 따라서 이 문장은 きっかけに가 알맞다.

1117 ② ぼくの母(はは)は、口(くち)を開(ひら)くと必(かなら)ず小言(こごと)を言(い)う。

문장에서 '입을 열다'는 말을 시작한다는 뜻이므로 開く를 써야 한다.

1118 에도막부는 미국의 요청에 따라 요코하마 등의 항구를 **열었다**.

江戸幕府は、アメリカの要請に応じて、横浜などの港を (　　)。

① 開けた　　② 開いた

1119 그녀는 반 친구들에게 좀처럼 마음을 **열지** 않았다.

彼女は、クラスメートたちになかなか心を (　　) なかった。

① 開け　　② 開か

1120 그 은행은 이번에 우메다에 지점을 **열었다**.

あの銀行は、今度梅田に支店を (　　)。

① 開けた　　② 開いた

1121 저는 올가을에 사진전을 **엽니다**.

私はこの秋に、写真展を (　　)。

① 開けます　　② 開きます

1122 달이 구름 속에 **숨어** 있다.

月が雲に (　　) いる。

① 潜んで　　② 隠れて

1123 환경 오염은 현대 사회**에 있어서** 심각한 문제가 되고 있다.

環境汚染は現代社会 (　　) 深刻な問題になっている。

① において　　② にとって

ポイント

開(あ)ける / 開(ひら)く 열다 1118~1121

기본적으로 '상자, 문, 책 등을 열다'의 뜻으로는 開ける와 開く 모두 쓸 수 있다.

(1) '입을 열다'의 표현

예) 口を開ける。입을 열다. =입을 벌리다.

口を開く。입을 열다. =말을 시작하다.

(2) '터놓다, 문호를 열다 · 개방하다, 새로 시작하다 · 벌이다, 음악회 · 전시회 등을 열다, 모임을 갖다, 국회를 열다' 등에는 開く만 쓸 수 있다.

예) 店を開ける。가게 (영업 시간에) 문을 열다.

店を開く。가게를 시작하다.

1118 ② **江戸幕府(えどばくふ)は、アメリカの要請(ようせい)に応(おう)じて、横浜(よこはま)などの港(みなと)を開(ひら)いた。**

문장에서 '열다'는 문호를 연다는 뜻이므로 開く만 쓸 수 있다.

1119 ② **彼女(かのじょ)は、クラスメートたちになかなか心(こころ)を開(ひら)かなかった。**

마음을 터놓는다는 뜻이므로 開く만 쓸 수 있다.

1120 ② **あの銀行(ぎんこう)は、今度梅田(こんどうめだ)に支店(してん)を開(ひら)いた。**

문장에서 '열다'는 새로 시작한다는 뜻이므로 開く만 쓸 수 있다.

1121 ② **私(わたし)はこの秋(あき)に、写真展(しゃしんてん)を開(ひら)きます。**

'사진전을 열다'는 사진전을 개최한다는 뜻이므로 開く만 쓸 수 있다.

1122 ② **月(つき)が雲(くも)に隠(かく)れている。**

潜ひそむ와 隠かくれる는 모두 '숨다'의 뜻으로 쓰는데, 潜む는 의지가 있는 동작에만 쓰고, 무생물이나 무의지적인 표현에는 쓸 수 없다. 이 문장에서는 달과 구름에 대한 표현이므로 隠れる가 알맞다.

1123 ① **環境汚染(かんきょうおせん)は現代社会(げんだいしゃかい)において深刻(しんこく)な問題(もんだい)になっている。**

앞에 현대 사회라는 때를 나타내는 말이 있으므로 ~において를 쓰는 것이 알맞다.

1124 그것은 고대인**에게 (있어서)** 위험한 사고방식으로 간주되었다.

それは古代人 (　　) 危険な考え方として見なされた。

① において　　② にとって

1125 이 호텔은 서비스 면**에 있어서** 세계 최고다.

このホテルはサービス面 (　　) 世界一だ。

① において　　② にとって

1126 그는 저**에게 (있어서)** 생명의 은인입니다.

彼は私 (　　) 命の恩人です。

① において　　② にとって

1127 연습 부족으로 시합에 져서 선수들은 감독에게 **호되게 혼났다**.

練習不足で試合に負けて、選手たちは監督に (　　)。

① 脂を搾られた　　② 油を売られた

1128 공군이 러시아기를 레이더로 **포착했다**.

空軍がロシア機をレーダーで (　　)。

① つかまえた　　② とらえた

ポイント

~において / ~にとって ~에 있어서 1123~1126

(1) ~においては 앞에 장소 · 형편 · 상황 등이 오고 뒤에 동작성 구문이 오는 경우, 앞에 분야 · 시각 · 사항 등이 오고 뒤에 상태 · 평가 · 판단 구문이 오는 경우에 쓴다.

(2) ~にとっては 앞에 사람 · 신분 · 입장 등이 오고 뒤에 상태 · 평가 · 판단 구문이 오는 경우, 앞에 무생물이 오고 뒤에 'A는 B이다'라는 판단문이 올 경우에 쓴다.

とらえる / つかまえる 잡다, 포착하다 1128~1133

(1) とらえる는 대상물을 직접 손으로 잡는 것은 아니고, 도구 등을 이용해서 영향력 · 세력 범위에 넣어서 나가지 못하게 하는 행위를 나타낸다.

(2) つかまえる는 직접 손으로 잡아서 빠져나가지 못하게 하는 것이다.

(3) つかまえる는 구체적인 대상에만 쓸 수 있지만, とらえる는 대상이 구체적이든 추상적이든 상관없이 쓸 수 있다.

1124 ② それは古代人にとって危険な考え方として見なされた。

'~에 있어서'의 뜻으로 쓰는 ~において와 ~にとって 중에서, 앞에 사람이 오고 뒤에 판단 문장이 쓰이면 ~にとって를 써야 한다.

1125 ① このホテルはサービス面において世界一だ。

앞에 분야(서비스)가 오면 ~において를 써야 한다.

1126 ② 彼は私にとって命の恩人です。

'~에 있어서' 앞에 사람이 오고, 뒤에 판단 문장이 오면 ~にとって를 써야 한다.

1127 ① 練習不足で試合に負けて、選手たちは監督に脂を搾られた。

'호되게 혼나다'는 脂を搾られる이다. 油あぶらを売うる는 '노닥거리다, 농땡이 부리다'의 뜻이다.

1128 ② 空軍がロシア機をレーダーでとらえた。

레이더라는 도구를 이용해서 잡는 것이므로 つかまえる는 적당하지 않고, とらえる가 알맞다.

1129 후지산 정상의 기상대를 망원경으로 **포착했다**.

富士山頂の測候所を望遠鏡で（　　）。

① つかまえた　　② とらえた

1130 전파를 **잡기** 위해서 안테나를 달겠습니다.

電波を（　　）ために、アンテナを取り付けます。

① つかまえる　　② とらえる

1131 카나리아의 지저귐을 집음 마이크로 **잡았다**.

カナリアのさえずりを集音マイクで（　　）。

① つかまえた　　② とらえた

1132 기회를 잘 **잡아서** 유학했다.

機会をうまく（　　）留学した。

① つかまえて　　② とらえて

1133 사건의 진상을 **파악했다**.

事件の真相を（　　）。

① つかまえた　　② とらえた

1134 버스가 갑자기 달리기 시작했을 때 나는 손잡이를 **잡았다**.

バスが走り出したときに、私は吊革に（　　）。

① つかんだ　　② つかまった

ポイント

つかむ / つかまる 잡다 1134~1138

(1) つかむ는 대상을 놓치지 않기 위해서 손으로 꽉 붙드는 행동을 나타내고, '기회 · 행복 · 단서 등 손에 넣기 힘든 것을 잡다, 중요한 것을 얻다'의 뜻으로도 쓴다.

(2) つかまる는 불안정한 상태에 있는 사람이 안정을 유지하기 위해 다른 것을 잡는 행동을 나타낸다. 달리는 자동차 안에서 넘어지지 않기 위해서 무언가를 잡을 때, 아이가 엄마 등에서 떨어지지 않으려고 엄마를 꽉 붙잡을 때, 현기증이 나서 다른 사람의 팔이나 어깨를 붙잡을 때 등의 행위를 나타낼 때 쓴다.

1129 ② 富士山頂の測候所を望遠鏡でとらえた。

문장에서 '잡다'는 망원경이라는 도구를 사용해서 잡는 것이므로 つかまえる는 적당하지 않고 とらえる가 알맞다.

1130 ② 電波をとらえるために、アンテナを取り付けます。

문장에서 '잡다'는 안테나라는 도구를 사용해서 포착하는 것이므로 とらえる가 알맞다.

1131 ② カナリアのさえずりを集音マイクでとらえた。

문장에서 '잡다'는 집음 마이크라는 도구를 사용해서 포착하는 것이므로 とらえる가 알맞다.

1132 ② 機会をうまくとらえて留学した。

문장에서 '잡다'는 추상적인 것이므로 とらえる만 쓸 수 있다.

1133 ② 事件の真相をとらえた。

문장에 알맞게 '파악하다'라는 뜻으로 쓸 수 있는 것은 とらえる이다.

1134 ② バスが走り出したときに、私は吊革につかまった。

중심을 잡기 위해 버스 손잡이를 잡는 것이므로 つかまる가 알맞다.

1135 새끼 원숭이는 어미의 등을 꼭 **잡았다**.

子ざるは母親の背中にしっかり (　　)。

① つかんだ　　② つかまった

1136 길을 걷고 있는데 모르는 남자가 내 **팔을 잡았다**.

通りを歩いていたら、見知らぬ男が私の (　　)。

① 腕をつかんだ　　② 腕につかまった

1137 목격자의 증언에서 경찰은 중요한 **단서를 잡았다**.

目撃者の証言から、警察は重要な (　　)。

① 手がかりをつかんだ　　② 手がかりにつかまった

1138 신문 기자는 중요한 **증거를 잡은** 듯 흥분해서 돌아왔다.

新聞記者は重要な (　　) らしく、興奮して帰ってきた。

① 証拠をつかんだ　　② 証拠に捕まった

1139 작은 돌을 **집어서** 던졌다.

小石を (　　) 投げた。

① つかんで　　② つかまえて

1140 사자는 동료끼리 서로 도와 먹이를 **잡는다**.

ライオンは仲間同士助け合って獲物を (　　)。

① つかむ　　② つかまえる

ポイント

とらえる / つかまえる와 取る / つかむ 잡다, 집다 1139~1141

(1) とらえる · つかまえる는 대상물이 '움직이는 것'이며, 잡아두지 않으면 그곳에서 떨어져 나갈 위험이 있는 것을 나타낼 때 쓴다.

(2) 取る · つかむ는 대상물이 '움직이지 않는 것'으로 위험이 없는 것을 나타낸다.

1135 ② 子ざるは母親の背中にしっかりつかまった。

엄마 등에서 떨어지지 않기 위해서 엄마 등을 꽉 붙잡는 행동이므로 捕まる가 알맞다.

1136 ① 通りを歩いていたら、見知らぬ男が私の腕をつかんだ。

대상을 놓치지 않기 위해서 손으로 꽉 붙드는 행동이므로 つかむ가 알맞다.

1137 ① 目撃者の証言から、警察は重要な手がかりをつかんだ。

문장은 '단서'라는 손에 넣기 힘든 것을 얻는다는 뜻이므로 つかむ가 알맞다.

1138 ① 新聞記者は重要な証拠をつかんだらしく、興奮して帰ってきた。

문장은 '증거'라는 손에 넣기 힘든 것을 얻는다는 뜻이므로 つかむ가 알맞다.

1139 ① 小石をつかんで投げた。

'돌'은 움직이지 않는 무생물이기 때문에 取る 또는 つかむ를 써야 한다.

1140 ② ライオンは仲間同士助け合って獲物をつかまえる。

사자의 먹이는 움직이는 동물이기 때문에 とらえる 또는 つかまえる가 알맞다.

1141 **잡은** 여우를 우리에서 놓아 주었다.

(　　) 狐をおりから放してやった。

① つかんだ　　② つかまえた

1142 거래처와의 **번거로운** 협상을 사장님이 전부 혼자서 해 왔다.

取り引き先との (　　) 交渉を社長が全部一人でやってきた。

① おっくうな　　② 煩わしい

1143 누구를 위원장으로 할 것인지 투표로 **결정하자**.

誰を委員長にするか、投票で (　　) 。

① 定めよう　　② 決めよう

1144 결국 승부는 승부차기로 **정하게** 되었다.

結局、勝負はキックで (　　) ようになった。

① 定める　　② 決める

1145 제2차 세계 대전 후 일본 헌법이 **정해져서**, 일본의 민주화와 평화 국가로 향하는 방향 설정이 이루어졌다.

戦後、日本憲法が (　　) 、日本の民主化と平和国家への方向づけが行われた。

① 定められ　　② 決められ

ポイント

定める / 決める 정하다 1143~1147

(1) 定めるは 어떤 사항이 정해지면 자의적으로 바꾸는 것을 허용하지 않는 것에 쓰이며, 주로 공적인 경우에 쓴다.

(2) 決めるは 상황 판단의 결과, 더는 움직이지 않도록 의지나 태도를 분명히 하는 것을 뜻한다.

(3) 양쪽 모두 어떤 사태나 상황을 정리한다는 공통점은 있지만, 定めるは 고정된 결과를 안정되게 유지하는 것을 뜻하며, 決めるは 선택한 결과를 고정시키는 것을 뜻한다.

1141 ② つかまえた狐をおりから放してやった。

'여우'는 움직이는 대상물이기 때문에 とらえる 또는 つかまえる가 알맞다.

1142 ② 取り引き先との煩わしい交渉を社長が全部一人でやってきた。

おっくう · 煩わずらわしい · 面倒めんどうは 모두 '번거롭다, 귀찮다, 복잡하다'의 뜻으로 쓰이지만, おっくうは 煩わしい와 面倒에 비해 주관적이다. 이 문장처럼 개인적인 느낌이 아니라 객관적으로 복잡한 것을 나타낼 때는 煩わしい 또는 面倒가 알맞다.

1143 ② 誰を委員長にするか、投票で決めよう。

투표로 결정하는 것이므로 決める가 알맞다.

1144 ② 結局、勝負はキックで決めるようになった。

선택한 결과(승부차기)를 고정시키는 것을 의미하므로 決める를 써야 한다.

1145 ① 戦後、日本憲法が定められ、日本の民主化と平和国家への方向づけが行われた。

'헌법'은 정해지면 자의적으로 바꾸는 것을 허용하지 않는 것이므로 定める를 써야 한다.

1146 음력에서는 1년을 354일로 **정하고** 있다.

旧暦では、一年を354日と（　　）いる。

① 定めて　　② 決めて

1147 5인 가족이 살기에는 지금 집은 좁기 때문에 아버지는 이사하기로 마음을 **정했다**.

五人家族が住むには、今の家は狭いので、父は引っ越すことに心を（　　）。

① 定めた　　② 決めた

1148 지금쯤 그들은 가족과 함께 우승의 기쁨에 **젖어** 있겠지요.

今ごろ彼らは家族と一緒に優勝の喜びに（　　）いるでしょう。

① 濡れて　　② 浸って

1149 옛날 앨범을 바라보면서 학생 시절의 추억에 **잠겼다**.

昔のアルバムを眺めながら、学生時代の思い出に（　　）。

① 濡れた　　② 浸った

1150 물에 **젖은** 손을 손수건으로 닦았다.

水に（　　）手をハンカチで拭いた。

① 濡れた　　② 浸った

ポイント

濡れる / 浸る 젖다 1148~1151

(1) 濡れる는 '물에 젖다, 물에 잠기다, 물을 흠뻑 맞다' 등의 뜻으로 쓴다.

(2) 浸る는 '잠기다'라는 뜻으로, 어떤 느낌이나 분위기 · 생각 · 기분 등에 심취한 상태를 나타낼 때 쓴다.

1146 ① 旧暦では、一年を354日と**定めて**いる。

달력 등은 사회적인 규정이어서 자의적으로 바꾸는 것을 허용하지 않는 것이므로 定める를 써야 한다.

1147 ② 五人家族が住むには、今の家は狭いので、父は引っ越すことに心を**決めた**。

선택한 결과(이사)를 고정시키는 것을 뜻하므로 決める를 써야 한다.

1148 ② 今ごろ彼らは家族と一緒に優勝の喜びに**浸って**いるでしょう。

'우승의 기쁨'이라는 기분에 빠져 있는 상태이기 때문에 浸る가 알맞다.

1149 ② 昔のアルバムを眺めながら、学生時代の思い出に**浸った**。

어떠한 기분에 심취한 상태를 나타내는 문장이므로 浸る를 써야 한다.

1150 ① 水に**濡れた**手をハンカチで拭いた。

'물에 젖은'이라고 했기 때문에 濡れる를 써야 한다.

1151 아침 일찍 산책했더니 이슬에 구두가 **젖었다**.

朝早く散歩したら、露でくつが（　　）。

① 濡れた　　② 浸った

1152 휴대폰 좀 **줘 봐**요. 문자 보내는 법 가르쳐 줄게요.

携帯ちょっと（　　）ください。メールの送り方を教えてあげます。

① やって　　② 貸して

1153 "모든 길은 로마로 **통한다**"는 격언은 고대 로마의 번영을 잘 나타내고 있다.

「すべての道はローマに（　　）」という格言は、古代ローマの繁栄をよく表している。

① 通る　　② 通じる

1154 이대로는 의미가 **통하지** 않으니까 더 알기 쉽게 다시 써 주세요.

このままでは意味が（　　）ないので、もっと分かりやすいように書き直してください。

① 通り　　② 通じ

1155 고지식한 아버지에게는 농담은 **통하지** 않습니다.

きまじめなお父さんには、冗談は（　　）ません。

① 通り　　② 通じ

ポイント

通る / 通じる / 通す 통하다 1153~1161

(1) 通る는 '①길을 지나다, 통과하다 ②한쪽에서 다른 쪽으로 빠져나가다 ③(바람 등이) 통하다, 넘어가다, 꿰어지다, 잘 울리다 ④널리 알려지다, ~으로 통하다, 통용되다, 인정되다 ⑤(의미 · 이야기 등이) 통하다, 이해되다' 등의 뜻으로 쓴다.

(2) 通じる는 '①교통이나 통신으로 이어지다 ②자세하게 알다, 정통하다 ③상대방이 이해하다, 통하다 ④(일정 넓이 · 시기) ~에 걸쳐, ~을 통해서 ⑤내통하다' 등의 뜻으로 쓴다.

(3) 通す는 ~を通して(~을 통해서) 형태로 써서 '간접으로 하다' 등의 뜻으로 쓴다.

1151 ① **朝早く散歩したら、露でくつが濡れた。**

이슬에 젖은 구두를 표현하고 있기 때문에 濡れる를 써야 한다.

1152 ② **携帯ちょっと貸してください。メールの送り方を教えてあげます。**

문장에서 '주다'는 '소유의 이전'을 뜻하는 것이 아니라 잠깐 내가 가졌다가 돌려주는 것이기 때문에 '빌리다'의 뜻이 있는 貸す를 써야 한다.

1153 ② **「すべての道はローマに通じる」という格言は、古代ローマの繁栄をよく表している。**

길이 통한다는 뜻으로는 通じる가 알맞다.

1154 ② **このままでは意味が通じないので、もっと分かりやすいように書き直してください。**

문장에서 '의미가 통하다'는 이해한다는 뜻으로 쓰였으므로 通じる가 알맞다.

1155 ② **きまじめなお父さんには、冗談は通じません。**

문장에서 '통하지 않는다'는 이해하지 못한다는 뜻이므로 通じる를 써야 한다.

1156 내 방은 남북으로 창이 있기 때문에 바람이 **통해서** 시원하다.

ぼくの部屋は南と北に窓があるので、風が (　　) すずしい。

① 通って　　② 通じて

1157 아와야 씨는 일본 최고의 무용수로 **통하고** 있다.

淡谷さんは日本一のダンサーで (　　) いる。

① 通って　　② 通じて

1158 일반적으로 짧은 문장보다 긴 문장 쪽이 뜻이 **통하기** 어려워지는 경향이 있다.

一般に、短い文より長い文のほうが意味が (　　) にくくなる傾向がある。

① 通り　　② 通じ

1159 그런 엉성한 변명은 **통하지** 않아.

そんないいかげんな弁解は (　　) ないよ。

① 通ら　　② 通じ

1160 육안으로 보기는 너무 작기 때문에 현미경을 **통해서** 보았다.

肉眼で見るには小さすぎるので、顕微鏡を (　　) 見た。

① 通して　　② 通じて

1156 ① ぼくの部屋は南と北に窓があるので、風が**通って**すずしい。

'바람이 통하다'는 風が通る이다.

1157 ① 淡谷さんは日本一のダンサーで**通って**いる。

일반적으로 인정되어 '널리 알려져 있다'는 뜻이기 때문에 通る를 써야 한다.

1158 ① 一般に、短い文より長い文のほうが意味が**通り**にくくなる傾向がある。

'뜻이 통하다'의 뜻이기 때문에 通る가 알맞다.

1159 ① そんないいかげんな弁解は**通ら**ないよ。

'말이 통하지 않는다'는 뜻으로 쓰였기 때문에 通る가 알맞다.

1160 ① 肉眼で見るには小さすぎるので、顕微鏡を**通して**見た。

현미경이라는 도구를 이용해서 보는 것이기 때문에 ～を通して를 써야 한다.

オマケ 알아 두면 유용한 어휘・관용구 9

一肌ひとはだ脱ぬぐ	진정으로 힘껏 도와주다
火ひの車くるま	빈곤에 쪼들리는 모양, 경제 상태가 몹시 궁한 모양
火ひぶたを切きる	전쟁, 경기 따위를 시작하다
ホラを吹ふく	허풍을 떨다, 과장해서 이야기하다, 엉터리로 말하다
道草みちくさを食くう	옆길로 새다, (도중에서) 지정거리다
耳みみを擽くすぐる	치켜세우는 말을 하다, 부추기다
胸むねを借かりる	실력이 더 위인 사람에게 한 수 배우다
八百長やおちょう	①엉터리 승부, 승부 조작 ②짬짜미, 미리 짜고 일을 함
焼やきが回まわる	나이가 들어 능력이나 솜씨가 줄다
山やまを張はる	모험을 하다, 투기를 하다, 요행수를 노리다
槍玉やりだまにあげる	공격이나 희생의 대상으로 삼다
ラッコの皮かわ	유순한 사람, 남의 의견에 잘 따르는 사람
渡わたる世間せけんに鬼おにはない	살아가는 세상에 못된 귀신은 없다, 어디 가나 인정은 있다, 사람 살 곳은 가는 곳마다 있다
輪わを掛かける	과장하다, 부풀리다

1161 부인을 **통해서** 부탁하는 편이 낫다.

奥さんを (　　) 頼んだ方がいい。

① 通して　　② 通じて

1162 그때의 표정으로 미루어 보아 그에게는 말이 **통하지** 않았던 것 같다.

あの時の表情からすると、彼には話が (　　) なかったらしい。

① 通ら　　② 通じ

1163 허리 주위를 **비틀어** 호흡만 해도 지방 연소 효과를 얻을 수 있습니다.

ウエスト周りを (　　) 呼吸をするだけで、脂肪燃焼効果が得られます。

① 捻って　　② ねじって

1164 꼭지를 있는 힘껏 **틀어서** 물을 나오게 했다.

栓を力まかせに (　　) 水を出した。

① 捻って　　② ねじって

1165 이 병은 병따개는 필요 없습니다. 가볍게 **비틀면** 열립니다.

このびんは栓抜きはいりません。軽く (　　) あきます。

① 捻れば　　② ねじれば

ポイント

話が通る / 話が通じる 이야기가 통하다 1162

둘 다 '이야기가 통하다'의 뜻이지만 뉘앙스가 다르다. 話が通る는 전후 관계가 맞기 때문에 분명히 이해된다는 뜻이고, 話が通じる는 상대의 말을 알아들을 수 있다는 뜻이다.

ねじる / 捻る 비틀다, 짜다 1163~1167

(1) ねじる

① 물건의 양쪽 끝을 각각 반대 방향으로 힘을 줘서 돌리거나, 한쪽 끝을 움직이지 않고 다른 한 쪽을 돌리는 것을 나타낸다.

② ねじる는 여러 차례 반복해서 돌리거나 대상을 파손시킬 정도로 무리하게 힘을 준다는 뜻이 있으므로, '가볍게, 조금' 등의 말과는 어울리지 않는다.

(2) 捻る

① 물건의 일부를 돌리듯이 방향을 바꾸는 것을 나타낸다. ねじる보다 가벼운 동작이라는 느낌이 있다.

② 두루 궁리하여 생각을 짜낸다는 뜻으로 쓴다.

③ 일부러 색다르게 한다는 뜻으로 쓴다.

1161 ① 奥さんを通して頼んだ方がいい。

문장에서 '통해서'는 '중간에 사람을 끼고 하다'의 뜻이기 때문에 ～を通して를 써야 한다.

1162 ② あの時の表情からすると、彼には話が通じなかったらしい。

문장에 '그의 표정으로 미루어 보아'라는 말이 앞에 있으므로 상대방의 말을 잘 이해하지 못했다는 뜻이기 때문에 話が通じる가 알맞다.

1163 ② ウエスト周りをねじって呼吸をするだけで、脂肪燃焼効果が得られます。

무리하게 힘을 준 경우이므로 ねじる가 알맞다.

1164 ② 栓を力まかせにねじって水を出した。

문장에서 '비틀다'는 무리하게 힘을 준다는 뜻이기 때문에 ねじる가 알맞다.

1165 ① このびんは栓抜きはいりません。軽く捻ればあきます。

병 뚜껑은 가볍게 비트는 것이므로 捻る가 알맞다.

1166 사고 원인이 잘 파악이 안 되어, 전문가도 머리를 **짜내고** 있다.

事故の原因はよくわからず、専門家も首を (　　) いる。

① 捻って　　② ねじって

1167 오늘 시험은 **비틀어서** 낸 문제가 많아 성적은 그리 좋지 않을 것 같다.

今日の試験は、(　　) 問題が多かったので成績はあまりよくないと思う。

① 捻った　　② ねじった

1168 매년 여름이 **다가**오면 생각나는 영화가 있습니다.

毎年、夏が (　　) くると思い出す映画があります。

① 近づいて　　② 近寄って

1169 그들은 겨우 목적지에 **가까이 다가**왔다.

彼らはやっと目的地に (　　) きた。

① 近づいて　　② 近寄って

1170 외국어로 얘기하고 있어도 흥분하면 **무심코** 모국어가 입에서 튀어나오는 법이다.

外国語で話していても、興奮すると (　　) 母国語が口から飛び出して来るものだ。

① つい　　② うっかり

ポイント

近づく / 近寄る 다가오다, 다가가다 1168~1169

(1) 近づく는 시기에 대한 언급 등 다양한 장면에서 쓸 수 있지만, 近寄る는 '사람 · 동물이 의지를 가지고 접근하는 것'을 나타낸다.
(2) 주어가 사람(또는 사람이 운전하는 탈것) · 동물일 때는 둘 다 쓸 수 있지만, 그 밖의 상황에서 近寄る는 부자연스럽다.
(3) 주어가 사람이라도 문장의 포인트가 최종 도착지에 있을 때는 近寄る는 쓸 수 없다.
(4) 접근하는 것이 비유적인 뜻으로 쓰일 때는 近寄る는 쓸 수 없다.

つい / うっかり 무심코, 그냥 1170~1172

(1) つい
① 습관이 몸에 배어 아무 생각 없이 자연적으로 그렇게 할 때 쓴다.
② 무의식적으로 마음과는 반대로 해 버리고 나중에 후회한다는 뜻을 나타낼 때 쓴다.
(2) うっかり는 부주의해서 바람직하지 못한 일을 해 버린다는 뜻으로 쓴다.

1166 ① **事故の原因はよくわからず、専門家も首を捻っている。**

두루 궁리하여 생각을 짜낸다는 뜻이므로 捻る가 알맞다.

1167 ① **今日の試験は、捻った問題が多かったので成績はあまりよくないと思う。**

일부러 색다르게 한다는 뜻이므로 捻る가 알맞다.

1168 ① **毎年、夏が近づいてくると思い出す映画があります。**

② 近寄る는 '사람 · 동물이 의지를 가지고 접근하는 것'을 나타낸다.

1169 ① **彼らはやっと目的地に近づいてきた。**

주어가 사람이지만, 문장에서 포인트는 '목적지'이기 때문에 近寄る는 쓸 수 없다.

1170 ① **外国語で話していても、興奮するとつい母国語が口から飛び出して来るものだ。**

무의식적으로 행동한다는 뜻이므로 つい가 알맞다.

1171 그 일에 대해서는 말하지 말라는 부탁을 받았는데도 **무심결에** 입을 잘못 놀려 말하고 말았다.

そのことは口止されていたのに、(　　　) 口を滑らせて言ってしまった。

① つい　　　② うっかり

1172 산길에서 **무심코** 벌집을 건드렸다 혼쭐이 났다.

山道で (　　) 蜂の巣に触ってひどい目にあった。

① つい　　　② うっかり

1173 연말의 백화점에는 쇼핑객으로 **넘쳐난다**.

年末のデパートには、買い物客で (　　)。

① こぼれる　　　② あふれる

1174 아침 시장은 활기로 **넘쳐** 있다.

朝の市場は活気に (　　) いる。

① こぼれて　　　② あふれて

1175 입학시험 결과를 기다리는 그녀의 얼굴은 자신감으로 **넘쳐** 있었다.

入学試験の発表を待つ彼女の顔は自信に (　　) いた。

① こぼれて　　　② あふれて

ポイント

あふれる / こぼれる 넘치다 1173~1177

(1) あふれる

① 가득 차서 일부가 외부로 넘친다는 뜻으로 쓴다.

② 감정 · 상황 · 형편 등에 쓰여, 그러한 기분이나 분위기가 가득하다는 뜻으로 쓴다.

(2) こぼれる

① 용기에 들어 있던 일부 또는 전부가 밖으로 흘러나오는 것을 나타낸다.

② 눈물 · 웃음 등과 같이 무의식중에 나타나는 감정 표현에 쓴다. 그러나 기쁨 · 슬픔 · 자신감 등과 같이 겉으로 봐서는 알 수 없는 것이나 분위기 등에는 쓰지 않는다.

(3) あふれる는 용기보다 내용량이 많아 넘치는 것만을 뜻하는 데 반해, こぼれる는 그런 상황 외에도 용기가 흔들리거나 쓰러졌거나 뚜껑이 열렸을 때 등과 같은 용기 상태의 변화로 인해 생긴 경우도 포함한다.

1171 ① そのことは口止されていたのに、つい口を滑らせて言ってしまった。

문장은 '무의식적으로, 마음 먹었던 것과는 반대로 행동을 해서 나중에 후회한다'는 뜻으로 쓰였기 때문에 つい가 알맞다.

1172 ② 山道でうっかり蜂の巣に触ってひどい目にあった。

부주의해서 벌에 쏘이는 부정적인 일이 생겼으므로 うっかり가 알맞다. '벌집'은 蜂の巣라는 것을 기억하자.

1173 ② 年末のデパートには、買い物客であふれる。

사람들이 많아 넘쳐난다는 뜻이므로 あふれる를 써야 한다.

1174 ② 朝の市場は活気にあふれている。

문장에서 '넘치다'는 그 상황의 분위기를 나타내므로 あふれる를 써야 한다.

1175 ② 入学試験の発表を待つ彼女の顔は自信にあふれていた。

문장에서 '자신감이 넘치다'는 겉으로 보아서는 알 수 없는 것을 나타내므로 あふれる를 써야 한다.

1176 버스가 흔들려 들고 있던 주스가 **흘러넘쳤다**.

バスがゆれて、持っていたジュースが (　　)。

① こぼれた　　② あふれた

1177 봉지가 찢어져서 소금이 **샜다**.

袋が破れて塩が (　　)。

① こぼれた　　② あふれた

1178 뒤쪽에서 **미는** 바람에 겨우 만원 전철에 탈 수 있었다.

後ろから (　　)、ようやく満員電車に乗れた。

① 押さえられて　　② 押されて

1179 버튼을 **누르면** 벨이 울립니다.

ボタンを (　　)、ベルが鳴ります。

① 押さえると　　② 押すと

1180 이 서류에 도장을 **눌러** 주세요.

この書類にはんを (　　) ください。

① 押さえて　　② 押して

1181 창문에서 바람이 불어와서 순간적으로 서류를 손으로 **눌렀다**.

窓から風が吹きこんできたので、とっさに書類を手で (　　)。

① 押さえた　　② 押した

ポイント

押す / 押さえる 누르다 1178~1183

⑴ 押す는 힘을 가해서 사람 · 사물을 움직이게 하는 것, 장치 · 도구 등을 눌러서 정해진 표시 · 작동을 하는 것을 나타낸다.

⑵ 押さえる는 움직이지 않도록 하거나 막거나 방지한다는 뜻을 나타낸다.

1176 ① **バスがゆれて、持っていたジュースがこぼれた。**

내용물이 들어 있는 용기가 흔들려서 넘치는 경우는 こぼれる를 써야 한다.

1177 ① **袋が破れて塩がこぼれた。**

용기 상태의 변화로 인해 생긴 경우는 こぼれる만 쓸 수 있다.

1178 ② **後ろから押されて、ようやく満員電車に乗れた。**

문장은 '압력이 가해져서 몸이 밀리는 것'을 나타내기 때문에 押す가 알맞다.

1179 ② **ボタンを押すと、ベルが鳴ります。**

문장에서 '누르다'는 '눌러서 신호를 하다'의 뜻이므로 押す가 알맞다.

1180 ② **この書類にはんを押してください。**

문장에서 '누르다'는 '눌러서 표시를 하다'의 뜻이므로 押す가 알맞다. '도장을 찍다'는 はんを押す로 기억해 두자.

1181 ① **窓から風邪が吹きこんできたので、とっさに書類を手で押さえた。**

손으로 눌러서 움직이지 않도록 한다는 뜻이므로 押さえる가 알맞다.

1182 환자가 실려 오자 의사는 손목을 **눌러** 맥을 짚었다.

患者が運ばれてくると、医者は手首を（　　）脈を見た。

① 押さえて　　② 押して

1183 이 풀이 마를 때까지 이곳을 **눌러** 주세요.

こののりが乾くまで、ここの所を（　　）ください。

① 押さえて　　② 押して

1184 역 주변에 빵집이 **늘었다**.

駅の周辺にパン屋が（　　）。

① 増した　　② 増えた

1185 과학 기술의 진보로 농업 분야에서도 새로운 품종이 **늘고** 있습니다.

科学技術の進歩によって、農業の分野でも新しい品種が（　　）います。

① 増して　　② 増えて

1186 요즈음 일본어 실력이 부쩍 **늘었다**.

この頃、日本語の実力がぐんと（　　）。

① 増した　　② 増えた

ポイント

増える / 増す / 伸びる 늘다 1184~1191

(1) 増える는 사람 · 동물 · 여드름 · 식당 · 흰머리 · 잡초 등 개별적으로 셀 수 있는 구체적인 것에 대한 수나 양을 나타낼 때 쓴다. 또한 재산이나 자산이 늘어나는 경우도 쓴다.

(2) 増す는 속도 · 신용 · 인기 · 더위 · 구매력 · 압력 등 개별적으로 셀 수 없는 추상적인 것에 대한 정도를 나타낸다.

(3) 伸びる는 시간 · 거리 · 길이 등이 길어지는 경우, 매상이 늘어난 경우, 실력 · 기록이 향상된 경우 등에 쓴다.

1182 ① 患者が運ばれてくると、医者は手首を押さえて脈を見た。

문장에서 '누르다'는 움직이지 않도록 한다는 뜻이므로 押さえる가 알맞다.

1183 ① こののりが乾くまで、ここの所を押さえてください。

문장에서 '누르다'는 움직이지 않도록 한다는 뜻이므로 押さえる가 알맞다.

1184 ② 駅の周辺にパン屋が増えた。

개별적으로 셀 수 있는 빵집의 개수를 표현하고 있으므로 増える가 알맞다.

1185 ② 科学技術の進歩によって、農業の分野でも新しい品種が増えています。

품종은 개별적으로 셀 수 있는 구체적인 것이므로 増える가 알맞다.

1186 ① この頃、日本語の実力がぐんと増した。

일본어 실력은 개별적으로 셀 수 없는 추상적인 것이므로 増す가 알맞다.

1187 매일같이 지진이 일어나 강도도 횟수도 날마다 **늘어**났다.

毎日のように地震が起こり、強さも回数も日ごとに (　　) いった。

① 増して　　② 増えて

1188 일본인의 수명이 **늘어서** 장수국이 되었다.

日本人の寿命が (　　)、長寿国になった。

① 伸びて　　② 増えて

1189 신상품의 매상이 **늘기** 시작했다.

新商品の売り上げが (　　) 始めた。

① 伸び　　② 増え

1190 연습을 하고 있는데도 기록이 좀처럼 **늘지 않는다**.

練習しているのに記録がなかなか (　　)。

① 伸びない　　② 増えない

1191 문제를 계속 푸는 사이에 수학 실력이 **늘었어요**.

問題を解き続けるうちに数学の実力が (　　)。

① 伸びました　　② 増えました

1187 ① 毎日(まいにち)のように地震(じしん)が起(お)こり、強(つよ)さも回数(かいすう)も日(ひ)ごとに**増(ま)して**いった。

지진의 강도는 개별적으로 셀 수 없는 추상적인 것이므로 増す가 알맞다.

1188 ① 日本人(にほんじん)の寿命(じゅみょう)が**伸(の)びて**、長寿国(ちょうじゅこく)になった。

'수명'은 시간적인 개념으로 길어지는 것을 뜻하므로 伸びる가 알맞다.

1189 ① 新商品(しんしょうひん)の売(う)り上(あ)げが**伸(の)び**始(はじ)めた。

매상이 늘어나는 것을 나타낼 때는 伸びる가 알맞다.

1190 ① 練習(れんしゅう)しているのに記録(きろく)がなかなか**伸(の)びない**。

기록의 향상을 나타낼 때는 伸びる가 알맞다.

1191 ① 問題(もんだい)を解(と)き続(つづ)けるうちに数学(すうがく)の実力(じつりょく)が**伸(の)びました**。

실력이 향상됐다는 뜻에는 伸びる가 알맞다.

オマケ 꼭 외워야 할 속담 1

가는 날이 장날	渡わたりに船ふね
가는 말이 고와야 오는 말이 곱다	売うり言葉ことばに買かい言葉ことば
개천에서 용 난다	トンビが鷹たかを生うむ
공자 앞에서 문자 쓴다	釈迦しゃかに説法せっぽう
구슬이 서 말이라도 꿰어야 보배	玉たまが三斗さんとでも糸いとを通とおしてこそ宝たから
궁하면 통한다	窮きゅうすれば通つうず
귀에 못이 박이다	耳みみにたこができる
그림의 떡	高嶺たかねの花はな
금강산도 식후경	花はなより団子だんご
급할수록 돌아가라	急いそがば回まわれ
꿩 먹고 알 먹는다, 도랑 치고 가재 잡는다, 일거양득	一挙両得いっきょりょうとく
남의 떡이 커 보인다	隣となりの芝生しばふは青あおくみえる / 隣となりの糂汰味噌じんだみそ / 人ひとの花はなは赤あかい

1192 3000볼트의 전류에 **닿아** 즉사했다.

3000ボルトの電流に (　　) 即死した。

① 触って　　② 触れて

1193 침대 끝이 벽과 **닿는다**.

ベッドの端が壁に (　　) いる。

① 触って　　② 触れて

1194 금속은 공기에 **닿으면** 산화한다.

金属は空気に (　　) と酸化する。

① 触る　　② 触れる

1195 이 기체의 화학적 성질은 특정 액체에 **닿으면** 폭발한다는 점이다.

この気体の化学的性質は、特定の液体に (　　) と爆発するという点である。

① 触る　　② 触れる

1196 아버지는 새빨간 사과를 가지에서 **따** 주었다.

父はまっ赤なリンゴを枝から (　　) くれた。

① 摘んで　　② もいで

ポイント

触る / 触れる 닿다, 접촉하다 1192~1195

触る보다 触れる의 사용 범위가 넓다.

⑴ 触る는 주체와 객체 모두가 사람(인체)이거나 어느 한쪽이 사람(인체)이어야 한다.

⑵ 触れる는 触る를 쓸 수 있는 문맥은 물론, 사람 이외의 것이 주체 · 객체가 되어도 쓸 수 있다. 특히 触れる는 고체 · 액체 · 기체 · 전류 · 인체 등에 모두 쓸 수 있는 반면, 触る는 기체 · 전류 · 광선에는 쓸 수 없다.

もぐ / 摘む 따다 1196~1199

⑴ もぐ는 사과, 토마토 등 비교적 큰 과일이나 채소를 나무에서 손으로 잡아뗄 때 쓰고, 비틀거나 하여 약간 힘을 주어 따는 느낌이 있다.

⑵ 摘む는 풀 · 꽃 · 싹 · 잎 등 작은 것을 하나씩 손끝으로 잡아 뜯는 것을 말하며, '뜯다'로 번역하는 경우가 많다. 또한 摘む의 대상은 자라나는 것의 '끝 쪽의 것'이라는 느낌이 있다.

1192 **② 3000ボルトの電流に触れて即死した。**

문장은 사람 몸이 전류에 닿는 것이므로 触れる만 쓸 수 있다.

1193 **② ベッドの端が壁に触れている。**

사물과 사물이 서로 닿는 것은 触れる를 써야 한다.

1194 **② 金属は空気に触れると酸化する。**

닿는 대상이 '공기'라는 기체이므로 触れる를 써야 한다.

1195 **② この気体の化学的性質は、特定の液体に触れると爆発するという点である。**

닿는 대상이 '액체'이므로 触れる를 써야 한다.

1196 **② 父はまっ赤なりんごを枝からもいでくれた。**

비교적 큰 과일을 따는 것이므로 もぐ가 알맞다.

1197 어릴 때는 자주 감을 **따서** 먹곤 했다.

子供のころは、よく柿の実を (　　) 食べたものだ。

① 摘んで　　② もいで

1198 정원의 꽃을 **따** 와서 테이블에 장식했다.

庭の花を (　　) きて、テーブルに飾った。

① 摘んで　　② もいで

1199 빨간 딸기를 바구니에 가득 **땄다**.

赤いイチゴをかごにいっぱい (　　)。

① 摘んだ　　② もいだ

1200 긴 계단을 천천히 **내려**갔다.

長い階段をゆっくり (　　) いった。

① 下がって　　② おりて

1201 우편물을 가지러 1층에 **내려갔다**.

郵便物を取りに一階に (　　)。

① 下がった　　② おりた

레벨 1 레벨 2 레벨 3

ポイント

おりる / 下がる 내리다 1200~1207

(1) おりる는 사람이나 사물이 이동해서(움직여서) 아래로 오는 것을 나타낸다. 주로 사람이 공간적으로 아래로 이동하는 데 쓴다.

(2) 下がる는 동작이 아니라 객관적으로 위치가 아래로 오는 것을 나타낸다. 기점에서 부분적으로 아래로 이동하는 것을 나타내고, 추상적인 가치나 정도가 내려가는 것을 나타내는 경우가 많다.

(3) 우리말로 같은 문장이라도 어떤 단어를 쓰는지에 따라서 뉘앙스가 다르다.

예) • 차단기가 내려갔다.

遮断機しゃだんきがおりた。(○) : 차단기가 내려져서 더 이상 통과할 수 없는 상태

遮断機が下がった。(○) : 단지 차단기 위치가 아래쪽으로 내려와 있는 상태

• 옥상에서 선전 현수막이 내려와 있다.

屋上おくじょうから宣伝せんでんの垂たれ幕まくがおりている。(○)

: 광고 현수막의 끝 부분이 지면에 닿아 있다는 것을 암시

屋上から宣伝の垂れ幕が下がっている。(○)

: 현수막이 대롱대롱 떠 있는 상태

• 이 비탈길을 조금 내려간 곳에 ….

この坂を少すこし下がったところに…。(○)

この坂を少しおりたところに…。(○)

: 단순히 위치를 나타내는 경우는 下がる · おりる 모두 쓸 수 있다.

1197 ② **子供のころは、よく柿の実をもいで食べたものだ。**

비교적 큰 과일을 따는 것이므로 もぐ가 알맞다.

1198 ① **庭の花を摘んできて、テーブルに飾った。**

비교적 작은 꽃을 따는 것이므로 摘む가 알맞다.

1199 ① **赤いイチゴをかごにいっぱい摘んだ。**

딸기는 비교적 작은 과일이므로 摘む가 알맞다.

1200 ② **長い階段をゆっくりおりていった。**

걷는 동작을 통해서 아래로 내려오는 것이므로 おりる가 알맞다.

1201 ② **郵便物を取りに一階におりた。**

위층에서 1층으로 내려갔다는 동작이므로 おりる가 알맞다.

1202 내일은 서리가 **내린다**고 합니다.

明日は霜が (　　) そうです。

① 下がる　　② おりる

1203 현기증이 나서 버스에서 **내렸다**.

目眩がしてバスから (　　)。

① 下がった　　② おりた

1204 물가가 지난달보다 **내렸다**.

物価が先月より (　　)。

① 下がった　　② おりた

1205 밖은 기온이 영하 20도까지 **내려갔다**.

外は気温が零下20度まで (　　)。

① 下がった　　② おりた

1206 이 선은 오른쪽이 조금 **내려가** 있다.

この線は右の方が少し (　　) いる。

① 下がって　　② おりて

1207 살이 빠져 바지가 **흘러내린다**.

痩せてズボンが (　　)。

① 下がる　　② おりる

1202 ② **明日は霜がおりるそうです。**

문장에서 '내리다'는 사물이 높은 곳에서 아래로 떨어지는 것이므로 おりる가 알맞다.

1203 ② **目眩がしてバスからおりた。**

탈것의 위에서 아래로 내리는 것이므로 おりる가 알맞다.

1204 ① **物価が先月より下がった。**

문장에서 '내리다'는 현상에 대한 것이기 때문에 下がる가 알맞다.

1205 ① **外は気温が零下20度まで下がった。**

기온은 동작이 아니라 현상이기 때문에 下がる가 알맞다.

1206 ① **この線は右の方が少し下がっている。**

문장에서 '내리다'는 눈에 보이는 현상이기 때문에 下がる가 알맞다.

1207 ① **痩せてズボンが下がる。**

문장에서 '바지가 내려가다'는 동작이 아니라 현상이기 때문에 下がる가 알맞다.

オマケ	꼭 외워야 할 속담 2
낮 말은 새가 듣고 밤 말은 쥐가 듣는다	壁かべに耳みみあり障子しょうじに目めあり
너구리 굴 보고 피물(皮物) 돈 내어 쓴다	捕とらぬ狸たぬきの皮算用かわざんよう / 皮算用
누워서 떡 먹기, 식은 죽 먹기, 땅 짚고 헤엄치기	朝飯前あさめしまえ / お茶ちゃの子こさいさい
다리 뻗고 자다	枕まくらを高たかくして寝ねる
도로 아미타불	元もとの木阿弥もくあみ
독 안에 든 쥐	袋ふくろのねずみ
돌다리도 두드리고 건너라	石橋いしばしをたたいて渡わたる
돼지 목에 진주(목걸이)	豚ぶたに真珠しんじゅ / 猫ねこに小判こばん

1208 배로 강을 **내려갔다**.

船で川を（　　）。

① 下った　　② おりた

1209 결국 사형 판결이 **내려졌다**.

とうとう死刑の判決が（　　）。

① 下った　　② おりた

1210 받침대에서 **내렸다**.

台から（　　）。

① 下った　　② おりた

1211 집단 히스테리의 **극단적인** 표출이 전쟁입니다.

集団ヒステリの（　　）現れが戦争です。

① 極端的　　② 極端的な　　③ 極端な　　④ 極端に

1212 수면 중에는 사람은 **무의식적으로** 뒤척입니다.

睡眠中には、人は（　　）寝返りを打ちます。

① 無意識的な　　② 無意識的で

③ 無意識に　　④ 無意識的に

ポイント

おりる / 下る 내리다 1208~1210

이동의 기점이나 도착점을 예상하기 힘들고, 높은 곳에서 낮은 곳으로 이동하는 것이 아닌 경우는 おりる는 쓸 수 없고 下る만 쓸 수 있다.

비유적 용법으로 쓴 週末しゅうまつにかけて天気てんきは下くだり坂ざかになる。(주말에 걸쳐서 날씨는 나빠진다.)는 주말에 걸쳐서 점점 흐려지거나 비가 내릴 것이라는 날씨의 이동 경로를 나타낸다.

문장은 같아도 뉘앙스가 다른 점에 주의해야 한다.

예) 산을 내려가다(내려오다).

山をおりる。(○) : '산을 벗어나서 거리로 돌아오다'라는 뜻을 생각할 수 있다.

山を下る。(○) : 단지, 경로 중 내려가는 길을 나타내고 있다.

~的를 붙여 쓰는 말 1211~1216

▶ 자세한 설명은 부록 612쪽 참고

1208 ① **船で川を下った。**

배를 타고 강의 흐름을 따라 내려가는 것이므로 下る가 알맞다.

1209 ① **とうとう死刑の判決が下った。**

재판의 판결이 내려졌다는 뜻으로는 下る만 쓸 수 있다.

1210 ② **台からおりた。**

①下くだる는 경로가 긴 경우에만 쓴다. 이 문장처럼 경로가 짧은 것은 おりる를 써야 한다. 또한 사물에서 이동하는 것은 下る는 쓸 수 없고, おりる만 쓴다.

1211 ③ **集団ヒステリの極端な現れが戦争です。**

極端은 だろう・だっ・で・に・だ・な・なら와 같은 활용어미를 붙여 봤을 때 자연스러우므로 的을 붙일 수 없고 그 자체로 な형용사의 역할을 한다. 따라서 뒤의 現れ를 꾸며 주는 極端な 형태를 쓰면 된다.

1212 ③ **睡眠中には、人は無意識に寝返りを打ちます。**

無意識는 だろう・だっ・で・に・だ・な・なら와 같은 활용어미를 붙여 봤을 때 자연스러우므로 的을 붙일 수 없고 그 자체로 な형용사의 역할을 한다. 여기서는 '뒤척이다'를 꾸며 주므로 부사적으로 쓰여 無意識に라고 쓰면 된다.

1213 오키나와의 석양은 아름답고 **낭만적인** 분위기가 감돌아요.

沖縄の夕日は美しく、(　　) 雰囲気が漂います。

① 浪漫的な　② 浪漫的
③ ロマンチックな　④ ロマンティックな

1214 이 프로모션의 핵심은 **대폭적인** 가격 할인입니다.

このプロモーションのポイントは、(　　) 価格引きです。

① 大幅的な　② 大幅的に　③ 大幅な　④ 大幅に

1215 혹한 지역에서는, 동절기는 낮에도 **극단적인** 추위가 계속된다.

極寒の地域では、冬季は昼間でも (　　) 寒さが続く。

① 極端的　② 極端的な　③ 極端な　④ 極端に

1216 역전 골을 넣기 위해 **필사적으로** 공격을 이어 나갔다.

逆転ゴールを決めるために、(　　) 攻め続けした。

① 必死的な　② 必死的に　③ 必死な　④ 必死に

1217 고대 문학에 **관한 한** 그를 당할 자가 없다.

古代文学の研究に (　　)、彼の右にでるものはいない。

① かけては　② 当っては　③ 際しては　④ 関わっては

1213 ③ **沖縄の夕日は美しく、ロマンチックな雰囲気が漂います。**

'낭만적인'은 한자어를 쓰지 않고 ロマンチックな로 쓴다.

1214 ③ **このプロモーションのポイントは、大幅な価格引きです。**

大幅는 的를 붙일 수 없고 그 자체로 な형용사의 역할을 한다. 따라서 뒤의 価格引き를 꾸며 주는 大幅な 형태를 쓰면 된다.

1215 ③ **極寒の地域では、冬季は昼間でも極端な寒さが続く。**

極端은 的를 붙일 수 없고 그 자체로 な형용사의 역할을 한다. 따라서 뒤의 寒さ를 꾸며 주는 極端な 형태를 쓰면 된다. 極寒을 ごっかん이라고 읽는 것에도 주의하자.

1216 ④ **逆転ゴールを決めるために、必死に攻め続けした。**

必死는 的를 붙일 수 없고 그 자체로 な형용사의 역할을 한다. 여기서는 '공격을 계속했다'를 꾸며 주므로 부사적으로 쓰여 必死に라고 쓰면 된다.

1217 ① **古代文学の研究にかけては、彼の右にでるものはいない。**

'그 일에 관해서는 ~'이라는 의미를 나타낼 때는 ～にかけては를 써야 한다. 뒷부분에는 주로 사람의 능력 등에 대한 평가를 나타내는 표현이 온다. 右みぎにでる는 관용구로 '~을 능가하다'의 뜻이다.

オマケ **꼭 외워야 할 속담 3**

둘이 먹다가 하나가 죽어도 모른다	**ほっぺたが落おちそう**
똥 묻은 개가 겨 묻은 개 나무란다	**目糞めくそ鼻糞はなくそを笑わらう**
뛰는 놈 위에 나는 놈 있다	**上うえには上うえがある**
마음을 독하게(모질게) 먹다	**心こころを鬼おにする**
말똥에 굴러도 이승이 좋다, 개똥밭에 굴러도 이승이 좋다	**命いのちあっての物種ものだね**

1218 친구가 같이 해외여행 가자고 하는데, 갈지 **말지** 고민 중이다.

友だちに海外旅行に誘われたが、行こうか (　　) 迷っている。

① 行かないか　② 行くまいか　③ 行かずか　④ 行ってないか

1219 네가 출석하든 **말든** 나는 출석할 거야.

君が出席しようが (　　) 、僕は出席する。

① しないが　② しまいが　③ せずが　④ してないが

1220 그곳은 깨끗한 바다인데 기름 **범벅**이 되었었지. 게다가 바닷새가 기름 **범벅**이 되어서 너무 안타까웠었어.

あそこはきれいな海なのに油 (　　) になってたね。それに海鳥が油 (　　) になっていて、すごくかわいそうだったよ。

① だらけ / だらけ　② だらけ / まみれ
③ まみれ / だらけ　④ まみれ / まみれ

1221 더블 버거 피클 **빼고** 부탁합니다. 그리고 아이스커피를 얼음 **없이**.

ダブルバーガーをピクルス (　　) お願いします。それから、アイスコーヒーを氷 (　　) 。

① なしで / なしで　② なしで / ぬきで
③ ぬきで / なしで　④ ぬきで / ぬきで

1222 그는 또 세계 기록을 **깼다**.

彼はまた世界記録を (　　) 。

① 割った　② 破った　③ 崩れた　④ 覚した

1218 ② 友だちに海外旅行に誘われたが、行こうか**行くまいか**迷っている。

같은 동사의 긍정과 부정의 청유형이 쓰여 '(어떤 행동을) 할지 말지'라는 뜻을 나타낼 때는 ～ようか～まいか를 쓴다.

1219 ② 君が出席しようが**しまいが**、僕は出席する。

같은 동사의 긍정과 부정의 청유형이 쓰여 '(어떤 행동을) 하든 말든, 하고 말고는'의 뜻을 나타낼 때는 ～ようが～まいが를 쓴다.

1220 ② あそこはきれいな海なのに油**だらけ**になってたね。それに海鳥が油**まみれ**になっていて、すごくかわいそうだったよ。

첫 문장에서는 바다 표면이 전체적으로 기름으로 덮여 있을 수는 없으므로 だらけ만 가능하고, 뒤쪽 문장은 상대적으로 부피가 작은 바닷새가 온통 기름으로 씌워져 있음을 나타내므로 まみれ가 알맞다. 海鳥는 うみどり 또는 かいちょう로 읽는데, 일반적으로는 うみどり를 쓴다.

1221 ③ ダブルバーガーをピクルス**ぬきで**お願いします。それから、アイスコーヒーを氷**なしで**。

첫 문장은 원래 피클은 햄버거에 들어 있는데 그것을 '제거한다'는 의미로 쓰였으므로 ぬきで가 맞고, 뒤쪽 문장은 보통은 아이스 커피에 얼음이 들어가는데 이것을 '없는 상태로 하는 것'이므로 なしで가 알맞다.

1222 ② 彼はまた世界記録を**破った**。

① 割わる는 물건을 깨는 것이기 때문에, 이 문장처럼 기록을 경신한다는 뜻으로는 破る를 써야 한다.

1223 모처럼 좋은 분위기를 **깨고** 말았다.

せっかくの良い雰囲気を (　　) しまった。

① 割って　② 壊して　③ 崩れて　④ 覚して

1224 스캔들 때문에 그녀의 아이돌 이미지는 **깨지고** 말았다.

スキャンダルによって彼女のアイドルイメージは (　　) しまった。

① 割れて　② 壊れて　③ 崩れて　④ 覚して

1225 호르몬의 균형이 **깨져** 버리면 건강에 좋지 않다.

ホルモンのバランスが (　　) しまうと健康によくない。

① 割れて　② 壊れて　③ 崩れて　④ 覚して

1226 스토브에 불이 빨갛게 **타고** 있었다.

ストーブに火が赤く (　　) いた。

① 燃えて　② 焦げて　③ 焼けて　④ 焼いて

1227 내 마음속에 **타오르는** 정열의 불은 누구도 끌 수는 없겠지요.

私の心の底に (　　) 情熱の火は、誰にも消すことはできないでしょう。

① 燃える　② 焦げる　③ 焼ける　④ 焼く

1223 **② せっかくの良い雰囲気を壊してしまった。**

割わるは 물건을 깨는 것을 나타내고, 분위기 · 무드 · 꿈 · 이미지 등 추상적인 것을 깨는 것에는 壊す를 써야 한다.

1224 **② スキャンダルによって彼女のアイドルイメージは壊れてしまった。**

문장에서 '깨다'는 분위기 · 무드 · 꿈 · 이미지 등 추상적인 것이 깨지는 것이므로 壊れる를 써야 한다.

1225 **③ ホルモンのバランスが崩れてしまうと健康によくない。**

문장에서 '깨지다'는 흐트러진다는 뜻이므로 崩れる를 써야 한다.

1226 **① ストーブに火が赤く燃えていた。**

불이 붙어서 불꽃이 나온다는 뜻으로 '타다'라고 했으므로 燃える가 알맞다.

1227 **① 私の心の底に燃える情熱の火は、誰にも消すことはできないでしょう。**

문장에서 '타다'는 어떤 격렬한 기분이 활발하게 일어난다는 뜻으로 쓰였으므로 燃える가 알맞다.

オマケ 꼭 외워야 할 속담 4

먼 사촌보다 가까운 이웃이 낫다	遠とおくの親戚しんせきよりも近ちかくの他人たにん
모르는 게 약이다	知しらぬが仏ほとけ
목 마른 사람이 우물 판다	切実せつじつな者ものが仕事しごとを急いそぐ
무소식이 희소식	無沙汰ぶさたは無事ぶじの便たより / 便たよりのないのはよい便り
믿는 도끼에 발등 찍힌다	飼かい犬いぬに手てを噛かまれる
밑도 끝도 없다	根ねも葉はもない

1228 **타는** 쓰레기와 **타지** 않는 쓰레기는 잘 구별해서 내놓아 주세요.

(　　) ごみと (　　) ないごみは、きちんと区別して出してください。

① 燃える / 燃え　② 焦げる / 焦げ
③ 焼ける / 焼け　④ 焼く / 焼け

1229 어렸을 때 살던 집은 화재로 **타서** 지금은 흔적도 없다.

幼いころの家は火事で (　　) 今は跡形もない。

① 燃えて　② 焦げて　③ 焼けて　④ 焼いて

1230 오늘은 **불타는** 듯한 더위다.

今日は (　　) ような暑さだ。

① 燃える　② 焦げる　③ 焼ける　④ 焼く

1231 그는 햇볕에 **타서** 새까매졌다.

彼は日に (　　) 真っ黒になった。

① 燃えて　② 焦げて　③ 焼けて　④ 焼いて

1232 다다미 위에 점점이 **탄** 흔적이 있다.

畳の上に点々と (　　) 跡がある。

① 燃えた　② 焦げた　③ 焼けた　④ 焼いた

ポイント

燃(も)える / 焦(こ)げる / 焼(や)ける 타다 1226~1234

⑴ 燃える는 불이 붙어서 불꽃이 나올 때나 어떤 격렬한 기분이 활발하게 일어난다는 뜻을 나타낼 때 쓴다.

⑵ 焦げる는 고온의 열을 받아서 검게 된다는 뜻을 나타낼 때 쓴다. 대상물이 부분적이며 표면적인 특징이 있고, 열이 가해진 결과가 바람직하지 못한 상태를 나타낸다.

⑶ 焼ける는 '①불에 타서 재가 되다 ②굉장히 덥다 ③(열을 가해서 요리 · 도자기 등이) 완성되다, 구워지다, 달다 ④(일광욕 등으로) 피부가 타다 · 그을리다 ⑤햇볕에 쬐어 색이 바래다 ⑥가슴이 답답하다, 체해서 속이 쓰리다 ⑦질투심을 느끼다, 샘이 나다 ⑧시중 들기 힘들다, 손이 가서 성가시다' 등의 뜻으로 쓴다. 대상물 전체에 미치는 특징이 있다.

1228 ① 燃(も)えるごみと燃(も)えないごみは、きちんと区別(くべつ)して出(だ)してください。

문장에서 '타다'는 불이 붙어서 불꽃이 나오는 상태이므로 燃える가 알맞다.

1229 ③ 幼(おさな)いころの家(いえ)は火事(かじ)で焼(や)けて今(いま)は跡形(あとかた)もない。

문장에서 '타다'는 불에 타서 재가 됐다는 뜻이므로 焼ける가 알맞다.

1230 ③ 今日(きょう)は焼(や)けるような暑(あつ)さだ。

문장에서 '타다'는 '매우 덥다'는 뜻으로 쓰였으므로 焼ける가 알맞다.

1231 ③ 彼(かれ)は日(ひ)に焼(や)けて真(ま)っ黒(くろ)になった。

문장에서 '타다'는 '햇볕에 그을리다'의 뜻이므로 焼ける가 알맞다.

1232 ② 畳(たたみ)の上(うえ)に点々(てんてん)と焦(こ)げた跡(あと)がある。

열이 가해진 결과로 표면이 부분적으로 탄 흔적이 있는 바람직하지 못한 상태이기 때문에 焦げる가 알맞다.

※ 누룽지 : お焦(こ)げ

1233 그렇게 불을 세게 하면 언저리만 **타고** 속은 구워지지 않아요.

そんなに火を強くすると、まわりだけ (　　) 中は焼けませんよ。

① 燃えて　② 焦げて　③ 焼けて　④ 焼いて

1234 불에 올려놓은 것을 깜빡 잊어버려서 생선이 새까맣게 **타** 버렸다.

火をつけっぱなしなのを忘れて、魚が真っ黒に (　　) しまった。

① 燃えて　② 焦げて　③ 焼けて　④ 焼いて

1235 해커란 다른 사람의 컴퓨터에 **들어가** 정보를 훔치거나 파괴하거나 하는 사람을 말한다.

ハッカーとは、他人のコンピューターに (　　) 、情報を盗んだり、破壊したりする人のことを言う。

① 入り　② 入り込み　③ 立ち入り　④ 入れ込み

1236 우주의 비밀을 **풀기** 위해서 과학자가 관측과 연구를 계속하고 있습니다.

宇宙の謎を (　　) ために、科学者が観測と研究を続けています。

① ほどく　② ほぐす　③ とく　④ 取る

1237 "인간은 왜 사는가?"라는 의문을 **푸는** 것은 무척 어렵다.

「人間はなぜ生きるのか」という疑問を (　　) のは、大変難しい。

① ほどく　② ほぐす　③ とく　④ 取る

レベル1 レベル2 レベル3

1233 ② そんなに火(ひ)を強(つよ)くすると、まわりだけ**焦(こ)げて**中(なか)は焼(や)けませんよ。

문장에서 '타다'는 표면적으로 탄다는 뜻과 열이 가해져서 바람직하지 못한 상태라는 것을 나타내므로 焦げる가 알맞다.

1234 ② 火(ひ)をつけっぱなしなのを忘(わす)れて、魚(さかな)が真(ま)っ黒(くろ)に**焦(こ)げて**しまった。

생선을 너무 오래 불에 올려 둬서 검게 탔다는 뜻이므로 焦げる가 알맞다.

1235 ② ハッカーとは、他人(たにん)のコンピューターに**入(はい)り込(こ)み**、情報(じょうほう)を盗(ぬす)んだり、破壊(はかい)したりする人(ひと)のことをいう。

'들어가'를 직역해서 入はいり라고 하면 사람이 진짜로 컴퓨터 안에 들어가는 것이 된다. 이 문장에서는 컴퓨터 시스템을 말하는 것이므로 入り込み라고 써야 한다.

1236 ③ 宇宙(うちゅう)の謎(なぞ)を**とく**ために、科学者(かがくしゃ)が観測(かんそく)と研究(けんきゅう)を続(つづ)けています。

문장에서 '풀다'는 의문에 대한 해답을 낸다는 뜻으로 쓰였기 때문에 とく가 알맞다.

1237 ③「人間(にんげん)はなぜ生(い)きるのか」という疑問(ぎもん)を**とく**のは、大変難(たいへんむずか)しい。

진실・비밀・의문을 푼다고 할 때는 とく를 쓴다.

オマケ 꼭 외워야 할 속담 5

발등에 불이 떨어지다	尻しりに火ひがつく
방심은 금물, 설마가 사람을 잡는다	油断大敵ゆだんたいてき
백문이 불여일견	百聞ひゃくぶんは一見いっけんに如しかず
보리밥 알로 잉어 낚는다	海老えびで鯛たいを釣つる
비 온 뒤 땅이 굳어진다	雨あめ降ふって地じ固かたまる
빈대 잡으려다 초가삼간 태운다	牛刀ぎゅうとうをもって鶏にわとりを割さく
빈 수레가 요란하다	口くちから先さきに生うまれる
사후 약방문, 행차 후의 나팔	後あとの祭まつり
산토끼를 잡으려다 집토끼를 놓친다, 멧돼지 잡으려다 집돼지 놓친다	二兎にと追おうものは一兎いっとも得えず
세 살 버릇 여든까지 간다	三みつ子ごの魂たましい百ひゃくまで

1238 치안이 좋아졌으므로 정부는 야간 외출 금지령을 **풀**기로 했다.

治安がよくなったので、政府は夜間の外出禁止令を (　　　) ことにした。

① 解く　② 解す　③ とく　④ 取る

1239 계란을 **풀어** 넣었다.

卵を (　　　) 入れた。

① 解いて　② 解して　③ といて　④ 取って

1240 그녀와 오해를 **풀지** 못한 채로 헤어졌습니다.

彼女との誤解を (　　　) ことができないまま、別れました。

① 解く　② くどく　③ とく　④ 取る

1241 긴장을 **풀기** 위해 심호흡을 했다.

緊張を (　　　) ために深呼吸をした。

① 解く　② とく　③ まく　④ 取る

1242 어머니의 어깨를 두들겨서 결린 것을 **풀어** 드렸습니다.

母の肩をたたいて、凝りを (　　　) あげました。

① 解いて　② 解して　③ といて　④ 取って

ポイント

解く / 解す /とく 풀다 1236~1244

(1) 解くは 끈, 짐, 매듭, 포장, 실 등 묶여 있는 것을 풀어 헤친다는 뜻으로 쓴다.

(2) 解すは 본래 부드러웠던 것이 일시적으로 딱딱해진 것(안 좋은 상태)을 푸는 것을 말한다. 즉 엉클어진 실, 삶은 계란의 노른자, 생선 살, 딱딱해진 밥, 어깨 결림, 오해와 같은 감정의 응어리 등 딱딱해진 상태에 있는 것을 푸는 것을 표현할 때 쓴다.

(3) とくは 끈, 짐, 매듭, 포장, 실 등 묶여 있는 것을 풀어 헤친다는 뜻으로, 이 경우는 解く와 같은 뜻이다. 또한 '①지금까지 계속되던 금지, 제한, 계약 등을 그만두고 자유롭게 하다 ②문제나 의문에 대한 해답을 내다 ③긴장 · 격양된 감정, 오해 등의 응어리를 풀다 ④계란을 풀다 ⑤밀가루, 약, 계란, 풀, 물감, 설탕 등에 물 등을 섞어서 묽게 하다'의 뜻으로 쓴다.

1238 ③ **治安がよくなったので、政府は夜間の外出禁止令をとくことにした。**

지금까지 이뤄지던 금지령을 풀고 자유롭게 한다는 뜻으로 쓰였기 때문에 とく가 알맞다.

1239 ③ **卵をといて入れた。**

문장에서 '풀다'는 계란을 물 등에 섞어서 묽게 한다는 뜻으로 쓰였기 때문에 とく가 알맞다.

1240 ③ **彼女との誤解をとくことができないまま、別れました。**

문장에서 '풀다'는 오해 감정을 푸는 것이므로 とく 또는 解す를 써야 한다.

1241 ② **緊張をとくために深呼吸をした。**

긴장을 푼다고 할 때는 とく 또는 解す를 써야 한다.

1242 ② **母の肩をたたいて、凝りを解してあげました。**

딱딱해진 어깨 뭉침을 푸는 행동이므로 解す만 쓸 수 있다.

1243 보자기의 매듭이 단단해서 **풀** 수 없습니다.

ふろしきの結び目が固くて、(　　)ません。

① とけ　② 解せ　③ まけ　④ 取れ

1244 목욕으로 땀을 흘려서 하루의 피로를 **풀자**.

お風呂で汗を流し、一日の疲れを (　　)。

① 解こう　② 解そう　③ とこう　④ 取ろう

1245 얼굴 전체에 레이저를 **쏴서** 검버섯을 뺐어요.

顔全体にレーザーを (　　) シミをとりました。

① 撃って　② 取って　③ 当てて　④ つけて

1246 이번 프로젝트는 **사전 조율**이 중요하다.

今回のプロジェクトは (　　) が大事だ。

① 根回し　② 事前調律　③ 下調べ　④ たらい回し

1247 그가 언제 올까 하고 문이 열릴 때마다 무심코 자리**에서** 일어나게 된다.

彼がいつ来るかと、ドアが開くたびに思わず席 (　　) 立ってしまう。

① に　② で　③ を　④ が

1248 날씨**만** 좋다면 즐거운 여행이 되겠지요.

天気 (　　) よければ、楽しい旅行になるでしょう。

① さえ　② すら　③ しか　④ ばかり

1243 ① ふろしきの結び目が固くて、**とけ**ません。

문장에서 '풀다'는 매듭을 풀어 헤치는 것이므로 とく 또는 ほどく만 쓸 수 있다.

1244 ④ お風呂で汗を流し、一日の疲れを**取ろう**。

'피로를 풀다'는 疲れを取る이다.

1245 ③ 顔全体にレーザーを**当てて**シミをとりました。

①撃うつ는 총 등으로 쏘는 것을 의미하며 '빛・열・바람 따위를 맞게 하다'라는 뜻은 없기 때문에 当てる를 써야 한다.

1246 ① 今回のプロジェクトは**根回し**が大事だ。

'사전 조율'은 한자어 그대로 써서 ②事前調律이라고 쓰지 않는다. 根回し라고 해야 한다. 根回し는 교섭 따위를 잘 성립시키기 위해 미리 의논하는 일을 뜻한다. 사전 조율, 사전 교섭 등으로 번역된다.

1247 ③ 彼がいつ来るかと、ドアが開くたびに思わず席**を**立ってしまう。

'자리에서'라고 했지만 で가 아니라 を를 쓴다.

1248 ① 天気**さえ**よければ、楽しい旅行になるでしょう。

가정・조건 표현 ～ば에 호응하는 조사는 さえ이다.

プラス+

'풀다'의 여러 가지 표현

결린 것을 풀다	凝こりをほぐす	스트레스를 풀다	ストレスを解消かいしょうする
계란을 풀다	卵たまごをとく	오해를 풀다	誤解ごかいをとく・ほぐす
금지령을 풀다	禁止令きんしれいをとく	의문을 풀다	疑問ぎもんをとく
긴장을 풀다	緊張きんちょうをとく・ほぐす	코를 풀다	鼻はなをかむ
끈을 풀다	ひもをとく・ほどく	피로를 풀다	疲つかれを取とる
매듭을 풀다	結むすび目めをとく・ほどく	화를 풀다	怒いかりを鎮しずめる
비밀을 풀다	謎なぞをとく		

1249 그는 어째서 그런 말을 **한 걸까**?

彼はなぜあんなことを言ったん（　　）。

① ようだ　② そうだ　③ らしい　④ だろう

1250 그녀는 아마도 합격할 **거라고** 생각합니다.

彼女はたぶん合格する（　　）と思います。

① ようだ　② そうだ　③ らしい　④ だろう

1251 폭우가 계속되어 강이 당장이라도 **넘칠 것 같다**.

大雨が続いて、川が今にも（　　）。

① 溢れるようだ　② 溢れそうだ

③ 溢れるらしい　④ 溢れるみたい

1252 의사 말로는 수술해도 **낫지 않을 것 같다**는 거야.

医者の話では、手術しても（　　）よ。

① 治らないようだ　② 治らないそうだ

③ 治らないだろう　④ 治らないらしい

ポイント

추량의 そうだ / だろう / ようだ / らしい 1249~1266

▶ 자세한 설명은 부록 614쪽 참고

1249 ④ **彼はなぜあんなことを言ったんだろう。**

추량 표현에서 의문사 だれ · どのように · なぜ · なに 등을 동반하는 문장은 だろう만 쓸 수 있다.

1250 ④ **彼女はたぶん合格するだろうと思います。**

추량 표현에서 ~と思う 앞에 올 수 있는 것은 だろう뿐이다.

1251 ② **大雨が続いて、川が今にも溢れそうだ。**

추량 표현에서 시각적 · 직관적으로 보이는 눈앞의 상황을 나타낼 수 있는 것은 そうだ뿐이다.

1252 ④ **医者の話では、手術しても治らないらしいよ。**

추량 표현에서, 남에게 들은 정보를 기준으로 말하는 경우는 らしい만 쓸 수 있다.

オマケ 꼭 외워야 할 속담 6

소 잃고 외양간 고친다, 사후 약방문	泥棒どろぼうを捕とらえて縄なわをなう
쇠 귀에 경 읽기	馬うまの耳みみに念仏ねんぶつ
쇠뿔도 단김에 빼라	善ぜんは急いそげ
새 발의 피, 쥐꼬리만 하다	雀すずめの涙なみだ
시간은 금이다	時ときは金かねなり
신주 모시듯이	腫物はれものに触さわるよう
십 년이면 강산도 변한다	十年じゅうねんすれば山河さんがも変かわる
썩어도 준치	腐くさっても鯛たい
아니 땐 굴뚝에 연기 날까	火ひの無ないところに煙けむりは立たたない
아닌 밤중에 홍두깨, 자다가 봉창 두드린다	藪やぶから棒ぼうが出でる

1253 저녁때 여자 친구와 데이트 약속이 있는데, 회의가 **끝날 것 같지 않아** 만나지 못할 수도 있다.

夕方、彼女とデートの約束があるのだが、会議が (　　) そうで、会えないかもしれない。

① 終わらな　　② 終わらなさ
③ 終わらなかった　　④ 終わらなく

1254 아까는 당장이라도 비가 **내릴 것 같**더니 이제는 활짝 개었다.

さっきは今にも雨が (　　) だったのに、もう晴れ上がった。

① 降るよう　② 降りそう　③ 降るらしい　④ 降るだろう

1255 저기 누군가 아까부터 **있는 것 같아**요.

あそこに誰かがさっきから (　　) ですよ。

① いるらしい　② いそう　③ いるだろう　④ いるよう

1256 나 감기 **걸린 것 같아**.

私、風邪を (　　)。

① 引いたそうだ　　② 引いたらしい
③ 引いただろう　　④ 引いたようだ

1257 이거 좀 맛이 **매운 것 같다**.

これ、少し味が (　　)。

① 辛そうだ　② 辛いらしい　③ 辛いだろう　④ 辛いようだ

1253 ② **夕方、彼女とデートの約束があるのだが、会議が終わらなさそうで、会えないかもしれない。**

추량을 나타내는 そうだ 앞에는 い형용사 어간이 오기 때문에 ない도 なそうだ라고 하면 안 되고, 예외적으로 なさそうだ가 된다.

1254 ② **さっきは今にも雨が降りそうだったのに、もう晴れ上がった。**

추량 표현에서 시각적 · 직관적으로 보이는 상황을 나타낼 수 있는 것은 そうだ뿐이므로 降りそう라고 해야 한다.

1255 ④ **あそこに誰かがさっきからいるようですよ。**

추량 표현에서 육감으로 느끼는 것을 표현할 수 있는 것은 ようだ뿐이다.

1256 ④ **私、風邪を引いたようだ。**

추량 표현에서 자신의 신체에 대해 느낀 것은 ようだ만 써서 표현할 수 있다.

1257 ④ **これ、少し味が辛いようだ。**

추량 표현에서 촉각 · 미각 · 후각으로 느낀 것은 ようだ만 쓸 수 있다.

オマケ 꼭 외워야 할 속담 7

아 다르고 어 다르다	ものは言いいよう
안절부절못하다	居いても立たってもいられない
약방에 감초	出でしゃばり屋や
엎어지면 코 닿을 데	目めと鼻はなの先さき
엎친 데 덮친 격, 설상가상	泣面なきつらに蜂はち / 弱よわり目めに祟たたり目め / 雪上せつじょう霜しもを加くわう / 踏ふんだり蹴けったり
원숭이도 나무에서 떨어진다	猿さるも木きから落おちる / 弘法こうぼうにも筆ふでのあやまり / カッパの川流かわながれ / 上手じょうずの手てから水みずが漏もれる
일구이언하다, 한 입으로 두말하기	二枚舌にまいじたを使つかう

1258 네가 준 진통제, 어제 먹어 보았는데, 확실히 잘 **듣는 것 같아**.

君にもらった

痛み止め、昨日飲んでみたが、確かによく (　　)。

① 効くそうだ　② 効くらしい
③ 効くだろう　④ 効くようだ

1259 내가 생각한 대로 그는 오지 않을 **것 같다**.

僕が思った通り、彼は来ない (　　)。

① そうだ　② らしい　③ みたい　④ ようだ

1260 이 두부 이상한 냄새가 나네. 상한 것 **같으니** 안 먹는 게 좋아.

この豆腐、変な匂いがするね。腐っている (　　) から、食べない方がいいわよ。

① そうだ　② らしい　③ だろう　④ ようだ

1261 A : 아빠 온 것 **같아**.

B : 이야 ~, 엄마는 발소리만으로도 알아?

A: お父さんが帰ってきた (　　) わ。

B: へー。お母さん、足音だけでわかるの？

① そうだ　② らしい　③ だろう　④ ようだ

1258 ④ **君にもらった痛み止め、昨日飲んでみたが、確かによく効くようだ。**

자신이 경험한 것을 나타내는 경우, [동사 기본형＋ようだ] 형태로 쓴다.

1259 ④ **僕が思った通り、彼は来ないようだ。**

자기 자신의 추량을 강조할 때는 ようだ를 써야 한다.

1260 ④ **この豆腐、変な匂いがするね。腐っているようだから、食べない方がいいわよ。**

추량 표현에서 촉각 · 미각 · 후각으로 느낀 것은 ようだ만 쓸 수 있다.

1261 ④ **お父さんが帰ってきたようだわ。**

추량 표현에서 직감적인 느낌을 표현하는 것은 ようだ만 쓸 수 있다.

オマケ　꼭 외워야 할 속담 8

정나미가 떨어지다	愛想あいそが尽つきる
정들면 고향	住すめば都みやこ
제 눈에 안경	あばたもえくぼ
지렁이도 밟으면 꿈틀한다, 참새가 죽어도 짹 한다	一寸いっすんの虫むしにも五分ごぶの魂たましい
진인사 대천명	人事じんじを尽つくして天命てんめいを待まつ
척하면 삼천리, 척하면 착이다	ツーと言いえばカー
티끌 모아 태산	ちりも積つもれば山やまとなる
하늘 보고 침 뱉기	天てんを仰あおいで唾つばをする
하늘은 스스로 돕는 자를 돕는다	天てんは自みずから助たすけるものを助たすく
한 우물을 파다, 돌도 십 년을 보고 있으면 구멍이 뚫린다	石いしの上うえにも三年さんねん
헌 짚신도 짝이 있다	破鍋われなべ綴とじ蓋ぶた

1262 오사카에서 그를 만날 수 있을 **거라** 생각합니다.

大阪で彼に会える（　　）と思います。

① そうだ　② らしい　③ だろう　④ ようだ

1263 A : 내일 그가 올 거라고 생각해?

B : 응, 아마도 올 **거라고** 생각해.

A：明日彼が来ると思う？

B：うん、多分来る（　　）と思うよ。

① そうだ　② らしい　③ だろう　④ ようだ

1264 어째서 그는 안 왔던 **걸까**?

どうして彼は来なかったん（　　）？

① そう　② らしい　③ だろう　④ よう

1265 뉴스에 따르면 악성 독감이 유행하고 **있는 것 같으**니 조심하는 게 좋아요.

ニュースによると、悪性のインフルエンザがはやって（　　）から、気をつけた方がいいわよ。

① いるそうだ　② いそうだ

③ いるようだ　④ いるらしい

1266 늘 관대한 당신**답지** 않네요. 그런 일에 화를 낼 줄이야.

いつも寛大なあなた（　　）ないですね。そんなことに腹をたてるとは。

① らしく　② ようじゃ　③ みたいに　④ そうじゃ

1262 ③ 大阪で彼に会える<u>**だろう**</u>**と思います。**

～と思おもう 앞에 올 수 있는 것은 だろう 뿐이다.

1263 ③ うん、多分来るだろうと思うよ。

～と思う 앞에 올 수 있는 것은 だろう 뿐이다.

1264 ③ どうして彼は来なかったんだろう？

의문사(だれ · どのように · どうして · なぜ · なに)를 동반하는 문장은 だろう 만 쓸 수 있다.

예) 彼かれは一体いったい何なにを食たべたんだろう？그는 도대체 뭘 먹었지?

1265 ④ ニュースによると、悪性のインフルエンザがはやっているらしいから、気をつけた方がいいわよ。

신문이나 뉴스 등을 통해 보거나 들은 정보에 기초한 추량은 らしい만 쓸 수 있다.

1266 ① いつも寛大なあなたらしくないですね。そんなことに腹をたてるとは。

'~답지 않다'고 할 때는 ～らしくない를 쓴다.

※ 너답지 않다 : 君(きみ)らしくない / 학생답지 않다 : 学生(がくせい)らしくない

オマケ 꼭 외워야 할 속담 9

호랑이도 제 말 하면 온다	噂うわさをすれば影かげがさす
호랑이에 날개를 단 격	鬼おにに金棒かなぼう
호미로 막을 것을 가래로 막는다	今日きょうの一針ひとはり明日あすの十針とはり
호박이 넝쿨째 굴러들어 온다	棚たなから牡丹餅ぼたもち / 鴨かもが葱ねぎを背負せおって来くる

1267 이상으로 결혼 피로연을 **끝마치겠습니다.**

以上をもちまして、結婚披露宴を (　　)。

① 終わらせていただきます
② お仕舞にさせていただきます
③ お開きとさせていただきます
④ 終了させていただきます

1268 술에도 여러 가지 종류가 있어서 곡물로 만든 술도 **있는가 하면** 채소로 만든 술도 있다고 한다.

酒にも色々あるもので、穀物から作った酒も (　　)、野菜から作った酒もあると言う。

① あるなら　② あると　③ あれば　④ あったら

1269 아버지는 술도 **마시지 않을뿐더러** 담배도 안 피운다.

父はお酒も (　　)、タバコも吸わない。

① 飲まないと　② 飲まないなら
③ 飲まなかったら　④ 飲まなければ

1270 그는 영어도 **말할 수 있을뿐더러** 독일어도 말할 수 있습니다.

彼は英語も (　　) ドイツ語も話せます。

① 話すと　② 話せば　③ 話したら　④ 話すなら

1267 ③ 以上をもちまして、結婚披露宴をお開きとさせていただきます。

'끝마치겠습니다'를 직역하면 終わらせていただきます・お仕舞しまいにさせていただきます・終了しゅうりょうさせていただきます와 같은 말이 있지만, 결혼식에서는 금기시하는 말들이므로 이 문장에는 적당하지 않다. '새로 시작한다'는 뜻으로 開ひらく를 써서 お開きとさせていただきます라고 해야 한다.

1268 ③ 酒にも色々あるもので、穀物から作った酒もあれば、野菜から作った酒もあると言う。

가정・조건 표현에서 ～も～ば～も～ 문형을 이루는 것은 ば뿐이다.

1269 ④ 父はお酒も飲まなければ、タバコも吸わない。

가정・조건 표현에서 ～も～ば～も～ 문형을 이루는 것은 ば만 쓸 수 있다.

1270 ② 彼は英語も話せばドイツ語も話せます。

가정・조건 표현에서 같은 종류의 것을 열거하는 데 쓸 수 있는 것은 ば뿐이다.

プラス+

忌み言葉 금기어

일본에서는 결혼식 등 축하 자리에서 쓰면 안 되는 말을 忌み言葉라고 한다. '끝나다, 헤어지다, 떠나다, 아프다, 질리다, 끊이다' 등 부정적인 말은 다른 적당한 단어로 대체해야 한다.

飽あきる	苦くるしい	流ながれ	負まける
痛いたい	くれぐれも	逃にげる	戻もどる
終おわる	壊こわれる	離はなれる	破やぶれる
帰かえる	去さる	冷ひえる	病やむ
かさねがさね	死しぬ	ふたたび	別わかれる
消きえる	捨すてる	ほどける	割われる
切きれる	出でる	滅ほろびる	

1271 자신을 믿고 남을 믿고 **있기** 때문에 매일 안심하고 생활하고 있습니다.

自分を信じ、他人を信じて（　　）こそ毎日安心して生活しています。

① いるなら　② いると　③ いれば　④ いたら

1272 휴지도 **쌓이면** 산이 된다. (티끌 모아 태산이다.)

ちりも（　　）山となる。

① 積もると　② 積もれば
③ 積もったら　④ 積もるなら

1273 일본어는 공부**하면** 할수록 어렵다.

日本語は勉強（　　）するほど難しい。

① すると　② すれば　③ したら　④ するなら

1274 이 문제만 풀어 **버리면** 오늘 숙제는 끝난다.

この問題さえ解いて（　　）、今日の宿題は終わる。

① しまえば　② しまうなら
③ しまうなら　④ しまったら

1275 편지를 **보냈더니** 곧바로 답장이 왔다.

手紙を（　　）すぐ返事がきた。

① 出すと　② 出せば　③ 出しても　④ 出すなら

1271 ③ **自分を信じ、他人を信じていればこそ毎日安心して生活しています。**

가정・조건 표현에서 '~이기 때문에'라는 말을 붙여 강조하는 표현은 ～ばこそ를 쓴다.

1272 ② **ちりも積もれば山となる。**

직역하여 '휴지도 쌓이면 산이 된다'는 우리나라 속담 '티끌 모아 태산'에 해당하는 표현이다. 속담에 쓰이는 가정・조건 표현은 ば이다.

1273 ② **日本語は勉強すればするほど難しい。**

'~하면(이면) ~할수록'이라는 정도의 변화를 나타내는 표현은 ～ば～ほど이다.

1274 ① **この問題さえ解いてしまえば、今日の宿題は終わる。**

'~만 ~하면'이라는 구문이 되려면 ～さえ～ば를 써야 한다.

1275 ① **手紙を出すとすぐ返事がきた。**

가정・조건 표현에서 시간적으로 '바로 뒤에(곧바로)'라는 뜻으로 쓸 수 있는 가정・조건 표현은 と와 たら이다. 이 문장에서는 出すと가 알맞다.

オマケ 한・일 표현이 다른 법 용어 1

거짓말 탐지기	**嘘発見器**うそはっけんき
검사	**検察官**けんさつかん
경위서	**始末書**しまつしょ・しまつがき
공갈	**ゆすり**
공소장	**起訴状**きそじょう
공판 절차	**公判手続**こうはんてつづき
교도소	**刑務所**けいむしょ

1276 백화점에 **갔더니** 공교롭게도 쉬는 날이었다.

デパートへ (　　) あいにく休みだった。

① 行けば　② 行くのに　③ 行ったら　④ 行くなら

1277 수업이 **끝나면** 영화 보러 갑시다.

授業が (　　)、映画を見に行きましょう。

① 終わると　② 終われば　③ 終わったら　④ 終わるなら

1278 마중 나갈 테니 역에 **도착하면** 전화해 주세요.

迎えに行きますので、駅に (　　) 電話をしてください。

① 着くと　② 着けば　③ 着いたら　④ 着くなら

1279 사진이 **완성되면** 부쳐 주세요.

写真が (　　)、送ってください。

① できると　② できれば　③ できるなら　④ できたら

1280 KTX를 **탈 거라면** 시간을 조사해 두는 편이 좋아요.

KTXに (　　)、時間を調べておいたほうがいいですよ。

① 乗ると　② 乗ったら　③ 乗るなら　④ 乗れば

1281 어차피 **시작할 거라면** 빠른 편이 낫겠지요.

どうせ (　　)、早いほうがいいのでしょう。

① 始めると　② 始めれば　③ 始めたら　④ 始めるなら

1276 ③ デパートへ行ったらあいにく休みだった。

가정 · 조건 표현에서 새롭게 안 사실, 의외의 일 등을 알았을 때 나타내는 표현은 と와 たら이다. 이 문장에서는 行ったら를 써야 한다.

1277 ③ 授業が終わったら、映画を見に行きましょう。

'수업이 끝나다'와 '영화를 보러 가다'라는 한 사람의 두 가지 행동을 가정 · 조건 표현으로 이은 문장으로, 뒷부분에 명령 · 의뢰 등이 있을 때는 たら만 쓸 수 있다.

1278 ③ 迎えに行きますので、駅に着いたら電話をしてください。

'역에 도착하다'와 '전화를 하다'는 한 사람이 순차적으로 하는 행동이고, 뒷부분에 의뢰가 있을 때는 たら만 쓸 수 있다.

1279 ④ 写真ができたら、送ってください。

가정 · 조건 표현에서 '(같은 사람이) ~을 한 후에 ~을 하다'라는 뜻의 문장으로, 뒷부분에 명령 · 의뢰 등이 있을 때는 たら만 쓸 수 있다.

1280 ③ KTXに乗るなら、時間を調べておいたほうがいいですよ。

가정 · 조건 표현에서 상대방이 한 말을 전제로 하여, 의뢰 · 조언 · 의사 · 판단을 말하거나 정보 제공, 조언을 할 때는 なら만 쓸 수 있다.

1281 ④ どうせ始めるなら、早いほうがいいのでしょう。

가정 · 조건 표현에서 상대방의 말을 전제로 하여 그것에 대해 의견 · 조언을 서술하고 있으므로 なら를 써야 한다.

1282 사원 여행에 참가**할 거라면** 내일까지 신청하시기 바랍니다.

社員旅行に参加（　　）、明日までに申し込んでください。

① するなら　② すると　③ すれば　④ したら

1283 신주쿠에 **갈 거라면** 맞은편 홈에서 도쿄행 전철을 타야 해요.

新宿へ（　　）、向こうのホームから東京行きの電車に乗らないとだめですよ。

① 行けば　② 行くなら
③ 行ったら　④ 行くと

1284 이 책 **읽을 거라면** 빌려줄게.

この本、（　　）、貸してあげるよ。

① 読めば　② 読むなら
③ 読んだら　④ 読むと

1285 A: 그럼, 먼저 실례할게요.
B : 스즈키 씨, 가려고요? **그렇다면** 나도 같이 갈 테니 조금만 기다려.

A: じゃ、お先に失礼します。
B: 鈴木さん、帰るの？（　　）、私も一緒に帰るからちょっと待って。

① すると　② それでは
③ そうしたら　④ それなら

1282 ① **社員旅行に参加するなら、明日までに申し込んでください。**

'~이라면'이라는 가정 · 조건 표현에서 뒤에 나오는 일이 시간적으로 먼저 해야 할 경우라면 なら를 써야 한다.

1283 ② **新宿へ行くなら、向こうのホームから東京行きの電車に乗らないとだめですよ。**

상대방의 말을 전제로 하여 그것에 대해 의견 · 조언을 서술하고 있으므로 なら를 써야 한다.

1284 ② **この本、読むなら、貸してあげるよ。**

[A라면 B] 형태에서 'B가 먼저이고, A가 뒤'라는 시간적 관계를 나타낼 때는 なら만 쓸 수 있다.

1285 ④ **鈴木さん、帰るの？それなら、私も一緒に帰るからちょっと待って。**

상대방의 말이나 모습을 보고 알게 된 사실 · 정보를 조건으로 하는 용법은 なら만 쓸 수 있다.

オマケ 한・일 표현이 다른 법 용어 2

과태료(행정)	**過料**かりょう・あやまちりょう
과료(형벌)	**科料**かりょう・とがりょう
구속 영장	**勾留状**こうりゅうじょう
구속 영장 청구서	**勾留**こうりゅう**請求書**せいきゅうしょ
담합	**馴**な**れ合**あい
몽타주	**似顔絵**にがおえ **/ モンタージュ**
미란다 원칙	**ミランダ警告**けいこく **/ 権利**けんり**の告知**こくち **/ 権利告知 /** **ミランダ・ルール / ミランダ準則**じゅんそく **/ ミランダ法則**ほうそく
미필적 고의	**未必**みひつ**の故意**こい
범칙금	**反則金**はんそくきん

1286 A: 잠깐 장 보러 갔다 올게.

B: 장 보러 **갈 거면**, 가는 김에 이 편지도 부치고 와.

A: ちょっと買い物に行ってくる。

B: 買い物に (　　)、ついでにこの手紙を出してきて。

① 行くと　② 行けば
③ 行ったら　④ 行くんだったら

1287 대도시는 교통, 주택 등 여러 가지 문제를 **안고** 있다.

大都市は交通、住宅など、さまざまな問題を (　　) いる。

① だいて　② いだいて　③ せおって　④ かかえて

1288 나는 모리 씨가 선생님과 얘기하고 있는 **것**을 봤습니다.

私は森さんが先生と話している (　　) を見ました。

① の　② もの　③ こと　④ ほう

1289 어머니의 사랑을 알게 된 **것**(시기, 때)은 내가 아이를 낳고 나서였다.

母の愛がわかった (　　) は自分が子どもを産んでからだった。

① の　② もの　③ こと　④ ほう

1290 내가 프랑스에 간 **것**(목적)은 디자인을 공부하기 위해서였다.

私がフランスに行った (　　) はデザインを勉強するためだった。

① の　② もの　③ こと　④ ほう

ポイント

こと・の・もの 중에서 の만 쓸 수 있는 경우 1288~1291

⑴ 서술부가 見(み)る・聞(き)く・感(かん)じる와 같이 지각동사(시각, 청각, 감각)일 때
⑵ 눈에 보이는 구체적인 사물이 아닌 경우, 우리말의 '것' 대신에 이유, 원인, 목적, 때, 시기 등을 나타내는 명사로 바꿔 써도 괜찮을 때
⑶ 동적인 장면, 지금 이루어지는 장면일 때

▶ 자세한 설명은 부록 637쪽 참고 : こと / の / もの

1286 ④ 買(か)い物(もの)に行(い)くんだったら、ついでにこの手紙(てがみ)を出(だ)してきて。

상대방의 말이나 모습을 보고 알게 된 사실, 정보를 조건으로 하는 용법은 なら만 쓸 수 있다. ～んだったら는 なら의 회화체이다.

1287 ④ 大都市(だいとし)は交通(こうつう)、住宅(じゅうたく)など、さまざまな問題(もんだい)をかかえている。

문제, 고민거리 등을 안고 있다는 뜻으로는 抱える를 써야 한다.

1288 ① 私(わたし)は森(もり)さんが先生(せんせい)と話(はな)しているのを見(み)ました。

서술부에 見る 지각동사를 썼으므로 の를 써야 한다.

1289 ① 母(はは)の愛(あい)がわかったのは自分(じぶん)が子(こ)どもを産(う)んでからだった。

이유, 원인, 목적, 때, 시기 등으로 대체할 수 있으므로 の를 써야 한다.

1290 ① 私(わたし)がフランスに行(い)ったのはデザインを勉強(べんきょう)するためだっだ。

이유, 원인, 목적, 때, 시기 등으로 대체할 수 있으므로 の를 써야 한다.

1291 전철이 늦게 온 **것**은 건널목에서 사고가 있었기 때문이다.

電車が遅れた (　　) は踏み切りで事故があったためだ。

① の　② もの　③ こと　④ ところ

1292 병을 조기 발견하기 위해서는 검사를 받**아야** 한다.

病気を早期発見するには検診を受ける (　　) だ。

① の　② もの　③ こと　④ ところ

1293 이 공원 안에서 캐치볼을 하지 말 **것**.

この公園内でキャッチボールをしない (　　) 。

① の　② もの　③ こと　④ ところ

1294 이름은 한자로 쓸 **것**.

名前は漢字で書く (　　) 。

① の　② もの　③ こと　④ ところ

1295 내일은 전원 9시까지 집합할 **것**. 늦지 않도록!

明日は全員、9時まで集合する (　　) 。遅れないように。

① の　② もの　③ こと　④ ところ

ポイント

こと・の・もの 중에서 こと만 쓸 수 있는 경우 1292~1306

▶ 자세한 설명은 부록 616쪽 참고 | 부록 637쪽 참고 : こと / の / もの

1291 ① **電車が遅れたのは踏み切りで事故があったためだ。**

이유, 원인, 목적, 때, 시기 등으로 대체할 수 있으므로 の를 써야 한다.

1292 ③ **病気を早期発見するには検診を受けることだ。**

검사를 받아야 한다고 '충고'를 하고 있기 때문에 こと를 써야 한다. 健診과 検診은 둘 다 けんしん으로 읽지만, 健診은 健康診断けんこうしんだん의 줄임말로 '건강검진'을 뜻하고, 検診은 질병을 조기 발견하기 위한 '검사'를 뜻한다.

1293 ③ **この公園内でキャッチボールをしないこと。**

'~하지 말 것'이라는 금지를 나타낼 때는 [동사 ない형+こと] 형태로 쓴다.

1294 ③ **名前は漢字で書くこと。**

'~(할) 것'이라는 명령을 나타낼 때는 [동사 현재형+こと] 형태로 쓴다.

1295 ③ **明日は全員、9時まで集合すること。遅れないように。**

명령을 나타낼 때는 こと를 써야 한다.

オマケ　한・일 표현이 다른 법 용어 3

법무사	司法書士しほうしょし
(변호사) 수임료	弁護士料金べんごしりょうきん / 弁護料べんごりょう
부검	司法解剖しほうかいぼう
불구속 기소	在宅起訴ざいたくきそ
불구속 입건	書類送検しょるいそうけん
사면	恩赦おんしゃ
사법 연수원	司法しほう研修所けんしゅうじょ
수감자	受刑者じゅけいしゃ
심신미약	心神耗弱しんしんこうじゃく

1296 나는 잠꾸러기여서 아침에 조깅하는 **일**은 없습니다.

私は朝寝坊だから、朝ジョギングする (　　) はありません。

① の　② もの　③ こと　④ ところ

1297 신주쿠는 좋아하지는 않지만 가지 않는 **것**은 아니다.

新宿は好きじゃないが行かない (　　) はない。

① の　② もの　③ こと　④ ところ

1298 내가 지금 가장 하고 싶은 것은 하루 종일 자는 **것**입니다.

私が今一番したいことは、一日中寝る (　　) です。

① の　② もの　③ こと　④ ところ

1299 목표는 빨리 하는 것이 아니라 정확히 하는 **것**입니다.

目標は速くすることではなく、正確にする (　　) です。

① の　② もの　③ こと　④ ところ

1300 '퍼스컴'이란 개인이 사용하는 소형 컴퓨터를 **말합**니다.

パソコンというのは個人で使える小型のコンピューターの (　　) です。

① の　② もの　③ こと　④ ところ

1296 ③ 私は朝寝坊だから、朝ジョギングすることはありません。

'~하는 일은 없다'는 [동사 현재형+ことはない] 형태로 쓴다.

1297 ③ 新宿は好きじゃないが行かないことはない。

'~하지 않는 건 아니다'는 [동사 현재형+ことはない] 형태로 쓴다.

1298 ③ 私が今一番したいことは、一日中寝ることです。

'~하는 것은 ~하는 것이다' 또는 '~하는 것은 ~하는 것이 아니다'와 같이 구문의 앞뒤에 모두 체언화 된 말이 올 때는, 뒤쪽에는 こと·の·もの 중에서 こと만 쓸 수 있다.

1299 ③ 目標は速くすることではなく、正確にすることです。

'빨리 하는 것과 정확히 하는 것'이라는 체언화된 내용이 앞뒤에 쓰였으므로 こと·の·もの 중에서 こと만 쓸 수 있다.

1300 ③ パソコンというのは個人で使える小型のコンピューターのことです。

'~은 ~이라는 의미이다'와 같이 설명하는 표현에서는 こと만 쓸 수 있다.

オマケ　한·일 표현이 다른 법 용어 4

압류	差押さしおさえ
자진 출두	自みずから出頭しゅっとう
재소자	在監者ざいかんしゃ
전자발찌	GPSアンクレット / GPS足輪あしわ / 電子でんし足輪 / アンクルモニター
정상 참작 감형	酌量減刑しゃくりょうげんけい
준법 정신	コンプライアンス / 法令ほうれい順守じゅんしゅ
증거 조사	証拠しょうこ調しらべ
진술	供述きょうじゅつ / 陳述ちんじゅつ
진술 거부권	供述きょうじゅつ拒否権きょひけん / 黙秘権もくひけん
처벌 조항	罰条ばつじょう
체포 영장	逮捕状たいほじょう

1301 상세한 조사를 하지 않**고서**는 전염병 대책은 세울 수 없다.

詳しい調査をしない (　　) には、伝染病の対策は立てられない。

① の　② もの　③ こと　④ ところ

1302 1학년은 전원 이 수업을 듣**게** 되어 있다.

一年生は全員、この授業を受ける (　　) になっている。

① の　② もの　③ こと　④ ところ

1303 아프리카 국가들은 기아 대책으로 공동 기금을 마련하**기로** 했습니다.

アフリカ諸国は飢餓対策として共同基金を作る (　　) にしました。

① の　② もの　③ こと　④ ところ

1304 그런 이야기는 들어 본 **적**도 없어요.

そんな話は聞いた (　　) もありません。

① の　② もの　③ こと　④ ところ

1305 놀랍**게도** 아직도 다윈의 진화론을 부정하는 사람이 많이 있다.

驚いた (　　) に、ダーウィンの進化論を否定する人がたくさんいる。

① の　② もの　③ こと　④ ところ

1306 드디어 성공했다. 이날을 얼마나 기다렸**던**가!

とうとう成功した。この日をどんなに待っていた (　　) か。

① の　② もの　③ こと　④ ところ

1301 ③ **詳しい調査をしないことには、伝染病の対策は立てられない。**

'~하지 않고서는'은 ～ことには라고 기억해 두어야 한다.

1302 ③ **一年生は全員、この授業を受けることになっている。**

'~하게 되어 있다'는 ～ことになっている를 써서 나타낸다.

1303 ③ **アフリカ諸国は飢餓対策として共同基金を作ることにしました。**

'~하기로 하다'는 ～ことにする를 써서 나타낸다.

1304 ③ **そんな話は聞いたこともありません。**

'~한 적이 있다(없다)'는 경험을 나타낼 때는 ～ことがある(ない)를 써서 나타낸다.

1305 ③ **驚いたことに、ダーウィンの進化論を否定する人がたくさんいる。**

어두에 감정을 나타내는 형용사나 동사에 붙어 '~하게도'라고 소감을 나타낼 때는 ことに를 붙여 쓴다.

1306 ③ **とうとう成功した。この日をどんなに待っていたことか。**

정도, 크기를 특정할 수 없을 만큼 굉장하다고 표현할 때, 문장 끝에 '(얼마나) ~한가'의 뜻으로는 ことか를 써서 나타낸다.

オマケ　한・일 표현이 다른 법 용어 5

출입 금지	**出入**でい**り差**さ**し止**ど**め / 出入**でい**り禁止**きんし
파기 환송	**破棄差戻**はきさしもど**し**
함정 수사	**おとり捜査**そうさ
합의금	**示談金**じだんきん
합의 보다	**示談**じだん**する**
항소	**控訴**こうそ
항소 이유서	**控訴趣意書**こうそしゅいしょ
현장 검증	**実況見分**じっきょうけんぶん
혼외자	**非嫡出子**ひちゃくしゅつし

1307 환자는 의사의 태도에 민감해지는 **법**이다.

患者は医者の態度に敏感になる (　　) だ。

① の　② もの　③ こと　④ ほう

1308 칭찬을 받으면 누구든지 기분이 좋아지는 **법**입니다.

誉められると誰でも嬉しくなる (　　) です。

① もの　② こと　③ の　④ ほう

1309 옛날에는 가뭄이 들면 바로 단수를 하**곤 했**다.

昔は、日照りが続くとすぐ断水した (　　) だ。

① の　② もの　③ こと　④ ところ

1310 어렸을 적에 나는 자주 이곳에 와서 놀**곤 했었**다.

子供のころ、私はよくここへ来て遊んだ (　　) だ。

① の　② もの　③ こと　④ ところ

1311 일본은 경제 대국인**데도** 국제 사회에 미치는 영향은 그다지 크지 않다.

日本は経済大国である (　　)、国際社会への影響はあまり大きくない。

① はずの　② ものの　③ ことの　④ ところの

ポイント

こと・の・もの 중에서 もの만 쓸 수 있는 경우 1307~1315

▶ 자세한 설명은 부록 616쪽 참고 | 부록 637쪽 참고 : こと / の / もの

1307 ② **患者は医者の態度に敏感になるものだ。**

문장에서 '법'은 '법률'을 의미하는 것이 아니라 '순리, 당연한 귀결'이라는 뜻이다.

1308 ① **誉められると誰でも嬉しくなるものです。**

문장에서 '법'은 '보편적인 경향'을 뜻하는 것이므로 もの를 써야 한다.

1309 ② **昔は、日照りが続くとすぐ断水したものだ。**

반복되는 동작이나 과거의 경험을 회상하여 나타낼 때 もの만 쓸 수 있다. 이 경우 ~たものだ는 '~하곤 했었다'로 번역한다.

1310 ② **子供のころ、私はよくここへ来て遊んだものだ。**

과거의 경험을 회상하여 나타낼 때는 もの만 쓸 수 있다.

1311 ② **日本は経済大国であるものの、国際社会への影響はあまり大きくない。**

'~인데도'라고 앞뒤 구문이 반대의 뜻을 나타낼 때는 ものの를 써서 표현한다.

オマケ　한・일 표현이 다른 뉴스 생활・사회면 용어

거북이 운전	のろのろ運転うんてん	새치기	割わりこみ
거짓말 탐지기	ウソ発見器はっけんき	수갑	手錠てじょう
건널목	踏ふみ切きり	신상 털기	身元みもと割わり出だし
광고성 기사	提灯記事ちょうちんきじ	쓰레기 무단 투기	ゴミのポイ棄すて
불심 검문	職務質問しょくむしつもん	연쇄 충돌 사고	玉突たまつき事故じこ
빈집 털이	空あき巣すす狙ねらい	원정 출산	出産旅行しゅっさんりょこう
뺑소니	ひき逃にげ	포승	腰縄こしなわ

1312 바로 병원에 갔으면 좋았을 **것**을, 참고 있다가 악화되고 말았다.

すぐに医者に行けばいい (　　) を、がまんしていたから、ひどくなってしまった。

① の　② もの　③ こと　④ ところ

1313 할 수만 **있다면** 세계 여행을 해 보고 싶다.

できる (　　) なら、世界中を旅行してみたい。

① の　② もの　③ こと　④ ところ

1314 A : 여기 있던 바나나 네가 먹었어?

B : 응, 그게 배가 고팠**거든**.

A: ここに置いてあったバナナあなたが食べたの？

B: うん、だってお腹がすいちゃった (　　)。

① の　② もの　③ こと　④ ところ

1315 저런 사람이랑 두 번 다시 만날 **것 같으냐**? (두 번 다시 만나지 않겠다.)

あんな人に二度と会う (　　)。

① のか　② ものか　③ ことか　④ ところか

1316 그 사진 한 장 더 **뽑아** 주세요.

その写真、もう一枚 (　　) ください。

① 選んで　② 焼いて　③ 抜いて　④ 取って

1312 ② すぐに医者(いしゃ)に行(い)けばいい**もの**を、がまんしていたから、ひどくなってしまった。

'~했으면 좋았을 텐데, ~해서 나빠졌다'라는 후회 · 불만 · 비난 등의 의미를 나타낼 때는 いいものを(좋았을 텐데)를 쓴다.

1313 ② できる**もの**なら、世界中(せかいじゅう)を旅行(りょこう)してみたい。

실현 가능성이 없거나 낮은 일에 대해 실현되기를 가정할 때는 ものなら를 써서 표현한다.

1314 ② うん、だってお腹(なか)がすいちゃった**もの**。

문장의 마지막에 붙어서 원인이나 이유를 나타낼 때는 もの만 쓸 수 있다.

1315 ② あんな人(ひと)に二度(にど)と会(あ)う**ものか**。

'~할 것 같으냐, 절대 ~하지 않겠다'는 강한 부정의 의지를 나타낼 때는 ものか를 쓴다.

1316 ② その写真(しゃしん)、もう一枚(いちまい)**焼(や)いて**ください。

문장에서 '뽑다'는 사진을 현상한다는 뜻이기 때문에 焼く를 써야 한다.

オマケ	한・일 표현이 다른 정치 용어 1
개표 참관인	開票立会人かいひょうたちあいにん
공천	公認こうにん
기표식 투표	記号式投票きごうしきとうひょう
네거티브 선거전	ネガティブキャンペーン / ネガキャン
대변인	報道官ほうどうかん / スポークスマン
대선	大統領だいとうりょう選挙せんきょ
보궐 선거	補欠選挙ほけつせんきょ / 補選ほせん
사전 투표 제도	期日前投票制度きじつぜんとうひょうせいど・きじつまえとうひょうせいど / きじつぜん / きじつまえ
선거 운동 차량	街宣車がいせんしゃ
선거 참관인	投票立会人とうひょうたちあいにん

1317 그녀는 넘쳐흐르는 눈물을 필사적으로 **참고** 있었다.

彼女はあふれてくる涙を必死に (　　) いた。

① 堪えて　② 忍んで　③ 耐えて　④ 我慢して

1318 금리가 낮아서 받는 이자는 **기껏해야** 만 엔 정도이다.

金利が低いから、受け取る利息は (　　) 1万円ほどだ。

① 精一杯　② せいぜい

③ 少なくとも　④ 少しも

1319 아르바이트를 한다고 해도 1주일에 이틀이 **고작**이다.

アルバイトをすると言っても週二日が (　　) だ。

① 精一杯　② せいぜい

③ 少なくとも　④ 少しも

1320 우동이라면 비싼 집이라 해도 **기껏해야** 500엔 정도겠지.

うどんなら高い店でも (　　) 500円だろう。

① せいぜい　② 少なくと

③ 全然　④ 精一杯

1321 겨울이 **지나면** 따뜻한 봄이 찾아온다.

冬が (　　) 暖かい春がやってくる。

① 経つと　② 経ると　③ 過ぎると　④ よると

ポイント

精一杯 / せいぜい 기껏해야, 고작 1318~1320

(1) 精一杯는 능력 · 가능성의 상한선을 나타내는 것으로, '그 이상은 안 된다'는 뜻과 '다른 것을 할 여유가 없다'는 뜻으로 쓴다.

(2) せいぜい는 '아무리 열심히 해도 ~ 이상은 안 된다'고 하는 체념의 기분을 나타내거나, '많아야 ~'의 뜻으로 쓴다.

経つ / 経る / 過ぎる 지나다 1321~1322

모두 '지나다'라는 뜻이지만, ①어떤 시점을 지정하는 경우 ②어떤 시간적인 폭을 가진 시기가 끝나는 경우 ③[~た+명사]의 형태로 과거 사실을 나타내고 뒤에 오는 명사를 수식하는 경우 ④어떤 장소를 지나가는 경우 ⑤수량이 어떤 선을 넘는 경우 등에는 過ぎる만 쓸 수 있다.

1317 ① 彼女はあふれてくる涙を必死に堪えていた。

자연적으로 그렇게 될 것 같은 생리적 현상을 억제할 경우는 堪える만 쓸 수 있다. 단, ~たいのを~(~하고 싶은 것을 ~)가 앞에 오는 경우는 我慢がまんする로 호응하여 쓸 수 있다.

1318 ② 金利が低いから、受け取る利息はせいぜい1万円ほどだ。

문장에서 '기껏해야'는 '많아도'라는 뜻으로 쓰였으므로 せいぜい가 알맞다.

1319 ① アルバイトをすると言っても週二日が精一杯だ。

문장에서 '고작'은 능력 · 가능성의 상한선을 나타내는 것으로, '그 이상은 안 된다'는 뜻과 '다른 것을 할 여유가 없다'는 뜻으로 쓰였기 때문에 精一杯가 알맞다.

1320 ① うどんなら高い店でもせいぜい500円だろう。

'기껏해야'는 '많아도'라는 뜻으로 せいぜい가 알맞다.

1321 ③ 冬が過ぎると暖かい春がやってくる。

'지나면'은 어떤 시점을 지정하는 경우에 해당하기 때문에 すぎる만 쓸 수 있다.

1322 **지난** 겨울은 정말 추웠다.

(　　) 冬は、本当に寒かった。

① 経った　② 経た　③ 過ぎた　④ よった

1323 그는 **분명** 오지 않을 것이다.

彼は (　　) 来ない。

① 必ず　② ぜひ　③ きっと　④ 確か

1324 안색이 안 좋기 때문에 그는 **필시** 병이다.

顔色が悪いから彼は (　　) 病気だ。

① 必ず　② ぜひ　③ きっと　④ 確か

1325 **꼭** 다시 한 번 뵙고 싶습니다.

(　　) もう一度お会いしたいんです。

① 必ず　② ぜひ　③ きっと　④ 確か

1326 내일 **꼭** 찾아뵙고 싶습니다.

明日 (　　) お伺いしたいんです。

① 必ず　② ぜひ　③ きっと　④ 確か

1327 이 수프는 간 **맞추기**가 어렵다.

このスープは塩 (　　) が難しい。

① 都合　② 合わせ　③ 加減　④ 調節

レベル1 レベル2 レベル3

ポイント

必ず / きっと / ぜひ 반드시, 꼭, 분명히 1323~1326

(1) 명백한 논리에 따라 어떤 결과가 얻어질 때는 必ず만 쓸 수 있다.
(2) 어떤 근거에 의한 판단 · 조건에 대한 화자의 확신을 나타낼 때는 必ず · きっと를 쓴다.
(3) 불확실한 요소를 포함하는 서술어와 호응하여 추량 · 희망의 기분을 나타낼 때는 きっと가 가장 적당하며 必ず도 가능하지만 ぜひ는 쓸 수 없다.
(4) 근거에 의한 판단 · 조건에 대한 화자의 확신을 나타낼 때, 확신하는 내용이 동작이 아니라 상태인 경우와 부정문일 경우는 きっと만 쓸 수 있다.
(5) 단언하여 '꼭 ~하고 싶다'처럼 강한 희망을 나타낼 때는 ぜひ~たい가 가장 알맞다.
(6) 부정문일 때는 きっと만 쓸 수 있다.

1322 ③ **過ぎた冬は、本当に寒かった。**

과거를 나타내고 명사를 수식하고 있기 때문에 過ぎる를 써야 한다.

1323 ③ **彼はきっと来ない。**

문장이 부정문이므로 きっと를 쓴다.

1324 ③ **顔色が悪いから彼はきっと病気だ。**

어떤 근거에 의한 판단 · 조건에 대한 확신을 나타내고, 판단의 근거가 상태이기 때문에 きっと만 쓸 수 있다.

1325 ② **ぜひもう一度お会いしたいんです。**

'꼭 ~하고 싶다'와 같이 말하는 사람이 강한 희망을 나타내므로 ぜひ가 알맞다.

1326 ② **明日ぜひお伺いしたいんです。**

단정적으로 말하는 사람의 '강한 희망'을 나타내고 있기 때문에 ぜひ~たい가 가장 알맞다.

1327 ③ **このスープは塩加減が難しい。**

'간 맞추기'는 '정도'를 나타내는 加減을 붙여서 써야 한다.

※ 맛의 정도, 간의 정도 : 味加減(あじかげん) / 차나 탕약 · 목욕물 따위의 적당한 온도 : 湯加減(ゆかげん)

1328 낮은 산이라고 **얕봤다가** 조난당했다.

低い山と（　　）遭難した。

① 見さげて　② 見くだして
③ さげすんで　④ 見くびって

1329 상대편 타자의 타력을 **얕봤다가** 안타를 맞았다.

相手の打者の打力を（　　）打たれた。

① 見さげて　② 見くだして
③ さげすんで　④ 見くびって

1330 비열한 남자라고 **멸시당했다**.

卑劣な男だと（　　）。

① 見さげられた　② 見くだされた
③ 見くびられた　④ 侮られた

1331 **저출생**의 영향으로 유모차의 판매량도 줄었다고 한다.

（　　）の影響で、乳母車の販売量も減ったと言う。

① 低出産　② 低出生　③ 少子化　④ 少産化

1332 나이가 든 탓인지 뭘 해도 **귀찮다**.

年とったせいか、何をするのも（　　）。

① まぎらわしい　② なやましい
③ みすぼらしい　④ わずらわしい

ポイント

見さげる / 見くだす / さげすむ / 見くびる / 侮る 얕보다, 깔보다 1328~1330

(1) 대상이 사람인 경우 見さげる · 見くだす · さげすむ를 쓸 수 있다. 단, 사람이 대상이라도 사람의 능력 또는 기량을 나타낼 때는 쓸 수 없다. 또한 성품에 대해 말할 경우는 見さげる · さげすむ만 쓸 수 있다.

(2) 대상이 사람이 아닌 경우는 見くびる · 侮る만 쓸 수 있다. 단, 사람이 대상이라도 능력 또는 기량을 나타낼 때는 見くびる · 侮る를 쓴다.

1328 ④ 低い山と見くびって遭難した。

문장에서 대상이 사람이 아니기 때문에 見くびる를 써야 한다.

※ 見くびる의 동의어로 侮(あなど)る가 있다.

1329 ④ 相手の打者の打力を見くびって打たれた。

사람의 능력이나 기량을 대상으로 하기 때문에 見くびる를 써야 한다.

1330 ① 卑劣な男だと見さげられた。

성품에 대해 말할 경우는 見さげる와 さげすむ만 쓸 수 있다.

1331 ③ 少子化の影響で、乳母車の販売量も減ったと言う。

'저출생'은 少子化라고 한다.

※ 乳母車의 동의어로 ベビーカー(일본 조어)가 있다.

1332 ④ 年とったせいか、何をするのもわずらわしい。

'귀찮다'에 해당하는 형용사는 わずらわしい이다.

※ 헷갈리기 쉽다, 혼동하기 쉽다 : まぎらわしい / 괴롭다, 고통스럽다 : なやましい / 초라하다, 볼품없다 : みすぼらしい

1333 스마트폰으로 **동영상**을 보면서 걷는 것은 매우 위험합니다.

スマホで (　　) を見ながら歩くのは大変危険です。

① 動映像　② 動映画　③ 動画面　④ 動画

1334 가장 피해가 컸던 지자체에 **성금**이 보내졌다.

最も被害の大きかった自治体に (　　) が送られた。

① 誠金　② 献金　③ 寄付金　④ 支援金

1335 **단비**가 내려서 메마른 땅이 촉촉해졌다.

(　　) が降って、乾いた大地が潤った。

① 甘い雨　② 恩恵の雨
③ 恵みの雨　④ 神様の雨

1336 이 가게는 회도 맛있지만, 고추냉이의 **톡 쏘는** 맛이 일품이다.

この店は刺身もおいしいが、わさびの (　　) 味が絶品だ。

① つんと打つ　② つんと刺す
③ つんとくる　④ つんとつく

1337 퍼레이드를 보려고 사람들은 미리부터 **자리**를 깔고 앉았다.

パレードを見ようと、人々は前もって、(　　) を敷いて座った。

① 席　② 椅子
③ レジャーシート　④ ポリシート

1333 ④ スマホで**動画**(どうが)を見(み)ながら歩(ある)くのは大変危険(たいへんきけん)です。

'동영상'을 한자어 그대로 動映像으로 쓰면 안 된다. スマホ는 スマートフォン의 줄임말이다.

1334 ③ 最(もっと)も被害(ひがい)の大(おお)きかった自治体(じちたい)に**寄付金**(きふきん)が送(おく)られた。

誠金이라는 말은 쓰지 않는다.

1335 ③ **恵(めぐ)みの雨(あめ)**が降(ふ)って、乾(かわ)いた大地(だいち)が潤(うるお)った。

'단비'는 '하늘이 내려주는 은혜로운 비'라는 뜻으로 恵みの雨라고 한다.

1336 ③ この店(みせ)は刺身(さしみ)もおいしいが、わさびの**つんとくる**味(あじ)が絶品(ぜっぴん)だ。

'톡 쏘다'는 냄새가 강하게 코를 자극한다는 뜻이므로 つんとくる를 써야 한다.

1337 ③ パレードを見(み)ようと、人々(ひとびと)は前(まえ)もって、**レジャーシート**を敷(し)いて座(すわ)った。

문장에서 '자리'는 레저 활동을 할 때 사용하는 깔개를 뜻하므로 レジャーシート를 써야 한다.

オマケ　한・일 표현이 다른 정치 용어 2

선심성 공약, 퍼주기 공약	人気取り公約 にんきとりこうやく
선심성 정책, 퍼주기 정책, 포퓰리즘 정책	ばら撒き政策 ばらまきせいさく / 人気取り政策 にんきとりせいさく
선심성 행정, 퍼주기 행정, 전시 행정	ばら撒き行政 ばらまきぎょうせい
여소야대	少数与党 しょうすうよとう
영수 회담	党首会談 とうしゅかいだん
정당 지원금	政党交付金 せいとうこうふきん / 政党助成金 せいとうじょせいきん
정치에 무관심한 사람	ノンポリ (ノンポリティカル의 준말)
제1야당	最大野党 さいだいやとう
창당	立党 りっとう
총사퇴	総辞職 そうじしょく
예방(禮訪)	表敬訪問 ひょうけいほうもん
흑색 선전	デマ

1338 사고 소식을 접한 순간 가슴이 **무너졌다**.

事故のニュースを聞いた瞬間、胸が (　　)。

① 崩れた　② 破壊された
③ 壊れた　④ はり裂けた

1339 정권이 **무너져** 사회가 혼란에 빠졌다.

政権が (　　)、社会が混乱に陥った。

① 崩れ　② 倒れ　③ 壊れ　④ はり裂け

1340 주식 시장이 **무너지**자 동시에 나라 경제가 흔들리고 있다.

株式市場が (　　) と同時に、国の経済が揺れている。

① 崩れる　② 傾く
③ 倒れる　④ はり裂ける

1341 절은 향을 **피우는** 냄새로 가득했다.

お寺は香を (　　) 匂いで満ちていた。

① 立てる　② 起す　③ 咲かす　④ 焚く

1342 대통령의 친인척들이 권력을 **등에 업고** 나쁜 짓을 일삼고 있다.

大統領の親族や姻族が権力を (　　)、悪行をほしいままにしている。

① 背に負って　② 背に載せて
③ 笠に着て　④ 背中に立って

1338 ④ 事故のニュースを聞いた瞬間、胸がはり裂けた。

문장에서 '무너지다'는 '슬픔이 너무나도 클 때 느끼는 감정'을 뜻하는 동사인 はり裂ける를 써야 한다.

1339 ② 政権が倒れ、社会が混乱に陥った。

①崩くずれる와 ②倒たおれる는 모두 '무너지다'의 뜻이 있지만, '국가나 정부 등 체제가 존속할 수 없게 되다'의 뜻으로 쓰는 것은 倒れる이다.

1340 ② 株式市場が傾くと同時に、国の経済が揺れている。

문장에서 '무너지다'는 '기운이 쇠하다'를 뜻하는 동사 傾く를 써야 한다.

1341 ④ お寺は香を焚く匂いで満ちていた。

'향을 피우다'는 香を焚く라고 한다.

1342 ③ 大統領の親族や姻族が権力を笠に着て、悪行をほしいままにしている。

문장에서 '등에 업다'는 '세력을 과시하다'의 뜻인 笠に着る라고 해야 한다. 직역하여 背せに負おう라고는 하지 않는다.

プラス+

'피우다'의 여러 가지 표현	
꽃을 피우다	花はなを咲さかせる
담배를 피우다	タバコを吸すう
먼지를 피우다	ほこりを立たてる
모기향을 피우다	蚊取かとり線香せんこうを焚たく
불을 피우다	火ひを起おこす

1343 **인형**을 안고 자면 안심하고 푹 잘 수 있다.

(　　) を抱いて寝ると、安心してぐっすり眠れる。

① 人形　② ぬいぐるみ
③ 着ぐるみ　④ おもちゃ

1344 이 책은 다음 주 수요일까지 **반납**해 주세요.

この本は、来週の水曜日までに (　　) してください。

① 返却　② 返納　③ 返信　④ 返済

1345 매일 영화 **삼매경**.

毎日映画 (　　)。

① 三昧境　② 漬け　③ 遊び　④ 浸り

1346 그는 아우슈비츠에서의 생활은 매일이 **생지옥**이었다고 말했다.

彼はアウシュヴィッツでの生活は毎日が (　　) だったと語った。

① 生地獄　② 生き地獄
③ 亡き地獄　④ 死地獄

1347 그는 지금 두 여자에게 **양다리**를 걸치고 있다.

彼は今、二人の女性に (　　) をかけている。

① 両足　② 二股　③ 両腕　④ 両脚

1343 ② **ぬいぐるみを抱いて寝ると、安心してぐっすり眠れる。**

문장에서 '인형'은 푹신하고 부드러운 봉제 인형을 말하므로 ぬいぐるみ가 알맞다. 일본어로 ① 人形にんぎょう라고 하면 주로 사람 모양을 한 것으로 나무나 플라스틱 등 딱딱한 소재로 만든 것을 의미하고, ぬいぐるみ는 면 등의 천으로 감싸 만든 동물이나 캐릭터 인형을 말한다. ③着きぐるみ는 '인형 탈'이다.

1344 ① **この本は、来週の水曜日までに返却してください。**

'반납하다'의 뜻으로는 返却する 또는 返かえす를 쓴다.

1345 ② **毎日映画漬け。**

'~삼매경'을 표현할 때는 漬け를 붙여서 쓴다.

※ 勉強漬(べんきょうづ)け : 공부 삼매경 / 写真漬(しゃしんづ)け : 사진 삼매경

1346 ② **彼はアウシュヴィッツでの生活は毎日が生き地獄だったと語った。**

'생지옥, 산지옥'의 뜻으로는 生き地獄를 쓴다.

1347 ② **彼は今、二人の女性に二股をかけている。**

'양다리'를 직역해서 両足라고 하면 안 된다.

オマケ　한・일 표현이 다른 질병 용어 1

간암	肝臓かんぞうがん	다래끼	ものもらい
골다공증	骨粗鬆症こつそしょうしょう	다한증	発汗過多症はっかんかたしょう
꽃가루 알레르기	花粉症かふんしょう	뎅기열	デング熱ねつ
노로바이러스 감염	ノロウイルス感染かんせん	동상	しもやけ
노인성 황반변성	加齢黄斑変性かれいおうはんへんせい	두드러기	じんましん

1348 **간헐적 단식**은 아침과 점심은 거르고 저녁에는 '회복식'을 먹습니다.

(　　) は、朝食と昼食を抜き、夕食には「回復食」を食べます。

① 間欠的断食　　② 朝抜き断食
③ プチ断食　　④ フール断食

1349 **방울토마토**는 칼로리가 낮아 다이어트에 최적화된 식재료입니다.

(　　) は低カロリーなのでダイエットに最適な食材です。

① 鈴トマト　　② リングトマト
③ ジュエリートマト　　④ プチトマト

1350 그 문제에 대한 **찬반** 논쟁이 치열하게 전개되었다.

その問題に対する (　　) 論争が熾烈に展開された。

① 賛反　② 賛否　③ 賛不　④ 賛批

1351 뭐든지 말해 보세요. 소원을 **들어** 줄게요.

何でも言ってみてください。願いを (　　) やります。

① 聞いて　　② 遂げて
③ 果たして　　④ 叶えて

1348 ③ **プチ断食**は、朝食と昼食を抜き、夕食には「回復食」を食べます。

'간헐적 단식'은 プチ断食라고 한다. 여기서 プチ는 '작다'는 뜻의 프랑스어 petit에서 온 말이다. 断食에서 食을 じき라고 읽는 것에도 주의하자.

1349 ④ **プチトマト**は低カロリーなのでダイエットに最適な食材です。

'방울토마토'는 プチトマト 외에 ミニトマト・チェリートマト라고도 한다. プチ는 '작다'는 뜻의 프랑스어 petit에서 온 말로, 다른 말과 합쳐져 크기가 작은 것, 또는 소규모인 것을 나타낸다.

※ プチ整形(せいけい) : 시술, 쁘띠 성형 / プチプライス : 저가, 싼값, 염가 /
プチ家出(いえで) : 수일간 밤거리 등을 놀며 돌아다니는 단시일 가출 / プチライス : 극소량의 밥

1350 ② その問題に対する**賛否**論争が熾烈に展開された。

'찬반'은 한자를 그대로 써서 賛反이라고 하지 않고 賛否라고 한다.

1351 ④ 何でも言ってみてください。願いを**叶えて**やります。

문장에서 '들어 주다'는 이야기를 들어 주는 것이 아니라, 소원을 이루어 준다는 말이므로 叶えてやる를 써야 한다.

オマケ 한・일 표현이 다른 질병 용어 2

디스크	椎間板ついかんばんヘルニア
디프테리아	ジフテリア
땀띠	あせも
류머티즘	リウマチ
류머티즘성 관절염	リウマチ様よう関節炎かんせつえん
면역 결핍	免疫不全めんえきふぜん
멍	あざ
목 디스크	脛椎けいつい椎間板ついかんばんヘルニア
무좀	水虫みずむし
허리 디스크	腰椎ようつい椎間板ついかんばんヘルニア

1352 요즘은 농약을 **치지 않는** 유기농 채소가 인기다.

最近は農薬を (　　) 有機野菜が人気だ。

① うちない　② かけない
③ ふらない　④ まかない

1353 설날에 친구랑 팽이를 **치**며 놀았다.

お正月に友だちとこまを (　　) ながら遊んだ。

① うち　② とばし　③ まわし　④ けり

1354 왜 저에게 **누명을 씌우는** 거예요?

なぜ私に (　　) のですか。

① 濡衣をかぶせる　② 濡衣を負わせる
③ 濡衣をさせる　④ 濡衣を着せる

1355 그는 조폭 생활에서 **손 씻었다**고 하지만 등에 새긴 문신은 아직도 선명하다.

彼はやくざから (　　) というが、背中の入れ墨はまだ生々しい。

① 足を洗った　② 手を洗った
③ 頭を洗った　④ 腕を洗った

ポイント

足を洗う / 足を抜く / 手を切る 손을 씻다, 발을 빼다 <u>1355</u>

(1) 足を洗う는 '(나쁜 일에서) 손을 씻다, 이제까지 하던 일을 그만두다'의 뜻이다.

(2) 足を抜く는 어떤 집단이나 일과의 관계를 끊는다는 점에서 足を洗う와 거의 같은 뜻이지만, 足を洗う보다 관계가 더욱 밀접하다.

(3) 手を切る는 (誰)と手を切る의 형태로 쓰고, 足を洗う는 직업이나 활동에서 빠져나온다는 뜻을 가지고 있기 때문에 (なに)から足を洗う 형태로 쓴다.

1352 ② 最近は農薬をかけない有機野菜が人気だ。

'농약을 치다'는 액체를 흩뿌리는 것이므로 かける를 써야 한다.

1353 ③ お正月に友だちとこまをまわしながら遊んだ。

팽이는 빙글빙글 도는 것이기 때문에 '팽이를 치다'를 こまをうつ라고 하면 안 된다. 동사는 まわす를 써야 한다.

1354 ④ なぜ私に濡衣を着せるのですか。

'씌우다'에 해당하는 일본어는 かぶせる지만, 모든 표현에 다 쓸 수 있는 것은 아니다. 이 문장에서 '누명을 씌우다'는 濡衣を着せる라고 한다.

1355 ① 彼はやくざから足を洗ったというが、背中の入れ墨はまだ生々しい。

'(나쁜 일에서) 손을 씻다, 이제까지 하던 일을 그만두다'에 해당하는 일본어는 '발을 씻다'라는 뜻인 足を洗う를 쓴다. やくざと手を切る(폭력 집단과 손을 끊다)라고 할 때 やくざ는 야쿠자의 구성원을 가리키며, 활동을 의미하는 것은 아니다.

1356 파일을 열어 보았지만 **글자가 깨져서** 읽을 수 없었다.

ファイルを開いてみたが、(　　) 読めなかった。

⇨ ....

1357 유전자 **변형** 식품을 수입 판매할 때는 반드시 안전성 심사를 받을 필요가 있습니다.

遺伝子 (　　) 食品を輸入・販売する際には、必ず安全性審査を受ける必要があります。

⇨ ....

1358 대량 학살을 가능하게 하는 **무기**로는 핵**무기**, 화학 **무기**를 비롯해서 수없이 많다.

大量虐殺を可能にする (　　) には、核 (　　)、化学 (　　) をはじめとして数多くある。

⇨ ....

1359 **팔자걸음**이 고민입니다.

(　　) が悩みです。

⇨ ....

1360 **향학열**에 타오르는 그는 낮에는 일하고, 밤에는 야간 고등학교에 다녔다.

(　　) に燃える彼は、昼は働き、夜は夜間高校に通った。

⇨ ....

ポイント

兵器와 武器의 차이 1358

(1) 兵器는 주로 군사적인 목적으로 사용되는 장치나 도구이며 대량 학살이 가능한 무기를 말한다. 공격이나 방어에 사용되므로 전쟁이나 전투에 주로 쓰인다. 구체적으로는 전차, 전투기, 함선, 미사일 등이 있다.

(2) 武器는 개인이나 소규모 집단이 사용하는 장치나 도구이다. 구체적으로는 총, 칼, 활 또는 투척하기 위한 무기 등이 있다.

1356 ファイルを開いてみたが、文字化けして読めなかった。

'글자가 깨지다'를 직역하여 字じが割われる라고 하면 안 되고, 文字化もじばけする라고 해야 한다. 한 단어로 기억해 두어야 한다.

1357 遺伝子組み換え食品を輸入・販売する際には、必ず安全性審査を受ける必要があります。

'유전자 변형'은 遺伝子組み換え 또는 GMO(Genetically Modified Organism)라고 한다. 우리나라에서도 유전자 조작, 유전자 재조합, GMO 등으로 불리고 있는데, 국어사전에서는 '유전자 변형' 또는 '유전자 변형 식품'을 표준 표기로 올렸다.

1358 大量虐殺を可能にする兵器には、核兵器、化学兵器をはじめとして数多くある。

문장에서 '무기'는 군사적인 목적으로 사용되며, 대량 학살이 가능한 무기를 말하므로 兵器가 맞다.

1359 外股が悩みです。

발끝을 바깥쪽으로 벌리고 걷는 걸음을 '팔자걸음'이라고 하는데, 일본어로는 外股 또는 外輪そとわ라고 한다.

※ 안짱걸음 : 内股(うちまた) · 内輪(うちわ)

1360 向学心に燃える彼は、昼は働き、夜は夜間高校に通った。

'향하열'은 向学心이라고 쓰는 데에 주의하자.

1361 아버지는 **해방** 이듬해, 즉 1946년에 태어나셨다.

父は (　　) の翌年、つまり1946年に生まれた。

⇨

1362 노벨상 **시상식**은 노벨의 기일인 12월 10일에 스톡홀름에서 열린다.

ノーベル賞の (　　) は、ノーベルの命日にあたる12月10日にストックホルムで開かれる。

⇨

1363 올 포디움이란 출전한 모든 대회에서 3위 이내에 입상하여 **시상대**에 서는 것을 말한다.

オール・ポディウムとは、出場したすべての大会で３位以内に入賞し、(　　) に立つことをいう。

⇨

1364 올림픽 · 패럴림픽에서 메달을 획득한 선수에게는 **포상금**이 지급됩니다.

オリンピック・パラリンピックでメダルを獲得した選手に対しては (　　) が支給されます。

⇨

1365 갑자기 화재 **경보기**가 울려서 깜짝 놀랐다.

いきなり火災 (　　) が鳴ってびっくりした。

⇨

1366 대학 입시 **경쟁률**이 신문에 실리는 것은 언제쯤입니까?

大学入試の (　　) が新聞に記載されるのはいつ頃ですか。

⇨

1361 **父は終戦の翌年、つまり1946年に生まれた。**

우리말의 '해방'은 일제 강점기에서 벗어난 때를 말하지만, 일본에서는 '제2차 세계대전이 끝난 해'라는 뜻으로 終戦이라고 표현한다. 翌年은 よくとし 또는 よくねん으로 읽는다.

1362 **ノーベル賞の授賞式は、ノーベルの命日にあたる12月10日にストックホルムで開かれる。**

'시상식'은 한자어지만 우리말과는 다르게 授賞式를 쓴다.

1363 **オール・ポディウムとは、出場したすべての大会で3位以内に入賞し、表彰台に立つことをいう。**

'시상대'는 表彰台라고 한다.

1364 **オリンピック・パラリンピックでメダルを獲得した選手に対しては報奨金が支給されます。**

'포상금'은 報奨金이라고 쓴다. 報奨金은 '포상금' 외에도 '장려금'이라는 뜻으로도 쓴다.

1365 **いきなり火災報知機が鳴ってびっくりした。**

'화재 경보기'는 火災報知機라고 한다.

1366 **大学入試の倍率が新聞に記載されるのはいつ頃ですか。**

대학 입시의 '경쟁률'은 倍率라고 한다. 경쟁률이 '~대~'이라고 할 때는 ~倍~를 쓴다.

オマケ **한・일 표현이 다른 질병 용어 3**

사마귀	いぼ	치매	認知症にんちしょう
스포츠 탈장	スポーツヘルニア	치질	痔じ
신장염	腎炎じんえん	퇴행성 관절염	変形性へんけいせい関節炎かんせつえん
신종 플루	新型しんがたインフルエンザ	틱장애	チック
종기	おでき	홍역	麻疹はしか

1367 열쇠는 어른이 **까치발**을 해야 겨우 손이 닿을 수 있는 곳에 숨겨 놓았다.

鍵は大人が (　　) をしてようやく手が届くところに隠しておいた。

⇨

1368 전문성이 결여된 **낙하산** 인사는 기업의 효율성을 크게 떨어뜨린다.

専門性の劣る (　　) 人事は、企業の効率を落とす。

⇨

1369 **양궁**은 높은 집중력이 요구되는 스포츠입니다.

(　　) は、高い集中力が求められるスポーツです。

⇨

1370 그는 **대법원** 판결로 의원직을 상실했다.

彼は (　　) の判決で議員職を失った。

⇨

1371 지금 **등교 거부**가 사회 문제가 되고 있다.

今 (　　) が社会問題になっている。

⇨

1372 이번 재해로 인해 희생된 분들께 **묵념**을 올리고자 합니다.

今回の災害の犠牲者に (　　) を捧げたいと思います。

⇨

1367 **鍵は大人が背伸びをしてようやく手が届くところに隠しておいた。**

'까치발'은 '발돋움'의 뜻으로 背伸び를 써야 한다.

1368 **専門性の劣る天下り人事は、企業の効率を落とす。**

'낙하산 인사'란 '퇴직한 고위 관리가 관련 단체나 민간 회사의 좋은 자리에 취직하는 것'을 말하는데, 우리말과 느낌은 비슷해서 天下り라고 한다.

1369 **アーチェリーは、高い集中力が求められるスポーツです。**

'양궁'은 영어 단어를 그대로 써서 アーチェリー(archery)라고 한다.

1370 **彼は最高裁判所の判決で議員職を失った。**

'대법원'을 직역하여 大法院이라는 말은 쓰지 않고, 最高裁判所라고 한다.

1371 **今不登校が社会問題になっている。**

'등교 거부' 는 登校拒否가 아니라 不登校ふとうこう라고 한다.

1372 **今回の災害の犠牲者に黙祷を捧げたいと思います。**

'묵념을 올리다'는 黙祷を捧ささげる라고 한다.

プラス⁺

법원의 종류	
가정 법원	**家庭**かてい**裁判所**さいばんしょ
고등 법원	**高等**こうとう**裁判所 / 高裁**こうさい
대법원	**最高裁判所**さいこうさいばんしょ **/ 最高裁**さいこうさい
상급 법원	**上級**じょうきゅう**裁判所**
지방 법원	**地方**ちほう**裁判所 / 地裁**ちさい
지원(支院)	**簡易**かんい**裁判所**

1373 민법 90조에서는 **미풍양속**에 반하는 계약은 무효라고 규정하고 있다.

民法90条では、(　　)に反する契約は無効であると規定している。

⇨

1374 이번 사고의 원인은 **부실** 공사 때문이라고 한다.

今回の事故の原因は (　　) 工事のためだという。

⇨

1375 환경을 지키기 위해서는 **분리수거**를 철저히 하는 것이 중요합니다.

環境を守るには (　　) を徹底することが大事です。

⇨

1376 여배우는 **분장실**에서 화장을 고쳤다.

女優は (　　) で化粧を直した。

⇨

1377 저는 **사극**을 좋아합니다.

私は (　　) が好きです。

⇨

1378 나는 **새가슴**이 콤플렉스다.

私は (　　) がコンプレックスだ。

⇨

1373 **民法90条では、公序良俗に反する契約は無効であると規定している。**

'공공질서'를 나타내는 公序과 良俗을 함께 써서 '미풍양속'의 뜻이 된다.

1374 **今回の事故の原因は手抜き工事のためだという。**

手抜き는 어떤 절차를 생략하고 한다는 뜻으로 '대충대충, 날림'의 뜻을 표현하는 데 쓴다.

1375 **環境を守るには分別収集を徹底することが大事です。**

'분리수거'는 한자어이지만 우리말과는 다르게 分別収集라고 쓴다.

1376 **女優は楽屋で化粧を直した。**

'분장실(扮裝室)'은 한자어를 그대로 쓰면 안 되고, 楽屋라고 쓴다.

1377 **私は時代劇が好きです。**

'사극'은 時代劇じだいげき라고 한다.

1378 **私は鳩胸がコンプレックスだ。**

'새가슴'을 표현할 때는 鳩はと(비둘기)를 붙여서 鳩胸라고 한다.

オマケ　한・일 표현이 다른 의료・의학 용어 1

가글제, 가글약	**うがい薬**ぐすり
간이 변기	**ポータブル便器**べんき
거부 반응	**拒絶反応**きょぜつはんのう
건강 검진	**健康診断**けんこうしんだん
과거 병력	**既往歴**きおうれき
근육주사	**筋肉内注射**きんにくないちゅうしゃ
금식	**絶食**ぜっしょく
난치병	**難病**なんびょう
뜸	**お灸**きゅう
링거	**点滴**てんてき
마취제	**麻酔薬**ますいやく

1379 어머니는 **새우등**이어서 힘이 없어 보인다.

母は (　　) なので、元気がなさそうに見える。

⇨

1380 **시세**보다 싼 가격으로 판다.

(　　) より安い値段で売る。

⇨

1381 그 **안내견**은 주인을 사고에서 지켰다.

あの (　　) は主人を事故から守った。

⇨

1382 어제 고속도로에서 **연쇄 추돌** 사고가 발생했다.

昨日高速道路で (　　) 事故が発生した。

⇨

1383 그의 발언은 **개각** 가능성을 염두에 둔 것이다.

彼の発言は (　　) の可能性を念頭においたものである。

⇨

1384 이번 **정기** 국회에서는 중요 법안이 많이 심의되었다.

今回の (　　) 国会では重要法案が多く審議された。

⇨

1379 **母は猫背なので、元気がなさそうに見える。**

굽은 등을 비유할 때 쓰는 '새우등'은, 일본어로는 '고양이 등'에 비유하여 猫背라고 한다.

1380 **相場より安い値段で売る。**

우리말의 '시세'에는 '그 당시의 형세나 세상의 형편'의 뜻과 '시가'라는 두 가지 뜻이 있다. 그러나 일본어의 時勢じせい에는 '시가'의 뜻은 없다. '시가'를 뜻하는 '시세'는 相場そうば를 써야 한다.

1381 **あの盲導犬は主人を事故から守った。**

'(시각장애인) 안내견'은 '맹인을 인도하는 개'라는 뜻의 盲導犬을 쓴다.

1382 **昨日高速道路で玉突き衝突事故が発生した。**

玉突き衝突에서 玉突き는 원래 '당구'의 뜻인데, 당구공을 쳤을 때처럼 순차적으로 다른 공을 친다는 데서 '추돌'의 뜻으로 쓴다.

1383 **彼の発言は内閣改造の可能性を念頭においたものである。**

'개각'은 内閣改造라고 한다.

1384 **今回の通常国会では重要法案が多く審議された。**

'정기 국회'의 정식 명칭은 常会じょうかい이며, 일반적으로 通常国会つうじょうこっかい라고 한다. 매년 1회 1월 중에 소집한다고 국회법에 정해져 있다.

プラス+

국회 용어	
국회 결의	国会決議こっかいけつぎ
국회 도서관	国会図書館こっかいとしょかん
국회 의사당	国会議事堂こっかいぎじどう
국회 의원	国会議員こっかいぎいん
임시 국회	臨時会りんじかい / 臨時国会りんじこっかい
특별 국회	特別会とくべつかい / 特別国会とくべつこっかい

1385 임시 국회에서는 주로 **추경** 예산안을 심의한다.

臨時国会では主に (　　) 予算案を審議する。

⇨

1386 **헝** 의회(hung parliament)란, 의원 내각제 국가에서 총선거 결과 어느 정당도 의석의 단독 과반수를 획득할 수 없는 상태를 가리킵니다.

(　　) ・パーラメントとは、議院内閣制の国において、総選挙の結果、どの政党も議席の単独過半数を獲得できない状態を指します。

⇨

1387 자민당은 올해 **창당** 70년을 맞이합니다.

自民党は本年 (　　) 70年を迎えます。

⇨

1388 그는 지난해 자민당을 **탈당**했다.

彼は昨年自民党を (　　) した。

⇨

1389 양당의 **합당** 문제가 급물살을 타고 있다.

両党の (　　) 問題が急展開で進んでいる。

⇨

1390 오늘 국회 내에서 **영수** 회담이 열렸다.

今日、国会内で (　　) 会談が開かれた。

⇨

1385 **臨時国会では主に補正予算案を審議する。**

'추경 예산(추가 경정 예산)'은 補正予算이라고 한다.

1386 **ハング・パーラメントとは、議員内閣制の国において、総選挙の結果、どの政党も議席の単独過半数を獲得できない状態を指します。**

'헝 의회(hung parliament)'는 영어를 그대로 표기하여 ハングパーラメント라고 하며, 직역하여 宙ちゅうづり議会ぎかい・宙ぶらりん議会라고도 부른다.

1387 **自民党は本年立党70年を迎えます。**

'창당'은 한자어 그대로 써서 創党라고 하면 안 되고, 立党 또는 結党けっとう라고 쓴다.

1388 **彼は昨年自民党を離党した。**

'탈당'은 '이탈하다'의 뜻으로 離를 붙여서 離党라고 한다.

1389 **両党の合併問題が急展開で進んでいる。**

'합당'에 해당하는 말을 따로 쓰지 않고 合併이라는 말을 써서 표현한다.

1390 **今日、国会内で党首会談が開かれた。**

'영수 회담'은 党首会談이라고 한다.

オマケ　한・일 표현이 다른 의료・의학 용어 2

한국어	日本語
모낭	毛包もうほう
모르핀	モルヒネ
목발	松葉杖まつばづえ
무좀	水虫みずむし
물리 치료사	理学療法士りがくりょうほうし
백신	ワクチン
성형외과	形成外科けいせいげか

1391 공약이 **공수표**로 끝났다.

公約が (　　) に終わった。

⇨

1392 **기계치**라서 잘 몰라요.

(　　) なので、よく分からないんですよ。

⇨

1393 문장을 읽어도 이해하지 못하는 '**실질적 문맹**'이 늘고 있다.

文章を読んでも理解できない「(　　)」が増えている。

⇨

1394 노사 **협상**이 결렬되었다.

労使 (　　) が決裂した。

⇨

1395 발레리나는 발가락에 **굳은살**이 많이 박여 있습니다.

バレリーナは足に (　　) がたくさんできています。

⇨

1396 발에 **물집**이 생겨 아파요.

足に (　　) ができて痛いです。

⇨

ポイント

音痴 음치, ~치 1392

'~을 잘 못하는 사람, ~에 어두운 사람'을 가리킬 때 '~치'를 붙여서 말한다. 정확한 음정을 내지 못하는 사람은 '음치', 방향 감각이 없거나 길눈이 어두운 사람은 '방향치, 길치'라고 한다. 일본어에서는 비슷한 용도로 音痴를 붙여 말을 만든다.

예) 음치 音痴 / 방향치, 길치 方向ほうこう音痴 / 몸치 運動うんどう音痴 / 맛에 둔한 사람 味あじ音痴・味覚みかく音痴 / 컴맹 コンピューター音痴

1391 公約が空手形に終わった。

'공수표'는 空小切手라고 하면 안 되고 '깡통 어음'이라는 뜻으로 空手形라고 한다.

1392 機械音痴なので、よく分からないんですよ。

'기계치'를 말할 때는 '기계를 유난히 못 다루는 사람'이라는 뜻으로 音痴를 붙여서 말한다.

1393 文章を読んでも理解できないという「機能的非識字」が増えている。

'실질적 문맹'은 機能的非識字라고 한다.

※ 문맹 : 非識字(ひしきじ) / 문맹률 : 非識字率(ひしきじりつ) / 문맹인, 문맹자 : 非識字者(ひしきじしゃ)

1394 労使交渉が決裂した。

'협상'에 해당하는 말로 交渉를 붙여서 표현한다.

1395 バレリーナは足にたこがたくさんできています。

'굳은살'은 たこ 또는 まめ라고 한다.

※ ペンだこ : 펜을 쥐는 손가락에 생긴 굳은살 / スマホだこ : 스마트폰을 많이 사용하여 손가락에 생긴 굳은살

1396 足にまめができて痛いです。

'콩알처럼 생긴 물집'을 まめ라고 한다.

※ 물집을 터뜨리다 : まめをつぶす

1397 **잠복** 수사에 착수했다.

(　　) 捜査に着手した。

⇨

1398 경찰은 목격자를 찾기 위해서 **탐문** 수사를 했다.

警察は目撃者を探すために (　　) 捜査を行った。

⇨

1399 아버지가 돌아가시고 난 뒤에 비로소 **이복형제**가 있다는 사실을 알았다.

父がなくなって始めて (　　) がいるということがわかった。

⇨

1400 그 회사는 올해 신입 사원을 서류 **전형**과 면접만으로 선발하기로 했다.

その会社は今年、新入社員を書類 (　　) とインタビューだけで選抜することにした。

⇨

1401 거래처와의 가격을 **흥정**했다.

取引先との価格を (　　) した。

⇨

1402 해리포터 **더빙**에 도전해 보았습니다.

ハリーポッターの (　　) にチャレンジしてみました。

⇨

1397 張り込み捜査に着手した。

'잠복'은 '잠복하다, 감시하다'를 뜻하는 張り込む의 명사형을 쓴다.

1398 警察は目撃者を探すために聞き込み捜査を行った。

'탐문 수사'는 聞き込み捜査라고 한다.

※ 함정 수사 : おとり捜査(そうさ)

1399 父がなくなって始めて異母兄弟がいるということがわかった。

'이복형제'에 해당하는 말은 '엄마가 다르다'는 뜻으로 異母를 붙여 異母兄弟라고 한다. 腹違はらちがいの兄弟라고도 한다.

※ 이부형제 : 異父兄弟(いふきょうだい) · 種違(たねちが)い

1400 その会社は今年、新入社員を書類選考とインタビューだけで選抜することにした。

'서류 전형'은 書類選考로 기억해 두어야 한다.

1401 取引先との価格を交渉した。

'흥정'의 뜻으로는 交渉를 쓴다.

1402 ハリーポッターの吹き替えにチャレンジしてみました。

일본어에서 ダビング(dubbing)는 녹음 · 녹화된 것을 다른 테이프로 복제한다는 뜻으로 주로 쓴다. 외국 영화에 자국 배우의 목소리로 녹음하는 것은 吹き替え라고 한다.

1403 주제넘지만 제가 건배 **제의**를 하겠습니다.

僭越ながら、私が乾杯の (　　) を取らせて頂きます。

⇨ ....

1404 **보이스피싱**에 걸려 사기를 당했다.

(　　) に引っ掛かって、詐欺に遭った。

⇨ ....

1405 상사로부터 **스토킹**을 당했다.

上司から (　　) を受けた。

⇨ ....

1406 **싱글맘**의 빈곤이 문제시되고 있다.

(　　) の貧困が問題視されている。

⇨ ....

1407 **야간 경기**에 가고 싶지만, 귀가 시간이 늦어지므로 어떻게 할까 고민 중이다.

(　　) に行きたいけれど、帰りが遅くなるので迷っている。

⇨ ....

1408 핵 전쟁의 **위협**을 그린 영화가 개봉되었다.

核戦争の (　　) を描いた映画が封切られた。

⇨ ....

1403 **僭越ながら、私が乾杯の音頭を取らせて頂きます。**

'건배 제의'는 乾杯かんぱいの音頭おんど라고 한다.

1404 **オレオレ詐欺に引っ掛かって、詐欺に遭った。**

흔히 '보이스피싱'이라고 하는 것은, 일본에서는 オレオレ詐欺さぎ 또는 振ふり込こめ詐欺さぎ라고 한다.

1405 **上司からストーカー行為を受けた。**

'스토킹(stalking)'은 외래어 그대로 ストキング라고 하지 않고, ストーカー行為라고 한다.

1406 **シングルマザーの貧困が問題視されている。**

영어 표현 single mother를 우리나라에서는 '싱글맘(single+mom)'이라고 줄여서 말하고, 일본에서는 영어식으로 シングルマザー라고 한다.

※ 싱글 대디 : シングルファーザー(single father)

1407 **ナイターに行きたいけれど、帰りが遅くなるので迷っている。**

'야간 경기'를 뜻하는 ナイター는 일본식 조어로 '밤'에 해당하는 night에 er을 붙여 만든 것이다. 영어 표현을 그대로 써서 ナイトゲーム(night game)라고도 하지만 통상적으로 ナイター를 더 많이 쓴다.

1408 **核戦争の脅威を描いた映画が封切られた。**

'위협'은 脅威라고 한다.

オマケ　한・일 표현이 다른 의료・의학 용어 3

한국어	일본어
소견서	紹介状しょうかいじょう
소변 패드	尿漏にょうもれパッド
심폐 소생술	心肺蘇生法しんぱいそせいほう
아스퍼거 증후군	アスペルガー症候群しょうこうぐん
의료 보험증	健康保険証けんこうほけんしょう
의료 수가	医療報酬いりょうほうしゅう

1409 집 근처에 있는 **철학관**을 찾아갔다.

家の近所にある (　　) を訪ねた。

⇨ ....

1410 이번 **종강 파티**에 꼭 참석해 주세요.

今度の (　　) に、ぜひ出席してください。

⇨ ....

1411 민중의 **지팡이**인 경찰이 제 역할을 다해야 한다.

民衆の (　　) である警察は自らの役割をまっとうしなければならない。

⇨ ....

1412 선거에서 **찬조** 연설로 분위기를 띄웠다.

選挙の (　　) 演説で雰囲気を盛り上げた。

⇨ ....

1413 선진국에 온실가스 배출 **감축**을 의무화하는 교토의정서가 드디어 발효되었다.

先進国に温室効果ガスの排出 (　　) を義務づける「京都議定書」がようやく発効された。

⇨ ....

1414 역 앞에서 경찰에게 **불심검문**을 받았다.

駅の前で警察に (　　) を受けた。

⇨ ....

1409 家の近所にある**運勢鑑定所**を訪ねた。

'철학관'은 우리나라에서 쓰는 말이고, 일본어로는 運勢鑑定所 또는 占うらない鑑定所라고 한다.

1410 今度の**打ち上げコンパ**に、ぜひ出席してください。

일본에서는 개강 파티는 하지 않고 종강 파티만 하는데 이것을 打ち上げコンパ라고 한다. 또 打ち上げコンパ는 수업 종강 외에도 동아리나 연구회 등이 끝났을 때의 '뒤풀이'의 뜻도 있다.

1411 民衆の**奉仕者**である警察は自らの役割をまっとうしなければならない。

'민중의 지팡이'를 직역하여 民衆の杖つえ라고 하면 안 된다. 民衆の奉仕者라고 한다.

1412 選挙の**応援**演說で雰囲気を盛り上げた。

'찬조 연설'은 応援演說라고 한다.

1413 先進国に温室効果ガスの排出**削減**を義務づける「京都議定書」がようやく発効された。

'덜어서 줄이다'라는 뜻의 '감축'은 削減을 쓴다.

1414 駅の前で警察に**職務質問**を受けた。

'불심검문'은 職務質問이라고 한다. 제2차 세계 대전 전에는 不審ふしん尋問じんもん이라고 했었다.

オマケ 한・일 표현이 다른 의료・의학 용어 4

이차 소견	セカンドオピニオン
입덧	つわり / 悪阻おそ
장기 기증자	ドナー
재활	リハビリテーション / リハビリ
중환자	重症患者じゅうしょうかんじゃ
중환자실	集中治療室しゅうちゅうちりょうしつ

1415 저는 면허는 취득했지만, 운전은 해 본 적이 전혀 없는 **장롱면허 소지자**입니다.

私は、免許は取得したものの、全く運転したことがない（　　）です。

⇨ ....

1416 **재방문 고객**을 늘리려면 손님의 마음을 사로잡을 서비스를 제공하는 것이 중요합니다.

（　　）を増やすにはお客様の心を掴めるサービスを提供することが大切です。

⇨ ....

1417 **미세먼지**에 주의하세요.

（　　）に気をつけてください。

⇨ ....

1418 **체포 영장**이란 피의자를 체포하기 위해 발부되는 영장을 말합니다.

（　　）とは、被疑者を逮捕するために発布される令状のことを言います。

⇨ ....

1419 **다단계 판매**가 활개를 치게 되면 지역 경기가 악화될 가능성이 있습니다.

（　　）が幅を利かせるようになると、地域の景気が悪くなる可能性があります。

⇨ ....

1415 **私は、免許は取得したものの、全く運転したことがないペーパードライバーです。**

'장롱면허 소지자'를 뜻하는 ペーパードライバー는 [paper+driver]라는 일본식 조어로, 줄여서 ペードラ라고도 한다.

※ サンデードライバー는 휴일에만 운전하는 사람, 또는 운전이 서툰 사람을 뜻한다.

1416 **リピーターを増やすにはお客様の心を掴めるサービスを提供することが大切です。**

リピーター는 특정 점포를 반복해서 방문하거나 특정 제품을 반복해서 구입하거나 특정 장소를 반복해서 찾는 사람을 뜻한다. 재방문자, 재방문 고객 등으로 번역할 수 있다.

1417 **PM2.5に気をつけてください。**

'미세먼지'는 PM2.5ピーエムにてんご 또는 微少粒子状びしょうりゅうしじょう物質ぶっしつ라고 한다.

1418 **逮捕状とは、被疑者を逮捕するために発布される令状のことを言います。**

'체포 영장'은 한자어지만 우리말과는 다르게 逮捕状라고 한다.

1419 **マルチ商法が幅を利かせるようになると、地域の景気が悪くなる可能性があります。**

'다단계 판매'는 우리나라식 표현이고, 일본에서는 マルチ商法 또는 ネットワークビジネス라고 한다.

オマケ　한・일 표현이 다른 의료・의학 용어 5

쥐가 나다	つる
진료 기록, 차트	カルテ
치실	デンタルフロス
트림	ゲップ
현기증, 어지러움	めまい
흉터	瘢痕はんこん / 傷跡きずあと
CT	CTスキャン

1420 남성보다 여성에게 **골다공증**이 많이 발생합니다.

男性より女性に (　　) が多く発生します。

⇨

1421 은행 계좌를 개설할 때 **막도장**만 있으면 된다.

銀行口座を開設する時、(　　) があればよい。

⇨

1422 **산재**보험에 가입해 있으면 부상이나 사망 시에 보상을 받을 수 있습니다.

(　　) 保険に加入していると負傷時や死亡時に補償を受けることができます。

⇨

1423 오늘은 땀을 흘렸으니까, **고양이 세수**하듯 씻지 말고 깨끗이 씻어야 해.

今日は汗をかいたから、(　　) の行水で済まさずにきちんと洗うのよ。

⇨

1424 **포승**에 묶여 법정에 출두했다.

(　　) をつけて法廷に出廷した。

⇨

1425 **재활 치료** 덕분에 혼자서 걸을 수 있게 되었다.

(　　) のおかげで一人で歩けるようになった。

⇨

1420 男性より女性に骨粗鬆症が多く発生します。

'골다공증'은 우리말과 표기가 다르니 주의해야 한다.

1421 銀行口座を開設する時、認め印があればよい。

'막도장'은 '인정하는 의미로 찍는 도장'이라는 뜻으로 認め印이라고 한다.

1422 労災保険に加入していると負傷時や死亡時に補償を受けることができます。

'산재'는 労災라고 한다. 労災는 労働災害ろうどうさいがい의 줄임말이다.

1423 今日は汗をかいたから、烏の行水で済まさずにきちんと洗うのよ。

고양이 세수'는 烏の行水라고 한다. 行水는 대야에 물을 받아 대충 씻는 것을 말한다. 行水를 ぎょうずい로 읽는 것에도 주의하자.

1424 腰縄をつけて法廷に出廷した。

죄인을 묶는 '포승'은 腰縄라고 한다.

1425 リハビリのおかげで一人で歩けるようになった。

'재활 치료'는 영어 표현 リハビリテーション(rehabilitation)을 일본식으로 줄여서 リハビリ라고 한다.

オマケ	한・일 표현이 다른 금융 용어 1
가압류	仮差押かりさしおさえ
계좌 이체	口座振替こうざふりかえ
고리대금업	高利貸こうりがし
금융 공황	金融きんゆうパニック
대부업	貸金業かしきんぎょう
부실 채권	不良債権ふりょうさいけん
사채	ヤミ金融きんゆう
송금	振ふり込こみ
수익률	利回りまわり

1426 궁지에 몰려서 **야반도주**했지만, 빌린 돈은 반드시 갚겠습니다.

切羽つまって (　　) したんだけど、お借りしたお金は必ずお返しします。

⇨

1427 1997년 **외환**위기 이후 최대 불황이라고 한다.

1997年の (　　) 危機以降最大の不況という。

⇨

1428 한국은행은 **기준 금리**를 연 2.5%로 동결하기로 했다.

韓国銀行は (　　) を年2.5%に据え置くことを決めた。

⇨

1429 우량 기업에 최저 금리인 **우대 금리**를 적용했다.

優良企業に対して、最低金利の (　　) を適用した。

⇨

1430 금융 기관의 **대출 기피**로 어려움을 겪는 중소기업이 많다.

金融機関の (　　) に頭を痛める中小企業が多い。

⇨

1431 미쓰비시 UFJ 은행은 도쿄 미쓰비시 은행과 UFJ 은행의 합병으로 탄생한 **초대형 은행** 중 하나이다.

三菱UFJ銀行は，東京三菱銀行とUFJ銀行が合併により誕生した (　　) の一つである。

⇨

1426 切羽(せっぱ)つまって夜逃(よに)げしたんだけど、お借(か)りしたお金(かね)は必(かなら)ずお返(かえ)しします。

'야반도주'는 '밤에 도망간다'는 뜻의 夜逃げ를 쓴다.

1427 1997年(ねん)の通貨(つうか)危機(きき)以降(いこう)最大(さいだい)の不況(ふきょう)という。

'외환 위기'는 通貨危機라고 한다.

1428 韓国銀行(かんこくぎんこう)は政策金利(せいさくきんり)を年(ねん)2.5%に据(す)え置(お)くことを決(き)めた。

'기준 금리'는 政策金利라고 한다.

1429 優良企業(ゆうりょうきぎょう)に対(たい)して、最低金利(さいていきんり)のプライムレートを適用(てきよう)した。

'우대 금리'는 プライムレート라고 한다.

1430 金融機関(きんゆうきかん)の貸(か)し渋(しぶ)りに頭(あたま)を痛(いた)める中小企業(ちゅうしょうきぎょう)が多(おお)い。

'대출 기피'는 貸し渋り라고 한다.

1431 三菱(みつびし)UFJ銀行(ぎんこう)は、東京三菱銀行(とうきょうみつびしぎんこう)とUFJ銀行が合併(がっぺい)により誕生(たんじょう)したメガバンクの一(ひと)つである。

'초대형 은행'은 メガバンク라고 한다.

オマケ 한・일 표현이 다른 금융 용어 2

한국어	일본어
상환	**返済**へんさい
수표	**小切手**こぎって
신용 평가	**格付**かくづけ
어음	**手形**てがた
외환 위기	**通貨危機**つうかきき
외환 보유액	**外貨**がいか**準備高**じゅんびだか
은행장	**頭取**とうどり

1432 기업이 유망한 인재를 확보하기 위한 수단으로서 **입도선매**가 있다.

企業が優秀な人材を確保するための手段として (　　) がある。

⇨

1433 **틈새**시장에서 제공하는 상품이나 서비스는 대중화된 상품에 비해 독자성이 있다.

(　　) 市場で提供する商品やサービスは、大衆化された商品に比べて独自性がある。

⇨

1434 정부는 불법적인 **자금 세탁**을 소탕하기 위한 금융 규제를 강화했습니다.

政府は違法な (　　) を掃討するための金融規制を強化いたしました。

⇨

1435 **보상 판매** 시 필요한 절차에 대해 알려드리겠습니다.

(　　) の際に必要な手続きについてお知らせします。

⇨

1436 **위조지폐**는 만드는 것도 사용하는 것도 범죄가 됩니다.

(　　) は、作ることも使うことも犯罪になります。

⇨

1432 **企業が優秀な人材を確保するための手段として青田買いがある。**

'유망주 영입'을 뜻하는 말인 '입도선매'는 青田買い라고 한다. 青田買い라는 말은 원래 쌀 도매상 등이 아직 벼가 여물기 전에 수확량을 예상하여 논에서 자라고 있는 쌀을 사겠다는 약속, 즉 '밭떼기'와 같은 것이다. 여기에서 '기업이 졸업 전의 학생과 채용 계약을 맺는 일'이라는 뜻으로까지 확장됐다. 青田刈あおたがり라고도 한다.

1433 **ニッチ市場で提供する商品やサービスは、大衆化された商品に比べて独自性がある。**

'틈새시장'은 영어의 niche market을 번역하여 ニッチ市場라고 한다. 隙間すきま市場しじょう라고도 한다.

1434 **政府は違法なマネーロンダリングを掃討するための金融規制を強化いたしました。**

'자금 세탁'은 マネーロンダリング 또는 資金洗浄しきんせんじょう라고 한다.

1435 **下取りの際に必要な手続きについてお知らせします。**

'보상 판매'는 下取り라고 한다.

1436 **偽札は、作ることも使うことも犯罪になります。**

'위조지폐'는 偽札 또는 贋札がんさつ라고 한다.

オマケ **한・일 표현이 다른 금융 용어 3**

자동 이체	**自動振替**じどうふりかえ
조기 상환, 중도 상환	**早期返済**そうきへんさい / **繰**くり**上**あ**げ返済**へんさい
주거래 은행	**メインバンク**
초대형 은행	**メガバンク**
파생 금융 상품	**デリバティブ / 金融派生商品**きんゆうはせいしょうひん
콜 금리	**コールレート**
현금 서비스	**キャッシングサービス**
환차손	**為替差損**かわせさそん↔**為替差益**かわせさえき

1437 해외 항공권 대금에 가산되는 **유류 할증료**는 시기, 목적지, 항공사에 따라 다릅니다.

海外航空券代金に加算される (　　　) は時期、行き先、航空会社によって異なります。

⇨ ....

1438 반려동물을 조련할 때 가장 효과적인 방법은 **당근과 채찍**을 적절하게 사용하는 것이다.

ペットを調教する際、最も効果的な方法は、(　　　) を使い分けることだ。

⇨ ....

1439 **끝내기 홈런**으로 극적인 승리를 거두었다.

(　　　) で劇的な勝利を収めた。

⇨ ....

1440 **난폭** 운전은 중대한 교통사고로 이어지는 지극히 위험한 행위입니다.

(　　　) 運転は、重大な交通事故につながる極めて危険な行為です。

⇨ ....

1441 경찰이 불법 **체류자**에 대한 단속을 시작했습니다.

警察が不法 (　　　) に対する取り締まりを始めました。

⇨ ....

1437 **海外航空券代金に加算される燃油サーチャージは時期、行き先、航空会社によって異なります。**

'유류 할증료'는 燃油サーチャージ라고 한다. 여기서 サーチャージ는 Surcharge의 일본 표기이다. 다른 말로는 燃油特別とくべつ付加運賃ふかうんちん・燃料ねんりょう油価ゆか変動へんどう調整金ちょうせいきん・燃料加算金かさんきん・フューエルサーチャージ(Fuel Surcharge) 등이 있다.

1438 **ペットを調教する際、最も効果的な方法は、飴と鞭を使い分けることだ。**

우리는 영어식으로 '당근과 채찍(carrot and stick)'이라고 하고, 일본에서는 독일어식으로 飴と鞭(Zuckerbrot und Peitsche)라고 하는데, 관용구로 정착되어 アメとムチ라고 가타카나 표기를 하는 경우도 많다.

1439 **サヨナラホームランで劇的な勝利を収めた。**

우리는 외래어로 '굿바이 홈런'이라는 말을 쓰지만, 일본어에서는 グッドバイホームラン이라고 하지 않는다.

1440 **あおり運転は、重大な交通事故につながる極めて危険な行為です。**

'난폭 운전'은 あおり運転이라고 한다.

1441 **警察が不法滞在者に対する取り締まりを始めました。**

'체류자'를 뜻하는 滞在者에서 한자 在에 주의해서 써야 한다.

オマケ　한・일 표현이 다른 주식・증권 용어 1

한국어	일본어
거래 대금	売買代金ばいばいだいきん
거래량	出来高できだか / 売買高ばいばいだか
거래액	出来高できだか
공매도	空売からうり / ショート / セリング
금리 인상	利上りあげ ↔ 利下りさげ
기관 투자가	機関投資家きかんとうしか
동반 상승	連れ高だか / 追随高ついずいだか
동반 하락	連れ安やす / 追随安ついずいやす

1442 그는 대형 **음반사**와 3년 계약을 맺었다.

彼は大手 (　　) と三年契約を結んだ。

⇨

1443 **모기향**을 피워서 모기를 쫓았다.

(　　) をつけて蚊を追い払った。

⇨

1444 이 전자레인지는 내가 써 봤던 것 중에 **가성비**가 최고야.

この電子レンジは僕が使ってきたものの中で、(　　) が一番だよ。

⇨

1445 **눈덩이** 효과든 나비 효과든 새해 첫발을 잘 내딛는 게 중요하다.

(　　) 効果であれバタフライ効果であれ、新年の第一歩をきちんと踏み出すことが重要だ。

⇨

1446 **삼수**할지 취직할지 고민 중입니다.

(　　) するか、就職するかで迷っています。

⇨

1442 彼は大手レコード会社と三年契約を結んだ。

'음반사'는 レコード会社라고 한다.

1443 蚊取り線香をつけて蚊を追い払った。

'모기향'은 모기를 쫓아내는 향이라는 뜻으로 蚊取り線香를 쓴다.

1444 この電子レンジは僕が使ってきたものの中で、コスパが一番だよ。

コスパ는 コストパフォーマンス(cost performance)의 줄임말이며, 費用ひよう対たい効果こうか・対たい費用効果ひようこうか라고도 한다. 건설 컨설턴트 회사나 관공서에서는 費用便益比ひようべんえきひ 또는 benefit by cost의 약자를 써서 ビーバイシー(B/C)라고도 한다.

1445 雪だるま効果であれバタフライ効果であれ、新年の第一歩をきちんと踏み出すことが重要だ。

우리는 Snowball Effect를 번역해서 '눈덩이 효과'라고 하는데, 일본에서는 雪だるま効果(눈사람 효과)를 쓴다.

1446 二浪するか、就職するかで迷っています。

일본에서는 '재수, 재수생'은 浪人ろうにん, '삼수, 삼수생'은 二浪, '사수, 사수생'은 三浪さんろう라고 한다. 숫자에 주의해야 한다.

オマケ 한・일 표현이 다른 주식・증권 용어 2

매도 주문(팔자 주문)	売うり注文ちゅうもん	소액 주주	小口株主こぐちかぶぬし
매수 주문(사자 주문)	買かい注文	손절매	損切そんぎり / ロスカット
물타기	ナンピン買がい	순매도	売うり越こし
부풀리기	嵩上かさあげ / 水増みずまし	순매수	買かい越こし
상승장	上場相場じょうじょうそうば	스윙 매매	スイングトレード
상승 종목	値上ねあがり銘柄めいがら	시세	相場そうば
상승 폭	上げ幅あげはば	시세 차익	値鞘ねざや
선투자	先行投資せんこうとうし	시장가 주문	成行注文なりゆきちゅうもん

1447 **조세 회피처**는 자금 세탁에 이용될 위험이 높고, 범죄 자금의 온상이 될 수도 있습니다.

(　　) は、マネーロンダリングに利用されるリスクが高く、犯罪資金の温床になることもあり得ます。

⇨ ....

1448 **거짓말 탐지기**는 인간의 생리 현상 변화에서, 피험자가 거짓말을 하는지 아닌지를 판정하는 장치이다.

(　　) とは、人間の生理現象の変化から被験者が嘘をついているかどうかを判定する装置である。

⇨ ....

1449 부동산 붐으로 아파트가 **우후죽순**처럼 세워졌다.

不動産ブームでマンションが (　　) のように建てられた。

⇨ ....

1450 친구를 만나러 갔는데 **문전박대**를 당했어요.

友人に会いに行ったのですが、(　　) を食いました。

⇨ ....

1451 대통령은 **부처** 간의 긴밀한 협조를 당부했다.

大統領は、(　　) 間の緊密な協力を呼びかけた。

⇨ ....

1447 **タックスヘイブンは、マネーロンダリングに利用されるリスクが高く、犯罪資金の温床になることもあり得ます。**

'조세 회피처'는 タックスヘイブン(tax haven) 또는 tax haven의 v 발음을 살려서 タックス・ヘイヴン이라고 한다. 이외에도 租税回避地そぜいかいひち・低課税地域ていかぜいちいき라고도 한다.

1448 **嘘発見器とは、人間の生理現象の変化から被験者が嘘をついているかどうかを判定する装置である。**

'거짓말 탐지기'의 한자 표기에 주의해야 한다.

1449 **不動産ブームでマンションが雨後の竹の子のように建てられた。**

'우후죽순'은 雨後うごの竹たけの子こ라고 한다.

1450 **友人に会いに行ったのですが、門前払いを食いました。**

'문전박대'는 門前払い라고 한다.

1451 **大統領は、省庁間の緊密な協力を呼びかけた。**

'부처'는 省庁라고 한다.

オマケ　한・일 표현이 다른 주식・증권 용어 3

악재	悪材料あくざいりょう	주가 상승	株高かぶだか
오전장	前場ぜんば	주가 조작	株価操作かぶかそうさ / オペ
우회 상장	裏口上場うらぐちじょうじょう	주가 하락	株安かぶやす
장외 시장	店頭市場てんとうしじょう	주식 종목	株式銘柄かぶしきめいがら
작전 세력	仕手筋してすじ	지정가 주문	指値注文さしねちゅうもん
종잣돈	シードマネー	최대 주주	筆頭株主ひっとうかぶぬし

1452 그 큰 나라의 국민이 **일사불란하게** 투표하는 것을 보고 정부의 행정 체계가 궁금해졌다.

その大国の国民が (　　　) 投票するのを見て、政府の行政体系が気がかりだった。

⇨ ....

1453 저 빵집은 **장사진**을 칠 정도로 인기가 있다.

あのパン屋さんは、(　　　) ができるほど人気がある。

⇨ ....

1454 **유해**균은 장내 환경을 악화시킵니다.

(　　　) 菌は腸内の環境を悪化させます。

⇨ ....

1455 요구르트에 들어 있는 **비피두스**균과 유산균은 전혀 다른 성질을 가진 균이다.

ヨーグルトに入っている (　　　) 菌と乳酸菌は全く違う性質を持った菌である。

⇨ ....

1456 **진료 소견서**는 환자를 다른 의료 기관에 소개하기 위해 진료 상황을 기입한 문서입니다.

(　　　) は、他の医療機関に患者さんを紹介するために診療状況を記入した文書であります。

⇨ ....

1452 その大国の国民が一糸乱れず投票するのを見て、政府の行政体系が気がかりだった。

'일사불란하게'는 一糸乱れず라고 한다.

1453 あのパン屋さんは、長蛇の列ができるほど人気がある。

'장사진'은 長蛇の列라고 한다.

1454 悪玉菌は腸内の環境を悪化させます。

'유해균'은 悪玉菌이라고 하고, '유익균'은 善玉菌ぜんだまきん이라고 한다. 善玉는 원래 연극에서 '선인(善人)', 悪玉는 '악인, 악역'이라는 뜻으로 쓰이던 것인데, 뒤에 다른 말이 붙어 다양하게 복합어를 만들게 되었다. 이 경우 善玉는 '좋은, 착한, 유익한' 등으로 번역되고, 悪玉는 '나쁜, 유해한' 등으로 번역된다.

1455 ヨーグルトに入っているビフィズス菌と乳酸菌は全く違う性質を持った菌である。

'비피두스균'은 フィズス菌이라고 한다. 흔히 '비피더스균'이라고 하는데, 올바른 표기는 '비피두스균'이다.

1456 紹介状は、他の医療機関に患者さんを紹介するために診療状況を記入した文書であります。

병원에서 발행하는 '소견서'는 紹介状라고 한다. 정식으로는 診療しんりょう情報提供書じょうほうていきょうしょ이다.

オマケ　한・일 표현이 다른 주식・증권 용어 4

하락장	下落相場げらくそうば
하락 종목	値下ねさがり銘柄めいがら
하락 폭	下さげ幅はば
호재	好材料こうざいりょう
후장	後場ごうば

1457 **디스크**의 재활 치료는 통증의 강도에 따라 다릅니다.

(　　) のリハビリテーションは痛みの強さによって異なります。

⇨ ....

1458 **감염병** 예방에는 손 씻기, 환기 등이 유효합니다.

(　　) の予防には手洗い・換気などが有効です。

⇨ ....

1459 **꽃가루 알레르기**로 고생하는 사람이 최근 늘어나고 있지만, 신종 코로나의 초기 증상과 엄밀하게 분별하는 것은 어렵다고 한다.

(　　) に悩む人は近年増えているが、新型コロナの初期症状と厳密に見分けるのは難しいという。

⇨ ....

1460 세계보건기구(WHO)는 **치매** 예방 지침을 만들어 공표했다.

世界保健機関(WHO)は、(　　) 予防の指針を作り、公表した。

⇨ ....

1461 이 세상에 어떤 병이든 고칠 수 있는 **만병통치약**은 없다.

この世にどんな病気も治せる (　　) はない。

⇨ ....

1462 **골초**는 비흡연자보다 췌장암에 걸릴 확률이 2~3배나 높아진다.

(　　) は、非喫煙者に比べて、膵臓がんになる確率が２～３倍も高くなる。

⇨ ....

1457 椎間板ヘルニアのリハビリテーションは痛みの強さによって異なります。

디스크의 정식 명칭은 '추간판 탈출증, 디스크 탈출증'이다. 일본에서는 椎間板ヘルニア라고 한다.

1458 感染症の予防には手洗い・換気などが有効です。

'감염병'은 感染症라고 한다.

1459 花粉症に悩む人は近年増えているが、新型コロナの初期症状と厳密に見分けるのは難しいという。

'꽃가루 알레르기'는 花粉症라고 한다.

1460 世界保健機関(WHO)は、認知症予防の指針を作り、公表した。

'치매'는 認知症라고 한다. 이전에는 痴呆ちほう・痴呆症라고 했었다. '기구'를 機関きかん으로 쓴 것에도 주의하자.

1461 この世にどんな病気も治せる万能薬はない。

'만병통치약'은 万能薬라고 한다.

1462 ヘビースモーカーは、非喫煙者に比べて、膵臓がんになる確率が2～3倍も高くなる。

'골초'는 ヘビースモーカー라고 한다.

オマケ　한・일 표현이 다른 경제 용어 1

가격 동향	**値動**ねうごき	노사정	**政労使**せいろうしゃ
계열사	**系列会社**けいれつがいしゃ	노점상	**露天商**ろてんしょう
기본급 인상	**ベースアップ / ベア**	누진세	**累進課税**るいしんかぜい
기준 금리	**政策金利**せいさくきんり	도매상	**問屋**とんや
깡통 계좌	**大損**おおぞん**の口座**こうざ	돈세탁	**マネー・ロンダリング / 資金洗浄**しきんせんじょう

1463 어제 산 재킷에 **도난 방지** 태그가 그대로 붙어 있었다.

昨日買ったジャケットに (　　) タグがつけっぱなしだった。

⇨

1464 **폐**건전지의 처분 방식은 지자체에 따라 다릅니다.

(　　) 乾電池の処分方式は、自治体によって異なります。

⇨

1465 **물**티슈는 간편하게 휴대할 수 있어서 편리합니다.

(　　) ティッシュは簡単に持ち運べるので便利です。

⇨

1466 지하철 2호선은 서울의 중심을 빙글빙글 도는 **순환선**이다.

地下鉄２号線はソウルの中心をくるくると回る (　　) である。

⇨

1467 **외선 순환**을 타야 했는데 **내선 순환**을 타고 말았다.

(　　) に乗らないといけなかったのに (　　) に乗っちゃった。

⇨

1468 설정 온도를 1℃만 바꿔도 다음과 같은 절전 효과가 있을 것으로 **추산**됩니다.

設定温度が１℃変わるだけで次のような節電効果があると (　　) されています。

⇨

1463 昨日買ったジャケットに防犯タグがつけっぱなしだった。

'도난 방지 태그'는 防犯タグ · 万引まんびき防止ぼうしタグ라고 하거나, 영어 표기 security tag를 가타카나어로 써서 セキュリティタグ 등으로도 표기한다.

1464 使用済み乾電池の処分方式は、自治体によって異なります。

'폐건전지'는 使用済み乾電池라고 한다.

1465 ウェットティッシュは簡単に持ち運べるので便利です。

'물티슈'는 '젖은 티슈'라는 뜻인 ウェットティッシュ라고 한다.

1466 地下鉄２号線はソウルの中心をくるくると回る環状線である。

'순환선'은 한자어지만 우리말과는 다르게 環状線을 쓴다.

1467 外回りに乗らないといけなかったのに内回りに乗っちゃった。

'외선 순환'은 外回り, '내선 순환'은 内回り라고 한다.

1468 設定温度が１℃変わるだけで次のような節電効果があると試算されています。

'추산'은 試算이라고 한다.

1469 올해는 **마른장마**(비가 별로 오지 않은 장마)여서 물 부족이 걱정이다.

今年は (　　) なので水不足が心配だ。

⇨

1470 **황혼** 이혼이란 20년 이상 함께한 부부가 이혼하는 것을 말합니다.

(　　) 離婚とは、20年以上同居した夫婦が離婚することです。

⇨

1471 캘리포니아 디즈니랜드에만 있는 **놀이기구**를 소개해 드립니다.

カリフォルニアのディズニーランドにしかない (　　) をご紹介します。

⇨

1472 **문신**을 새길 때, 어느 부위에 디자인할지는 매우 중요한 선택입니다.

(　　) を入れる際、どの部位にデザインを施すかは非常に重要な選択です。

⇨

1473 젊은이가 **교통약자석**에 앉아 있는 것은 꼴사납다.

若者が (　　) に座るのはみっともない。

⇨

1469 **今年は空梅雨なので水不足が心配だ。**

'마른장마'는 空梅雨라고 하는데, 이때 空는 '형식뿐이고 진정한 내용물이 없는 것, 효과가 없는 것'의 뜻으로 쓰인 말이다.

1470 **熟年離婚とは、20年以上同居した夫婦が離婚することです。**

'황혼 이혼'은 熟年離婚이라고 한다.

1471 **カリフォルニアのディズニーランドにしかないアトラクションをご紹介します。**

'놀이기구'는 アトラクション이라고 한다. 遊具施設ゆうぐしせつ라고도 하지만 대부분 アトラクション을 쓴다. 캘리포니아(California)를 カリフォルニア라고 읽는 것에도 주의하자.

1472 **入れ墨を入れる際、どの部位にデザインを施すかは非常に重要な選択です。**

'문신'은 入れ墨 또는 タトゥー(타투)라고 한다. 가타카나 표기에 주의해야 한다.

1473 **若者が優先席に座るのはみっともない。**

'교통 약자석'은 공식적인 명칭은 優先席이다. 이외에 京王電鉄けいおうでんてつ와 伊予鉄道いよてつどう에서는 おもいやりゾーン(배려 존), 広島ひろしま電鉄에서는 ゆずりあいの席(양보석) 등으로 애칭을 사용하기도 한다.

オマケ 한・일 표현이 다른 경제 용어 2

한국어	일본어
모조품, 짝퉁	**ピー商品しょうひん**
모회사	**親会社おやがいしゃ**
미끼 상품	**おとり商品しょうひん / ロスリーダー**
상향 조정	**上方修正じょうほうしゅうせい**
선순환	**好循環こうじゅんかん**
신고 누락	**申告漏しんこくもれ**
실물 경제	**実体経済じったいけいざい**
실수령액	**手取てどり**
악덕 기업	**ブラック企業きぎょう**

1474 지도 **교수**와 면담하고 졸업 논문 주제에 대해 상의했다.

指導（　　）と面会し、卒論のテーマについて相談した。

⇨

1475 **관제사**가 실시간으로 비행기의 위치를 추적하고 있습니다.

（　　）がリアルタイムで飛行機の位置を追跡しています。

⇨

1476 **저비용 항공사**의 활성화는 적자에 허덕이던 지방 공항의 활성화에도 공헌하고 있습니다.

（　　）の活性化は、赤字に苦しんでいた地方空港の活性化にも貢献しています。

⇨

1477 **기립 박수**를 받고 그는 눈물을 흘렸다.

（　　）を受けて、彼は涙を流した。

⇨

1478 신고 **누락**의 경우는 원칙적으로 10퍼센트의 과소 신고 가산세가 부과된다.

申告（　　）の場合は原則として10%の過少申告加算税が課される。

⇨

1474 **指導教官と面会し、卒論のテーマについて相談した。**

‘지도 교수’에서 ‘교수’에 해당하는 말로는 教官을 쓴다.

1475 **航空管制官がリアルタイムで飛行機の位置を追跡しています。**

‘관제사’는 航空管制官 또는 줄여서 管制官이라고 한다.

1476 **格安航空会社の活性化は、赤字に苦しんでいた地方空港の活性化にも貢献しています。**

‘저가 항공사’는 格安航空会社 또는 가타카나로 써서 ローコストキャリア(Low-cost carrier, LCC)라고도 한다.

1477 **スタンディングオベーションを受けて、彼は涙を流した。**

‘기립 박수’는 줄여서 スタオベ라고도 한다.

1478 **申告漏れの場合は原則として10%の過小申告加算税が課される。**

‘신고 누락’은 申告漏れ라고 한다.

オマケ　한・일 표현이 다른 경제 용어 3

한국어	일본어
암호 화폐	暗号資産あんごうしさん / 仮想通貨かそうつうか
어음	手形てがた
연계 자금	つなぎ資金しきん
연말 정산	年末調整ねんまつちょうせい
외환 보유고, 외환 보유액	外貨準備高がいかじゅんびだか
재고 떨이	蔵払くらばらい
재하청	孫請まごうけ
조세 회피처	タックスヘイブン / 租税回避地そぜいかいひち
주택 담보 대출	住宅じゅうたくローン / 住宅担保融資じゅうたくたんぽゆうし
진품	本物ほんもの
추가 경정 예산, 추경 예산	補正予算ほせいよさん
추경안	補正予算案ほせいよさんあん

1479 이웃집의 **부엌문**은 어디입니까?

隣の（　　）はどこですか。

⇨

1480 경찰은 그 용의자의 **몽타주**를 공개했다.

警察はその容疑者の（　　）を公開した。

⇨

1481 지금은 **비데**는 일상생활에 없어서는 안 되는 존재가 되었다.

今や（　　）は日常生活に欠かせない存在となっている。

⇨

1482 이차 **함수**의 그래프는 포물선 모양을 하고 있습니다.

二次（　　）のグラフは放物線の形をしています。

⇨

1483 **민관** 일체가 되어 테러 대책을 추진하는 회의가 열렸습니다.

（　　）一体となってテロ対策を推進する会議が開かれました。

⇨

1484 **환급금**이란 납세자가 초과 납부한 세금을 국가나 지방 공공 단체로부터 반환 받는 돈을 말한다.

（　　）とは、納税者が支払いすぎた税金を国や地方公共団体から返還してもらうお金のことである。

⇨

1479 隣の勝手口はどこですか。

'부엌문'을 직역하여 台所門이라고 하면 안 된다. '부엌문'은 勝手口라고 한다. 勝手口라는 말은 옛날에 '부엌'을 お勝手라고 불렀던 것에서 유래한다.

1480 警察はその容疑者の似顔絵を公開した。

'몽타주'는 似顔絵라고 한다.

1481 今や温水洗浄便座は日常生活に欠かせない存在となっている。

'비데'는 温水洗浄便座가 일반적인 명칭이며, ウォシュレット 또는 シャワートイレ라고도 불리는데, ウォシュレット와 シャワートイレ는 상표명이다.

1482 二次関数のグラフは放物線の形をしています。

'함수'는 한자어지만 우리말과는 다르게 関数라고 한다. '포물선'은 한자 표기를 할 때, 放物線으로 쓰지만, 抛物線으로도 쓴다.

1483 官民一体となってテロ対策を推進する会議が開かれました。

'민관'은 한자어지만, 우리말과는 어순을 반대로 해서 官民을 쓴다.

1484 還付金とは、納税者が支払いすぎた税金を国や地方公共団体から返還してもらうお金のことである。

'환급금'은 한자어지만, 우리말과는 다르게 還付金을 쓴다.

オマケ 한・일 표현이 다른 경제 용어 4

충성 고객	ロイヤルカスタマー / ロイヤル顧客こきゃく
틈새시장	ニッチ市場しじょう / 隙間市場すきましじょう
품귀(品貴)	品薄しなうす
하향 조정	下方修正かほうしゅうせい
환급	還付かんぷ
환급금	還付金かんぷきん
환율	為替かわせレート / レート
환전	両替りょうがえ

1485 나는 어렸을 때 **골목**대장이었다.

僕は幼い頃 (　　) 大将だった。

⇨

1486 오늘 아침 고등학교 은사님의 **부고**를 접하였습니다.

今朝、高校の恩師の (　　) に接しました。

⇨

1487 이 지역의 **공천**이 누구에게로 돌아갈 것인지가 뜨거운 쟁점이 되고 있다.

この地域の (　　) が誰に回るかどうかがホットな争点になっている。

⇨

1488 의외의 결말을 맞는 대반전 영화는 **스포** 절대 금지 작품이 많다.

意外な結末を迎える大どんでん返しの映画は、(　　) 厳禁の作品が多い。

⇨

1489 **피팅룸**에서 사지도 않은 옷을 입고 촬영하는 것은 매너에 어긋납니다.

(　　) で買っていない服を身につけて撮影するのは、マナー違反です。

⇨

1485 **僕は幼い頃餓鬼大将だった。**

餓鬼大将(골목대장)에서 餓鬼がき는 '개구쟁이'의 뜻이다.

1486 **今朝、高校の恩師の訃報に接しました。**

'부고'는 訃報라고 쓰는 데 주의하자.

1487 **この地域の公認が誰に回るかどうかがホットな争点になっている。**

'공천'은 公認こうにん이라고 쓰는 데 주의하자.

1488 **意外な結末を迎える大どんでん返しの映画は、ネタバレ厳禁の作品が多い。**

'스포, 스포일러'는 ネタバレ라고 한다.

1489 **試着室で買っていない服を身につけて撮影するのは、マナー違反です。**

'피팅룸'은 試着室 또는 フィッティングルーム라고 한다. 원어가 fitting room이므로 ぱ행으로는 표기할 수 없고 ファ・フィ・フ・フェ・フォ로 표기해야 하는 것에도 주의해야 한다.

オマケ 헷갈리는 가타카나어 1

アーチェリー	양궁
アジア大会たいかい	아시안게임
ウエイトリフティング / 重量挙じゅうりょうあげ	역도
エンドロール / エンドクレジット	엔딩 크레딧
ガソリンスタンド	주유소
ガムテープ	박스 테이프
キシリトール	자일리톨(xylitol)
キャラクター / キャラ	캐릭터
コラム	칼럼
コンシェルジュ	컨시어지
シミュレーションゴルフ	스크린 골프
ストライキ	파업
チャーター	전세 비행기, 전세 선박

1490 극단적으로 식사량을 줄여 감량하면 그만큼 **요요**가 오기 쉽습니다.
極端に食事量を減らして減量するとその分、(　　　)しやすくなります。

⇨ ....

1491 우리 축구팀이 이탈리아를 꺾고 드디어 **16강**에 진출했다.
われわれのサッカーチームがイタリアを破り、ついに(　　　)に進出した。

⇨ ....

1492 칸 영화제의 드레스 코드는 남성은 **턱시도**, 여성은 드레스에 하이힐이다.
カンヌ国際映画祭のドレスコードは、男性は(　　　)、女性はドレスにハイヒールだ。

⇨ ....

1493 이번 **보궐** 선거는 내년 총선거의 전초전이라고 불리고 있다.
今回の(　　　)選挙は来年の総選挙の前哨戦といわれている。

⇨ ....

1494 **호객** 행위는 부당하게 고액의 요금을 청구하는 바가지요금 피해의 온상이 되고 있습니다.
(　　　)行為は、不当に高額な料金を請求するぼったくり被害の温床となっています。

⇨ ....

1490 極端に食事量を減らして減量するとその分、リバウンドしやすくなります。

일본에도 ヨーヨー現象라는 말이 있기는 하지만, 일반인들은 잘 쓰지 않고 주로 リバウンド를 쓴다.

1491 われわれのサッカーチームがイタリアを破り、ついにベスト16に進出した。

스포츠 경기 등에서 '~강'이라고 표현할 때는 ベスト～이라고 한다.

1492 カンヌ国際映画祭のドレスコードは、男性はタキシード、女性はドレスにハイヒールだ。

'턱시도(tuxedo)'는 タキシード라고 읽는다. 외래어를 가타카나로 표기할 때, X 표기를 クサ・クシ・クス・クソ로 쓸지 キサ・キシ・キス・キソ로 쓸지는 관용에 따른다.

1493 今回の補欠選挙は来年の総選挙の前哨戦といわれている。

'보궐 선거'는 補欠選挙라고 한다. 줄여서 補選ほせん이라고도 한다.

1494 客引き行為は、不当に高額な料金を請求するぼったくり被害の温床となっています。

'호객 행위'는 客引き 또는 客引き行為 또는 キャッチ라고 한다.

オマケ	**헷갈리는 가타카나어 2**
チャット	채팅
ナイター(night + er)	야간 경기
ネットサーフィン	웹 서핑
ハイタッチ	하이 파이브(High five)
ピアス	피어싱
ファイアウォール	방화벽
ペーパードライバー	장롱 면허
ペアルック	커플 룩
マイレージ	마일리지
マルチ商法しょうほう / ネットワークビジネス	다단계 판매

1495 조리 식품 코너에서 **밑반찬**을 샀다.

お惣菜コーナーで (　　) を買った。

⇨ ....

1496 술을 많이 마시는 사람을 **주당**이라고 부릅니다.

お酒をたくさん飲む人のことを (　　) と呼びます。

⇨ ....

1497 원고는 원상 복귀뿐만 아니라 **위자료**도 청구했다.

原告は原状回復のみならず (　　) をも請求した。

⇨ ....

1498 인재 육성과 사원의 정착률을 높이기 위한 수단으로 **멘토** 제도가 주목 받고 있습니다.

人材育成や社員の定着率を向上させるための手段として、(　　) 制度が注目されています。

⇨ ....

1499 **워라밸**(일과 삶의 균형)을 중시하는 것은 사원에게뿐만 아니라 회사에도 이익을 가져다 줍니다.

(　　) を大切にすることは、社員にとってばかりではなく、会社にとっても利益をもたらします。

⇨ ....

1500 영화를 본 후에 나는 반드시 **엔딩 크레딧**이 끝날 때까지 자리에서 일어나지 않는다.

映画を観た後、私は必ず (　　) が終わるまで席を立たない。

⇨ ....

1495 お惣菜コーナーで常備菜を買った。

'밑반찬'은 '항상 준비되어 있는 반찬'이라는 뜻으로 常備菜라고 한다. お惣菜コーナーは 백화점이나 대형 마트에서 반찬을 판매하는 코너를 가리킨다.

1496 お酒をたくさん飲む人のことを左党と呼びます。

술꾼을 뜻하는 '주당'은 酒党가 아니라 左党라고 한다. 上戸じょうご라고도 한다.

※ 단것을 좋아하는 사람 : 右党(うとう) · 甘党(あまとう)

1497 原告は原状回復のみならず慰謝料をも請求した。

'원고'는 原告, '피고'는 被告ひこく라고 한다.

1498 人材育成や社員の定着率を向上させるための手段として、メンター制度が注目されています。

'멘토(mentor)'는 メンター, '멘티(mentee)'는 メンティー라고 한다.

1499 ワークライフバランスを大切にすることは、社員にとってばかりではなく、会社にとっても利益をもたらします。

우리는 '일과 삶의 균형'을 뜻하는 '워크 라이프 밸런스'를 줄여서 '워라밸'이라고 하는데, 일본은 줄이지 않고 ワークライフバランス라고 한다.

1500 映画を観た後、私は必ずエンドロールが終わるまで席を立たない。

'엔딩 크레딧'은 エンドロール 또는 エンドクレジット라고 한다. エンディングロール · スタッフロール라고도 한다.

オマケ 헷갈리는 가타카나어 3

マンモス	매머드
メンブレ / メンタルブレイク	멘붕, 멘탈 붕괴
モールス信号しんごう	모스 부호
リサイクル	재활용
リストラ	구조 조정

부록

레벨업 문법 노트

◎ 문제 해설 플러스

◎ 뉘앙스 비교

◎ こと / の / もの

◎ 경어

◎ 가타카나어

문제 해설 플러스

한국어와 어순이 반대인 일본어

본문 015쪽

1. 한자어

노고(勞苦) 苦労くろう
물품(物品) 品物しなもの
약혼(約婚) 婚約こんやく
영광(榮光) 光栄こうえい
위협(威脅) 脅威きょうい
화초(花草) 草花くさばな
흑백(黑白) 白黒しろくろ / モノクロ
동서고금(東西古今) 古今東西ここんとうざい
시종일관(始終一貫) 終始一貫しゅうしいっかん
요령부득(要領不得) 不得要領ふとくようりょう
현모양처(賢母良妻) 良妻賢母りょうさいけんぼ

2. 복합동사

갈아타다 乗のり換かえる
과식하다 食たべ過すぎる
과음하다 飲のみ過すぎる
과적하다 積つみ過すぎる
내딛다 踏ふみ出だす
내몰리다 追おい出だされる
다시 하다 やり直なおす
다 읽다 読よみ上あげる
덧붙이다 付つけ加くわえる
받아쓰다 書かき取とる
써넣다 書かき入いれる / 書かき込こむ
옮겨 쓰다 書かき写うつす
일어서다 立たち上あがる

3. 지시어가 들어가는 표현

여기저기	あっちこっち
이것저것	あれこれ
이러쿵저러쿵	ああだこうだ

4. 기타

죽느냐 사느냐	生いきるか死しぬか
한 번 더	もう一回いっかい

心こころ / 気き 마음

본문 037쪽

양쪽 다 '마음'의 뜻이 있지만, 気가 心보다 쓰임의 범위가 넓다. '무언가 하고 싶은 마음, 생각, 걱정, 배려' 등의 뜻을 나타낼 때나 관용 표현에서는 心는 쓸 수 없고 気를 써야 한다. 특히, 気는 우리말의 '기'보다 매우 광범위하게 쓰이는 중요한 단어이다.

気의 쓰임은 다음과 같다.

(1) 공기 · 수증기 등의 기체, 기운, 정기, 생기, 분위기
예) 山やまの気を胸むねいっぱい吸すう。 산의 정기를 가슴 가득 마시다.

(2) 어떤 물체가 가지고 있는 독특한 냄새나 맛
예) 気の抜ぬけたビールはうまくない。 김빠진 맥주는 맛이 없다.

(3) 숨, 호흡
예) 退屈たいくつで気が詰つまりそうだ。 심심해서 숨이 막힐 것 같다.

(4) 마음의 경향, 타고난 성질 : 성미, 기질, 마음씨
예) 彼かれは気がいい。 그는 마음씨가 좋다.

(5) 할 기분, 의욕, 생각
예) その仕事しごとはどうも気が進すすまない。 그 일은 아무래도 마음이 내키지 않는다.

(6) 배려, 고려
예) 彼かれはぼくの仲なかのいい友ともだちだから、気がおけない。
그는 나와 사이 좋은 친구이기 때문에 마음이 놓인다(허물이 없다).

(7) 마음에 두어 주의하는 것
예) 寒さむいから風邪かぜを引ひかないように気をつけなさい。
추우니까 감기 걸리지 않도록 주의해.

(8) 감정, 기분

예) 思おもいがけない売うれ行ゆきに気をよくした。 뜻밖의 매출에 기분이 좋아졌다.

(9) 의식, 정신, 얼

예) 気を失うしなう。 의식을 잃다.

(10) 흥미, 관심, 사람을 그리워하는 마음

あと/うしろ/うら/のち 뒤

본문 067쪽

1. あと의 뜻

(1) 뒤(향하고 있는 방향과 반대되는 쪽) : 이때는 うしろ와 같다.

예) 先生せんせいのあとに立たっている。 선생님 뒤에 서 있다.

(2) (시간, 순서) 나중, 뒤, 후, 다음 : 이때는 次つぎ와 같다.

예) このあとの電車でんしゃで行いきます。 이 다음 전철로 가겠습니다.

(3) 뒷일, 뒷사람, 나머지, 뒤, 나중

예) 私わたしは帰かえりますから、あとをお願ねがいします。

저는 귀가할 테니까 뒤를 부탁합니다.

(4) 어떤 일을 할 수 있게 이바지하거나 도와주는 힘

예) 今いま、彼かれが死しんだら、あとに残のこされた家族かぞくはどうすればいいのだろう。

지금 그가 죽는다면 뒤에 남겨진 가족은 어쩌면 좋단 말인가?

2. 後うしろ의 뜻

(1) 집 등의 뒤쪽 장소 : 이때는 裏うら와 같다.

예) 家いえの後ろに木きを植うえる。 집 뒤에 나무를 심다.

(2) 신체의 뒤

예) 戦たたかいでは敵てきに後ろを見みせてはならない。

전쟁에서는 적에게 뒤를 보여서는 안 된다.

(3) 물체의 뒤쪽 : 이때는 裏うら와 같다.

예) 探さがしていたペンは、本棚ほんだなの後ろに落おちていた。

찾고 있던 펜은 책장 뒤쪽에 떨어져 있었다.

(4) 보이지 않는 배후나 겉으로 드러나지 않는 부분 : 이때는 裏うら와 같다.

예) この事件じけんの後ろには、有名ゆうめいな政治家せいじかがいた。

이 사건의 배후에는 유명한 정치가가 있었다.

(5) 뒤, 마지막, 끝 : 연속된 물체의 끝부분

예) 一ひとつ後ろの車両しゃりょうに移動いどうしたら、有名ゆうめいな俳優はいゆうがいた。

하나 뒤쪽 차량으로 이동했더니 유명한 배우가 있었다.

(6) 과거

예) 後ろを振ふり返かえらずに生いきよう。 뒤돌아보지 말고 살아가자.

(7) 일의 끝이나 마지막이 되는 부분

예) この映画えいがは後ろの部分ぶぶんが面白おもしろい。

이 영화는 뒷부분이 재미있다.

3. 裏(うら)의 뜻

(1) '앞, 바깥, 위'와 반대되는 쪽, 表おもての 반대 개념으로 뒷면, 뒤쪽, 안(감), 이면

예) 百円玉ひゃくえんだまの裏は、年号ねんごうが書かいてある面めんです。

백 엔 동전의 뒷면은 연호가 쓰여 있는 면입니다.

(2) 물체의 정면에서 보이지 않는 쪽 : 이때는 うしろ와 같다.

예) たんすの裏にお金かねが落おちていたよ。

장롱 뒤에 돈이 떨어져 있었어.

(3) 야구 경기에서 '~말'. ↔ 表おもて(초)

(4) 알고 있는 것과 다른 면

(5) 숨겨진 사정이나 비리

(6) 집 등의 뒤쪽 장소 : 이때는 うしろ와 같다.

예) この家いえの裏は林はやしになっている。 이 집의 뒤쪽은 숲이다.

4. のち의 뜻

(1) 어떤 일의 뒤, 어떤 일이 끝난 뒤

예) 天気予報てんきよほうによると、今日きょうの天気てんきは晴はれ、のち曇くもりだそうだ。

일기 예보에 따르면 오늘 날씨는 맑은 뒤에 흐리겠다고 한다.

(2) 미래, 장래

예) 百年ひゃくねんのちには科学かがくはどんなに進歩しんぽするだろう？

백 년 뒤에는 과학은 얼마나 진보할까?

~ができる(~을 할 수 있다) 등 조사 が를 쓰는 표현

본문 097쪽

(1) わかる・できる・すきだ・きらいだ・ほしい・たい 등의 뒤에는 조사 を를 쓰지 않고 が를 써야 한다.

(2) ~たい에서 희망의 대상이 다음과 같은 경우에는 が를 쓰지 않고 を를 쓴다.

❶ 대상이 사람일 때

예) 会長かいちょうには藤森ふじもりさんを推薦すいせんしたい。

회장에는 후지모리 씨를 추천하고 싶다.

❷ 대상을 나타내는 것이 を 이외의 문장 성분(특히 に를 필요로 하는 경우)일 때

예) 彼女かのじょにこの詩集ししゅうをやりたい。 그녀에게 이 시집을 주고 싶다.

❸ [한자어 + したい]의 대상을 나타낼 때

예) 彼かれの話はなしを信用しんようしたい。 그의 말을 믿고 싶다.

❹ 행위 쪽에 포인트가 있을 때

예) 手てを洗あらいたい。 손을 씻고 싶다.

❺ 부정문일 때

예) 今いまは酒さけを飲のみたくない。 지금은 술을 마시고 싶지 않다.

단위를 세는 조수사

본문 113쪽

本ほん	병, 연필, 담배, 손가락, 나무, 바나나, 띠와 같이 가늘고 긴 물건을 세는 조수사 (앞의 숫자에 따라 本의 발음이 달라지는 데에 주의) 예) 一本いっぽん / 二本にほん / 三本さんぼん / 四本よんほん / 五本ごほん / 六本ろっぽん / 七本ななほん / 八本はちほん・はっぽん / 九本きゅうほん / 十本じゅっぽん
枚まい	종이, 접시, 스카프 등 넓적하고 얇은 물건을 세는 조수사
歳さい	나이를 세는 조수사
台だい	자동차나 텔레비전 등 탈것이나 기계를 세는 조수사
回かい / 度ど	횟수를 세는 조수사
足そく	양말이나 구두를 세는 조수사
着ちゃく	양복 '~벌' 등의 뜻을 가진 조수사
盛もり	과일 가게, 채소 가게 등에서 바구니나 소쿠리 등에 넣어 판매할 때 사용하는 조수사
人前にんまえ	'~인분'이란 뜻을 가진 조수사 (人分이라고 하지 않는다)
株かぶ	포기 예) 白菜はくさい二株にかぶ 배추 두 포기

口くち	모금 예) 水みず一口ひとくち 물 한 모금
軒けん	채 예) 家いえ十軒じゅっけん 집 열 채
玉たま	통 예) スイカ 3 玉さんたま 수박 세 통
本ほん / 箱はこ / カートン	(담배) 개비 / 갑 / 보루 예) タバコ 5 本ごほん 담배 5개비

착용 동사의 용법

본문 125쪽

(1) 머리를 덮는 경우 : 被かぶる 쓰다 ↔ 脱ぬぐ 벗다
帽子ぼうし 모자 / スカーフ 스카프 / ベール 베일 / お面めん 가면

(2) 몸통을 덮는 경우 : 着きる 입다 ↔ 脱ぬぐ 벗다
ブラウス 블라우스 / 上着うわぎ 상의, 겉옷 / スーツ 양복 / 水着みずぎ 수영복 / ワンピス 원피스

(3) 다리, 또는 하반신을 덮는 경우 : 履はく 입다, 신다 ↔ 脱ぬぐ 벗다
ズボン 바지 / スカート 스커트 / パンツ 남자 팬티 / パンティ 여자 팬티 / ジーパン・ジーンズ 청바지 / サンダル 샌들 / ストッキング 스타킹 / 運動靴うんどうぐつ 운동화

(4) 딱 맞게 끼는 경우 : はめる 끼다 ↔ 外はずす · 取とる 빼다
手袋てぶくろ 장갑 / 指輪ゆびわ 반지 / ブレスレット 팔찌 / コンタクトレンズ 콘택트렌즈
※ 단, '장갑을 벗다'는 手袋てぶくろを取とる(脱ぬぐ)라고 한다.

(5) 대부분 장식 목적으로 몸에 직접 하든지 또는 의복 위에 붙이는 것 : つける 달다 ↔ 外はずす 빼다, 떼다
ブローチ 브로치 / イヤリング 귀걸이

(6) 몸의 일부분에 착용하는 경우 : する 하다 ↔ 外はずす · 取とる · 脱ぬぐ 빼다, 떼다, 벗다
ブローチ 브로치 / イヤリング 귀걸이 / ピアス 피어스 / ヘソピ 배꼽 피어싱 / 指輪ゆびわ 반지 / 腕時計うでどけい 손목시계 / マスク 마스크 / エプロン 앞치마 / ネクタイ 넥타이 / マフラー 머플러 / ブラジャー 브래지어

(7) 몸에 물건의 일부분을 지탱하여 떨어지지 않게 하는 경우 : 掛かける 끼다, 걸치다, 대다 ↔ 外はずす · 取とる 벗다
眼鏡めがね 안경 / マスク 마스크 / ショール 숄 / エプロン 앞치마

(8) 몸에 물건의 상부를 지탱하여 내려뜨리는 경우 : さげる 달다 ↔ 外はずす · 取とる 빼다, 떼다
ペンダント 펜던트 / イヤリング 내려뜨리는 귀걸이 / 勲章くんしょう 훈장

(9) 몸의 일부에 밀착해서 대는 경우 : 締しめる 매다 ↔ 外はずす · 取とる 풀다
ネクタイ 넥타이 / ベルト 벨트

~がする / ~をする 용법

본문 147쪽

する 동사는 勉強べんきょうする · 旅行りょこうする 등과 같이 본동사(本動詞)로서의 기능뿐만 아니라, ~がする · ~をする와 같이 격조사를 써서 여러 가지 관용적 표현을 만드는 대동사(代動詞)의 기능도 있다. する 동사가 대동사의 기능을 할 때, 우리말 '하다'에 그대로 대응하지 않는 관용적 표현이 있는데, 대표적인 것은 관용 표현으로 외울 수밖에 없다.

1. ~がする

(1) 香かおりがする · 音おとがする · 味あじがする 등 감각적인 것을 나타내는 것에 쓴다.

(2) 頭痛ずつうがする · 寒気かんきがする 등 생리 및 병리 현상을 나타내는 것에 쓴다.

(3) 予感よかんがする · 感かんじがする · 気きがする · 思おもいがする 등 심리 상태를 나타내는 것에 쓴다.

구분	~がする가 붙는 말
청각	音おと / 足音あしおと / 銃声じゅうせい / 雷声らいせい / 声こえ / 歌声うたごえ / 耳鳴みみなり / 笛ふえの音おと / 鳥とりの鳴なき声ごえ
후각	香かおり / 匂におい / 犯罪はんざいの匂におい
미각	味あじ / 古里ふるさとの味 / 思おもい出での味 / おふくろの味
시각	稲光いなびかり
육체적 현상	眠気ねむけ / 寒気さむけ / 悪寒おかん / 痙攣けいれん / 頭痛ずつう / 身震みぶるい / めまい / つわり / 吐はき気け
정신적 현상	胸騒むなさわぎ / 気配けはい / 気き / 心地ここち / 心残こころのこり / 予感よかん / 胸むねが突つかれる思おもい / 気分きぶん / 思おもい / 感かんじ / 気持きもち / 心持こころもち
체감이 가능한 외부 현상	地鳴じなり

2.~をする

怪我けがをする · 火傷やけどをする 등 신체의 이상이나 변화를 나타내는 것에 쓴다.

ごとに/たびに ~때마다

본문 191쪽

1. AごとにB

(1) 'A라는 단락(구획)에는 항상 B'라는 뜻이다.

(2) 규칙성이 있는 사항에 쓰인다.

(3) [명사+ごとに] [동사 사전형+ごとに] 형태로 쓴다.

(4) [명사+ごとに]의 형태로 '각각, 저마다'의 뜻으로도 쓴다.

(5) ごとに는 수나 양을 나타내는 말에 붙여 쓸 수 있다.

2. AたびにB

(1) 'A라는 경우에는 항상 B'라는 뜻이다.

(2) '같은 것이 비슷하게 이루어지는 때'에 쓴다. '늘 그렇다'는 점에 감탄하거나 질리는 기분을 나타낸다.

(3) 접속은 [명사 の+たびに] [동사 사전형+たびに] 형태로 쓴다.

3. ごとに와 たびに 비교

(1) [A ごとに B]와 [A たびに B]는 둘 다 'A를 반복하는 동안에 B의 정도가 점점 심해지다'의 뜻으로도 쓰인다.

(2) A가 '계속되는 변화'인 경우에는 [A たびに B]는 쓸 수 없다.

(3) たびに는 반복적으로 일어나는 것을 주관적으로 파악하여, 그것에 대해 감탄하거나 질리는 기분을 전한다. ごとに는 반복적으로 일어나는 것을 객관적으로 파악하여, 사실로 전하려 할 때 쓴다.

(4) A가 동사일 때는 단속적 · 기계적인 것이라 할지라도 [A ごとに B]는 부자연스럽다.

~をする와 ~をやる의 쓰임 비교

본문 207쪽

구분	보기	をする	をやる
영화 · 방송 프로그램	ドラマ / ニュース / 映画えいが	×	O
습관적 기호	タバコ / 酒さけ / 麻薬まやく	×	O
동작	旅行りょこう / スタート / 発表はっぴょう / 勉強べんきょう / ダイエット / お世話せわ / 貯金ちょきん / 化粧けしょう / メール / 準備じゅんび / 昼寝ひるね / アドバイス / コピー / 出張しゅっちょう / 心配しんぱい / 引ひっ越こし	O	×
모습	きれいな髪かみ / うれしそうな顔かお / 鋭するどい目めつき / 派手はでな格好かっこう	O	×
부상, 질병	怪我けが / 病気びょうき / 下痢げり / 骨折こっせつ	O	×

생리 현상	あくび / 息いき / くしゃみ / せき	O	×
장신구, 장착물	アクセサリー / 時計とけい / 指輪ゆびわ / マスク	O	×
스포츠, 취미, 활동	サッカー / ジョギング / ゲーム / トランプ / 将棋しょうぎ / 碁ご / 釣つり / ピアノ / ボランティア	O	O
이벤트 등 공동 작업	イベント / 試合しあい / 会議かいぎ / 部活ぶかつ / バンド / 結婚式けっこんしき / 宿題しゅくだい / 実験じっけん	O	O
역할, 일	家庭教師かていきょうし / 司会しかい / モデル / 弁護士べんごし / 教師きょうし / 料理長りょうりちょう	O	O
질병의 경험	大病たいびょう / はしか / インフルエンザ	O	O

'한자어+되다'를 する로 번역해야 하는 한자어

본문 251쪽

悪化あっかする
汚染おせんする
快楽かいらくする
関連かんれんする
激化げきかする
欠乏けつぼうする
硬直こうちょくする
骨折こっせつする
消失しょうしつする
相反あいはんする
停滞ていたいする
当選とうせんする
破裂はれつする
普及ふきゅうする
麻痺まひする
密着みっちゃくする
累積るいせきする

安定あんていする
解消かいしょうする
活性化かっせいかする
帰結きけつする
欠如けつじょする
決裂けつれつする
好転こうてんする
弱化じゃっかする
進行しんこうする
中毒ちゅうどくする
停電ていでんする
波及はきゅうする
反射はんしゃする
付属ふぞくする
満了まんりょうする
矛盾むじゅんする
漏電ろうでんする

萎縮いしゅくする
改善かいぜんする
感染かんせんする
強化きょうかする
決定けっていする
高潮こうちょうする
孤立こりつする
充血じゅうけつする
進展しんてんする
通用つうようする
陶酔とうすいする
発覚はっかくする
判明はんめいする
偏在へんざいする
密集みっしゅうする
流出りゅうしゅつする

수동 · 사역 · 사역수동에서 주의 사항

본문 271쪽

1. 수동문에서 주의 사항

(1) 수동문에서 동작 주체가 나와 있지 않을 때도 앞쪽에 조사 に가 나와 있을 때는 수동문이다.

(2) 자동사가 수동문이 되기도 하는데, 이때는 화자가 간접적으로 피해를 입은 상태를 나타낸다.

예) **雨あめが降ふった。**: '비가 왔다'는 객관적 사실만을 나타낸다.

雨に降られた。: '비가 와서 빨래가 젖었거나 감기에 걸리는 피해를 입었다'는 뉘앙스가 있다.

(3) '소유자의 수동' 또한 주의해야 할 용법이다.

예) **隣となりの人ひとが私わたしの足あしを踏ふんだ。** 옆 사람이 내 발을 밟았다.

이 문장을 수동으로 고치면 '내 발은 옆 사람에게 밟혔다'여서 私の足は隣の人に踏まれた일 것 같지만,

→ **私は隣の人に足を踏まれた。** 나는 옆 사람에게 발을 밟혔다.

로 해야 한다는 점도 주의하자.

(4) ～に～られる 수동문과 ～によって～られる 수동문은 용법이 상당히 다르므로 주의해야 한다.

❶ 역사적 사실이나 진리를 서술할 때

예) **米大陸べいだいりくはコロンブスによって発見はっけんされた。**

미대륙은 콜럼버스에 의해 발견되었다.

❷ 수단이나 재료, 원인을 객관적으로 서술할 때

예) **宗教しゅうきょうによって救すくわれる人々ひとびとも多おおい。**

종교에 의해 구원 받는 사람들도 많다.

이 경우는 ～で～られる도 쓸 수 있지만, ～によって～られる가 자연스럽고, 자료나 도구 등과 같은 구체적인 사물일 때 완성된 제품의 재료를 한눈에 알아볼 수 있을 때는 で를 쓰고, 제품을 봐도 제품의 원료를 알 수 없을 때는 から이다. 다만 '술은 쌀로 만든다'라고 할 때는 酒さけは米こめから(で)作つくられる와 같이 で와 から 모두 쓸 수 있다.

(5) 기본 문장이 [(人)が(人)に～を～する] 형태일 때는 から를 쓸 수 있다. 이에 해당하는 동사로는 習ならう · 教おしえる · 教おそわる · (電話を)かける · 頼たのむ 등이다.

예) **課長かちょうは私わたしに残業ざんぎょうを頼たのんだ。** 과장님은 내게 잔업을 부탁했다.

→ **私は課長に残業を頼まれた。** 나는 과장님에게 잔업을 부탁 받았다.

→ **私は課長から残業を頼まれた。** 나는 과장님으로부터 잔업을 부탁 받았다.

다만, 기본 문장이 [(人)が(人)を～する] 형태일 때, 즉, 殴なぐる · 蹴ける · 踏ふむ · 刺さす · 殺ころす 등 직접적인 행위를 나타내는 말에는 から를 쓸 수 없다. から를 쓸 수 있

는 경우는 愛あいする・褒ほめる・慕したう・尊敬そんけいする・笑わらう・誘さそう 등의 동사 또는 ～と言いう・～と思おもう・～と呼よぶ・～と考かんがえる 등 인용의 と가 붙는 동사이다. 다시 말해 A(사람)와 B(사람) 사이에 거리가 있는 간접적 행위는 に와 から 둘 다 쓸 수 있다.

예) 人々ひとびとは彼かれを天才てんさいと言いう。 사람들은 그를 천재라고 한다.

→ 彼は人々に天才と言われる。 그는 사람들에게 천재라고 불린다.

→ 彼は人々から天才と言われる。 그는 사람들로부터 천재라고 불린다.

⑹ 행위 주체가 사람이 아니라 국가나 회사, 학교와 같은 단체나 조직일 때는 から만 쓸 수 있다.

예) 国くには彼かれに国民栄誉賞こくみんえいよしょうを贈おくった。

국가는 그에게 국민영예상을 수여했다.

→ 彼は国から国民栄誉賞を贈られた。 그는 국가로부터 국민영예상을 받았다.

2. 사역문에서 주의 사항

⑴ 사역문은 강요하는 뜻 외에도 방임, 묵인, 방치, 허용, 유발 등의 의미도 있다.

⑵ ～(さ)せてください는 동사의 사역형과 수수 표현이 연결된 형태로 상대에게 허가를 구하는 표현이다. ～させてください 외에도 ～させてもらえませんか・～させていただけませんか 등의 형태도 쓸 수 있다.

예) その仕事しごとを私わたしにやらせていただけませんか。

일을 제게 하게 해 주시지 않겠습니까(하게 해 주시겠습니까)?

⑶ ～させて(あげる・くれる・もらう)는 동사의 사역형과 수수 표현이 연결된 형태로 허용・허가의 표현을 만든다.

3. 사역수동문에서 주의 사항

⑴ 남에게 어떤 동작을 강요당하여 어쩔 수 없이 그렇게 한다는 의미가 있다. '～시킴을 받다'라고 직역하면 어색하기 때문에 '(누구 때문에) 마지못해 ～해야 한다, 할 수 없이 ～해야 한다, 어쩔 수 없이 ～해야 한다' 등으로 번역하는 것이 좋다. 따라서 동작 주체가 마지못해 어떤 동작을 한다는 뉘앙스를 파악하는 것이 중요하다. 수동형과의 차이도 여기에 있다. 즉 수동형은 상대방이 동작의 주체로서 그 동작에 의해서 영향을 받는(또는 피해를 입는) 표현인데 반해서, 사역수동은 마지못해 어떤 동작을 한다는 표현이다.

⑵ 사역수동문은 부정적 느낌이 강한 표현이지만, 私わたしはその映画えいがに感動かんどうさせられた와 같은 문장은 '영화가 나를 감동시켰다'는 말보다 더 강하게 감동 받았다는 뜻이 있다. 그러므로 언제나 사역수동이 부정적인 뜻만 있는 것은 아니라는 점도 주의해야 한다.

⑶ 사역수동을 만드는 방법에서 주의할 점은 ～せられる를 줄여서 ～される로 고치는데,

する・来くる・1단 동사・サ행 5단 동사(話はなす・消けす)는 ～される형으로 바꿀 수 없다는 것이다. 즉 ～さされる의 형태는 없다.

예) 歌うたう / 歌わせる / 歌わせられる =歌わされる

考かんがえる / 考えさせる / 考えさせられる

수수 표현에서 주의 사항

본문 277쪽

(1) 내 쪽에서 누군가에게 무언가 해 주는 것도, 또 다른 사람이 내 쪽에 무언가 해 주는 것도 우리말은 '주다'로 표현되지만, 일본어에서는 '주고 받음'의 방향을 확실하게 구별해서 써야 한다.

❶ ～は～に～を～てやる・てあげる・てさしあげる 구문

주어는 '주는 쪽'이고, に격은 '받는 쪽'이다. 이때 '주는 쪽'과 '받는 쪽'의 관계에 따라 やる・あげる・さしあげる 중에서 무엇을 쓸지 결정된다.

예) 私わたしは息子むすこに英語えいごを教おしえてやりました。

저는 아들에게 영어를 가르쳐 주었습니다.

私は友ともだちに英語を教えてあげました。

저는 친구에게 영어를 가르쳐 주었습니다.

私は部長ぶちょうに英語を教えてさしあげました。

저는 부장님께 영어를 가르쳐 드렸습니다.

❷ ～は～に(から)～を～てもらう・ていただく 구문

주어는 '받는 쪽'이고, に・から격은 '주는 쪽'이다. '주는 쪽'과 '받는 쪽'의 관계에 따라 もらう・いただく 중에서 무엇을 쓸지 결정된다.

예) 私は親おやに辞書じしょを送おくってもらいました。(○から)

저는 부모님에게 사전을 보냄을 받았습니다(부모님이 사전을 보내 주었습니다).

私は先生せんせいに辞書を送っていただきました。(○から)

저는 선생님께 사전을 보냄을 받았습니다(선생님께서 사전을 보내 주셨습니다).

❸ ～は～に～を～てくれる 구문

주어는 '주는 쪽'이고, に격은 '받는 쪽'이다. 여기서 주의할 점은 に격은 항상 나(내가 속한 집단)이어야 한다는 점이다.

예) 父ちちは私に日本語にほんごを教おしえてくれた。

아버지는 제게 일본어를 가르쳐 주었습니다.

先生は私に日本語を教えてくださいました。

선생님께서는 제게 일본어를 가르쳐 주셨습니다.

(2) ～てもらう와 ～ていただく는 매우 자주 쓰는 표현이지만, 우리말로 직역하면 어색

해져서 번역하는 데 어려움이 있고, 또한 동작 주체가 누구인지 파악하기 무척 어렵다. [~が~てくれる = ~に~てもらう] [~が~てくださる = ~に~ていただく]로 생각하면 이해하기 쉽다.

예) 友ともだちが教おしえてくれた。친구가 가르쳐 주었다.

= 友だちに教えてもらった。친구에게 가르쳐 받았다(친구가 가르쳐 주었다).

= 先生せんせいが教えてくださった。선생님께서 가르쳐 주셨다.

= 先生に教えていただいた。선생님께 가르쳐 받았다(선생님께서 가르쳐 주셨다).

(3) '내가 ~하겠다'는 의미의 ~(さ)せてもらう・(さ)せていただく는 일본어만의 독특한 문형이다. 일본에서는 매우 즐겨 쓰는 표현이지만, 우리에게는 어렵게 느껴지기도 한다. 그런데 이것도 ~(さ)せてもらう・(さ)せていただく를 する・いたす와 같은 것이라고 생각하면 이해하기 쉽다. '여기에 상대방의 허락을 받고'라는 뉘앙스가 들어 있다고 생각하면 된다.

예) 僕ぼくに言いわせてもらうよ。= 僕が言うよ。내게 말하게 함을 받을게(내가 말할게).

発表はっぴょうさせていただきます。= 発表します。발표시킴을 받겠습니다(발표하겠습니다).

다만, 첫 예문이 훨씬 공손한 인상을 주기 때문에, 일반적으로 더 선호하는 표현이다.

(4) 수수 표현은 경어와 공통되는 대우 표현의 일종으로, 상하 관계와 더불어 내가 속한 그룹인지 남의 그룹인지에 따라서도 쓰임이 달라진다. 일본어에서는 내가 속한 그룹 사람에게는 존경어 표현을 쓰지 않는다는 사실을 명심하자.

(5) 여격 조사 に와 から의 쓰임 구분

❶ 사물이나 언동, 지식 등이 이동하는 경우는 に・から 둘 다 쓸 수 있다.

예) 親おやに辞典じてんを買かってもらう。(○から)

부모님에게 사전을 사 받았다(부모님이 사전을 사 주었다).

先生せんせいに英語えいごを教おしえていただいた。(○から)

선생님께 영어를 가르쳐 받았다(선생님께서 영어를 가르쳐 주셨다)

❷ 그러나 단순한 대리 행위일 때는 から는 쓸 수 없다.

예) 父ちちに英語えいごで手紙てがみを書かいてもらう。(×から)

아버지에게 영어로 편지를 써 받다(아버지가 영어로 편지를 써 주다).

父に英語の手紙を読よんでもらう。(×から)

아버지에게 영어 편지를 읽어 받다(아버지가 영어 편지를 읽어 주다).

❸ 주는 쪽이 사람이 아니라 국가나 단체・학교・회사와 같은 조직일 때는 から를 써야 한다.

たら・と・なら・ば의 주의 사항

본문 385쪽

1. AたらB

(1) 습관, 반복적인 현상에는 たら는 쓸 수 없다.

(2) たら 앞에 오는 표현이 가정인 경우는 ば로 대체할 수 있다.

2. AとB

(1) A는 현재형이어야 한다. [과거형+と]는 쓸 수 없다.

(2) と는 습관이나 필연적 결과, 확정적 사실을 나타내므로 일회성이나 개별 의지를 나타내는 표현이 올 수 없으므로, B에 의지 · 명령 · 금지 · 의뢰 · 희망 · 권유 · 바람 등을 나타내는 내용은 올 수 없다.

3. AならB

(1) なら는 문장 끝에 과거형을 쓸 수 없다.

(2) なら의 대화체로 ～んだったら를 자주 쓴다.

4. AばB

(1) A는 현재형이어야 한다. [과거형+ば]는 쓸 수 없다.

(2) B 자리에 이어지는 표현 끝에도 과거형은 보통 오지 않는다. 단, 과거의 습관일 경우에는 쓸 수 있다.

(3) ば 앞에 오는 표현이 동작 동사일 때 뒤 문장에 의지 · 명령 · 의뢰 · 바람 등은 쓰지 않는다. 단, ば 앞에 상태 동사(ある · いる · 要いる)나 가능 동사, 형용사, 명사가 올 때는 쓸 수 있다.

예) 高たかくなければ、買かいたいです。 비싸지 않으면 사고 싶습니다.

(4) [AばB]는 포인트가 A에 있으므로 의문사가 A에 올 때는 ば를 쓸 수 있지만, B에 올 때는 ば를 쓸 수 없다. 이 때는 たら를 써야 한다.

(5) 문장 끝에 だろう · はずだ · と思おもう 등과 같은 추량 판단을 나타내는 표현이 올 때는 ば만 쓸 수 있다.

5. たら・と・なら・ば의 비교

(1) ば와 なら는 문장 끝에 과거형을 쓸 수 없지만, と · たら는 쓸 수 있다.

(2) と는 문장 끝에 의지나 명령 등을 사용할 수 없으나 ば · と · たら는 쓸 수 있다.

(3) '(동일인이) A를 한 후에 B를 하다'라는 문장에서 B에 화자의 명령이나 의뢰 등이 있을 때는 たら만 쓸 수 있다.

(4) B가 A보다 시간적으로 먼저일 경우는 なら만 쓸 수 있다.

(5) 앞의 일이 종료되지 않으면 뒤의 일이 일어나지 않는 경우는 なら는 쓸 수 없다.

(6) 동사에 붙어서 어떤 사건이 일어날 것이다, 또는 일어나고 있다는 것을 인정하고, 그것에 대한 화자의 의지, 의견을 서술할 때는 なら만 쓸 수 있다.

(7) 상대방에게 들은 사항이나 상대방의 모습을 보고 알게 된 사실 등, 상대방에게 얻은 정보를 조건으로 하는 용법은 なら만 쓸 수 있다.

순간 동사의 종류

본문 417쪽

置おく	落おちる	終おわる
消きえる	決きまる	着きる
壊こわれる	死しぬ	閉しまる
知しる	倒たおれる	散ちる
届とどく	止とまる	始はじまる
開ひらく		

~的てき를 붙여 쓰는 말

본문 485쪽

우리말에는 한자어 명사에 '~적'이 붙어 형용사나 부사로 쓰이는 경우가 많은데, 일본어는 우리말보다 '~적'이 붙는 조건이 까다롭다. 일본어에서는 명사에 的를 붙여 な형용사와 같은 기능을 하게 만드는데, 명사에는 だろ·だっ·で·に·だ·な·なら와 같은 활용 어미를 붙여 な형용사로 만들 수 있는 것과 없는 것이 있다.

(1) 활용 어미를 붙여 な형용사로 만들 수 있는 단어에는 的를 붙이지 않는다.

(2) 활용 어미를 붙여 な형용사로 만들 수 없는 단어에는 的를 붙인다.
즉, 명사에 だろ·だっ·で·に·だ·な·なら와 같은 활용어미, 특히 な를 붙였을 때 이상하지 않은지를 생각해 보면 좋다. 예를 들면, 有効ゆうこう는 有効だろ(う)·有効だっ(た)·有効で·有効に·有効だ·有効な·有効なら(ば)와 같이 な형용사로 쓸 수 있으므로 的를 붙일 수 없다.

(3) 활용어미를 붙이지 않고 명사를 수식할 수도 있는데, 이 경우 뒤에 오는 명사는 일반적으로 한자어이다.

近代的船 (×)　　　　近代的船舶 (○)

우리말은 '~적'이지만, 일본어는 的이 붙지 않는 단어는 기억해 두는 것이 좋다.

~적	~적인		~적으로	
가공적	가공적인	架空かくうの	가공적으로	架空に
개별적	개별적인	個別こべつの	개별적으로	個別に
결사적	결사적인	命懸いのちがけの	결사적으로	命懸けで / 決死ひっしの覚悟かくごで
고의적	고의적인	故意こいの	고의적으로	故意に / わざと
극단적	극단적인	極端きょくたんな	극단적으로	極端に
낭만적	낭만적인	ロマンチックな	낭만적으로	ロマンチックに
노골적	노골적인	露骨ろこつな	노골적으로	露骨に
단도직입적	단도직입적인	単刀直入たんとうちょくにゅうな	단도직입적으로	単刀直入に
대규모적	대규모적인	大規模だいきぼな	대규모적으로	大規模に
대체적	대체적인	大体だいたいの	대체적으로	大体に
대폭적	대폭적인	大幅おおはばな	대폭적으로	大幅に
독자적	독자적인	独自どくじの	독자적으로	独自に
무의식적	무의식적인	無意識むいしきの / 無意識な	무의식으로	無意識に
부차적	부차적인	二次的にじてきな	부차적으로	二次的に
불법적	불법적인	不法ふほうの / 不法な	불법적으로	不法に
성공적	성공적인	成功せいこうした	성공적으로	成功裏せいこうりに
세부적	세부적인	細こまかい	세부적으로	細部にわたって
악질적	악질적인	悪質あくしつな	악질적으로	悪質に
야만적	야만적인	野蛮やばんな	야만적으로	野蛮に
이례적	이례적인	異例いれいの	이례적으로	異例として
일률적	일률적인	一律いちりつな	일률적으로	一律に
전향적	전향적인	前向まえむきな	전향적으로	前向きに
정상적	정상적인	正常せいじょうの	정상적으로	正常に
추가적	추가적인	追加ついかの	추가적으로	追加して

통상적	통상적인	**通常つうじょうの**	통상적으로	**一般的に / 通常**
편파적	편파적인	**偏かたよった**	편파적으로	**偏って**
필사적	필사적인	**必死ひっしの**	필사적으로	**必死に / 必死で**
필수적	필수적인	**必須ひっすな / 必須の**	필수적으로	**必かならず**

추량의 そうだ / だろう / ようだ / らしい

본문 501쪽

(1) 시각적 · 직관적으로 포착된 눈앞의 상황을 나타내는 표현은 そうだ가 알맞다.

예) あっ、もう少すこしで崖がけが崩くずれそうだ。

앗! 금방이라도 벼랑이 무너질 것 같아.

※ 단, 자신이 보고 있는 것이 아니면 다른 표현도 가능하다.

(2) 자신의 의지와 상관없이 눈으로 본 것, 느낀 것 등을 있는 그대로 말하는 경우는 そうだ가 알맞다.

예) このみかんは甘あまそうだ。이 귤은 달 것 같다.

(3) 양태의 そうだ는 명사에는 직접 붙여 쓸 수 없지만, ようだ · らしい는 명사에도 두루 쓸 수 있다.

예) あの建物たてものは学校がっこうのようだ(=らしい)。저 건물은 학교 같다.

(4) 양태의 そうだ는 명사나 きれいな · 赤あかい · 美うつくしい와 같이 외관 그 자체를 나타내는 형용사와는 접속할 수 없다.

(5) 양태의 そうだ는 항상 현재나 미래에 관한 사항만을 표현하므로 과거 일에 대해서는 쓸 수 없다.

예) 昨日きのう、雨あめが降ふりそうだ。(×)

(6) そうだ의 부정형

そうだ의 부정형은 동사일 때는 そうにない · そうもない, 형용사일 때는 なさそうだ · そうではない로 쓴다.

예) 降ふりそうだ → 降りそうにない / そうもない

おいしそうだ → おいしくなさそうだ / そうではない

元気げんきそうだ → 元気ではなさそうだ / そうではない

(7) 양태 · 추량의 そうだ는 과거형, 의문형, 부정형으로 쓸 수 있지만, 전문(傳聞)의 そうだ는 이러한 형태로 쓸 수 없다.

예) 台風たいふうが来きそうだった。태풍이 올 것 같았다.

台風が来くるそうだった。(×)

(8) 자신이 체험한 결과를 나타내는 표현은 ようだ가 알맞다.

예) この薬くすりは確たしかに効きくようだ。 이 약은 확실히 듣는 것 같다.

※ 단, 약의 효능을 다른 사람에게 들은 경우는 다른 표현도 가능하다.

(9) 자기 자신의 예상을 강조하는 경우는 ようだ가 알맞다.

예) 僕ぼくが思おもった通とおり、彼かれは来ないようだ。 내가 생각한 대로 그는 오지 않을 것 같다.

※ 단, 자신의 추측과 다른 사람에게 들은 것이 일치하는 문맥이라면 가능하다.

(10) ようだ는 부정문에는 쓸 수 없고, 의문형, 과거형에는 쓸 수 있다.

예) 彼かれは後悔こうかいしているようではない。(×)

(11) ようだ는 確たしかに・一般いっぱんに・察さっするに・実じつは・どうやら 등과 호응한다.

(12) 자신의 추측인 것을 강조할 때는 ようだ가 알맞다.

(13) 시각에는 양태의 そうだ, 청각에는 らしい를 쓸 수 있지만, 후각・미각・촉각이나 직감, 자신의 신체에 대해 스스로 느낀 것을 표현할 수 있는 것은 ようだ뿐이다.

예) だれか玄関げんかんに来きているようですよ。 누군가 현관에 온 것 같아요.

(14) 신문이나 뉴스 등을 통해 보거나 들은 정보에 기초한 추측 판단은 らしい만 쓸 수 있다.

(15) 추측의 らしい는 부정문에는 쓸 수 없고, 의문형, 과거형에는 부자연스럽기는 하지만 쓸 수는 있다. '~답다'라는 의미의 접미사인 らしい는 부정문, 의문형, 과거형에 모두 쓸 수 있다.

(16) ～と思おもう 앞에 올 수 있는 것은 だろう뿐이다.

예) 僕ぼくは、彼かれが多分たぶん、来くるだろうと思おもう。

나는 그가 아마도 올 거라고 생각한다.

(17) 의문사(だれ・どうして・どのように・なぜ・なに)를 동반하는 문장은 だろう만 쓸 수 있다. 이때 一体いったい와 호응하는 경우가 많다.

예) 彼かれは一体いったい何なにを食たべたんだろう？ 그는 도대체 뭘 먹었지?

(18) だろう는 부정형, 과거형으로는 쓸 수 없지만, 의문형으로는 쓸 수 있다.

예) 彼かれは論文ろんぶんを書かき上あげただろうだった。(×)

彼はもう論文を書き上げただろうか。 그는 이미 논문을 다 썼을까?

(19) たぶん은 지각 추량으로 だろう와 호응하고, どうも와 どうやら은 '왠지 ~라고 느낀다'는 감각 추량을 나타내므로 そうだ・ようだ・らしい와 호응한다.

예) どうもほんとうらしい。 왠지 진짜 같다.

どうも風邪かぜを引ひいたようだ。 왠지 감기가 걸린 듯하다.

どうも雨あめになりそうだ。 왠지 비가 올 것 같다.

こと・の・もの 중에서 こと만 쓸 수 있는 경우

본문 519쪽

(1) [동사 현재형+こと] [동사 ない형+こと] 형태로, '~(할) 것, ~하지 말 것' 등 충고・명령・주장・금지를 나타낼 때 쓴다.

(2) 전면 부정, 그런 동작・상태는 결코 일어날 수도 없음을 표현하는 경우는 [동사 현재형+ことはない] 형태로 쓴다.

(3) 부분 부정, 즉, 경우에 따라서는 어떤 동작・상태가 일어날 수도 있음을 표현하는 경우는 [동사 ない형+ことはない] 형태로 쓴다.

(4) 'A는 B다' 또는 'A는 B가 아니다'의 구문에서 A, B의 양쪽에 체언화 된 것이 올 경우 B쪽에는 こと만 올 수 있다.

(5) 'A는 B라는 뜻이다'와 같이 '설명'을 나타낼 때는 こと만 쓸 수 있다.

(6) 그것이 어느 정도인지 특정할 수 없을 만큼 굉장하다고 느끼고 있음을 나타낼 때는 ～ことか라고 표현한다. 주로 '~한가(했던가)'라고 번역된다.

(7) 감정을 나타내는 형용사나 동사에 붙어 소감을 미리 나타낼 때는 ～ことに라고 표현한다. 주로 '~(하)게도'라고 번역된다.

(8) ～たことがある(ない)의 형태로 과거의 경험을 나타낼 때 쓴다.

こと・の・もの 중에서 もの만 쓸 수 있는 경우

본문 525쪽

(1) '~하는 법이다, ~하기 마련이다'의 뜻으로 진리, 일반적이라고 생각되는 개념과 당연한 이치 등을 나타낼 때만 쓸 수 있다.

(2) '~하곤 했다'의 뜻으로 반복되는 동작이나 과거의 경험을 회상하여 나타낼 때 쓴다.

(3) 문장 끝에 붙어서 원인이나 이유를 나타내는 종조사의 역할을 할 때 쓴다.

(4) '~할까 보냐, ~하겠냐, ~할 것 같으냐, ~할쏘냐, 절대 ~하지 않겠다'라는 강한 부정 의지를 나타낼 때는 ～ものか를 쓴다.

(5) '~인데도, ~이지만' 등 역접의 뜻을 나타낼 때 쓴다.

(6) 어떤 일을 하거나 하지 않았다면 나쁜 결과는 오지 않았을 것을 반대로 해서 나쁜 결과가 되고 말았다는 후회, 불만, 비난 등의 의미를 나타낼 때 쓴다.

(7) 실현 가능성이 없거나 낮은 일에 대해 실현될 경우를 가정할 때 쓴다. 주로 가능 동사와 함께 쓰이며, 같은 동사를 반복하는 경우는 실제로 불가능하다는 것을 강조할 때 쓴다.

뉘앙스 비교

◎ 게을리하다 : 怠おこたる / サボる / 怠なまける / ずるける

숙제를 게을리하다.

- 宿題しゅくだいを怠る。(숙제가 있는 것을 깜빡해서 안 했다는 느낌)
- 宿題をサボる。(숙제가 있는 것을 알면서도 안 한 것)
- 宿題を怠ける。(숙제가 있는 것을 알면서도 안 한 것)
- 宿題をずるける。(숙제가 있는 것을 알면서도 안 한 것)

怠る · サボる · 怠ける · ずるける 등은 '게을리하다, 태만하다' 등의 뜻이 있는데, 怠る는 당연히 해야 할 일을 하지 않는 것을 말하며, '깜빡했다, 멍청히 있었다' 등 방심이 원인인 경우가 많다. 태만했기 때문에 자신이 곤란해지거나 남에게 폐를 끼친다는 뜻도 포함한다. サボる는 해야 하는 일을 편안히 지내고 싶어 일부러 하지 않거나, 일이나 수업 등을 무단으로 또는 정당한 이유 없이 쉬는 것을 말한다. 외래어 '사보타주'에서 온 말로 속어의 성격이 강하며 스스럼없는 표현이다. 怠ける는 '귀찮다, 편안히 지내고 싶다' 등의 이유로 해야 할을 하지 않는 것, 또는 어떤 일을 열심히 하지 않고 성실하지 않을 때도 사용한다. 怠る는 문어체적이며, サボる와 ずるける는 속어의 느낌이 있다.

◎ 경치 : 景色けしき / 眺ながめ / 見張みはらし

경치가 좋군요.

- 景色がいいですね。(주로 자연의 모습, 포괄적)
- 眺めがいいですね。(주로 인공적인 모습, 구체적)
- 見張らしがいいですね。(전망)

셋 중에서 眺め가 景色보다 의미가 좁은 느낌이 있다. 또한 景色는 주로 자연의 모습을 말하며, 인공적인 모습에는 眺め가 쓰인다. 예를 들어 정원에 피어 있는 꽃을 보면서 말한다면 いい眺めですね가 적당하고, 도시에서 빌딩이 줄지어 서 있거나 고속도로가 뻗어 있는 것과 같은 정적인 모습일 때는 景色를 써도 관계없지만, 자동차나 사람들이 다니는 모습 같이 동적인 것은 眺め가 어울린다. 한편 見張らし는 그 장소에서 약간 떨어진 곳에서 바라보는 것, 즉 '전망'을 말한다. '전망대'는 見張みはらし台だい라고 한다.

◎ 계산 : 計算けいさん / 勘定かんじょう

잔돈을 계산하다.

- おつりを計算する。
- おつりを勘定する。

計算은 추상적이며, 勘定는 구체적이다. 따라서 위의 예문에서 おつりを計算する라고 하면 물건 값으로 이 정도 돈을 냈으니까, 잔돈은 얼마가 될 것인가를 생각하는 것을 의미하고, おつりを勘定する라고 하면 실제로 동전이나 지폐를 늘어놓고, 정말로 계산한 것만큼 있는지를 확인하는 것을 말한다.

◎ 고되다, 괴롭다, 힘들다 : 苦くるしい / つらい

힘든 일

- 苦しい仕事しごと
- つらい仕事

苦しい와 つらい는 대체로 같은 뜻으로 쓰이지만, 苦しい 쪽이 약간 생리적·감각적인 경우가 있다. 예를 들면, 息いきをするのもくるしい(숨 쉬는 것도 힘들다)의 경우는 苦しい와 つらい 모두 가능하지만, 胸むねが苦しい(가슴이 답답하다) / 胃いが苦しい(위가 답답하다)와 같이 신체의 부분으로 한정해서 말할 경우는 つらい라고는 잘 쓰지 않는다. 따라서 위의 예문에서 苦しい仕事와 つらい仕事는 둘 다 '힘든 일'이라고 번역되지만, 苦しい仕事는 육체적인 힘이 필요한 힘든 육체 노동을 의미하고, つらい仕事는 사람들 눈에 띄어서 창피하게 느끼는 일 등을 의미한다. 한편 苦しい弁解べんかい라고 하면 '구차한 변명'이라는 독특한 뜻을 나타내는데, 이때는 단지 본인이 苦しい라고 느끼는 것뿐만 아니라, 객관적으로 보아도 변명의 내용에 무리가 있음을 나타낸다. 이에 대해 つらい弁解는 본인이 つらい라고 느끼는 것만을 나타낸다.

◎ 고치다 : なおす / 改あらためる

문장을 고치다.

- 文章ぶんしょうをなおす。
- 文章を改める。

なおす는 틀린 것을 바른 상태로 만들 때, 改める는 틀리지 않더라도 질적으로 다르거나 새로운 것으로 바꿀 때 쓰인다는 차이가 있다. 따라서 위의 예문에서 文章をなおす와 文章を改める는 둘 다 '문장을 고치다'로 번역되지만, 전자는 틀린 곳을 바로 잡는다는 뜻이고, 후자는 새로 문장을 만든다는 뜻이 된다.

◎ 공장 : 工場こうば / 工場こうじょう

이 부근은 공장이 많다.

- この辺へんは工場こうばが多おおい。(소규모, 전근대적)
- この辺は工場こうじょうが多い。(대규모, 현대적)

工場은 こうば 또는 こうじょう로 읽는지에 따라 뉘앙스가 다르다. こうば는 전근대적이며 규모가 작은 가내 수공업이나 하청 회사 같은 곳을 가리키고, こうじょう는 규모가 큰 현대식 공장을 의미한다. 따라서 상황에 따라서 다르게 써야 한다. 복합어는 機織はたおり工場こうば(직물 공장)·自動車じどうしゃ工場こうじょう(자동차 공장) 등으로 쓴다.

◎ 교과서 : 教科書きょうかしょ / テキスト

일본어 교과서

- 日本語にほんごの教科書きょうかしょ
- 日本語のテキスト

教科書는 어엿한 책으로 되어 있는 것을 말하고, テキスト는 책으로 되어 있는 것은 물론이고 몇 장의 자료인 경우라도 쓸 수 있다. 따라서 教科書는 처음부터 그 목적으로 만들어졌다는 것이 원칙이지만, テキスト는 반드시 그렇지는 않다. 따라서 위의 예문에서 日本語の教科書라고 하면 책의 형태를 띤 것을 말하고, 日本語のテキスト라고 하면 책의 형태든 프린트물이든 상관없다.

◎ 교제하다, 사귀다 : 付つき合あう / 交際こうさいする / 交まじわる

저 남자는 사람과 사귀는 것을 싫어해서 친구가 없다.

- あの男おとこは人ひとと付き合うのが嫌きらいで、友ともだちはいない。(구어체)
- あの男は人と交際するのが嫌いで、友だちはいない。(구어체)
- あの男は人と交わるのが嫌いで、友だちはいない。(문어체)

付き合う는 단순히 사람과 사람과의 연결을 뜻하지만, 交際する는 서로 친한 마음을 갖고 있는 사람과의 유대를 의미한다. 즉 결혼식에나 얼굴을 내미는 정도의 형식적이고 표면적인 관계일 경우는 付き合う라고는 하지만, 交際する라고는 말하지 않는다. 또한 付き合う에는 타인과의 관계를 유지하기 위해서 본심은 내키지 않지만 함께한다는 뜻으로도 쓰이는데, 交際する에는 그런 마이너스 이미지는 없다. 交わる는 交際する에 가까운 의미로 보다 좁은 범위에서의 친밀한 관계, 동료로서의 관계를 말하는데, 문어체에서 주로 쓰이며 구어체에서는 거의 쓰이지 않는다.

◎ 그릇, 용기 : 入れ物(いれもの) / 容器(ようき) / 器(うつわ)

그릇은 필요 없습니까?

- 入れ物は要(い)りませんか。(가장 포괄적인 의미)
- 容器は要りませんか。
- 器は要りませんか。

入れ物는 무언가를 넣는 물건으로 비닐봉지나 종이 팩과 같이 부드러운 것에서 상자나 병 등의 딱딱한 재질까지 두루 사용할 수 있는 말이다. 꼭 그릇이 아니더라도 임시로 어떤 것을 넣는 것이라도 되지만, 容器는 특정한 것을 집어넣기 위해서 만든 것을 말한다. 주로 재질이 딱딱하고 뚜껑이 있어서 안의 내용물이 밖으로 새지 못하도록 되어 있다. 器는 재질이 유리・도자기・나무와 같이 딱딱한 경우에 사용하는데, 주로 약간 깊은 식기, 작은 주발이나 사발을 가리킬 때 많이 쓰인다. 내용물이 액체일 경우는 入れ物라는 말을 쓰지 않고 容器・うつわ, 또는 병, 항아리 등 구체적인 이름을 쓰는 일이 많다.

◎ 꾀하다 : 企(くわだ)てる / 図(はか)る / もくろむ / 企(たくら)む

사업을 꾀하다.

- 事業(じぎょう)を企てる。(○図る) (평가적인 관점이 없다)
- 事業をもくろむ。(○企む) (평가적인 관점이 있다 → 주로 부정적 의미)

企てる와 図る에는 좋고 나쁘다고 평가하는 관점이 없는데 반해, 企む는 뭔가 좋지 않은 일을 계획할 때 쓰인다. もくろむ도 나쁜 일에 대해서 말하는 경우가 많다. 따라서 위의 예문에서 事業を企む라고 하면 남을 속이거나 적어도 남에게 숨겨서 이익을 얻으려고 하는 정도의 일을 예상할 수 있다. 事業をもくろむ는 좋은 일이든 나쁜 일이든 모두 쓰이지만, 주로 부정적인 일에 쓰이므로 慈善(じぜん)事業をもくんろでいる라고는 하지 않고, 陰謀(いんぼう)をもくろむ(음모를 꾸미다)와 같은 예문으로 자주 쓰인다. 事業を企てる와 事業を図る는 단순히 객관적인 사실로서, 사업을 꾀한다는 뜻이 된다.

◎ 담백한, 산뜻한 : あっさりした / さっぱりした

담백한 요리

- あっさりした料理(りょうり) (흰 살 생선과 같이 진한 맛이 없는 담백한 요리)
- さっぱりした料理 (식초를 넣어서 상큼한 맛을 낸 요리)

산뜻한 화장

- あっさりした化粧(けしょう) (진한 화장이 아닌 옅은 화장을 한 상태)
- さっぱりした化粧 (눈썹이나 머리가 청결하게 손질된 상태)

담백한 성격

· あっさりした性格せいかく (뭔가에 얽매이거나 구애 받지 않는 성격)
· さっぱりした性格 (마음속에 오래 담아 두지 않고 뒤끝이 없는 성격)

あっさり는 '농후 · 농밀한 상태'의 반대로, '간단하게'라는 의미로 사용될 때도 있다. さっぱり는 뒤에 남는 불쾌감이나 마음에 남는 앙금 따위가 전혀 느껴지지 않는 것을 말한다. 또한 あっさり는 あっさり化粧する · あっさりかたづける와 같이 부사로 쓰이지만, さっぱり는 さっぱり分わからない와 같이 부정어와 호응하는 경우 이외에는 부사적으로 쓰이지 않는다.

◎ 단정한, 정확히 : ちゃんと / きちんと

단정한 복장

· ちゃんとした服装ふくそう (평범한 옷을 깨끗하게 잘 갖춰 입은 복장)
· きちんとした服装 (흐트러짐 없는 말끔한 복장)

ちゃんと는 속임수를 쓰지 않고 기준과 합치하는 상태를 가리키고, きちんと는 태도가 분명해서 애매한 구석이 없고 흐트러짐이나 부정확한 것 등을 용납하지 않는 질서정연한 상태를 의미한다. 위의 예문에서 ちゃんとした服装는 더러워졌거나, 구깃구깃해졌거나 해서 볼품없는 복장이 아닌 사회 일반에 통용되는 일반적인 복장을 말하고, きちんとした服装는 바지 주름이 잘 잡혀 있고, 넥타이도 흐트러지지 않은 정갈한 복장을 말한다. 또한 毎月まいつきちゃんと家賃やちんを払はらっている라고 하면 '매월 거짓없이 틀림없이 집세를 내고 있다'는 뜻이 되고, 毎月きちんと家賃を払っている라고 하면 '매월 정해진 날에 정확히 내고 있다'는 뜻이 된다.

◎ 당황하다 : 慌あわてる / うろたえる / まごつく

당황하지 마라.

· 慌てるな。(목표는 알지만, 허둥댄다는 뜻)
· うろたえるな。(목표도 알지 못하고 판단력을 잃어버려 헤맨다는 뜻)
· まごつくな。(해결책을 찾고 있는 객관적인 모습)

慌てる는 무엇을 해야 하는지는 알고 있지만, 방법을 몰라서 평정심을 잃고 서두르고 있다는 느낌이고, うろたえる는 생각도 못한 일이 일어나서 어떻게 하면 좋을지, 목표 자체도 확실하지 않고 곤란해 하고 있는 경우를 말한다. 또한 慌てる에서 보이는 것과 같은 서두르는 기분은 うろたえる에는 없다. まごつく도 어떻게 해야 좋을지 모른다는 점에서는 うろたえる에 가깝지만, 慌てる · うろたえる가 곧장 해결해야 할 절박한 상태의 기분을 나타내는 것에 대해서, まごつく는 그렇게 절박한 상태는 아니고 이리저리 해결책을 찾고 있는 객관적인 모습을 나타낸다.

◎ 대기실, 맞이방 : 待合室(まちあいしつ) / 控(ひか)え室(しつ)

대기실에서 기다려 주세요.

- 待合室でお待(ま)ちください。(역, 병원 등에 이미 지정되어 있는 방)
- 控え室でお待ちください。(필요에 따라 별도로 준비해 둔 방)

待合室는 기차역, 버스 터미널 등 공공시설 등에서 손님들이 기다리는 방을 가리킨다. 控え室는 강연회의 강사나 학부모 참관일에 학부모를 위해서 임시로 만든 방을 말하는데, 주로 강단·회의장 등 비교적 공적이거나 영광스러운 곳에 쓴다. 控え室는 학회 회원, 강사, 피로연의 초대자, 그 외에 인정 받은 사람 등이 이용하고, 待合室는 기차를 기다린다든지 하는 개인적인 용무로 이용하는 곳이다. 따라서 待合室는 '대기실' 외에도 '맞이방'으로도 번역할 수 있다.

◎ 도청 : 盗(ぬす)み聞(ぎ)き / 盗聴(とうちょう)

도청하는 것은 좋지 않다.

- 盗み聞きするのはよくない。(사적일 때)
- 盗聴するのはよくない。(공적일 때)

盗み聞き는 옆방에서 말하고 있는 것을 귀 기울여 듣는 것과 같이 내용이 사적인 것을 말하며, 盗聴는 도청기와 같은 특별한 도구를 사용하여 화제, 내용이 공적일 때 사용한다. 또한, 盗み聞き는 우연히 거기에 있었기 때문에 듣게 되는 비의도적인 경우도 있지만, 盗聴는 처음부터 의도적으로 비밀 이야기를 엿듣는 경우로 제한한다.

◎ 동아리 : サークル / クラブ

어떤 동아리에 들어갔습니까?

- どんなサークルに入(はい)りましたか。(연구 성향의 집단, 비교적 소규모)
- どんなクラブに入りましたか。(취미 성향의 집단, 비교적 대규모)

クラブ가 サークル보다 사람 수가 많은 집단을 가리킨다. 또한 취미 성향의 집단은 クラブ를 쓰고, 연구 성향의 집단은 サークル를 쓴다. 그리고 스포츠 집단을 부를 때는 サークル보다는 クラブ를 쓴다.

◎ 되돌아가다(오다) : 後戻(あともど)りする / 逆戻(ぎゃくもど)りする

비가 오기 시작해서 되돌아갔다.

- 雨(あめ)が降(ふ)ってきたので、後戻りした。(나아가야 할 방향의 반대)
- 雨が降ってきたので、逆戻りした。(출발점으로 돌아가는 것)

後戻りする와 逆戻りする는 둘 다 '되돌아가다(오다)'의 뜻으로 쓰이지만, 포인트가 어디에 있느지에 따라 쓰임이 다르다. 後戻りする는 진행 도중에 나가야 할 방향과는 반대 방향으로 이동하는 것을 나타내며, 逆戻りする는 출발점으로 돌아가는 것에 포인트를 둔다. 따라서 위의 예문에서 雨が降ってきたので、後戻りした는 비가 왔기 때문에 자신이 가던 길과 반대의 방향으로 되돌아갔다는 뜻이 되고, 雨が降ってきたので、逆戻りした는 비가 왔기 때문에 자신이 출발했던 장소(회사, 집 등)로 되돌아왔다는 뜻이 된다. 만일, '부친 편지가 되돌아왔을' 경우는 手紙てがみが逆戻りした라고는 하지만, 手紙が後戻りした는 이상하다. 왜냐하면 이 경우에는 진행 방향보다는 편지를 보낸 사람 쪽이 포인트가 되기 때문이다.

らっかせい　なんきんまめ
◎ 땅콩 : 落花生 / 南京豆 / ピーナッツ

땅콩을 샀다.

- 落花生を買かった。(식물명으로서의 땅콩)
- 南京豆を買った。(깍지를 벗긴 땅콩)
- ピーナッツを買った。(깍지를 벗기고 맛을 낸 땅콩)

落花生는 식물명으로서 땅콩을 가리킬 때, 南京豆는 깍지를 벗긴 땅콩을 말한다. 그런데 우리가 주로 먹는 '땅콩'은 ピーナッツ라고 하는데, 이는 깍지를 벗기고 맛을 낸 땅콩을 말한다. 참고로 땅콩 버터는 ピーナッツバター라고 한다.

◎ 많이 : うんと / たくさん / しこたま / どっさり / たんまり

그녀는 돈을 많이 모았다.

- 彼女かのじょはうんと金をため込こんだ。
- 彼女はたくさん金をため込んだ。
- 彼女はしこたま金をため込んだ。
- 彼女はどっさり金をため込んだ。
- 彼女はたんまり金をため込んだ。

うんと는 양이 많은 것뿐만 아니라, うんと熱あつい お湯ゆ・うんと多額たがくのお金かね와 같이 정도가 심한 것에도 사용한다. 다른 부사는 양만 나타내고, 이렇게 정도가 심하다는 뜻으로는 사용되지 않는다. しこたま와 たんまり는 이해에 관계되는 것을 말하며, 다른 것은 그러한 제한은 없다. 따라서 금전적으로 이득을 본 경우에는 어느 것이나 말할 수 있지만, 工場こうばには人ひとが～集あつまった・大おおきな木きが～はえている처럼 손실・이득 이외의 경우에는 うんと・たくさん・どっさり는 쓸 수 있지만, したこま・たんまり는 쓸 수 없다. 또한 ～もうける 표현에서도 しこたま・たんまり 쪽이 정말로 금전적 욕심이 강한, 생생한 느낌이 있다. 그리고 しこたま가 たんまり보다는 약간 넓은 뜻을 갖는다. 즉, たんまり는 완전히 금전적인 이득을 본 경우에만 쓰이지만, しこたま는 しこたま食たべる(飲のむ)・しこたま借金しゃっきんをする 등과 같은 문장에서도 쓰인다. 또한 たくさん・どっさり는 중립적이지만, 그중에서는 どっさり가 약간 스스럼없는 말이며, うんと・しこたま・たんまり는 속어의 느낌이 있다.

◎ 멋있는, 훌륭한 : 素晴らしい / 素敵な

멋있는 양복이군요!

・素晴らしい洋服ようふくですね。(호화로운 느낌)

・素敵な洋服ですね。(세련되고 센스 있는 느낌)

카라얀은 훌륭한 지휘자이다.

・カラヤンは素晴らしい指揮者しきしゃだ。(기량에 대한 칭찬)

・カラヤンは素敵な指揮者だ。(인상에 대한 칭찬)

멋있는 부인이야.

・素晴らしい奥おくさんよ。(외면과 내면 모두 훌륭하다는 표현)

・素敵な奥さんよ。(주로 외면적인 인상이 멋있다는 표현)

素晴らしい는 호화로운 느낌이 강하다. 위의 예문에서 素晴らしい洋服는 화려한 옷이라는 이미지가 있으므로, 결혼 의상, 이브닝 드레스 등을 연상시킨다. 반면에 素敵な洋服는 반드시 고가의 화려한 옷인지는 상관없고, 세련되고 센스 있는 느낌이 드는 옷을 말한다. 그러므로 素敵なセーター라고는 하지만, 素晴らしいセーター는 그다지 어울리지 않는다. 또한 素晴らしい指揮者라고 하면 그의 기량에 대한 칭찬이고, 素晴らしい奥さん이라고 하면 외면과 내면 모두 훌륭하다는 느낌이 든다. 그러나 素敵な指揮者・素敵な奥さん이라고 할 때는 주로 인상을 말하는 것이다. 따라서 素敵な奥さん은 그다지 면식이 없더라도(혹은 사진만을 가지고도) 말할 수 있지만, 素晴らしい奥さん은 어느 정도 그녀에 대해서 정보가 없으면 할 수 없는 말이다.

◎ 명령하다, 시키다 : 言い付ける / 命令する / 命ずる

남에게 시키기만 하고, 자기는 아무것도 하지 않는다.

・人ひとに言い付けるだけで、自分じぶんでは何なにもしない。(사적인 용무)

・人に命令するだけで、自分では何もしない。(공적인 용무, 다소 문어체적인 느낌)

・人に命ずるだけで、自分では何もしない。(공적인 용무, 다소 문어체적인 느낌)

言い付ける는 사적인 것, 命令する와 命ずる는 공적인 것에 사용한다. 따라서 상관이 아랫사람에게 시킬 경우 사적인 용무라면 言い付ける를 쓰고, 공적인 용무라면 命令する와 命ずる를 쓴다. 또한 命令する와 命ずる는 약간 딱딱한 느낌이 들고, 그중에서도 命ずる 쪽이 좀 더 문어체적인 느낌이 강하다.

◎ 모이다 : 集あつまる / 集たかる / 群むらがる

화재 현장에는 구경꾼들이 모여들었다.

- 火事現場かじげんばにはやじうまが集まった。
- 火事現場にはやじうまが集った。
- 火事現場にはやじうまが群がった。

集まる는 사람이나 동물뿐 아니라 추상적인 사항이나 금전 등에도 폭넓게 쓸 수 있으며, 따로 목적이 없이 우연히 모이는 경우도 사용한다. 集たかる는 사람이나 동물에 한정시켜 쓰이며, 무언가 목적이 있어서 모이는 상태(예를 들면, 파리가 무언가를 먹기 위해서)에 쓰이지만, 그 행위가 소극적이든 적극적이든 부정적인 것으로 평가되는 것에 쓰인다. 한편 群がる는 모인 상태가 잘 정돈되지 않고, 혼란스러운 경우에 쓰이며, 건축물 등에도 사용할 수 있다.

◎ 모임 : 集あつまり / 会かい / 会合かいごう / 集つどい

어제 학교에서 유학생 모임이 있었다.

- 昨日きのう学校がっこうで留学生りゅうがくせいの集まりがあった。(가장 일반적)
- 昨日学校で留学生の会があった。(송년회와 같이 여가를 즐기기 위한 모임)
- 昨日学校で留学生の会合があった。(주로 무언가 상의하기 위한 모임)
- 昨日学校で留学生の集いがあった。(고풍스러운 말투)

集まり는 가장 널리 쓰이는 말이다. 会는 여가를 즐기기 위한 모임을 가리킨다. 会合는 주로 논의 사항을 상의하기 위한 모임을 뜻한다. 그리고 集つどい는 고풍스러운 말투이다.

◎ 문 : 戸と / 扉とびら / ドア

문을 열고 안으로 들어갔다.

- 戸を開あけて中なかに入はいった。(가장 일반적)
- 扉を開けて中に入った。(주로 여닫이문)
- ドアを開けて中に入った。(가장 한정적, 서양식 문)

戸・扉・ドア 모두 '문'의 뜻인데, 이 중 戸가 가장 일반적으로 널리 쓰이는 말이다. 扉・ドア로 나타내는 것은 대체로 戸라고 말해도 괜찮은데, 다만 자동차 ドア의 경우에는 扉라고는 말할 수 있어도, 戸라고는 말할 수 없다. 戸에는 여닫이와 미닫이가 있는데, 원칙적으로 ドア와 扉는 여닫이문을 의미한다. 미닫이로 ドア와 扉라고 할 수 있는 것은 전철의 ドア 등 극히 드물다. 한편 扉와 ドア의 차이점을 살펴보면, ドア는 扉에 비해서 한층 범위가 좁다. 즉, 扉에는 대문도 포함되지만, ドア는 건물이나 탈것에만 달려 있는 것을 나타낸다. 또한, 扉는 금고・책장 등에 대해서도 쓰지만(戸라고는 잘 쓰지 않는다), ドア는 사람들이 드나드는 곳에 있는 것이다. 마지막으로 ドア는 서양식 문에만 한정되지만, 扉는 서양식 · 일본식 양쪽 다 쓸 수 있다.

◎ 밀가루 : 小麦粉(こむぎこ) / うどん粉(こ) / メリケン粉(こ) / お粉(こな)

밀가루는 어디에 있어요?

- 小麦粉はどこにありますか。(가장 일반적)
- うどん粉はどこにありますか。(시골풍의 말투)
- メリケン粉はどこにありますか。(미국산을 의미)
- お粉はどこにありますか。(부인들의 대화체로 쓰임)

小麦粉는 가장 일반적인 표현이며, うどん粉こ는 시골풍의 말투이다. メリケン粉는 미국산을 의미한다. 그리고 お粉는 주로 부인들의 대화체로 쓰인다.

◎ 발견하다 : 見(み)つける / 発見(はっけん)する

대륙을 발견했다.

- 大陸たいりくを見つけた。(개인적 · 일상적인 일)
- 大陸を発見した。(대규모적 · 객관적인 일)

発見する는 지금까지 사람들이나 세상에 알려지지 않았던 사실, 사물, 현상을 찾아내는 것을 뜻하고, 見つける는 지금까지 보이지 않았던 것이 보이게 될 때 사용된다. 예를 들어 戸棚とだなの中なかのお菓子かしを見つけた(찬장 안에 있는 과자를 찾아냈다) · かくれんぼをしていて相手あいてを見つけた(숨바꼭질에서 상대를 찾아냈다)는 정도의 개인적 · 일상적인 일에는 発見する보다도 見つける가 더 잘 어울린다. 発見する는 그때까지 아무도 몰랐던 대륙을 발견했다는 의미이므로 コロンブスのアメリカ大陸たいりく発見はっけん(콜럼버스의 미대륙 발견)과 같은 대사건의 경우에 자주 사용된다. 만약, 이 문장에서 大陸を見つけた라고 하면 그때까지 보이지 않던 대륙을 찾아냈다는 뉘앙스가 있다.

◎ 밥 : 飯(めし) / ご飯(はん) / ライス

밥을 먹다.

- 飯を食たべる。(남성어)
- ご飯を食べる。(남성, 여성)
- ライスを食べる。(서양식)

飯과 ご飯은 둘 다 '쌀로 지은 음식물(밥), 식사'라는 뜻으로 사용될 수 있지만, ライス는 '밥'이라는 뜻으로만 사용된다. 한편 飯은 남성어로 속어적이며, ご飯은 남성과 여성 가리지 않고 사용한다. 따라서 飯에 상응하는 말은 食くう이며, ご飯에 상응하는 말로는 食たべる가 어울린다. ライス는 주로 양식집에서 곁들여 나오는 납작한 접시에 담긴 밥을 가리킨다. めし나 ご飯은 밥공기에 나오는 밥을 뜻하므로 일본식 식당에 가면 ライス란 용어는 사용하지 않고, ご飯이라는 단어를 사용한다.

◎ (요리의 주문) 배달 : 出前でまえ / 仕出しした

여보세요! (요리의 주문) 배달 부탁드리고 싶은데요.

- もしもし、出前お願ねがいしたいんですが。
- もしもし、仕出しお願いしたいんですが。

요리를 주문해서 배달하는 것을 일본어로는 出前 또는 仕出し라고 하는데, 出前보다 仕出し가 고급스러운 느낌이 든다. 즉 出前는 라면 하나라도 되지만, 仕出し는 생선회 같은 훨씬 가격이 비싼 것으로 소량 주문이 아니라, 5명 이상의 대량 주문을 말할 때 쓰인다. 참고로 피자나 햄버거는 出前라고 하지 않고 デリバリー나 宅配라고 부르기도 한다.

◎ 분쟁, 다툼, 말썽 : いざこざ / ごたごた

분쟁이 끊이지 않다.

- いざこざが絶たえない。
- ごたごたが絶えない。

いざこざ는 확실하게 두 개 이상의 파로 갈려서 싸우는 경우에 쓰인다. ごたごた는 いざこざ와 같은 상태도 되지만, 조직 내부에 뭔가 사건이 생겨서 혼란스런 상태 등 혼잡하고 어수선한 상태를 나타낼 때 쓴다. 예를 들어, 집에 늦게 돌아왔을 때, 今日きょうはちょっと会社かいしゃでごたごたがあった 정도라면 별로 큰일이 아니지만, 今日はちょっと会社でいざこざがあった라고 하면, 격렬히 대립해서 심하게 싸웠기 때문에 늦었다는 뜻이 된다. 따라서 ごたごた가 해결되었을 때는 그 후에 응어리가 남지 않지만, いざこざ가 있은 다음에는 응어리가 남을 가능성이 크다.

◎ 뾰로통해지다 : むくれる / ふくれる

우리 아이는 조금만 야단치면 이내 뾰로통해진다.

- うちの子こはちょっとしかるとすぐむくれる。(주로 윗사람이 느끼는 감정)
- うちの子はちょっとしかるとすぐふくれる。(주로 아랫사람이 느끼는 감정)

ふくれる는 자신을 위해서 다른 사람이 당연히 해 줄 것이라고 기대했는데, 해 주지 않는 것에 불만을 느끼는 것을 말하며, 아이, 여자, 아랫사람 등을 대상으로 해서 말한다.

그러므로 자신보다 아랫사람이 당연히 해야 할 것을 하지 않은 경우에 윗사람은 むくれる라고는 할 수 있지만 ふくれる는 부자연스럽다.

◎ 사과하다 : あやまる / わびる

그가 사과해 오지 않으면, 나는 용서해 주지 않겠다.

- 彼かれがあやまってこなければ、私わたしはゆるしてはやらない。
- 彼がわびってこなければ、私はゆるしてはやらない。

わびる가 あやまる보다 약간 큰 잘못에 대한 사과라는 느낌이 있다. '사과하다'보다는 '사죄하다'라는 표현에 좀 더 가깝다. 따라서 남의 발을 약간 밟았을 때 わびる라고 표현하는 것은 조금 과장된 느낌이 든다.

◎ 생활 : 暮くらし / 生活せいかつ

생활을 개선하다.

- 暮らしを改善かいぜんする。(경제적인 면에서의 생활)
- 生活を改善する。(생활 방식 전반에 관여)

生活는 생활 방식 전체에 관계하고, 暮くらし는 경제 수준과 관련해서 말하는 경우가 많다. 따라서 위의 예문에서 暮らしを改善する라고 하면 주로 경제 상태가 더욱 풍요로워지면서 의식주의 질과 양이 좋아지는 것이고, 生活を改善する라고 하면 이를테면 일본식을 서양식으로 바꾼다든지, 합리화한다든지 하는 것을 가리킨다. 子供こどもの生活라는 표현은 되지만, 子供の暮らし라는 표현은 이상하다. 왜냐하면 暮らし는 주로 경제적인 상황을 전제로 하는 말이기 때문에 세대를 단위로 하여 말하는 경우가 많고, 독립적으로 수입이 없는 아이에게 말하는 것은 맞지 않기 때문이다.

◎ 섞이다 : まじる / まざる

여자 중에 남자가 섞이다.

- 女おんなの中なかに男おとこがまじる。(다수 속에 소수가 섞이다.)
- 女の中に男がまざる。(거의 같은 수의 것이 섞이다.)

まじる는 '다수 속에 소수가 들어오다'의 뜻이 있고, まざる는 '거의 같은 수의 것이 섞이다'의 뜻이 있다. 따라서 위의 예문에서 女の中に男がまじる의 경우에는 남자의 수가 여자의 수보다 현저하게 적고, 女の中に男がまざる의 경우에는 그 수가 서로 거의 비슷하다는 느낌을 준다. 또한 まじる는 순수하게 자발적 행위로서 다른 것 속에 들어가거나 들어가 있음을 나타내고, まざる는 다른 것으로부터 힘이 가해진 결과로서 다른 것 속에 들어가거나 들어가 있음을 나타낸다. 즉, まじる는 동질 속에 소수의 이질이 들어오는 것을 말하므로 성질・형태 따위는 그대로 남아 있어 구분할 수 있지만, ま

ざる는 거의 같은 수의 것이 섞이므로 다른 성질이나 형태로 된다는 의미를 갖는다. 예를 들어 水みずと油あぶらはまじりにくい라고 할 때는 '물과 기름이 본래 가지고 있는 성질 때문에 섞이기 어렵다'는 뜻이 있으며, 水と油はまざりにくい라고 하면 '외부에서 힘을 가해도 섞이기 어렵다'는 뜻이 된다.

◎ 선잠, 잠깐 잠 : 居眠り / うたた寝 / 仮寝 / 仮眠

잠깐 선잠을 잤다.

- ちょっと居眠りをした。
- ちょっとうたた寝をした。
- ちょっと仮寝をした。
- ちょっと仮眠をした。

居眠り는 앉거나 걸터앉거나 때로는 전철 안 등에서 서 있는 상태로 자는 것을 말하며, 누운 상태에서 자는 경우는 쓰이지 않는다. うたた寝・仮寝・仮眠 등은 앉아서 자든 누워서 자든 상관없이 침구에서 정식으로 자는 것만 아니면 된다. 居眠り와 うたた寝는 무의식적으로 깜박 잠이 들어 버린 경우를 말하며, 仮寝・仮眠은 정식으로 잠을 잘 수 없을 때 의식적으로 잠시 눈을 붙이는 것을 말한다. 예를 들면, 밤새워서 의사를 진행할 경우, 잠깐 쉬는 시간에 국회 의원이 의자를 늘어 놓고 자는 경우 등이다.

◎ 소리 지르다 : 叫ぶ / 喚く / 怒鳴る / がなる

소리 지르지 마!

- 叫ぶな。(소리 지르다, 세상에 강하게 주장하다.)
- 喚くな。(흥분해서 소란을 피우다.)
- 怒鳴るな。(특정 상대를 향해서 혼내다.)
- がなるな。(속어적)

叫ぶ는 진정된 상태라도 괜찮지만, 喚く는 상당히 흥분한 상태에서 말하는 것을 의미하며 주위 사람들이 시끄럽다고 느끼게 할 정도이다. 怒鳴る와 がなる는 언어 활동에 한정되어 원칙적으로 듣게 하려는 상대방이 있지만, 叫ぶ는 반드시 그런 것은 아니다. 놀람・위험・기쁨 등으로 인해 무의식중에 あっ！(앗!)이라고 소리를 내는 것도 叫ぶ라고 할 수 있다. 怒鳴る와 がなる는 또한 야단칠 때 많이 사용한다. がなる는 怒鳴る에 비해서 약간 나쁜 느낌을 준다. 방송 스피커에서 큰 소리가 나는 모습에는 がなる가 알맞다.

◎ 쉼, 휴식, 휴게 : 休やすみ / 休憩きゅうけい / 休息きゅうそく

쉬는(휴식) 시간이다.

- 休みの時間じかんだ。(업무나 공부를 쉬는 것)
- 休憩時間だ。(업무를 중지하고 심신을 쉬게 하는 것)
- 休息時間だ。(도중에 잠시 쉬는 것)

休み는 일시적으로 일이나 활동을 그만두고 휴식을 취하는 경우만 쓰이는 것이 아니라 '결석, 결근, 취침'의 뜻으로도 사용되므로 쓰임의 폭이 가장 넓다. 休憩는 심신을 쉬기 위해 개인이 자발적으로 쉰다는 뉘앙스로 많이 쓰인다. 休息는 개인이 자발적으로 쉬기보다는 공식적으로 정해진 휴식 시간이란 의미가 강하다.

◎ 시들다 : 枯かれる / 萎しおれる / 萎しぼむ / 萎しなびる

꽃이 시들었다.

- 花が枯れた。(수분이 없어지고 생물로서의 기능을 상실했다.)
- 花が萎れた。(생기가 없어지고 축 늘어졌다.)
- 花が萎んだ。(생기를 잃어 작아졌다.)
- 花が萎びた。(수분이 적어져서 작게 되거나 주름이 지다.)

枯れる는 식물이 죽어 완전히 말라 버린 상태를 말하고, 萎れる는 고사 상태까지는 가지 않았지만, 수분이 적어져서 생기를 잃은 상태를 말한다. 즉 꽃병에 꽂혀 있는 국화가 축 늘어져서 쓰러지기 시작한 것은 萎れる이며, 완전히 바싹 말라 버렸으면 枯れる가 된다. 萎む는 약해져서 작게 되는 것으로 수분과는 관계가 없다. 튤립이나 자귀나무 잎처럼 저녁 무렵에는 시들었다가(오그라졌다가) 아침이 되면 다시 벌어지는 것도 있다. 風船ふうせんが萎しぼむ(풍선이 오므라들다)와 같이 풍선에도 萎む를 쓸 수 있으므로 식물에만 국한된 것은 아니다. 萎びる도 수분이 적어져서 작게 된다든지, 주름이 생기는 것을 의미하며, 생물 · 무생물에 대해서 널리 쓰인다.

◎ 아무쪼록, 제발, 부디 : どうぞ / どうか / 何なにとぞ

아무쪼록 잘 부탁드립니다.

- どうぞよろしくお願ねがいします。(완곡한 표현으로 정중한 느낌)
- どうかよろしくお願いします。(どうぞ보다 좀 더 정중한 느낌)
- 何とぞよろしくお願いします。(가장 정중하게 부탁하는 느낌)

どうか · どうぞ · 何とぞ 셋 다 '아무쪼록, 제발, 부디' 등의 뜻으로 쓴다. 모두 상대방에게 부탁할 때 쓰는 말이지만, 何とぞ가 가장 자신을 낮추어 정중히 부탁하는 느낌이 강하다. どうか와 どうぞ를 비교해 보면 아주 사소한 것이기는 하지만, どうか가 좀 더

정중하고 자신을 낮추는 느낌이 있다. 따라서 여성들은 どうぞ보다 何とぞ・どうか를 더 많이 사용한다.

◎ 안개 : 霧きり / もや / かすみ

오늘은 안개 때문에 차가 빨리 달릴 수 없다.

- **今日きょうは霧のため、車くるまがはやく走はしれない。** (가시 거리 1㎞ 미만, 주로 가을 안개)
- **今日は靄もやのため、車がはやく走れない。** (가시 거리 1㎞ 이상. 계절이나 장소 불문)
- **今日は霞かすみのため、車がはやく走れない。** (문학적 용어. 봄이나 낮의 안개)

霧・もや・かすみ는 모두 '안개'라는 뜻을 가지고 있지만, 조금씩 쓰임이 다르다. 일반적으로 霧가 가장 밀도가 짙다. 기상학적으로 가시거리가 1㎞ 미만일 경우에는 霧로, 1㎞ 이상일 경우에는 もや라고 구분한다. 또한 霧는 축축하고 차가운 느낌이 있지만, もや는 그러한 느낌은 없다. 그리고 멀리 안개가 가로로 길게 껴 있을 때는 霧보다도 もや를 써서 부르는 경우가 많다. 야간에 발생한 것을 부를 때는 かすみ보다도 霧나 もや라고 한다. かすみ는 문학적인 표현이며, 문학에서 표현되는 霧는 가을 안개를 말한다. 봄 안개는 かすみ가 적당하다. 또한 かすみ는 낮의 경치에만 사용되며, 야간의 현상은 おぼろ라고 한다.

◎ 알리다 : 知しらせる / 告つげる / 報ほうずる

현지 상황을 알리다.

- **現地げんちの状況じょうきょうを知らせる。**
- **現地の状況を告げる。**
- **現地の状況を報ずる。**

知らせる와 告げる는 대체로 같은 뜻으로 쓰지만, 知らせる는 分わからせる(알게 하다, 이해하게 하다)의 뜻으로 사용되는 경우가 있다. 예를 들면, 相手あいてに能力のうりょくの限界げんかいを知らせる(상대방에게 능력의 한계를 알리다)・人生じんせいのはかなさを知らせる(인생의 무상함을 알리다)와 같이 이 용법은 知らせる라는 독립된 동사라기보다는 知る 동사의 사역형으로 이해하는 것이 좋다. 告げる는 알리는 주된 수단이 언어지만, 눈을 깜빡이거나 해서 알리는 것도 告げる를 쓸 수 있으므로, 언어 활동에만 국한된 것은 아니다. 오로지 언어 활동에 한정되어 있는 것은 報ずる이다. 報ずる는 수단과 내용 면에서 知らせる와 告げる보다 제한적이다. 첫째, 수단 면에서는 보통 많은 사람에게 알리는 경우에 한정되고, 개인적인 알림에는 구두로 하지 않고 편지 등으로 알리는 것에 한정된다. 둘째, 내용 면에서는 知らせる나 告げる가 사실의 보도에도 말하는 사람의 의지 등에 제한이 없지만, 報ずる는 사실의 보도 또는 말하는 사람의 추측 등에 한정된다. はやく立たち去さるように告げる(知らせる)라고는 할 수 있지만, はやく立ち去るように報ずる라고는 말하기 어렵다.

◎ 애매하다 : あいまいだ / あやふやだ

애매한 대답

- あいまいな返事へんじ
- あやふやな返事

あいまいだ는 확실하지 않다는 뜻에서 발전하여 교활함이나 속임수 등으로 대충 얼버무리는 경우에도 자주 사용한다. 이에 비해 あやふやだ는 그 사람 자신이 확실히 모르기 때문에 정확한 표현을 할 수 없는 경우에 쓰며 미덥지 못하다는 뉘앙스를 포함한다. 그러므로 あいまいな返事는 대답하는 사람의 생각은 이미 무엇인가 결정되어 있을지 모르지만, 말로는 그 생각을 확실히 엿볼 수 없는 것을 말하며, あやふやな返事는 대답하는 사람의 생각 그 자체가 명확하지 않다는 느낌을 준다.

◎ 엉망진창, 뒤죽박죽 : めちゃめちゃ / めちゃくちゃ / むちゃくちゃ

엉망진창으로 부수다.

- めちゃめちゃに壊こわす。(원상 복구가 힘들 정도로 파손된 모양)
- めちゃくちゃに壊す。(부순 후의 상태가 지독하다)
- むちゃくちゃに壊す。(부수는 방법이 난폭하고, 닥치는 대로 부수다)

めちゃめちゃ는 무리한 힘이나 난폭한 영향을 받아 눈으로 봐도 금방 알 수 있을 정도로 심하게 일그러진 모양을 나타낸다. むちゃくちゃ는 행동이 질서 정연하지 못한 모양을 나타낸다. めちゃくちゃ는 めちゃめちゃ와 むちゃくちゃ의 의미를 동시에 갖고 있다. 따라서 위의 예문에서 めちゃめちゃ壊す는 부순 후의 상태가 지독하다는 것을 의미하고, むちゃくちゃに壊す는 부수는 방법이 난폭하고, 닥치는 대로 부수는 것을 뜻한다. 또한 그림이나 글씨를 めちゃめちゃに書かく라고 하면 완성된 글 모양이 형편없음을 나타내고, むちゃくちゃに書かく라고 하면 그릴(쓸) 때 엉망으로 그리고(쓰고) 있음을 나타낸다. 그리고 彼かれの言いうことはめちゃめちゃだ라고 하면 논리의 근거가 서지 않고, 무엇을 말하고 있는지 모르는 것을 말하며, 彼の言うことはむちゃくちゃだ라고 하면, 난폭한 언동으로 논쟁을 도저히 이어갈 수 없는 것을 나타낸다.

◎ 우선, 일단 : とりあえず / ひとまず

이것으로 일단(우선) 이야기를 끝내겠습니다.

- これで、とりあえず、話はなしを終おわります。
- これで、ひとまず、話を終ります。

とりあえず는 바쁘니까 급한대로 그렇게 한다는 뜻이 있다. 따라서 위의 예문에서 これで、とりあえず、話を終ります는 이야기를 끝까지 하지 못하고 시간이 됐으므로 어쩔 수 없이 중지하고, 나중에 다시 계속하겠다는 의도를 연상시킨다. ひとまず의 경우에도 나중에 다시 계속하겠다는 뜻이 없는 건 아니지만, 중도에서 끝난 것에 특별히 포인트를 두는 것도 아니고 다음에 이어서 하겠다는 뉘앙스도 강하지 않다.

◎ 유유히 : のんびり / 悠々(ゆうゆう)と / 悠然(ゆうぜん)と

적을 앞에 두고 유유히 자고 있다.

- 敵てきを前まえにして<u>のんびり</u>眠ねむっている。(마음이 향하는 대로 행동하는 모양)
- 敵を前にして<u>悠々と</u>眠っている。(충분히 여유가 있는 모양)
- 敵を前にして悠然と眠っている。(자신에 찬 행동을 취하는 모양)

のんびり는 이런저런 제약을 받지 않고 마음이 향하는 대로 천천히 행동하는 모양을 나타낸다. 悠々는 서두르지 않고 소란 피우지 않고 자연스럽게 행동하는 모양 또는 충분히 여유가 있는 모습을 말한다. のんびり가 정신적으로 긴장이 풀어진 상태라면, 悠々と는 정신적으로는 확실하며 자신감을 가지고 행동한다는 뉘앙스를 갖고 있다. 悠然と는 보통이라면 서두르거나 주저할 일을 아무런 망설임 없이 행동하는 모양으로 주위의 동향을 개의치 않는다는 느낌이 있다.

◎ 천천히 : おもむろに / ゆっくり

그는 천천히 일어섰다.

- 彼かれは<u>おもむろに</u>立たち上あがった。(평가의 개념이 들어 있음)
- 彼は<u>ゆっくり</u>立ち上がった。(단지 속도가 느린 상태만 표현)

おもむろに에는 좀 더 빨리 어떠한 행동을 해 주기를 기대했는데, 그 기대보다 늦게라는 뜻이 들어 있는데 비해, ゆっくり는 단지 속도가 느리다는 것을 나타내는 데 쓰인다. 따라서 위의 예문에서 おもむろに立ち上がった라고 하면, 좀 더 빨리 일어날 것이라는 기대에 비해 늦게 일어났다는 뜻을 나타내므로 다소 거드름을 피우고 있다는 느낌이 있다. 이에 반해 ゆっくり立ち上がった는 단순한 속도의 표현으로, 특별히 거드름을 피운다는 느낌은 없다.

◎ 폭로하다 : あばく / ばらす / すっぱぬく

다른 사람의 생활을 폭로하는 것은 사생활을 침해하는 일입니다.

- 人の生活せいかつを<u>あばく</u>のはプライバシを犯おかすことです。(문장체)
- 人の生活を<u>ばらす</u>のはプライバシを犯すことです。(속어적)
- 人の生活を<u>すっぱぬく</u>のはプライバシを犯すことです。(속어적)

あばく는 비밀로 하는 것을 안다는 점에 포인트가 있다. 알게 된 비밀을 남에게 알리는 경우도 있지만, 그것이 반드시 필요 조건일 필요는 없다. ばらす는 비밀로 하고 있는 것을 남에게 전해 버리는 것을 말한다. 예를 들면, 공범자 중의 한 사람이 秘密ひみつをばらすぞ라고 말할 수는 있지만, 秘密をあばくぞ라고는 말할 수 없다. すっぱぬく는 あばく와 ばらす를 합친 것과 같은 의미로 쓰이며, 다른 사람의 비밀을 찾아서 공공연히 알리는 것을 나타나며, 다른 사람보다 먼저 (느닷없이, 불시에) 폭로한다는 뉘앙스를 갖는다. 또한 あばく는 문장체이며, ばらす · すっぱぬく는 속어적이다.

◎ 학대하다, 못살게 굴다 : いじめる / いびる / 虐待ぎゃくたいする

어린이를 학대해서는 안 된다.

- 子供こどもをいじめてはいけない。(가장 일반적)
- 子供をいびってはいけない。(속어적)
- 子供を虐待してはいけない。(문어체)

いじめる의 상대는 사람이든 동물이든 관계없지만, いびる는 보통 사람으로 제한한다. 또한 いじめる 쪽이 비교적 악의가 없는 인상을 주지만, いびる는 더욱 음험하고 악의가 있음을 느끼게 한다. 虐待する는 いじめる의 한문 투의 말씨로 정당한 대우를 하지 않는다는 뉘앙스가 깔려 있다.

◎ 한쪽, 한편 : 片方かたほう / 一方いっぽう

집 한쪽은 전망이 좋지만.

- 家いえの片方は見張みはらしが利きくが。
- 家の一方は見張らしが利くが。

片方는 両方りょうほう와 대비되는 말로서, 두 개 중 하나를 나타낸다. 他方たほう에 대비되는 一方도 대부분의 경우는 두 개 중 하나지만, 방향을 나타낼 경우는 두 개가 아니라 몇 개의 방향 중에서 하나를 나타내는 경우가 있다. 위의 예문에서 家の片方は見張らしが利くが라고 하면, 뒤에는 もう片方は森もりが茂しげっている(다른 한편은 숲이 우거져 있다)가 오고, 家の一方は見張らしが利くが라고 하면, 뒤에 あと三方さんぽうは(다른 세 방향은)가 와도 되고, もう一方は(다른 한편은)가 와도 된다. 그리고, 一方こうも考かんがえられる(한편으로 이렇게도 생각할 수 있다) · 費用ひょうがやすい一方(では)質しつが落おちる(비용은 저렴하지만, 한편으로는 질이 떨어지다)와 같이 하나의 측면을 나타내는 용법은 片方에는 없다.

◎ 할인 판매 : 安売やすうり / 廉売れんばい / バーゲン / 投なげ売うり / 捨すて売うり / ダンピング

여름 용품 할인 판매

- 夏物なつものの安売り

- 夏物の廉売
- 員物のバーゲン
- 夏物の投げ売り
- 夏物の捨て売り
- 夏物のダンピング

安売り・廉売れんばい・バーゲン은 단지 일반적으로 싸게 판다는 뜻만 있다. 이에 대해 投げ売り・捨て売り는 정도가 더 심하고, 수지타산을 무시해서 싸게 파는 것을 뜻한다. 즉 파는 만큼 손해 보는 가격이지만, 현금이 필요하거나 가게를 그만두는 사정으로 이익이 없어도 물건을 팔아 버리는 경우에 사용한다. ダンピング는 投げ売り・捨て売り와 같지만, 주로 수출품에 쓰인다.

◎ 함께 : いっしょに / ともに

본지도 부록도 함께 잘 싸서 보내겠습니다.

- 本誌ほんしも付録ふろくもいっしょにきちんと包つつんでお送おくりします。
- 本誌も付録もともにきちんと包んでお送りします。

いっしょに는 시간적・공간적으로 같다는 것을 조건으로 하고, ともに는 사항, 사정이 같으면 되고, 공간적・시간적 조건을 반드시 필요로 하지는 않는다. 따라서 위의 예문에서 本誌も付録もいっしょに包んでお送りします에서는 본지도 부록도 같은 꾸러미 속에 있다는 것을 의미하지만, 本誌も付録もともに包んでお送りします의 경우는 같은 꾸러미라도 되고, 따로따로 두 개로 해도 된다는 뜻으로, 본지도 싸져 있고 부록도 싸져 있다는 조건만 만족하면 되는 것이다. 단 ともに가 いっしょに와 같이 시간적・공간적으로 같은 때, 같은 장소임을 나타내는 경우는 ともに는 문어체적 성격이 더 강해진다.

◎ 화내다 : 怒おこる / 怒いかる / 腹はらを立たてる / 立腹りっぷくする / 憤いきどおる

같은 반 여자애를 놀렸더니, 화를 내며 말도 안 한다.

- クラスの女おんなの子こをからかったら、怒おこって口くちもきいてくれない。
- クラスの女の子をからかったら、怒いかって口もきいてくれない。
- クラスの女の子をからかったら、腹を立てて口もきいてくれない。
- クラスの女の子をからかったら、立腹して口もきいてくれない。
- クラスの女の子をからかったら、憤って口もきいてくれない。

怒おこる와 怒いかる는 거의 비슷하게 쓰이며, 위의 단어 중에서는 가장 외면적인 행동을 나타낸다. 예를 들면, 다른 사람에게 격하게 욕설을 퍼붓는다든지, 사람을 때린다든지, 횡포한 행동을 하는 경우는 怒おこっている의 상태이다. 다만 怒おこる에는 '야단치다'의 뜻이 있지만, 怒いかる는 그런 뜻이 없다. 또한 怒おこる는 구어체, 怒いかる는 문어체 문장에서 주로 쓰인다. 腹を立てる・立腹する・憤る는 이것에 비하면 약간 내면적으로, 반드시 밖으로 나타낼 필요는 없다. 단 憤る는 腹を立てる・立腹する보다 훨씬 정도가 심하여 ひどく腹を立てる에 해당한다. 또한, 世よの中なかの不正ふせいを憤る(세상의 부정에 분노하다)와 같이 정의를 위해서 정당한 근거가 있어서 화를 낸다는 뉘앙스가 있다. 怒おこる・腹はらを立てる는 구어체이며, 怒いかる・立腹する・憤る는 문어체이다.

◎ 환자 : 病人びょうにん / 患者かんじゃ

저 사람은 환자입니다.

- あの人ひとは病人です。
- あの人は患者です。

病人은 건강한 사람에 대비되는 말이며, 患者는 의사나 간호사에 상대되는 말이다. 따라서 병원에 입원해 있는 경우는 病人이라기보다는 患者라고 하는 쪽이 어울린다. 또한 うちには、長ながいこと寝ねついた病人がある(우리집에는 오랫동안 누워 있는 병자가 있다)・彼かれはまるで病人のように元気げんきがなかった(그는 마치 병자처럼 원기가 없었다) 등의 표현에는 患者는 어울리지 않는다.

◎ 흔들흔들 : ゆらゆら / ゆさゆさ / ぐらぐら

나뭇가지가 흔들흔들 흔들거리고 있다.

- 枝えだがゆらゆらゆれている。
- 枝がゆさゆさゆれている。
- 枝がぐらぐらゆれている。

ゆらゆら는 가볍고, ゆさゆさ는 크고, ぐらぐら는 중량감이 있다. 따라서 위의 예문에서 나뭇가지가 ゆらゆら 흔들린다고 하면 산들바람이 불어서 작은 가지가 흔들리는 모양을 나타내고, ゆさゆさ는 큰 가지가 흔들리는 모양, ぐらぐら는 뿌리부터 흔들리고 있는 모양을 나타낸다.

こと / の / もの

こと

1. 체언화

절이나 구를 체언화하여 추상적인 사항이나 개념을 나타낸다.

접속
명사 + の + こと
명사 + だったこと
い형용사 / な형용사 현재형(과거형) + こと
동사 현재형(과거형 · ている형) + こと

예) 物事ものごとには言いって良よいことと悪わるいことがあります。
모든 일에는 말해서 좋은 것과 나쁜 것이 있습니다.

2. 과거의 경험

접속 동사 과거형 + ことがある ~한 적이 있다

예) あなたは海外旅行かいがいりょこうをしたことがありますか。
당신은 해외여행을 한 적이 있습니까?

3. 경우, 경향

때때로 어떤 동작 · 상태가 일어나는 일반적인 경향을 나타낸다.

접속 동사 현재형 + ことがある ~하는 일이 있다

예) 朝早あさはやく起おきることもありますよ。
아침 일찍 일어날 때도 있답니다.

4. 전면 부정

결코 일어날 수 없는 일을 나타낸다.

접속 동사 현재형 + ことはない ~하지는 않다

예) 私わたしは決けっして友情ゆうじょうを裏切うらぎることはありません。
나는 결코 우정을 배신하는 일은 없습니다.

5. 부분 부정

때에 따라서는 어떤 동작 · 상태가 일어날 수도 있음을 나타낸다.

접속	동사 현재 부정형 + ことはない　~하지 않는 것은 아니다

예) ミョンドンは好すきではないが行いかないことはない。

명동은 좋아하지는 않지만, 가지 않는 것은 아니다.

6. 가능, 불가능

접속	동사 현재형 + ことができる(ことはできない)　~할 수 있다(~할 수는 없다)

예) 信頼しんらいしてくれる人ひとを失望しつぼうさせることはできない。

신뢰해 주는 사람을 실망하게 할 수는 없다.

7. 수동적 결정

'현재형'은 자신의 의지보다 외부의 영향으로 인한 결과를 나타내고, '과거형'은 결과적으로 이미 결정된 결과를 나타낸다.

접속	동사 현재형(과거형) + ことになる

예) 今度こんど結婚けっこんすることになりました。

이번에 결혼하게 됐습니다.

8. 능동적 결정

주체의 의지에 따라 결정된 결과를 나타낸다.

접속	동사 현재형(과거형) + ことにする

예) これで、一応いちおう終了しゅうりょうしたことにしましょう。

이것으로 일단 종료한 것으로 합시다.

9. 예정

예정이나 일상생활에서의 약속, 규칙, 관례에 이르기까지 다양한 규정 · 약속이 지금 현재도 유효함을 나타낸다.

접속	동사 현재형 + ことになっている

예) 乗車券じょうしゃけんをなくした場合ばあいは最長さいちょう区間くかんの料金りょうきんをいただくことになっているんです。

승차권을 잃어버린 경우는 최장 구간의 요금을 받게 돼 있습니다.

10. 규칙, 습관

어떤 결정에 근거하여 습관이나 약속이 되어 있다는 뜻을 나타낸다.

접속	동사 현재형 + ことにしている

※ことにしている는 부정문으로는 쓸 수 없다.

예) **外食代**がいしょくだい**は毎月**まいつき**三万円**さんまんえん**を越**こ**さないことにしています。**

외식비는 매달 3만 엔을 넘지 않으려고 합니다.

11. 충고, 명령, 주장

그 상황에서 가장 타당한 것, 가장 좋은 것을 서술하여 간접적으로 충고, 명령, 주장을 하는 데 쓴다.

접속	동사 현재형(과거형 · ている형) + ことだ / ことはない

예) **平和**へいわ**のためには核実験**かくじっけん**を止**や**めることだ。**

평화를 위해서는 핵실험을 중지해야 할 것이다.

12. 영탄, 감탄, 경이

감탄하거나 놀라거나 하는 기분을 나타낸다.

접속	い형용사 · な형용사 현재형(과거형) + ことだ 동사 현재형(과거형 · ている형) + ことだ

예) **またお目**め**にかかれるなんて、なんて嬉**う**れしいことでしょう。**

다시 만나 뵐 수 있다니 이 얼마나 기쁜 일입니까?

13. 전문

전해 들은 것을 말하는데, 직접 인용한다는 느낌이 강하다. とのことだ는 주로 문어체에서 쓰인다.

접속	명사 + ということだ / とのことだ / だった+ということだ / とのことだ い형용사 · な형용사 현재형(과거형) + ということだ / とのことだ 동사 현재형(과거형 · ている형) + ということだ / とのことだ

예) **昨日**きのう**の台風**たいふう**で沖縄**おきなわ**では相当**そうとう**な被害**ひがい**があったとのことだ。**

어제 태풍으로 오키나와에서는 상당한 피해가 있었다고 한다.

14. 설명

반드시 という와 결합하여 사실에 대한 설명을 나타낸다.

> **접속** 명사 + ということだ
> い형용사 · な형용사 현재형(과거형) + ということだ
> 동사 현재형(과거형 · ている형) + ということだ

예) パソコンというのはパーソナルコンピューターということです。
퍼스컴이라는 것은 퍼스널 컴퓨터라는 의미입니다.

15. 한정의 강조

한편으로는 어떤 조건을 만족시키고 있는 것을 인정하면서도, 그것에 부수되는 다른 조건이 만족되지 않는다는 것을 강조한다. 이 경우, 동일 구문 중에 나오는 명사 · い형용사 · な형용사 · 동사는 같은 것이거나 같은 뜻의 단어여야 한다.

> **접속** 명사 + なことは + 명사 + だが
> い형용사 · な형용사 현재형 + ことは + い형용사 · な형용사 현재형 + (だ)が
> い형용사 · な형용사 과거형 + ことは + い형용사 · な형용사 과거형 + (だ)が
> 동사 현재형(과거형 · ている형) + ことは + 동사 현재형 + が

예) 手伝てつだうことは手伝いますが、あまり期待きたいしないでください。
거들기는 하겠지만, 크게 기대하지 마세요.

16. 감정의 강조

어두에 제시된 사항에 대해 화자의 반응을 강조하여 나타낸다.

> **접속** 감정을 나타내는 い형용사 · な형용사 현재형(과거형) + ことに
> 감정을 나타내는 동사 현재형(과거형) + ことに

예) 驚おどろいたことに、彼かれはもうその話はなしを知しっていた。
놀랍게도 그는 이미 그 이야기를 알고 있었다.

の(ん)

1. 체언화

こと · もの · ひとを 나타낸다.

> **접속** 동사 현재형(과거형 · ている형) + の

예) よく書かけたのを宿題しゅくだいとして提出ていしゅつした。(○もの)

잘 쓴 것을 숙제로 제출했다.

さっき来きたのは郵便屋ゆうびんやさんだよ。(○ひと)

아까 온 사람은 우체부였어.

私わたしが質問しつもんしたのは経済けいざいの問題もんだいについてだ。(○こと)

내가 질문했던 것은 경제 문제에 대해서이다.

2. 납득

자신에게 말하면서 스스로를 설득시키는 뜻이 있다.

접속 명사 + な + の + だ
い형용사 · な형용사 현재형(과거형) + の + だ
동사 현재형(과거형 · ている형) + の + だ

예) あいつがみんな悪わるいんだ。 저 녀석이 모두 나쁜 거야.

3. 강조

강조가 포함되어 있는 설명을 나타낸다. 一体いったい · 本当ほんとうに · いくら～でも와 같은 부사구를 수반하는 경우가 많다.

접속 명사 + な + の + だ
い형용사 · な형용사 현재형(과거형) + の + だ
동사 현재형(과거형 · ている형) + の + だ

예) 一体、何なにをしていたんですか。 도대체 뭘 하고 있던 겁니까?

4. 주장, 명령

주장이나 명령투의 기분을 나타낸다.

접속 명사 + な + の + だ
い형용사 · な형용사 현재형(과거형) + の + だ
동사 현재형(과거형 · ている형) + の + だ

예) 食たべる前まえには手てを洗あらうんですよ。 먹기 전에는 손을 씻는 거예요.

5. 설명을 요구하는 의문에 대해 설명할 때

접속 명사 + な + の + だ
い형용사 · な형용사 현재형(과거형) + の + だ
동사 현재형(과거형 · ている형) + の + だ

예) A : 先生せんせいですか。 선생님이십니까? (선생님인지 아닌지 확인)
B : ええ、そうです。 네, 그렇습니다.

A : 先生なんですか。 선생님이셨어요? (무엇을 가르치는 선생님인지를 물음)
B : ええ、日本語にほんごを教おしえているんです。 네, 일본어를 가르치고 있습니다.

もの

1. 본성

진리, 일반적이라고 생각되는 개념과 당연한 이치 등을 나타낸다. '~하는 법이다, ~하기 마련이다'의 뜻으로 쓴다.

접속 동사 현재형 + ものだ

예) 楽たのしい思おもい出ではなかなか忘わすれないものだ。
즐거운 추억은 좀처럼 잊히지 않는 법이다.

2. 과거의 습관

반복되는 동작 및 과거의 경험을 회상하여 나타내어, '~하곤 했다'의 뜻으로 쓴다.

접속 い형용사 · な형용사 현재형(과거형) + ものだ
동사 과거형 + ものだ

예) 学生時代がくせいじだいにはよく遅おそくまで帰かえらなかったものだ。
학생 때는 걸핏하면 늦게까지 집에 들어가지 않곤 했다.

3. 감탄

화자의 놀람 · 감탄을 나타낸다. '~하군요'의 뜻으로 쓴다.

접속 명사 + だった + もの
い형용사 · な형용사 현재형(과거형) + ものだ
동사 현재형(과거형) + ものだ

예) こんな難むずかしい問題もんだいが、よく解とけたものですね。

이렇게 어려운 문제를 용케도 풀었군요.

4. 반문, 강한 부정

문장 끝에 의문의 か를 붙여 써서 화자의 반문이나 강한 부정의 의지를 강조해서 나타낸다. '~할까 보냐, ~하겠냐, ~할 것 같으냐, ~할쏘냐, 절대 ~하지 않겠다'의 뜻으로 쓴다.

접속 명사 + な + ものか
い형용사 · な형용사 현재형(과거형) + ものか
동사 현재형(과거형) + ものか

예) 負まけるもんか。질 것 같아? (절대 지지 않을 것이다.)

5. 가정

주로 ものなら의 형태로 쓰여, 실현 가능성이 없거나 낮은 일에 대해 실현될 경우를 가정할 때 쓴다. 주로 가능 동사와 함께 쓰이며, 같은 동사를 반복하는 경우는 실제로 불가능하다는 것을 강조한다. '~할 수 있다면'의 뜻으로 쓴다.

접속 동사 가능형 + もの

예) パリに行いけるものなら行ってみたい。

파리에 갈 수만 있다면 가 보고 싶다.

6. 추측

이유를 추측하는 표현이다.

접속 い형용사 · な형용사 현재형(과거형) + ものか
동사 현재형(과거형 · ている형) + ものか

예) あの人ひとはもう卒業そつぎょうしたものか姿すがたが見みえません。

그 사람은 벌써 졸업했는지 모습이 보이지 않습니다.

7. 단정

~のだ와 마찬가지로 단정의 의미를 나타낸다.

접속 い형용사 · な형용사 현재형(과거형) + もの
동사 현재형(과거형 · ている형) + もの

예) このお菓子かしはあの子こが取とったものとしか思おもわない。

이 과자는 저 애가 훔친 것이라고밖에는 생각할 수 없다.

8. 강조

～てから(~하고부터)라는 시점의 의미를 강조한다.

접속	동사(て형) + からというものは

예) その本ほんを読よんでからというものは、いつも自然しぜんと人間にんげんというテーマが頭あたまから離はなれなかった。

그 책을 읽고 나서는 언제나 자연과 인간이라는 테마가 머리에서 떠나지 않았다.

9. 충고

행위를 나타내는 동사 등에 붙어 '~해서는 안 된다'라는 충고를 나타낸다.

접속	동사 현재형 + ものではない

예) 人ひとの悪口わるくちは言いうものではない。 남의 험담은 해서는 안 된다.

10. 역접

～のに(~인데도)와 같은 의미의 역접을 나타낸다.

접속	명사 + である + ものの / だった + ものの い형용사 · な형용사 현재형(과거형) + ものの 동사 현재형(과거형 · ている형) + ものの

예) 今日中きょうじゅうにこの仕事しごとをやりますと言いったものの、とてもできそうにない。

오늘 중으로 이 일을 다 끝내겠다고 말은 했지만, 아무래도 못 할 것 같다.

11. 비난, 불만, 후회

～ばいいものを의 형태로 어떤 일을 하거나 하지 않거나 한 사실에 대한 불만이나 비난, 후회를 나타낸다.

접속	명사는 はずのものを / はずのないものを 형태로만 쓴다. い형용사 · な형용사 현재형(과거형) + ものを 동사 현재형(과거형 · ている형) + ものを

예) 事前じぜんに電話でんわかメールで確認かくにんしておけばいいものを、そういうことをしないからいけないんだよ。

사전에 전화나 문자로 확인해 두면 될 것을, 그렇게 하지 않으니까 안 되는 거야.

12. 원인과 이유

문장의 마지막에 붙어서 원인이나 이유를 나타내는 종조사의 역할을 한다. 문장 중의 종속문에 붙는 접속조사의 역할을 할 때도 있다.

접속 명사 + な + もの / だった + もの
い형용사 · な형용사 현재형(과거형) + もの
동사 현재형(과거형 · ている형) + もの

예) **それぐらいのことは知**しっ**ています。だって、新聞**しんぶん**で見**み**ましたもの。**

그 정도는 알고 있습니다. 왜냐면 신문에서 봤거든요.

13. 설명

사람 이름, 상품명, 사물, 특정 어휘 등을 언급하고 난 뒤에 이에 대한 설명을 나타낸다.

접속 と言いう / と言った / と言われる / なる + もの

예) **ASEAN諸国**しょこく**とは、「インドネシア、マレーシア、フィリピン、タイ…」と言ったものです。**

아세안(동남아시아 국가 연합)이란 '인도네시아, 말레이시아, 필리핀, 태국 …' 등과 같은 나라입니다.

경어

경어의 분류 방법

일본어의 '경어'를 쓰임에 따라 분류해서 이해하는 경우, 가장 주의할 점 두 가지가 있다.

◎ 5분류 방식으로 이해하기

기존의 3분류 방식을 5분류 방식으로 이해하는 것이다. 기존에는 경어를 '尊敬語そんけいご(존경어), 謙譲語けんじょうご(겸양어), 丁寧語ていねいご(공손어)' 3가지로 구분했는데, 이렇게 구분하면 경어의 적절한 쓰임새를 이해하기 어렵고 잘못 쓰는 문제점이 있었다. 특히 같은 겸양어인데 쓸 수 있는 경우와 못 쓰는 경우를 이해할 수 없는 문제가 있었는데, 5분류 방식으로 하면 이러한 문제가 해결된다.

◎ 内うち와 外そと의 개념 이해하기

일본어의 경어에서 중요한 개념 중에 内うち와 外そと가 있는데, 이는 '안'과 '밖', 즉 '우리 집단'과 '남의 집단'이라고 할 수 있다. 일본에서는 철저하게 '남의 집단'을 높여 말한다는 점을 알고 있어야 한다. 따라서 내가 속한 집단의 구성원이 나보다 나이가 많든, 지위가 높든 상관없이 다른 사람이 속한 집단의 구성원에게 말할 때는 낮춰서 말해야 한다는 점을 기억해야 한다.

<table>
<tr><th colspan="2">3분류</th><th colspan="3">5분류</th></tr>
<tr><td>존경어</td><td>상대의 행동, 소유물, 또는 환경 등을 높여 말함으로써 경의를 나타내는 것</td><td>존경어</td><td>いらっしゃる / おっしゃる형</td><td>상대 또는 제삼자의 행위 · 제반 사항 · 상태 등에 대해 높여 말하는 것</td></tr>
<tr><td rowspan="2">겸양어</td><td rowspan="2">자신 쪽의 행동, 소유물, 또는 환경 등을 낮춰 표현함으로써, 상대에 대해 경의를 나타내는 것</td><td>겸양어 I</td><td>伺うかがう / 申もうし上あげる형</td><td>자신 쪽에서 상대나 제삼자의 행위 · 제반 사항 등에 대해, 그 상대를 높여 말하는 것</td></tr>
<tr><td>겸양어 II</td><td>参まいる / 申す형</td><td>자신 쪽의 행위 · 제반 사항 등을 말이나 글의 상대에 대해 정중하게 말하는 것</td></tr>
<tr><td rowspan="2">공손어</td><td rowspan="2">お · ご 등 접두어를 붙이거나 です · ます를 붙인 공손한 표현으로 상대에 대해 경의를 나타내는 것</td><td>공손어</td><td>です / ます형</td><td>말이나 글의 상대에 대해 공손하게 말하는 것</td></tr>
<tr><td>미화어</td><td>お · ご～형</td><td>미화하여 말하는 것</td></tr>
</table>

존경어

상대 또는 제삼자의 행위 · 제반 사항 · 상태 등을 높여 말하는 것.

주요 형태

◆ **행위 등(동사 및 동작성 명사)**

いらっしゃる | おっしゃる | なさる | 召めし上あがる | お使つかいになる | ご利用りようなさる | 読よまれる | お導みちびき | ご出席しゅっせき | (상대 또는 제삼자의) ご説明せつめい

◆ **제반 사항(명사)**

お名前なまえ | ご住所じゅうしょ | (상대 또는 제삼자의) お手紙てがみ

◆ **상태 등(형용사 등)**

お忙いそがしい | ご立派りっぱ

1. 동사의 존경어

(1) 특정 형태(동사를 특정 형태로 바꾼다.)

기본 동사	존경	겸양 · 겸손
会あう 만나다		**お目めにかかる / お目めもじする**
与あたえる 주다	**くださる / たまわる**	**差さし上あげる**
言いう 말하다	**おっしゃる**	**申もうす / 申し上あげる**
行いく 가다	**いらっしゃる / おいでになる**	**うかがう / 参まいる**
いる 있다	**いらっしゃる / おいでになる**	**おる**
思おもう 생각하다	**おぼしめす**	**存ぞんずる / 存じる / 存じ上げる**
借かりる 빌리다		**拝借はいしゃくする**
聞きく 듣다	**お耳みみに入はいる**	**うかがう / 承うけたまわる / 拝聴はいちょうする**
来くる 오다	**おいでになる / いらっしゃる / お越こしになる / お見みえになる**	**参まいる**
死しぬ 죽다	**亡なくなる / お亡くなりになる / ご逝去せいきょされる / お隠かくれになる / 崩御ほうぎょ**	
知しる 알다	**ご存ぞんじ**	**存ぞんじる / 存じあげる**

する 하다	なさる	いたす
食たべる / 飲のむ 먹다, 마시다	召めし上あがる / 上あがる	いただく / 頂戴ちょうだいする
見みる 보다	ご覧らんになる	拝見はいけんする
もらう 받다	お受うけになる / お納おさめください / ご笑納しょうのうください	頂戴ちょうだいする / いただく / 賜たまわる
読よむ 읽다		拝読はいどくする
分わかる 알다	ご承知しょうち	承知しょうちする / かしこまりました

(2) 일반 형태

❶ [お・ご＋ます형＋になる] 하시다

거의 모든 동사에 적용할 수 있지만, 어간이 1음절일 경우는 사용하지 못한다. 또한 관습적으로 쓸 수 없는 것들도 있다.

예) お休やすみになる (쉬시다, 주무시다)

お見になる(×) : 1음절 어간

お死にになる(×) : 관습적 → お亡なくなりになる / 亡くなられる

ご失敗になる(×) : 관습적 → 失敗しっぱいなさる / 失敗される

ご運転になる(×) : 관습적 → 運転うんてんなさる / 運転される

❷ [ご＋ます형＋なさる] 하시다

サ변 동사(～する의 형태를 취하는 동사)에만 する를 なさる로 바꿔 만들 수 있다.

예) 利用りようする → ご利用なさる 이용하시다

❸ [お・ご＋ます형＋だ] ~하고 계시다

보통 현재의 상태나 곧 일어날 것 같은 상태를 나타내며, ～ている로 바꿔 쓸 수 있는 경우가 많다. 명사를 수식할 때는 [お・ご～の＋명사]가 되며, 부정형은 [お・ご～でない＋명사]가 된다.

예) 持もっていますか → お持ちですか 가지고 계십니까?

持っている人ひと → お持ちの方かた 가지고 계신 분

持っていない人 → お持ちでない方 안 가지고 계신 분

▪ MEMO ▪

ご存ぞんじだ(です)는 知しる의 존경어이고, 存じる는 겸양어 II 이다. 형태가 비슷하여 혼동하기 쉽다. '알고 계십니까?'라고 존경어를 사용할 때는 ご存じですか로 표현하고, '알고 계시는 분'과 같이 명사를 꾸며 줄 때는 ご存じの方かた로 쓴다. '알고 있습니다'라고 겸양어 II 로 말할 때는 存じています(おります)의 형태로 사용한다. 부정의 경우는 存じていません(おりません)과 더불어 存じません도 쓸 수 있다.

❹ [お・ご+ます형+くださる] ~해 주시다 / [お・ご+ます형+ください] ~해 주세요
～てくださる・～てくださいで 바꿔 쓸 수 있으며, 높임의 정도가 높아서 널리 쓰인다.

예) 書かいてくれる → お書きくださる 써 주시다
書いてください → お書きください 써 주세요

(3) れる・られる와 같은 수동형(受身形)의 형태를 사용하는 경우
높임의 정도는 낮지만, 자주 사용된다.

▪ MEMO ▪

□ 존경 동사의 주의 사항

[お・ご＋ます형＋する]는 お・ご가 붙었기 때문에 존경어로 착각하는 경우가 많은데, 이것은 겸양어 I 의 형태이다.
[ご~される](ご説明される・ご利用される 등) 또한 [お・ご+ます형＋する]에서 するを される로 바꾼 것에 지나지 않으므로 존경어가 아니다.

□ 가능의 의미를 더할 때

동사에 가능의 의미를 더하여 존경어로 만들 때는 먼저 존경어의 형태로 만들고 가능형을 만든다.

예) 読よむ → お読みになる → お読みになれる
利用りようする → ご利用になる → ご利用になれる

[お・ご~できる]는 겸양어 I 형태인 [お・ご~する]의 가능형이므로 존경어의 가능형이 아니다.

2. 명사의 존경어

(1) [명사＋だ] 형태를 존경어로 바꿀 때는 [명사＋でいらっしゃる]로 고쳐 쓴다.

(2) 일반적으로 お名前なまえ・ご住所じゅうしょ와 같이 お・ご를 붙인다. 이외에도 御地おんち・貴信きしん・玉稿ぎょっこう와 같이 御・貴・玉를 붙이거나 御에 高・尊・令 등을 붙여 쓸 때도 있다.

3. 형용사의 존경어

(1) い형용사와 な형용사는 お忙いそがしい・ご立派りっぱ와 같이 お・ご를 붙여 존경어로 만든다. お・ご를 붙일 수 있는 경우는 お忙しくていらっしゃる・ご立派でいらっしゃる와 같이 お・ご를 붙이고 나서 ～くていらっしゃる・～でいらっしゃる의 형태로 바꾸면 된다.

(2) お・ご와 어울리지 않는 말의 경우도 (指ゆびが)細ほそくていらっしゃる・積極的せっきょくてきでいらっしゃる와 같이 い형용사는 ～くていらっしゃる의 형태로, な형용사는 ～でいらっしゃる의 형태로 써서 존경어를 만들 수 있다.

겸양어 I (伺うかがう・申もうし上あげる 형)

자신 쪽에서 상대나 제삼자의 행위 · 제반 사항 등에 대해 '대상이 되는 사람'을 높여 말하는 것.

주요 형태

伺うかがう | 申もうし上あげる | お目めに掛かかる | 差さし上あげる
お届とどけする | ご案内あんないする
(상대 또는 제삼자를 대상으로 하는) お手紙てがみ | ご説明せつめい

1. 동사

(1) 특정 형태

동사를 특정 형태로 바꾼다.

예) 伺うかがう　(← 訪たずねる / 尋たずねる / 聞きく) 찾아뵙다, 여쭙다, 듣다
申もうし上あげる　(← 言いう)
存ぞんじ上あげる　(← 知しる)

▪ MEMO ▪

存ぞんじ上あげる · 存じ上げている(います / おります)의 형태로 知しっている(알다)의 겸양어 I 로 사용된다. 부정형으로는 存じ上げていない(いません / おりません)과 存じ上げない · 存じ上げません으로 쓴다.

差さし上あげる	(← 上げる) 드리다
頂いただく	(← もらう) 받다
お目めに掛かかる	(← 会あう) 만나뵙다
お目めに掛かける / ご覧らんに入いれる	(← 見みせる) 보여 드리다
拝見はいけんする	(← 見みる) 보다
拝借はいしゃくする	(← 借かりる) 빌리다

(2) 일반 형태

❶ お · ご + ます형 + する

예) お知しらせする

가장 많이 쓰는 형태이다. 다만 모든 동사를 이 형태로 바꿀 수 있는 것이 아니다. 겸양어 I 은 높여 쓸 대상이 있어야 하므로, 예를 들어, 知しらせる는 알려 드릴 대상이 있으므로 お知らせする의 형태로 만들 수 있지만, 食たべる나 乗車じょうしゃする는 그 대상이 없으므로 お食べする 또는 ご乗車する의 형태로 만들 수 없다.

❷ お・ご＋ます형＋申し上げる

[お・ご＋ます형＋する]보다 좀 더 겸양의 정도가 높다.

예) ご案内あんない申もうし上あげる

❸ て형＋ていただく

예) 読よむ → 読んでいただく

指導しどうする → 指導していただく

❹ お・ご＋ます형＋いただく

예) 読よむ → お読みいただく

指導しどうする → ご指導いただく

▪ MEMO ▪

관습적으로 お憧あこがれする(お憧れ申し上げる)・ご賛成さんせいする(ご賛成申し上げる)라고는 하지 않는다.

2. 명사의 겸양어 Ⅰ

일반적으로는 (先生せんせいへの)お手紙てがみ・(先生への)ご説明せつめい와 같이 お・ご를 붙인다. 모든 명사에 붙일 수 있는 것은 아니다. ご報告ほうこくする・ご案内あんないする・お電話でんわ 등과 같이 높일 대상이 있어야 한다. 그 외에 拝顔はいがん・拝眉はいび와 같이 拝はい를 붙이는 경우도 있다.

▪ MEMO ▪

□ 가능의 의미를 더할 때

동사에 가능의 의미를 더하여 겸양어Ⅰ로 만들 때는 우선 겸양어Ⅰ의 형태로 만들고 가능형을 만든다.

聞きく	→ 伺うかがう	→ 伺える
届とどける	→ お届けする	→ お届けできる
報告ほうこくする	→ ご報告する	→ ご報告できる

□ 差し上げる

差し上げる는 윗사람에게 물건을 주거나 그 사람을 위해 어떤 행위를 할 때 쓰는 말이다. 그러나 강요하는 느낌을 주므로 お・ご~する(いたす) 형태를 쓰는 것이 좋다.

겸양어 II (정중어)

자신 쪽의 행위, 제반 사항 등을 말이나 글의 상대에 대해 정중하게 말하는 것.

주요 형태

参まいる | 申もうす | いたす | おる | 拙著せっちょ | 小社しょうしゃ

1. 동사의 겸양어 II 의 형태

(1) 특정 형태 (동사를 특정 형태로 바꾼다.)

예) 参まいる (← 行いく / 来くる)
申もうす (← 言いう)
いたす (← する)
おる (← いる)
存ぞんじる (← 知しる / 思おもう)

❶ 知る의 겸양어 II 인 存ぞんじる는 存じています(おります)의 형태로 知っている의 겸양어 II 로 사용한다. 부정형으로는 存じていません(おりません) 또는 存じません도 쓸 수 있다.

❷ 가능의 의미를 더할 때는 参れる와 같이 우선 겸양어 I 의 형태로 만들고 가능형을 만든다.

예) 明日あしたは参まいれません。 내일은 못 갑니다.

(2) 일반 형태

～いたす는 する 형태의 동사(サ변 동사)에만 적용할 수 있다.

예) 利用りようする → 利用いたす

2. 명사의 겸양어 II

愚見ぐけん・拙著せっちょ・小社しょうしゃ・弊社へいしゃ 등과 같이 앞에 愚・小・拙・弊를 붙인다.

▪ MEMO ▪

□ 겸양어 I 과 겸양어 II 의 차이

겸양어 I 은 '찾아뵙다, 여쭙다' 등 적당한 번역어가 있는데 비해, 겸양어 II 에 대응하는 적당한 우리말이 없어서 이 둘의 차이를 이해하기가 더 어려울 수 있으니 잘 학습해 두어야 한다.

(1) 대상에 대한 경어와 상대에 대한 경어

겸양어 I 과 겸양어 II는 비슷한 점도 있어서 양쪽 다 겸양어라고 불렸는데, 겸양어 I 은 '높이는 대상인 사람'에 대한 경어, 겸양어 II는 '상대'에 대한 경어라는 차이가 있다. 따라서, 先生せんせいのところに伺うかがいます라고는 할 수 있지만, 海外かいがいに伺います라고는 할 수 없다. 先生のところに行いきます(선생님 댁에 갑니다)의 겸양어 또한 겸양어 I 을 써서 先生のところに伺います, 겸양어 II를 써서 先生のところに参ります와 같이 표현할 수도 있지만 뉘앙스가 다르다. 전자는 '선생님'에 대한 경어이며, 후자는 '상대'에 대한 경어이다. 존경어 3분류 방식에서는 伺う도 参る도 전부 行いく의 겸양어라고 분류해 놓았기 때문에 어째서 海外に伺います가 틀린 것인지 이해하기가 어렵다.

(2) 겸양어 I 은 ます와 함께 쓰지 않아도 된다. 예를 들면, 明日先生のところに伺う(よ)라고 할 수 있다. 반면에 겸양어 II는 꼭 ます와 함께 써야 한다. 예를 들면, 明日あした先生のところに参る(よ)는 부자연스럽고, 明日先生のところに参ります가 자연스러운 표현이다.

(3) お・ご〜いたす는 겸양어 I 과 겸양어 II의 성격을 모두 갖는다.

공손어

주요 형태

です | ます | (で)ございます

말이나 글의 상대에 대해 공손하게 말하는 것

1. 공손어와 겸양어 II

공손어도 상대에 대한 경어이므로 겸양어 II와 비슷한 점이 있다. 다른 점은 겸양어 II는 기본적으로는 '자신 쪽'의 일을 말할 때 쓰지만, 공손어는 그러한 제한이 없다는 사실이다. 또한 겸양어 II는 공손어보다 격식을 차린 정중한 표현이다. 공손어의 (で)ございます는 겸양어 II와 비슷한 수준의 정중한 표현이다.

2. 형용사 + ございます

형용사에 ございます가 이어질 때는 독특한 형태로 바뀐다. 많이 쓰이지는 않는다.

〜aい	→ たかい	→ たこうございます
〜iい	→ よろしい	→ よろしゅうございます
〜uい	→ 軽かるい	→ 軽うございます
〜oい	→ 重おもい	→ 重うございます

3. 공손하게 말할 때 주의 사항

(1) 2인칭(あなた・おたく), 3인칭(彼かれ・彼女かのじょ・彼ら)은 윗사람에게는 쓰지 않는다. 가능하면 그 사람의 이름이나 직함으로 부른다.

(2) 方かた는 존경어이므로 내가 속한 집단의 구성원을 가리킬 때는 쓸 수 없다.

(3) 일반 표현과 격식 차린 표현

일반 표현	격식 차린 표현
こっち	こちら
そっち	そちら
あっち	あちら
どっち	どちら
どこ	どちら
今日きょう	本日ほんじつ
明日あした	明日みょうにち
次つぎの日ひ	翌日よくじつ
次つぎの次の日	翌々日よくよくじつ
明後日あさって	明後日みょうごにち
昨日きのう	昨日さくじつ
一昨日おととい	一昨日いっさくじつ
去年きょねん	昨年さくねん
一昨年おととし	一昨年いっさくねん
昨夜ゆうべ	昨夜さくや
今朝けさ	今朝こんちょう
明日あしたの朝あさ	明朝みょうちょう
今日きょうの夜よる	今夜こんや
今いま	ただいま
今度こんど	このたび / このほど / 今回こんかい
後あとで	後のちほど
さっき	さきほど
これから	今後こんご / これより
すごく / とても	たいへん / 非常ひじょうに
ちょっと / 少すこし	少々しょうしょう

早はやく	早はやめに
この間あいだ	先日せんじつ
本当ほんとうに	まことに
すぐ	早速さっそく / 早急そうきゅうに
とても~ない	とうてい~ない
どう	いかが
いくら	いかほど / おいくら
いい	よろしい
ありがとう	ありがとうございます
冷つめたい水みず	お冷ひや
すみません	申もうし訳わけありません
五分ごふんぐらい	五分ほど
さようなら	失礼しつれいします(いたします)

4. '나, 우리'와 '남, 제삼자'일 때 다르게 쓰는 공손어

내가 속한 집단의 구성원	타집단의 구성원
家族かぞく	ご家族
父ちち / おやじ	お父とうさん(さま)
母はは / おふくろ	お母かあさん(さま)
夫おっと / 宅たく	ご主人しゅじん(さま)
妻つま / 家内かない / 女房にょうぼう	奥おくさん(さま)
祖父そふ	おじいさん(さま)
祖母そぼ	おばあさん(さま)
子こども	お子こさん
息子むすこ	(お)ぼっちゃん / 息子さん / ご子息しそく / ご令息れいそく
娘むすめ	お嬢じょうさん / 娘さん / ご息女そくじょ / ご令嬢れいじょう
兄弟きょうだい	ご兄弟
兄あに	お兄にいさん(さま)
姉あね	お姉ねえさん(さま)
弟おとうと	弟さん
妹いもうと	妹さん

親類しんるい	ご親類
おじ	おじさん(さま)
おば	おばさん(さま)
いとこ	おいとこさん
孫まご	お孫さん
うちのもの	おうちの方かた / お宅たくの方
この人ひと	この方 / こちらの方
みんな	皆様みなさま
会社かいしゃのもの	会社の方
山下やました	山下さん(さま)
社長しゃちょうの森もり	森社長(さん)
教師きょうし	先生せんせい
医者いしゃ	お医者さん(さま)
名前なまえ	(ご)芳名ほうめい
拙著せっちょ	高著こうちょ
弊社へいしゃ	貴社きしゃ

미화어

주요 형태

お酒さけ | お料理りょうり 등 미화하여 말하는 것

앞에 お가 붙는 말과 ご가 붙는 말

(1) 고유 일본어에는 일반적으로 お를 붙인다.

예) お所ところ / お心こころづかい / お考かんがえ / お招まねき / お知しらせ / お勤つとめ / お尋たずね / お望のぞみ / お許ゆるし / お答こたえ / お湯ゆ / お鍋なべ / お皿さら / お箸はし / お忙いそがしい

예외) ごひいき / ごゆっくり

(2) 한자어에는 일반적으로 ご를 붙인다.

예) ご住所じゅうしょ / ご配慮はいりょ / ご意見いけん / ご招待しょうたい / ご質問しつもん / ご希望きぼう / ご到着とうちゃく / ご協力きょうりょく / ご利用りよう

(3) 한자어라도 한자라는 인식이 약해진 말에는 お를 붙인다.

예) お宅たく / お茶ちゃ / お盆ぼん / お肉にく

(4) 일상생활에서 자주 사용되는 말은 한자어라도 お를 붙이는 경우가 많다.

예) お料理りょうり / お弁当べんとう / お菓子かし / お食事しょくじ / お電話でんわ / お時間じかん / お風呂ふろ / お世話せわ / お勉強べんきょう

(5) ご返事へんじ・お返事는 양쪽 다 쓸 수 있다.

(6) 외래어에는 원칙적으로 붙이지 않지만, 붙일 때는 お를 붙인다. (미화어로만 쓰인다)

예) おソース / おビール / おズボン

(7) 원칙적으로 글자 수가 긴 단어, お로 시작하는 말(ます형에는 괜찮다), 자연 현상, 공공물, 비속어 등 품위 없는 말, 경멸의 뜻이 담긴 말에는 붙지 않는다.

가타카나어

외국인 학습자가 가타카나어를 어렵게 느끼는 이유

1. 발음상의 문제

일본어는 모음이 5개뿐이어서 외래어의 가타카나어 표기법이 상당히 제한적이다.

2. 일본식 외래어인 和製語(わせいご)의 문제

和製語란 외래어(주로 영어)를 일본식 조어로 만들어 사용하는 것이어서, 일본에서만 통용되는 말이다.

예) ナイター(night+er) 야간 경기(← night game)

3. 축약어의 문제

가타카나어를 줄여 쓴 경우 원어나 의미를 추측하기 어려울 때가 많다. 우리가 축약하는 방식과 달라 뜻을 유추하기가 쉽지 않다.

예) アポ・アポイント	(← appointment)	예약, 약속
デジカメ	(デジタルカメラ의 준말)	디카, 디지털카메라
スタバ	(スターバックス의 준말)	스벅, 스타벅스
ハンデ	(ハンディキャップ의 준말)	핸디캡, 불리한 조건, 약점
コネ	(← connection)	연줄

4. 혼종어(混種語)

[일본어+외래어] [외래어+일본어]의 경우, 뜻을 알기가 어렵다.

예) 胃ぃカメラ 위내시경

5. 동사화의 문제

가타카나어를 동사화 한 경우는 더욱 뜻을 알기 어렵다.

예) サボる 수업을 빼먹다, 농땡이 부리다 / ネゴる 협상하다 / メモる 메모하다 / サマる 요약하다 / デコる 장식하다 / ググる 구글링하다 / ダブる 중복하다, 낙제하다, 더블 플레이하다, 더블 폴트하다

틀리기 쉬운 가타카나어 표기

외래어를 사용할 때 장음을 무시하고 발음하거나 촉음 발음을 잘 못하는 경우가 많다. 외래어의 가타카나 표기가 모두 원칙대로만 이루어지는 것은 아니지만, 기본 규칙을 익혀 두면 매우 도움이 된다.

(1) 장음은 원칙적으로 장음 부호 [ー]로 표기한다.

예) 컴퓨터(computer) コンピューター　메이커(maker) メーカー

예외) 장음 부호 대신에 모음을 첨가하여 표시하는 관용적 표기 방법도 있다.

발레(ballet) バレエ　스페인(Spain) スペイン

볼링(bowling) ボウリング

(2) 가타카나 표기 중 모음은 영국식이 많다. 따라서 대부분은 문자 그 자체의 음가를 낸다. 예를 들어 [a]를 일본어에서는 영국식으로 해서 ア로 발음하는 경우가 많다.

예) 애플(apple) アップル　애니메이션(animation) アニメーション

(3) 영어의 어미 [-er·-or·-ar·-y]에 해당되는 것은 원칙적으로 장음이 되어 장음 부호 [ー]를 붙여 표기한다. 단, 관용적으로 [ー]를 생략하는 경우도 있다.

예) 컴퓨터(computer) コンピューター　엘리베이터(elevator) エレベーター

캘린더(calendar) カレンダー　메모리(memory) メモリー

예외) 웨어(wear) ウエア　달러(dollar) ドル

(4) [ai] [a+자음+e] [o] 등의 발음기호가 [ei] [ou] 등의 악센트가 있는 이중모음이 되는 경우에는 장음 부호 [ー]를 붙여 표기한다.

예) 이미테이션(imitation) イミテーション　오디오(audio) オーディオ

체인(chain) チェーン　메시지(message) メッセージ

레이저(laser) レーザー

예외) 장음 부호 대신에 모음으로 표기하는 경우 : 레인코트(raincoat) レインコート

(5) 어미가 [-re]의 형태인 것은 원칙적으로 장음 부호 [ー]를 붙이지 않는다. 단, 어미가 [-ture] [-sure]의 형태인 것은 장음 부호 [ー]를 붙인다.

예) 케어(care) ケア　어드벤처(adventure) アドベンチャー

(6) v는 バ·ビ·ブ·ベ·ボ로 표기한다. 다만, バ行으로 표기하면 [b] 발음과 구별이 안 되기 때문에 원음에 충실한 표기를 선호하는 사람들은 ヴァ·ヴィ·ヴ·ヴェ·ヴォ 표기를 선호하는 경향이 있다.

예) 리뷰(review) レビュー　바이올린(violin) バイオリン・ヴァイオリン

레벨(level) レベル・レヴェル

(7) ti는 チ로 표기한다. 다만 ti를 [tái]로 발음하는 경우에는 タイ로 표기한다. 또한 tion은 ション으로 표기한다.

예) 멀티(multi) マルチ　　판타스틱(fantastic) ファンタスティック

(8) di는 원칙적으로 ディ로 표기하지만, 예외적으로 デ·ジ로 표기하는 경우도 있다. 또한 di를 [dái]로 발음하는 경우에는 ダイ로 표기한다.

예) 오디션(audition) オーディション　　딜레마(dilemma) ジレンマ

다이아몬드(diamond) ダイヤモンド

(9) de는 デ로 표기한다.

예) 아이디어(idea) アイデア　　디폴트(default) デフォルト

예외) ディ · ド로 표기하는 단어

딜러(dealer) ディーラー　　사이드(side) サイド

디테일(detail) ディテール

(10) 어두(語頭)의 re · pre는 リ · プリ로 표기한다.

예) 리사이클(recycle) リサイクル

예외) 리뷰(review) レビュー　　프리뷰(preview) プレビュー

뜻에 따라 リ 또는 レ로 표기 가능한 경우도 있다.

예) 리코더(recorder) リコーダー(악기)　　레코더(recorder) レコーダー(녹음기)

(11) 이중모음이나 다음과 같은 철자는 대부분 장음화한다.

❶ -ee, -ea-, -ai-, -oa-

예) 스피드(speed) スピード　　실(seal) シール

보트(boat) ボート

❷ -ou-, -au-, -oo-

예) 그룹(group) グループ　　소스(sauce) ソース

허니문(honeymoon) ハネムーン

❸ -al, -ol

예) 초크(chalk) チョーク　　골드(gold) ゴールド

예외) 발레(ballet) バレエ

❹ -w, -y

예) 쇼(show) ショー　　카피(copy) コピー

❺ -a-e, -o-e, u-e

예) 에이스(ace) エース　　노트(note) ノート

누드(nude) ヌード

❻ -ation, -otion

예) 인스피레이션(inspiration) インスピレーション

모션(motion) モーション

❼ -ire, -sure, -ture

예) 파이어(fire) ファイヤー　　레저(leisure) レジャー

시그니처(signature) シグネチャー

예외) 케어(care) ケア　　피규어(figure) フィギュア

사파이어(sapphire) サファイア　　와이어(wire) ワイヤ

(12) 이중 모음 중에서 장음이 되지 않고 촉음이 되는 경우도 있다.

예)브레드(bread) ブレッド　　커플(couple) カップル

(13) 이중 자음이거나 마지막 음이 자음이고 그 앞의 발음이 단모음일 경우, 모음과 마지막 자음 사이에 촉음 기호 ッ이 들어간다. 구체적으로 촉음이 되는 경우는 다음과 같다.

예)블랙(black) ブラック　　왁스(wax) ワックス

마사지(massage) マッサージ　　캡(cap) キャップ

스모그(smog) スモッグ

예외) 로켓(rocket) ロケット　　어필(appeal) アピール

(14) b・d・g・j・v는 유성음이므로 탁음을 붙인다.

예)핸드백(handbag) ハンドバッグ　　비디오(video) ビデオ

(15) 우리말에서는 p와 f・ph를 구분하지 않고 모두 [ㅍ]으로 표기하는데, 일본어에서는 p는 パ・ピ・プ・ペ・ポ로, f와 ph는 ファ・フィ・フ・フェ・フォ로 구분해서 표기한다.

예)피아노(piano) ピアノ　　아스팔트 (asphalt) アスファルト

필리핀(Philippines) フィリピン

(16) ng의 발음 [ŋg]는 ング로 표기하는 경우가 많다.

예)송(song) ソング　　스위밍(swimming) スイミング

(17) ca의 발음 [kya]는 キャ로 표기한다.

예)스캔들(scandal) スキャンダル　　캐치(catch) キャッチ

카탈로그(catalog) カタログ　　카디건(cardigan) カーディガン

(18) 모음 e의 발음은 음가 그대로 발음하기 때문에 [e]로 발음하는 경우가 많다.

예)비즈니스(business) ビジネス　　디자인(design) デザイン

(19) wi는 イ로 발음한다.

예)샌드위치(sandwich) サンドイッチ　　스위치(switch) スイッチ

스위스(swiss) スイス

(20) 독일어에서 V로 발음되는 것은 W와 V이다. 일본의 경우 메이지 시대에는 ワ行으로 표기하는 경우가 있었는데, 이 때문에 오래전에 들어온 단어들의 경우는 ワ 및 ウィ・ウェ・ウォ으로 표기했다. 그러나 요즈음은 주로 バ行으로 표기하거나 ウ에 탁음을 찍은 ヴァ・ヴィ・ヴ・ヴェ・ヴォ 형태를 쓴다. バ行으로 표기할 경우, b의 발음과 구

별이 되지 않기 때문에 원음에 충실한 표기를 선호하는 쪽은 ヴァ・ヴィ・ヴ・ヴェ・ヴォ로 표기하는 경향이 있다. 일반적으로는 バ行으로 표기한다. 특히 인명의 경우 ヴ를 사용한 표기 쪽으로 확산되는 경향이 있다.

예) 빈(Wien) ウィーン (관용 표기) / ヴィーン

바이마르(Weimar) ワイマール (관용 표기) / ヴァイマル

바그너(Wagner) ワーグナー (관용 표기) / ヴァーグナー

(21) r과 l 모두 ラ행으로 표기한다. 촉음과 유사한 음을 표현하기 위해 작은 ル로 표기하는 경우도 있다.

예) 보티첼리(Botticelli) ボッティチェㇽリ

(22) 표기가 ia이고 발음이 [iə]인 경우는 (イ)ア로 쓴다.

예) 디프테리아(diphtheria) ジフテリア 미디어(media) メディア

아시아(asia) アジア

예외) 다이아몬드(diamond) ダイヤモンド 그리스(Greece) ギリシャ・ギリシア

페르시아(Persia) ペルシャ・ペルシア

(23) 어말(특히 원소명 등)의 [-(i)um]에 해당하는 것은 원칙적으로 [-(イ)ウム]로 표기한다.

예) 아쿠아리움(aquarium) アクアリウム 알루미늄(aluminium) アルミニウム

칼슘(calcium) カルシウム 심포지엄(symposium) シンポジウム

라듐(radium) ラジウム

예외) 오디토리엄(auditorium) オーディトリアム

(24) x의 표기를 クサ・クシ・クス・クソ로 쓸지 キサ・キシ・キス・キソ로 쓸지는 관용에 따른다.

예) 택시(taxi) タクシー 옥스퍼드(Oxford) オックスフォード

엑스트라(extra) エキストラ 턱시도(tuxedo) タキシード

텍사스(Texas) テキサス 믹서(mixer) ミキサー

INDEX

가나다 순

カナ 순

비즈니스 일본어회화& 이메일 표현사전

부록
· mp3 파일 무료 다운로드

인현진 지음 | 640쪽 | 20,000원

회화는 물론 이메일 표현까지 한 권에!
국내 유일의 비즈니스 표현사전

상황별 비즈니스 표현을 총망라하여 최다 규모로 모았다! 현장에서 바로 써먹을 수 있는 고품격 회화 표현과 이메일, 비즈니스 문서 등 그대로 활용 가능한 작문 표현이 한 권에!

난이도 첫걸음 | 초급 | 중급 | 고급

목표 내가 쓰고 싶은 비즈니스 표현을 쉽게 찾아 바로 바로 써먹기

대상 일본을 대상으로 비즈니스를 해야 하는 직장인, 고급 표현을 익히고 싶은 일본어 중급자